U0516518

國家社科基金一般項目"出土戰國文獻字詞集釋(03BYY023)"

國家社科基金重大項目"戰國文字詁林及數據庫建設"(17ZDA300)前期成果

"高等學校創新能力提升計劃(2011 計劃)"出土文獻與中國古代文明研究協同創新中心成果

国家出版基金项目
NATIONAL PUBLICATION FOUNDATION

出土戰國文獻字詞集釋

曾憲通 陳偉武 主編

田 煒 禤健聰 編撰

卷一

中華書局

圖書在版編目(CIP)數據

出土戰國文獻字詞集釋/曾憲通,陳偉武主編. —北京:中華
書局,2018.12 (2024.6 重印)
ISBN 978-7-101-13125-3

Ⅰ.出…　Ⅱ.①曾…②陳…　Ⅲ.出土文物-文獻-古漢語-
詞彙-研究-戰國時代　Ⅳ.①K877.04②H131

中國版本圖書館 CIP 數據核字(2018)第 055502 號

書　　名　出土戰國文獻字詞集釋(全十七册)
主　　編　曾憲通　陳偉武
封面題簽　曾憲通
裝幀設計　周　玉
責任印製　陳麗娜
出版發行　中華書局
　　　　　(北京市豐臺區太平橋西里 38 號　100073)
　　　　　http://www.zhbc.com.cn
　　　　　E-mail:zhbc@zhbc.com.cn
印　　刷　北京建宏印刷有限公司
版　　次　2018 年 12 月第 1 版
　　　　　2024 年 6 月第 2 次印刷
規　　格　開本/787×1092 毫米　1/16
　　　　　印張 476　插頁 34　字數 11334 千字
印　　數　601-700 册
國際書號　ISBN 978-7-101-13125-3
定　　價　4800.00 元

總　目

前　言

　　曾經法(憲通)師和本人共同主編的《出土戰國文獻字詞集釋》(下稱《集釋》),由中山大學老中青三代學人二十餘人歷經十五年辛勤耕耘始告完成,將由中華書局正式出版。借此機會,筆者將粗略勾勒戰國文字發現和研究的歷史,簡述戰國文字工具書編纂的成就,略談對戰國文字研究現狀及未來發展的一點粗淺看法,並就《集釋》的成書始末也稍作交代。

一

　　戰國文字研究的歷史,伴隨着戰國文字資料的出土而存在。如所周知,漢代已有戰國寫本的經典出土,最著者莫過於孔子壁中書的發現,這一發現曾被王國維譽爲中國學術史上最大的發現之一。出土文獻的重大發現往往是偶然的,漢初魯恭王劉餘拆毀孔子教授堂來擴建自己的宮室,結果挖出了大量的古文經書,其中有《尚書》《禮記》《論語》《孝經》等。

　　《論衡・正説篇》説:"孝景帝時,魯共(恭)王壞孔子教授堂以爲殿,得百篇《尚書》於牆壁中,武帝使使者取視,莫能讀者,遂祕於中,外不得見。至孝成皇帝時,徵爲古文《尚書》學。"《漢書・藝文志》説:"武帝末,魯恭王壞孔子宅,欲以廣其宮,而得古文《尚書》及《禮記》《論語》《孝經》,凡數十篇,皆古文也……孔安國者,孔子後也,悉得其書,以考二十九篇,得多十六篇,安國獻之,遭巫蠱事,未列於學官。"曾師指出:"同一事件的記述,還見於《論衡・案書篇》《漢書・楚元王傳》《説文解字・序》等。關於孔子壁中書發現的年代,古籍記載有景帝年間和武帝年間二説,以情理推之,當是發現於景帝年間,而孔安國獻書於武帝年間。"①在漢代,儒家重要經典的戰國寫本還續有發現,如《論衡・正説篇》説:"至孝宣皇帝之時,河內女子發老屋,得逸《易》《禮》《尚書》各一篇,奏之。宣帝下示博士,然後《易》《禮》《尚書》各益一篇。而《尚書》二十九篇始定矣。"

　　東漢許慎撰《説文解字》,系統整理的漢代所見文字資料,固然有秦漢才

─────────────
①　曾師爲拙著《簡帛兵學文獻探論》所撰序言第 4 頁,中山大學出版社 1999 年。

出現的新字俗體,但主體仍是戰國文字,小篆和籀文多屬戰國秦系文字,古文則大致爲六國文字之遺留。許慎可説是對戰國文字作過通盤整理和研究的第一人。

《晉書·束晢傳》:“初,太康二年,汲郡人不準盜發魏襄王墓,或言安釐王冢,得竹書數十車……武帝以其書付秘書校綴次第,尋考指歸,而以今文寫之。”當時參加汲冢竹書整理的學者有荀勖、束晢、和嶠等,得書十五部,八十七卷,凡十餘萬言。可惜只有《穆天子傳》等少量文獻流傳下來。

古代戰國文字的兩次大發現都對中國學術史產生了重大影響。有學者指出,孔子壁中書屬於齊系文字資料,汲冢竹書屬於晉系文字資料,20 世紀 50 年代之後發現的多批竹簡則幾乎都是楚系文字資料。

出土文獻的重大發現往往是個人偶然造成的,但中國歷史上屢有整理出土文獻的“政府行爲”,有着豐富的成功經驗。如漢代官方安排孔安國整理中秘所藏孔壁圖書;西晉時安排荀勖、束晢、和嶠等學者整理汲冢竹書。20 世紀 70 年代,在北京沙灘紅樓集中了一批全國一流專家從事秦漢簡帛整理,成果豐碩,堪稱範例。

二

晚清學者陳介祺、程瑶田、吳大澂等已認識到許多古代兵器、璽印和陶器上的文字爲晚周文字。而 20 世紀上半葉爲戰國文字研究的奠基時期,何琳儀先生指出:“近代戰國文字研究,是建立在出土文字資料和對傳世‘古文’研究基礎上而興起的新學科,王國維則是這一學科的奠基人。”[1]所言甚是。王氏確定了戰國文字的性質,提出了“秦用籀文、六國用古文”的重要學術觀點,將東周文字分爲東土文字和西土文字,初步勾勒出戰國文字分域的規模。爬梳了兵、陶、璽、貨等多種品類的戰國文字材料,對多種傳抄古文材料作了深入的考察。在當時疑古思潮盛行的時代氛圍中有特殊的積極意義,李春桃先生已有專門論述[2]。中華人民共和國建國之前戰國文字資料的出土及其考釋成果屈指可數,如 20 年代洛陽金村出土的驫羌鐘,有吳其昌、徐中舒、劉節、温廷敬等學者分別撰文考釋;30 年代安徽壽縣楚墓出土的銅器群的考釋;唐蘭先生、張政烺先生考釋齊陶文的論文;石鼓文和詛楚文的一些相關論文等。40

①　何琳儀《戰國文字通論》(訂補)第 9 頁,江蘇教育出版社 2003 年。
②　李春桃《王國維與清末民初古文研究》,《戰國文字研究的回顧與展望》第 38—45 頁,中西書局 2017 年。

年代長沙楚帛書出土；50 年代幾批楚簡的零星發現，只有饒宗頤、朱德熙、史樹青等幾位先生的論著作專門研討。總體來説，戰國文字研究的進展較爲緩慢。直到李學勤先生《戰國題銘概述》的發表，才標志着戰國文字研究成爲古文字學的一個獨立分支。

三

　　七八十年代是戰國文字研究的勃興時期。這一時期有許多重要的發現，如中山王墓銅器、睡虎地秦簡、曾侯乙墓鐘磬和竹簡、包山楚簡等，都引起了一陣陣的研究熱潮，何琳儀先生、李守奎先生分別作了很好的歸納①，此處可略爲補充。這一階段國內三個學科點曾對戰國文字有集中的研究，如北京大學朱德熙、高明、裘錫圭、李家浩、李零等先生的楚簡整理，楚帛書、貨幣文、古璽文、古陶文研究；吉林大學于省吾、姚孝遂、林澐、何琳儀、吴振武、湯餘惠、黄錫全、曹錦炎和劉釗等先生在戰國文字理論建設、分類考釋、傳抄古文等方面的研究；中山大學容庚、商承祚、馬國權、曾憲通、陳煒湛、張振林、孫稚雛等先生對戰國金文、楚簡、楚帛書、古璽文、古陶文、睡虎地秦簡和傳抄古文的整理與研究。90 年代以來的戰國文字研究延續了興旺的態勢，包山簡和郭店簡的先後公布，震驚了海內外漢學界，而正在陸續整理刊布的上博簡、清華簡和即將刊布的安大簡，相關研究如火如荼，成果喜人。

　　文字考釋是古文字學的核心。戰國文字考釋，初如處處清泉，汩汩噴涌，繼則蜿蜒潺湲，衆溪歸流，終至成浩浩蕩蕩之勢。晚清以來，戰國文字考釋的成果汗牛充棟。許多成果讓人津津樂道，如饒宗頤先生釋“笘”，李學勤先生釋“冶”（説見《戰國題銘概述》），何琳儀先生《戰國文字通論》亦特別指出。而李先生曾告訴蘇輝説前輩學者似已釋出，只是出處不詳，後來蘇氏查出孫詒讓《古籀餘論》卷二“右軍戈”下已釋“冶”②。朱德熙先生釋“者”、釋“廏”，裘錫圭先生釋“市”，曾師釋“繇”，李家浩先生釋“邙”，吴振武先生釋“廩”、釋“鍾”等等，無不膾炙人口。李守奎、趙平安、劉玉環、張峰、岳曉峰、石小力等對訛字的研究；禤健聰等人對楚系簡帛用字習慣的研究；馮勝君、李守奎、李松儒等對楚簡字迹的研究；周波對戰國各系文字間用字差異現象的研究；陳偉武對秦楚文字的比較研究……亦各有創獲。

①　何琳儀《戰國文字通論》（訂補）第 12—18 頁；李守奎《楚文字與“楚文字學”的構建》，《戰國文字研究的回顧與展望》第 28 頁。
②　蘇輝《秦三晉紀年兵器研究》第 286 頁，上海古籍出版社 2013 年。

　　漢語文字學中字詞關係的研究，裘錫圭先生有開創之功，黄德寬、李運富、陳斯鵬、田煒等學者各有貢獻①，近年這方面所取得的長足進步，並不局限於戰國文字研究這一分支方向，但主要還是得力於戰國文字研究的成果。

　　與歷史學、考古學、語言學的結合研究，如黄盛璋、何琳儀、黄錫全、陳偉、徐少華、吳良寶等將戰國文字考釋與歷史地理學研究相結合。重視名物的研究，與出土文物相結合，如劉國勝對楚簡中喪葬簡的研究②，蕭聖中對楚簡中車馬器名的研究③；范常喜對楚簡中戰國音樂史料及其他名物詞的整理與研究④。這應是未來大有可爲的領域。又如孟蓬生、陳偉武、王志平等將戰國文字考釋與上古漢語詞彙史研究相結合；或與先秦楚方言研究相結合，趙彤對楚方音的探索⑤、譚步雲對楚語詞彙的考察⑥，都別開生面。

　　外國學者多有戰國文字研究的成果，如巴納對楚帛書的研究；馬幾道對石鼓文的研究；平勢隆郎對侯馬盟書的研究；大西克也、顧史考等學者對郭店簡、上博簡和清華簡的研究；魏克彬對溫縣盟書的研究；等等。外國學者對戰國文字的研究，側重於文獻來源及性質的考辨、文獻形式變化的考察、文本内容的串講或翻譯諸方面，較少字詞考釋方面的篇章。本書中只能適度裁擇，無法兼收並蓄。

　　反映百餘年來戰國文字考釋的脈動，讓學術界在治古文字學史時有所取資。這也是此書的目的之一。回首戰國文字研究的歷史，有幾方面值得我們注意：

　　其一，重大發現帶來學科發展的契機。新發現帶來新學問，如 20 年代洛陽金村出土的三晉青銅器群，30 年代安徽壽縣李三孤堆出土的楚銅器群，70 年代中山國、曾國、秦國的大宗文字資料出土，80 年代出土的包山楚簡，90 年代以後出土的郭店楚簡、上博簡和清華簡，都引起了一陣陣的熱潮，刺激了戰國文字研究的迅速開展，並產生了深廣的影響，如中山王墓文字資料的考釋，提升了人們對傳抄古文價值的科學認識。一些長期懸而未決的疑難字詞，往往靠新材料的出土而焕然冰釋，如"還"字、"罷"字等等。

①　裘錫圭《文字學概要》，商務印書館 1988 年；黄德寬《古漢字形聲結構論考》，吉林大學 1996 年博士學位論文；李運富《漢字漢語論稿》，學苑出版社 2008 年；陳斯鵬《楚系簡帛中字形與音義關係研究》，中國社會科學出版社 2011 年；田煒《西周金文字詞關係研究》，上海古籍出版社 2016 年。
②　劉國勝《楚喪葬簡牘集釋》，科學出版社 2011 年。
③　蕭聖中《曾侯乙墓竹簡釋文補正暨車馬制度研究》，科學出版社 2011 年。
④　范常喜《簡帛探微——簡帛字詞考釋與文獻新證》，中西書局 2016 年。
⑤　趙彤《戰國楚方言音系》，中國戲劇出版社 2006 年。
⑥　譚步雲《古楚語詞彙研究》，花木蘭文化出版社 2015 年。

其二,重要學術人物對學科發展貢獻卓著,如王國維、容庚、于省吾、商承祚、李學勤、裘錫圭、曾憲通、趙誠、何琳儀、李家浩、張光裕、湯餘惠、曹錦炎、黃錫全、吴振武、張桂光、劉釗、黃德寬、陳偉、許學仁、季旭昇、周鳳五、林素清等。

其三,研究手段對學科發展有不容忽視的影響。過去墨拓技術對古文字資料的傳布有重要的作用,黑白攝影技術、彩色攝影技術、紅外掃描攝影技術都先後對戰國文字研究貢獻良多。我們正身處信息化時代,大數據的科學技術爲研究工作帶來莫大的便利,未來的戰國文字研究一定發展更加迅猛。

2015 年,復旦大學出土文獻與古文字研究中心曾經舉行"戰國文字研究回顧與展望學術研討會",有不少論文都從理論上探討戰國文字的研究對象、研究範圍和研究方法,回顧了歷史,展望未來的學科前景。目前信息發達,古文字資料庫建設如日之升,學術活動頻繁,研究隊伍不斷壯大,成果紛至沓來,學術集刊如雨後春筍般涌現,書籍出版流布迅速而廣遠。戰國文字研究呈現一派繁榮之象,業已發展成爲古文字學幾個分支中最爲熱門的方向。

四

1928 年丁福保《説文解字詁林》出版,這種網羅眾説、洞見癥結的著作對學界幫助至巨。20 世紀七八十年代李孝定先生獨力撰集的《甲骨文字集釋》,周法高先生主編的《金文詁林》《金文詁林補》;90 年代于省吾先生主編、姚孝遂先生按語撰寫的《甲骨文字詁林》,李圃先生主編的《古文字詁林》,黃德寬先生主編的《古文字譜系疏證》,都是古文字學史上的重要著作。

目前見到的戰國文字工具書主要有:何琳儀《戰國古文字典》(1998);王輝《古文字通假字典》(2008),白於藍《簡牘帛書通假字字典》(2008),劉信芳《楚簡帛通假彙釋》(2011),白於藍《戰國秦漢簡帛古書通假字彙纂》(2012)、《簡帛古書通假字大系》(2017);徐在國《楚帛書詁林》(2010);滕壬生《楚系簡帛文字編》(1995/2008),湯餘惠主編《戰國文字編》(2001/2015),李守奎《楚文字編》(2003),吴良寶《先秦貨幣文字編》(2006),李守奎、曲冰、孫偉龍編《上海博物館藏戰國楚竹書(一—五)文字編》(2007),徐在國《戰國文字論著目錄索引》(2007),孫剛《齊文字編》(2010),饒宗頤主編、徐在國副主編《上博藏戰國楚竹書字匯》(2012),李守奎、賈連翔、馬楠編著《包山楚墓文字全編》(2012),王輝主編《秦文字編》(2012),方勇《秦簡牘文字編》(2012),徐在國《上博楚簡文字聲系(一—八)》(2013),湯志彪《三晉文字編》(2013),朱曉雪《包山楚簡綜述》（2013，引者按，内含文字編），張振謙《齊魯文字編》（2014），李學勤主編，沈建華、賈連翔編《清華大學藏戰國竹簡（壹—叁）文字編》（2014）、《清華大學藏戰國竹簡（肆—陸）文字編》（2017），徐在國、程燕、張振謙編著《戰國文字字形表》（2017）；等等。

　　戰國文字研究及相關工具書編纂方面已碩果纍纍，以上諸書取材各有所重，類型與功用大多較爲專一，希望《集釋》在某種程度上能彌補上述工具書的遺憾，努力從總體上去反映戰國文字考釋的歷史面貌和現狀。學如積薪，假若没有前述多種工具書的重大貢獻作爲基礎，《集釋》之成亦不可思議。

　　舊材料尚未吃透，新材料又層出不窮，出土戰國文獻字詞考釋存留疑難問題甚多，有待於學界同仁加倍努力。

五

　　2002 年趙誠先生提出“戰國文字詁林”的選題，我們當時覺得力有未逮，退而求其次，只提“出土戰國文獻字詞集釋”，2003 年由曾師申請國家社科基金一般項目獲得立項。2007 年結項，成果鑒定等級爲“優秀”。

　　十數年來，學術界許多師友對《集釋》項目的完成及成書關愛有加，例如，2004 年 7 月 25 日，筆者拜訪裘錫圭先生，就《集釋》編纂問題向裘先生求教。裘先生建議我們説，要以語文性詞語爲主，哲學、歷史等方面的詞語爲輔，避免將太多史實考證、思想史研究的成果都收錄在内。趙誠、李家浩、張桂光、吳振武、劉釗等先生參加過我們的審稿會。陳煒湛先生一直參加我們課題組的活動，在體例方面多所建言指導。項目開展前期，黃光武先生曾爲課題組做了不少服務工作。吳振武和黃德寬兩位先生還爲此書申請出版資助撰寫推薦書，中華書局總編輯顧青先生、語言文字編輯室原主任陳抗先生、現任主任秦淑華女士多年來關心、支持此書的編纂和出版。秦主任和多名編輯在此書編校過程中耗費了大量的心血。謹在此一併致以由衷的感謝！

　　由於工程遷延多年，人員流動性大，項目結項後書稿的修改、增訂、校對又花去了十年光陰。除了此書正式出版時署名的顧問、主編、分卷主編之外，參加過前期部分資料蒐集工作的學友還有黃人二、趙立偉和楊冰等。參加過書稿後期編校工作的博士生、碩士生還有劉政學、蔡一峰、李愛民、梁鶴、楊鵬樺、柳洋、孫會强、賈高操、杜曉君、謝美菊、張珍珍、唐雨、廖丹妮、翁明鵬、陳曉聰、劉偉浠、林焕澤、劉凱先、凌嘉鴻……等等。行百里者半九十，操持此書後期諸多事務，范常喜、王輝、陳送文、石小力和蔡一峰奉獻心力至多。多年媳婦熬成婆,當年參加項目的陳斯鵬、禤健聰、范常喜、田煒和秦曉華早已從博士生或碩士生變成了成就喜人的教授。近兩三年課題組的領導組織工作主要靠常喜在做,尤其令人感動。

我們水平有限,《集釋》雜出衆手,涉及資料浩繁龐雜,成書時間跨度較大,錯漏勢在不免,敬祈讀者多加批評指正。

陳偉武

2018 年 10 月 28 日

凡　例

一、考釋成果。本書所收出土戰國文獻字詞考釋成果截至 2007 年底，2008 年以後的考釋成果酌情擇要於按語中説明。所收大體爲正式出版物中的成果，網絡論文、學位論文、會議論文一般不予收録。因出土戰國文獻資料品類衆多，諸家學説比較分散，且行文體例格式不一，本書在收録時酌加統一處理。

二、隸定字頭。本書字頭按《説文》順序排列，《説文》所無之字置於部末，以筆畫多少爲序。同一字頭下按正篆字形之隸定字、小篆、戰國文字字形之隸定字先後排序。

三、古文字字形。本書選取有代表性的戰國文字字形，按異體分行進行排列。字形出處用簡稱，詳卷十五所附“出處簡稱表”。

四、詞條。本書提取的詞條，包括一些詞組。詞條用字按原形隸定，詞條出處亦用簡稱，詳卷十五所附“出處簡稱表”。

五、引録内容。羅列各家成果采用直接引語形式，按首發時間先後排序。凡引録中有省略者，用“（中略）”標出；原文有錯漏者，如衍文、脱文、錯字等，以“（編按：×××）”的方式説明；所指不清者，於引文前加注出處，出處標注方式與字形出處一致，如：（編按：包山 111“××”）；各家説法中討論到某特定字形，而該引文無法體現所指何字時，以“（編按：×××）”的方式説明；原文的注釋如須引録，則附於正文對應位置，用“（原注：×××）”標出。引用時儘量保持原文原貌，在行文表達不受影響的前提下，對原文格式稍作技術上的調整，如原文之字體、符號、標點、某些標記等。

六、引文出處標注。專書類如無分篇分卷分署，則按照版權頁的作者；若有分篇分卷分署，則按實際署名；兩人合作的論著，作者姓名皆標出；多人合撰之作，一般列前三位作“某某、某某、某某等”；若無分署的主編之作，則標主編之名作“某某等”。個别字數較多、較常出現的作者統一使用簡稱，如“《睡虎地秦墓竹簡》整理小組”簡稱“睡簡整理小組”，“中山大學古文字學研究室楚簡整理小組”簡稱“中大楚簡整理小組”等。論文成果標注其所載刊物的年份、卷數或期數、頁碼；專書則標明書名、卷數、頁碼。所引成果非首刊版本，則在頁碼後標明年份。首發版本與引用版本不同者,先標明引用版本出處及時間,再以"原載"引出首發版本出處,後者不再標頁碼。引録成果出處詳見卷十五"出處簡稱表"。

　　七、按語。字、詞分別加按語。

　　八、爲便於檢索,專立一册索引編,有"音序索引"和"筆畫索引"。

卷一部首目録

卷 一

一 一 弌

_____

○**羅振玉**（1927）　《説文解字》一二三之古文作弎弍弌，乃晚周文字。錢先生（大昕）《汗簡跋》云，作字必先簡而後繁，有一二三,然後有從弋之弌弍弎。而叔重注古文於弌弍弎之下,以是知許所言古文者,古文之別字,非弌古於一也。

《增訂殷虚書契考釋》中，頁 1

○**商承祚**（1934）　《説文》："弌,古文一。"按一二三即古文,甲骨文、金文、魏三字石經之古文皆作一二三,佳晚周金文緻忌君壺二作弍,從弋,與此近,則弌弍乃當時之別體，非古文之正也。吳禪國山碑一亦作弌，可知漢晉閒弌字猶盛行。

　　一二三筆畫簡略，書寫之時，不能與它字相稱，至晚周遂增弋戈以填密之。漢開母廟石闕及袁安袁敞碑，一二皆作﹁、﹁，末筆垂腳，取姿態與它字等齊之一證。

《説文中之古文考》頁3，1983；原載《金陵學報》4-2

○**唐蘭**(1949)　許多簡化、繁化的字，是受了同化作用的關係，(中略)"二"字變成"貳"，又省作"弍"，後來就造出"弌、弍"二字。

《中國文字學》頁115，2001

○**黄錫全**(1990)　出土的古文字中還未見弌字，但晚周金文二字或作𢍺(纕嬴君鉼)、𢍺(信陽楚簡)。古從弋之字每從戈作，如蔡侯鐘的"不𧴪"當讀爲"不貳(忒)"，信陽楚簡的"三伐之子孫"的伐即代，長沙楚帛書的"四神相戈、敬之母戈"，當讀爲"四神相代、敬之毋忒"，古璽"𢧵易君鉢"之"𨚯陽"即弋陽，趙國𨜌布之𨚯即郎等(詳李家浩《戰國𨚯布考》，《古文字研究》3)。因此，戈與弋並當古文一。《説文》古文一、二、三作弌、弍、弎，郭氏所録弌、弍、弎，均注出《尚書》，是郭見本作弌、弍、弎，仿《説文》古文以隸作古。

《汗簡注釋》頁64

○**何琳儀**(1998)　一，甲骨文作一(佚四三四)，表示一物。指事。西周金文作一(盂鼎)，春秋金文作一(秦公簋)。戰國文字承襲商周文字。

《戰國古文字典》頁1080

　　弌，春秋金文作弌(庚壺)。據西周金文貳作𧴩(召伯簋)，春秋金文忒作𢓴(國差𦉜)，知弌、弍、弎本從戌。戰國文字戌或省作戈形。如忒作𢧵(陶彙三・六五八)，弌作𢍺(襄安君鉼)，弍作弍(陶彙五・一一五)。《説文》古文之戈形又省作弋形，即弌、弍、弎。弌、弍、弎分別爲一、二、三之繁文。

《戰國古文字典》頁1080

△按　從西周金文看，"弌"字本從戌而不從弋，董珊《"弌日"解》(《文物》2007年3期58—60頁)謂"弋"乃"戌"之省，可從。

【一十】

○**中大楚簡整理小組**(1977)　𠀪即一十，旁邊兩點表示是兩個字合文，而不是一個字，古鈢中的複姓，如司馬、淳于、相如，望山一號墓竹簡之日作𣅀，之歲作𢆉，等等，皆用兩點表示既是合文，又是兩字有密切關係而分不開的。

《戰國楚簡研究》4，頁15

【一元】

○**張頷、陶正剛、張守中**(1976)　一元是古代祭祀時用牛的別稱。《禮記・曲禮》:凡祭祀宗廟之禮,“牛曰一元大武”。“一元”即“一元大武”的簡稱,也就是古代祭祀時牛的“牲號”。然而,這篇盟書同坑出土的牲骨並不是牛而是羊。這種現象説明,“詛祝”(祭祀官)宣讀盟書的正祭儀式和“司盟”(掌管盟儀的官)“坎牲取血”的埋書儀式,兩種儀式中所用的犧牲是有區別的。

《侯馬盟書》頁34

○**何琳儀**(1998)　侯馬盟書“一元”,見《禮記·曲禮》下:“凡祭宗廟之禮,牛曰一元大武。”注:“元,頭也。武,迹也。”疏:“牛若肥則腳大,腳大則迹痕大,故云一元大武也。”

《戰國古文字典》頁1080

【一方】

○**何琳儀**(1998)　石鼓“一方”,見《詩·秦風·蒹葭》:“所謂伊人,在水一方。”箋:“大水之一邊。”

《戰國古文字典》頁1080

【弌倉】

○**劉雨**(1986)　貳言。

《信陽楚墓》頁126

○**何琳儀**(1998)　信陽簡“弌倉”,讀“一何”。《戰國策·燕策》:“此一何慶弔相隨之速也。”弌亦作壹。

《戰國古文字典》頁1080

【弌禱】

△**按**　晏昌貴謂“弌禱”即“翟禱”。詳見卷四羽部“翟”字下【翟禱】條。

元  兀

集成156能原鎛 集成10008欒書缶 集成11263邗王是埜戈 集成4630陳逆簠

新蔡甲三15、60 睡虎地·編年5

集成11640吳季子之子逞之劍 集成11703越王劍

○**容庚**(1934)　元舊釋永,余據秦子戈及秦子矛“公族元用”,吉日壬午劍“作爲元用,玄鏐鏞呂”,皆有“元用”之文。而𢍰公劍“爲元用劍”,元字鳥篆與此略同,故定爲元字。

《燕京學報》16,頁198

○**馬承源**（1962）　（編按：越王劍）元。

《中國青銅器研究》頁 259，2008；原載《文物》1962-12

○**容庚**（1964）　十九　吳季子之子逞之劍（圖十九，積古齋本）（中略）

“元”舊釋“永”，余據攻敔王夫差劍“攻敔王夫差自乍其元用”，秦子戈及秦子矛“公族元用”，吉日壬午劍“乍爲元用”，皆有“元用”之文。而舞公劍“爲用元劍”，元字鳥書與此略同，故定爲元字。

《容庚文集》頁 285，2004；原載《中山大學學報》1964-1

○**馬琴莉**（1996）　劍一件。1194 號，1971 年從南大街廢品收購門市部收回。（中略）劍刃部殘。刃面銘文可能不全：“季子之子，之永用劍。”（封二:5,圖 16）（編按：據銘文拓片，第六字所謂“永”字實爲“元”之誤釋）

《文博》1996-4，頁 86

○**何琳儀**（1998）　元，商代金文作（元作父戊卣），象人而突出其頭部之形。甲骨文作（前三・二二・六），上加短橫爲飾。猶亦作，亦作等。故兀、元爲一字分化（均屬疑紐）。正面人首爲天，《説文》：“天，顛也。”側面人首爲元，《爾雅・釋詁》：“元，首也。”西周金文作（曶鼎），春秋金文作（晉公盨）、（王孫鐘）。或作元形，或作兀形。戰國文字承襲春秋金文，亦元、兀互見。兹附兀於元內，實則元爲兀之準聲首。《説文》：“兀，高而上平也。從一在人上。讀若夐。茂陵有兀桑里。”兀若據其“五忽切”讀音應歸疑紐脂部，若據《説文》“讀若夐”則應歸曉紐元部。故兀、元上古實爲同一韻部，大徐反切或有音變。《説文》：“元，始也。從一從兀。”

《戰國古文字典》頁 1015

○**曹錦炎**（1999）　元作，下面的爲飾筆。

《故宮博物院院刊》1999-3，頁 25

【元子】

○**陳秉新**（1991）　獅子山 306 號戰國墓出土一器（M306:采 2），簡報定爲爐。底部刻銘 10 字，簡報釋爲：

　　　邾（徐）王之

　　　賓（?）□抌

　　　之少（小）熒（炙）胃（爐）。

從發表的銘文拓片看，此釋有幾點可以商榷。

二行首字作，當釋元，不是賓（旁）字。第二字從殘筆看，疑是“子”字。

"元子"一詞,見徐器傭兒鐘、徐王義楚元子劍和次又卬缶,因知本銘"元"下殘字是"子"的可能性較大。元子即長子。

《東南文化》1991-2,頁 149

○**何琳儀**(1998)　椰可忌豆"元子",長子。《詩·魯頌·閟宮》"建爾元子,俾侯于魯",傳:"元,首。"

《戰國古文字典》頁 1015

【元日】

○**馬國權**(1964)　元日,蓋朔日也。《書·舜典》"月正元日",《傳》:"月正,正月;元日,上日也。"或釋善日亦通,見《禮·王制》"元日習射"疏。己丑,紀日數詞。

《藝林叢録》4,頁 246

○**何琳儀**(1998)　a 陳貽簋蓋"元日",吉日。《禮記·月令》:"天子乃以元日祈穀于上帝。"(中略)欒書缶"元日",見 a。

《戰國古文字典》頁 1015

【元右】

○**李零**(1986)　"元右",應指戎右,"王鐘"當是人名。

《古文字研究》13,頁 379

【元用】

○**郭沫若**(1950)　"元用"這兩個字在兵器銘文裏面多見,普通的彝器作"寶用",武器則多作"元用"。元者善之長也,是頂好的意思,"元用"大約就是說頂好的武器吧。

《郭沫若全集·考古編》6,頁 60,2002;原載《光明日報》1950 年 6 月 7 日

○**杜迺松**(1988)　"元"有大義,"元用"即大用的意思。

《吳文化研究論文集》頁 134

○**曹錦炎**(1989)　元用　兵銘之習用語,如吉日壬午劍:"作爲元用。"秦子矛:"作造公族元用。"用爲器用,元者善也,"元用"猶言"元器"。

《古文字研究》17,頁 72

○**曹錦炎**(1990)　元用,元者善也,用爲器用。"元用"一詞爲兵器銘文之習用語,如諸樊劍:"自作元用。"夫差劍:"自作其元用。"吉日壬午劍:"作爲元用。"

《東南文化》1990-4,頁 110

○**董楚平**(1992)　(編按:近出 1210 句余矛)兵器銘"元用"二字,是吳國的特點,本

銘元用二字的構形與《邘王是埜戈》相同。

《吳越徐舒金文集釋》頁 103

○**王人聰**（1996）　"元用"，係春秋戰國時期一些兵器銘文中習用的詞語，如：

邘王是埜戈：邘王是埜乍爲元用。（《商周金文録遺》569）

攻敔王夫差劍：攻敔王夫差自乍其元用。（《文物》1976 年 11 期）

姑發劓反劍：工獻大子姑發劓反自乍元用……（《考古》1963 年 4 期）

吳季子之子逞劍：吳季子之子逞之元用劍。（《中山大學學報》1964 年 1 期）

根據目前所見的資料，由於"元用"一詞多見於吳國的兵器銘文，於是有的學者便認爲"元用，是吳國兵器銘文常用語"，"兵器銘'元用'二字，是吳國的特點"。這個説法，其實是不對的。因爲其他國家的兵器銘文中，同樣也出現有"元用"一詞。如

越王大子勾𨑲矛：於戉（越）□王弋郢之大子勾𨑲自乍元用矛。（《商周青銅器銘文選》561）

徐王之子□戈：徐王之子□之元用戈。（《商周青銅器銘文選》576）

秦子戈：秦子乍遺公族元用左右市□用□□。（《秦銅器銘文編年集釋》頁 7）

吉日壬午劍：吉日壬午，乍爲元用……（《商周青銅器銘文選》893）

以上所舉各器，其所屬的國家，分別爲越、徐、秦及晉國，由此可知使用"元用"一詞，並不是吳國兵器銘文的特點。

"元用"，究竟是什麼意義呢？郭沫若解釋説："'元用'這兩個字在兵器銘文裏面多見，普通的彝器作'寶用'，武器則多作'元用'。元者善之長也，是頂好的意思，'元用'大約就是説頂好的武器吧。"郭氏的這個解釋，並不正確。因"元"雖可訓"善"，但把"用"解釋爲武器，卻於訓詁無據。

我們認爲"元用"一詞中的"元"字應解釋爲"寶"。《吕氏春秋·召類》："愛惡循義，文武有常，聖人之元也。"高誘注云："元，寶。"邾公華鐘："元器其舊哉。""元器"即"寶器"，如聾鼎："聾作寶器。"又，大師子大孟姜匜："大師子大孟姜乍盤匜，用享用孝，用蘄眉壽，子子孫孫用爲元寶。"此匜銘之"元寶"爲同義並列複合詞，是"元"可訓"寶"的佳證。

"用"，《戰國策·魏策》："吾用多。"高注云："用，資也。"《廣雅·釋詁》："資，用也。"《詩·大雅·板》："喪亂蔑資。"毛傳："資，財也。"《説文》："財，人所寶也。"由此可知"用"與"寶"意義相因。"元"訓"寶"，"用"與"寶"義

近,是知"元用"係由兩個近義的詞素構成的同義並列複合詞,與"元寶、寶用"一樣,都是表示"寶"或"寶重"的意思。

由以上對"元用"詞義的分析,我們便可正確地解釋以下這些銘辭:

1.邗王是埜戈:乍爲元用。

2.攻敔王夫差劍:自乍其元用。

這兩句中的"元用"是名詞,在句中是動詞"乍爲"或"乍"的賓語,其意義同於上舉大師子大孟姜匜銘之"元寶",爲寶貴的器物之義。

3.徐王之子□戈:徐王之子□之元用戈。

4.越大子勾廷矛:自乍元用矛。

5.吳季子之子逞劍:吳季子之子逞之元用劍。

此三句中之"元用"爲形容詞,修飾名詞"戈、矛、劍"。"元用戈"其意義即"寶貴的戈","元用矛"即"寶貴的矛","元用劍"即"寶劍"。

6.伯剌戈,伯剌用其良金,自乍其元戈。(《吳文化研究論文集》頁145)

7.越王州句劍:越王州句自乍用劍。(《文物》1973年9期)

金文中的同義並列複合詞,往往可以拆開來單用,其意義不改變,如"帥井",可單用"帥",癲鐘:"癲不敢弗帥且考。"亦可單用"井",大盂鼎:"井乃嗣且南公。"再如"虔敬",可單用"虔",毛公鼎:"虔夙夕。"亦可單用"敬",師旋簋:"敬夙夕。"據此,可知上引兩句銘辭中的"元戈"及"用劍",即係"元用"一詞的分開單用。"元"與"用"單用後,其意義仍與"元用"相同。"元戈"即是"寶戈","用劍"即"寶劍"。

8.蔡公子果戈:蔡公子果之用。(《商周青銅器銘文選》600)

此句中的"用"亦係"元用"一詞的單用。在此句中,"用"是名詞,"之"是結構助詞,表示修飾語"蔡公子果"對中心詞"用"的領屬關係。"用"在此句子中仍當訓"寶",此句的意思是說"蔡公子果之寶"。

在目前所見的春秋戰國時期的兵器銘文中,凡是使用"元用"這一詞語或單用"元、用"二字的,都是國君或上層大貴族所使用的兵器。這些人是當時統治階級中地位最高的貴族,他們所使用的兵器,自然製作極爲精工,爲當時青銅工藝的傑作,如吳王夫差和越王句踐所使用的銅劍,在當時就是稀世的珍寶。這些兵器銘文中所出現的"元用、元戈、用劍"等詞語,正說明當時的上層貴族對這些青銅工藝的精品,是視爲寶物來珍惜的。

《古璽印與古文字論集》頁335—336,2000;原載《考古與文物》1996-3

○**王輝**(1997) "元用"春秋戰國兵器銘文習見,吳、越、徐、晉、秦兵器皆見之。《易·乾·文言》:"元者,善之長也。"王人聰《釋元用與元弄》説"元"訓"寶","用"與"寶"義近,"'元用'係由兩個近義的詞素構成的同義並列複合詞,與'元寶、寶用'一樣,都是表示'寶'或'寶重'的意思"。其説是。1977年甘肅靈臺景家莊 M1 出有"□元用戈",又寶雞姜城堡春秋秦墓亦有"元用"戈,拙著《秦銅集釋》也説"元用與寶用、永用之義接近"。1987年陝西隴縣邊家莊 M12 出土卜淦□高戈銘云:"卜淦□高作鑄,永寶用,逸宜。"戈稱"寶用",此爲僅見之例。卜淦□高戈亦三角形援,中胡二穿,直内,爲春秋早期秦戈形制。以上秦戈時代相近,或稱"元用",或稱"寶用",也可以肯定"元"與"寶"意義接近。

《陝西歷史博物館館刊》4,頁 18

○**何琳儀**（1998）　c 晉兵"元用",猶"寶用"。《吕覽·召類》"聖人之元也",注:"元,寶。"(**中略**)

　　楚兵"元用",見 c。

《戰國古文字典》頁 1015

△**按**　戊王丌北古劍有"元之用之劍"一辭,其中"元之用之"意義與"元用"相當。"元用"一詞大致有兩種解釋:一是訓"元"爲善,訓"用"爲器,則"元用"意謂"善器",郭沫若、曹錦炎等主此説;二是以爲"元、用"皆有善義,"元用"爲同義複合詞,王人聰、王輝等主此説。王人聰以爲訓"用"爲"器",於古無據,實則不然,《國語·周語上》:"司空除壇於籍,命農大夫咸戒農用。"韋昭注:"農用,田器也。"《論衡·物勢》:"金不賊木,木不成用;火不爍金,金不成器。""器、用"對文,意義相近。唯以戊王丌北古劍文例驗之,訓"用"爲"器"頗不成辭,故訓"元用"爲"善器"未安。王人聰、王輝認爲"元用"與青銅器銘文習見之"寶用"略同,並進一步認爲"寶用"和"元用"中的"用"均當訓爲"寶"。寶用,青銅器銘文或作"保用",或於其後加"之",知此"用"字只能是動詞,王人聰、王輝謂"元用"與"寶用"略同,可從,訓"用"爲寶則未安。"元用"之"用"亦當爲使用之義。

【元年】

○**何琳儀**（1998）　晉兵"元年",見《公羊·隱元》:"元年者何,君之始年也。"

《戰國古文字典》頁 1015

【元祀】

○**何琳儀**（1993）　"乍元巳",讀"作元祀",見《尚書·洛誥》:"記功宗,以功作元祀。""元祀"又見《洛誥》:"稱秩元祀,咸秩無文。"舊均釋"大祀"。劍銘

"作元祀"與典籍若合符節,故劍銘"用"應屬下讀爲"用△（編按：殘文）又江之台"。

《第二屆國際中國古文字學研討會論文集》頁249

【元配】

○**陳初生**（1987）　陳逆簠："台（以）乍（作）秂（厥）元配季姜之祥器。"《左傳·文公二年》："娶元妃以奉粢盛。"注："元妃,嫡夫人也。"

《金文常用字典》頁3

○**何琳儀**（1998）　陳逆臣"元配",讀"元妃"。《左·隱元》"惠公元妃孟子",疏："《釋詁》云,元,始也。妃,匹也。始匹者,言以前未曾娶,而此人始爲匹。故注云,明始適夫人也。"

《戰國古文字典》頁1015

【元頮】

○**饒宗頤**（1957）　䫲,拓本頁旁不甚明,據水野摹作"頁"。《説文》："頮,内頭水中,从頁、𠬸。"按與没字同。《爾雅·釋詁》："蠠没,勉也。"郭《注》："蠠没,猶黽勉。"《表記》"俛焉日有孳孳",鄭《注》："俛焉勤勞之貌。"銘云：元頮乃憙,殆勉以至德之意。

《金匱論古綜合刊》1,頁93

○**郭沫若**（1958）　"元頮乃憙,子孫永保"者,頮字見《説文》,訓爲"内（納）頭水中",當是没之異體。"元没"即蠠没,《爾雅》："蠠没,勉也。"猶言黽勉言勉勵汝之品德,使子孫永保勿墜。意實雙關,不僅不失其器,並將不失其德。

《郭沫若全集·考古編》6,頁166,2002;原載《考古學報》1958-1

○**何琳儀**（1989）　"元（乾）頮（没）乃恖（聰）" "元頮",饒、郭均讀"蠠没",不確。檢"蠠没"之類的聯綿詞,如"黽勉、僶勉、俛勉、閔勉、閔免、瞀勉、敯勉、覆密、悗密、牟勉、侔莫、劶莫、茂勉、茂明、懋漠、昒穆、文莫、罔莫、密勿、百每、馬母"等,均屬脣音之聲轉,無一例外。若讀"元"爲"蠠",不但聲紐相悖,而且於典籍亦無例可援。今按,"元"可讀"乾"。檢"元",疑紐元部;"乾",群紐元部。群、疑同屬見系。从"元"與从"臤"得聲之字或可相通。如《禮記·禮運》"衣其澣帛",《家語·問禮》作"浣帛"。《説文》："䏴讀若浣。""浣,澣或从完。""乾"亦从"臤"得聲,自可讀若"元"。

（中略）本銘"元頮"即典籍之"乾没"。《史記·張湯傳》"始爲小吏,乾没",集解："徐廣曰,隨勢沈浮也。駰按,服虔曰,射成敗也。如淳曰,得利爲乾,失利爲没。"正義:"此二説非也。按,乾没謂無潤及之而取他人也。又云陽浮慕爲乾,内心不合爲没也。"近人又有謂"乾没"即"幹末","健昧"之音轉,《史記》以降,對"乾没"一詞的解釋多側重一點,而未能溯其本源。今按,"元顥"乃"乾没"初形。《爾雅·釋詁》:"元,首也。"《左傳》僖公三十三年,"狄人歸其元",《孟子·滕文公》下"勇士不忘喪其元",均用"元"字的本義。本銘"元顥"乃"頭没于水中"之意,這與"顥,内頭水中"正相貫通。"元顥"即所謂"滅頂之災",可以引申爲"浮沈、傲倖、貪婪"等義,嗣後音轉爲"乾没",遂使解者紛如。

《古文字研究》17,頁 153

△按　元顥,具體涵義仍待考。董珊《越者汈鐘銘新論》(復旦大學出土文獻與古文字研究中心網 2008 年 3 月 1 日)引《書·大禹謨》"予懋乃德,嘉乃丕績",謂"元"或有"懋嘉"之義。

【元龜】

○賈連敏(2003)　甬(用)受釐元龜。

《新蔡葛陵楚墓》頁 189

天　页

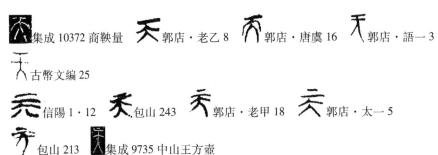

集成 10372 商鞅量　　郭店·老乙 8　　郭店·唐虞 16　　郭店·語一 3　　古幣文編 25　　信陽 1·12　　包山 243　　郭店·老甲 18　　郭店·太一 5　　包山 213　　集成 9735 中山王方壺

○袁國華(1993)　"秂"字見"包山楚簡"第 95 簡,原《釋文》與《字表》皆隸定爲"而"字。"而"字,簡文作秂(2)、秂(15)、秂(220)等形,與"秂"近似而實有不同。《釋文》簡 85"而"字作秂,就與簡 95 的"秂"字一樣,也不是"而"字。以上誤釋的兩字應同是"天"字。"包山楚簡""天"字分別見簡 213、215、219、237、243,字形或作秂、或作秂、或作秂,戰國金文"屬羌鐘""天"作秂;"楚帛書"作秂,可以爲證。或許有人認爲"侯馬盟書"的"而"字有作秂、秂的,亦可以證明"秂""秂"可能是"而"字。"包山楚簡""而""天"二字字形固然相近,要分別二字,就只須了解二字書寫筆畫的差別。"而"字簡文字形作秂(2)、秂(15)、秂(220);"天"字作秂(215)、秂(219)、秂(243),比較兩類字形,"而"字字形最裏面兩筆的左一筆必作"ㄴ",作右上鉤之勢,無一例外;而"天"的這一筆向左下撇,作一"丿"之勢,這就是辨認"包山楚簡""而""天"二字的關鍵一筆。據此標準,簡85秀與簡95秀兩字,皆宜改隸作"天",才符合事實。

《第二屆國際中國古文字學研討會論文集》頁429—430

○**何琳儀**(1998) 天,甲骨文作㆖(甲三六九)。从大,口(丁)象人頭之形。丁亦聲。天,透紐;丁,端紐。端、透均屬舌音,天爲丁之準聲首。或作㆖(前二·二〇·四),丁收縮爲一橫。或作㆖(拾五·一四),上加短橫爲飾。或作㆖(乙一五三八),豎筆穿透第二橫筆。西周金文作㆖(盂鼎)、㆖(牆盤),春秋金文作㆖(秦公簋)。戰國文字承襲兩周金文。《説文》:"㆖,顚也。至高無上。从一、大。"以顚釋天屬聲訓,亦顚之本字。《説文》:"顚,頂也。从頁,真聲。"以頂釋顚亦聲訓。

(中略)行氣玉銘天,讀顚。《説文》:"顚,頂也。从頁,真聲。"

《戰國古文字典》頁1117

【天乙唐】

○**曹錦炎**(1989) (編按:宋公戀簋)天乙唐。

即殷開國王成湯,卜辭或作唐,與此同。天乙即大乙,乃成湯之廟號。

《古文字研究》17,頁116

○**陳公柔**(1996) (編按:宋公戀簋)大乙、成、唐並是一人即湯。《綜述》云:"大乙是廟號而唐是私名。成則可能是生稱的美名,成湯猶云武湯。"卜辭中有大乙無天乙,天大二字形近互用,大乙即天乙。《先公先王考》亦有論列,茲不贅述。卜辭中不如後世文獻中之稱爲成湯、湯、天乙湯等等。傳世齊國銅器《叔尸鏄》銘云:"虩虩成唐,有嚴在帝所。"則此簋銘之稱"天乙唐"自是有所本的。《史記·宋微子世家》:"微子開者,殷帝乙之首子而帝紂之庶兄也。"又云:"周公即承成王命,誅武庚,殺管叔,放蔡叔,乃命微子開代殷后,奉其先祀,作《微子之命》以申之,國于宋。"(《微子之命》亡,晚出古文有。)

《洛陽考古四十年——1992年洛陽考古學術研討會論文集》頁237

○**何琳儀**(1998) 宋公戀匜"天乙唐",讀"天乙湯"。商王成湯。《史記·殷本紀》:"主癸卒,子天乙立,是爲成湯。"

《戰國古文字典》頁1118

【天下】

○**張政烺**(1979) (編按:中山王方鼎)天下,指天下人。

《古文字研究》1,頁223

○何琳儀（1998）　c 中山王鼎“天下”，見《易·乾》：“乾元用九，天下治也。”信陽簡“天下”，見 c。（中略）商鞅方升“天下”，見 c。

《戰國古文字典》頁 1117—1118

【天子】

○湯餘惠（1993）　(編按:驫羌鐘)天子，指周威烈王。

《戰國銘文選》頁 12

○何琳儀（1998）　驫羌鐘、中山王器“天子”，見《書·洪範》：“天子作民父母，以爲天下王。”

《戰國古文字典》頁 1117

【天李】

○睡簡整理小組（1990）　(編按:睡虎地·日甲 145 背)天李，即天理。《史記·天官書》集解引孟康云：“傳曰：天理四星在斗魁中，貴人牢名曰天理。”索隱：“《樂汁圖》云：‘天理，理貴人牢。’”

《睡虎地秦墓竹簡》頁 226

【天步】

○何琳儀（1986）　(編按:楚帛書)“天步”，古天文術語。《後漢書·張衡傳》：“風后察三辰于上，迹禍福乎下，經緯曆數，然後天步有常。”

《江漢考古》1986-2，頁 80

【天尚】

○李零（1985）　(編按:楚帛書)以亂天尚，天尚，讀爲天常，《管子·形勢解》：“天覆萬物，制寒暑，行日月，次星辰，天之常也。”《呂氏春秋·大樂》“陰陽變化，一上一下，合成兩章，渾渾沌沌，離則復合，合則復離，是謂天常”，高誘注：“天之常道。”

《長沙子彈庫戰國楚帛書研究》頁 60

○饒宗頤（1993）　(編按:楚帛書)天尚即天常。《呂覽·古樂》：“葛天氏歌，其五曰‘敬天常’。”又《大樂》：“是謂天常。”高誘注：“天之常道。”

《楚地出土文獻三種研究》頁 262—263

【天坒】

○商承祚（1964）　(編按:楚帛書)天陸。

《文物》1964-9，彩色插頁

○何琳儀（1986）　(編按:楚帛書)“陸”，“阤”之繁文（戰國文字從“阜”複增“土”者習見），帛書借爲“地”。小篆“地”蓋“陸”之省簡，籀文“隆”即三晉文字“坒”。

也、象一聲之轉,故可通用。帛書"天地"連文,古文字資料中僅見,彌足珍貴。

《江漢考古》1986-1,頁 52—53

○**何琳儀**（1998） 帛書"天堕",讀"天地"。《易·乾》："夫大人者,與天地合其德。"

《戰國古文字典》頁 1117

【天㙍】

○**饒宗頤**（1985） （編按:楚帛書）天㙍即乙篇云："卉木民人,以☒四淺之尚（常）。"天㙍（踐）者,《大戴禮》"履時以象天"之義。

《楚帛書》頁 14

○**何琳儀**（1986） （編按:楚帛書）"天㙍",疑讀"天錢"。《晉書·天文志》："壘壁陣西北有十里,曰天錢。"

《江漢考古》1986-2,頁 79

○**劉信芳**（1996） 見卷十三土部"㙍"字條。

【天像】

○**何琳儀**（1986） （編按:楚帛書）"天象",參《易·繫辭》"天垂象,見吉凶"。

《江漢考古》1986-1,頁 57

○**劉信芳**（1996） （編按:楚帛書）天像 謂日月星辰等昭示的祥瑞。

《中國文字》新 21,頁 95

○**何琳儀**（1998） 帛書"天像",讀"天象"。《易·繫辭》："天垂象,見吉凶。"《書·胤征》："昏迷于天象。"

《戰國古文字典》頁 1117—1118

【天梧】

○**饒宗頤**（1968） （編按:楚帛書）天梧,以鄂君節樀字證之,乃棓字,即天棓也。《爾雅·釋天》："彗星爲欃槍,或謂之掃星,妖星也。"《天官書》云："三月生天棓,長四尺,歲星之精出東北西方,其出則天下兵爭也。"蘇林曰："棓音槲打之槲。"顏師古曰："棓音白講反。"《佚周書·器服解》棓禁豐一。楚龍節背文："一樀飮之。"鄂君車節："如樀徒,屯廿樀以當一車。"其字作樀與棓,此作棓,應是一字。天棓與天欃、天槍,皆爲彗星。《九歌》："登九天兮撫彗星。"彗星春秋以來屢見記載。《史記·天官書》太史公曰："春秋二百四十二年之間,彗星三見。"又《齊世家》齊景公語晏子："茀星將出,彗星何懼乎?"楚繒書年代屬戰國初期,有彗星紀録,自無疑問。《漢書·天文志》："石氏槍、欃、棓、彗異狀,其殃一也,必有破國亂君。"《晉書·天文志》引《河圖》云："歲星之精爲天棓,至蒼彗凡七

星。"英倫斯坦因敦煌卷,所見星圖(S・3326),最末爲天梧,圖之如下:

○**李學勤**(1982)　　(編按:楚帛書)"天梧將作傷","天梧"係一種彗星,詳見《開元占經》卷八十五《天梧》。

　　(中略)天梧,據《占經》卷八十五《天梧》章引甘氏説又名危星,其形狀據説是:

　　"天梧,本類星,末鋭,長四丈也。"因爲形似棒梧,所以被叫做天彗。《占經》所引占書,多説天梧的出現,在天空有固定方位,如卷八十八《彗孛名狀》章引《荆州占》説:"梧星出西方,名曰天梧。"

　　而同章又有:"石氏曰:彗星出西北,本類星,末類彗,長可四五尺至一丈,名曰天梧。"

　　"甘氏曰:掃星見東北,名曰天梧。"

　　"《春秋運斗樞》(拽系緯書)曰:彗星出東北,名曰天梧。"

　　由此可見,名(編按:"名"當爲"各"之誤)家對天梧的形狀、方位,説法紛紜不一,這是由於古代天文各家有不同師承之故。帛書所説的天梧,其禍咎降於所見之方,看來並沒有固定方位,與上引甘(德)、石(申)等的説法並不相同。

　　(中略)附記:此文寫成後,讀到香港饒宗頤氏《楚繒書疏證》一文,已釋出"天梧",特志於此。

○**李零**(1985)　　見卷五豆部"桓"字條。

○**劉信芳**(1996)　　(編按:楚帛書)天梧　讀如"天梧",《説文》:"音"之或體作"歆",知梧、梧讀音可通。《史記・天官書》:"三月生天梧,長四丈,末兑。"

○**何琳儀**(1998)　　帛書"天桓",讀"天梧",星名。《吕覽・明理》:"其星有熒惑,有彗星,有天梧,有天欃。"

○**李零**(1999)　　(編按:楚帛書)"天梧",饒文引《説文》音字或體作歆,證明此字應釋爲"天梧"。

○**李學勤**(2001)　　見卷五豆部"桓"字條。

△**按**　天梧,當依李學勤(2001)讀爲"天柱"。

【天德】

○于豪亮（1979）　（編按：中山王方鼎）"敬惖（順）天德"，《周易·乾》："飛龍在天,乃位乎天德。"《漢書·食貨志》："財者,帝王所以聚人守位,養成群生,奉順天德,治國安民之本也。"

《考古學報》1979-2,頁 173

吏　包山 168　包山 161　上博二·從甲 18　侯馬 156:21　璽彙 1833

△按　"吏、史"一字分化,參卷三史部。

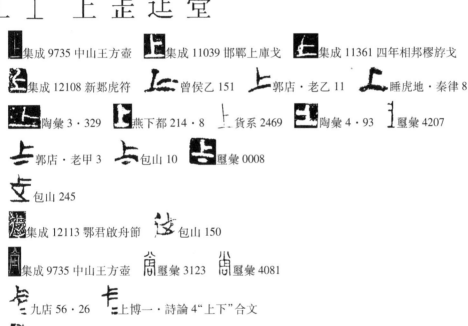

上　丄　上　走　辻　堂

集成 9735 中山王方壺　集成 11039 邯鄲上庫戈　集成 11361 四年相邦樛斿戈

集成 12108 新郪虎符　曾侯乙 151　郭店·老乙 11　睡虎地·秦律 8

陶彙 3·329　燕下都 214·8　貨系 2469　陶彙 4·93　璽彙 4207

郭店·老甲 3　包山 10　璽彙 0008

包山 245

集成 12113 鄂君啟舟節　包山 150

集成 9735 中山王方壺　璽彙 3123　璽彙 4081

九店 56·26　上博一·詩論 4"上下"合文

山東 160"上月"合文

璽彙 3228"上各"合文

璽彙 3967　璽彙 3971"上官"合文

上博四·東大 6"上帝"合文

○黃盛璋（1974）

（32）戈　甘丹（邯鄲）上（《考古》1962 年 12 期 624 頁）

(33)戈　甘丹(邯鄲)上庫(《癡盦藏金》59)

(32)戈爲河北邯鄲百家村3號戰國墓出土,藏河北省博物館,戈銘過於細小,舊未識出。(33)戈《癡盦》附説云"發現於綏遠"(内蒙古),今藏故宫。據(33)戈銘可知(32)戈"甘丹上"即"甘丹上庫"之略。百家村3號墓爲戰國中期,(32)戈屬此時期,(33)戈時代也應相去不遠。

《考古學報》1974-1,頁25

○**郭沫若**(1958)　"让灘"者泝漢水而上。

《文物參考資料》1958-4,頁4

○**鄭家相**(1958)　上⊥　文曰上。按尖首刀上字,嘗見倒列反書,舊譜釋下,謂是紀範之上下也,實非。蓋古人摶土作範,就範刻文,刀布初創,尚屬各别爲範,何分上下。不但空首布與尖首刀,不能有上下之紀範,即方足布與易刀,亦不能有上下之紀範。凡刀布之著上字者,爲吉利語,取上等貨之義。決無著下字,而自稱爲下等貨也。故刀布之著有似下字者,或爲上字倒列,或爲亥字誤釋。尖首刀文字多倒列反書,此種文字,旁筆甚短,與亥字作長筆者有異,其爲上字倒列反書無疑。若空首布與易刀之著有類下字者,大抵爲亥字之誤釋也。

《中國古代貨幣發展史》頁68

○**于省吾**(1963)　其稱让者有三:一稱上漢,兩稱上江,让即上,从辵表示行動之義,凡稱让者,既專指幹流的江漢,又爲逆流而上。

《考古》1963-8,頁445

○**黄盛璋**(1964)　上:表示泝流而上,如"上漢、上江"等。

《歷史地理論集》頁266,1982;原載《中華文史論叢》5

○**張政烺**(1979)　尙,古璽文常見,多作尙,蓋尚字有數音,聲符不明顯,故加注上以爲聲符,依六書條例言當是从尚,上聲。此處讀爲上。

《古文字研究》1,頁216

○**李學勤、李零**(1979)　尙,即上字,字見《古徵》附録33頁及侯馬盟書七七:九。尚與上同音同義,複合成爲一字,和殷虚卜辭弗字寫作𢍭、宿毁鬲(《三代5·28》)宿字寫作𡨦是同例的。

《考古學報》1979-2,頁152

○**羅福頤等**(1981)　(編按:璽彙3009)尙。

《古璽文編》頁30

○**孫劍鳴**(1982)　"上",表示泝流而上;(中略)"上"只用於"江、漢"。

《安徽省考古學會會刊》6,頁29

○**商承祚**（1982）　堂爲尚之異體，尚、上本相通，此合二而一。《詩·國風·魏·陟岵》：“上慎旃哉，猶來無止。”注：“上猶尚也。”

《古文字研究》7，頁 67

○**陳漢平**（1982）　古鉢文字中與前二體字形相關密切的文字有尙、尚、尚諸體，在古鉢中用爲人名或姓氏。而戰國文字尚字作尚、尚、尚等諸體，故此三字可視爲从尚从上，隸定爲尚。

從文字訓詁來看，尚者上也。見於《左氏襄廿七年傳》“尚矣哉”注；《論語·顏淵》“草尚之風”釋文；《廣雅·釋詁一》；《一切經音義》廿五引《蒼頡訓詁》；《國語·晉語》“尚有晉國”注；《史記·五帝紀》“學者多稱五帝尚矣”索隱；《孟子·萬章下》“舜尚見帝”注；又“尚論古之人”注；《荀子·非十二子》“尚法而無法”注；又《荀子·王霸》“以小人尚民而威”注；又《禮論》“大饗尚元尊”注；又《性惡》“賢者敢推而尚之”注；《管子·版法》“立四義而毋議者尚之於元官”注；《楚辭·大招》“尚三王只”注。尚字通上，見《詩·陟岵》“上慎旃哉”注：“上猶尚也。”

尚字既然通上，那麼，在尚字中增添一個聲符兼意符的上字就不奇怪。只要在尚字中添加一個上字，就可得到尚字或尚字。山西侯馬出土載書人名有尚（堂）字，河北平山出土中山王銅方壺銘文有尚（尚）字，其文曰：“……則堂逆於天，下不順於人也。”堂字與下字對文，字義用爲“上下”之上，顯而易見，以是知尚、尚二字乃“尚者上也”之本字。此尚、尚、尚諸體只是尚與上字之書寫位置略有不同而已。

《考古與文物》1982-2，頁 52

○**吳振武**（1982）　尚（上）：

《說文》：“丄，高也，此古文上，指事也。𠄞，篆文丄。”按甲骨文和西周金文中的上字作二或二；在戰國文字中上字既作上又作尚，如《中山王嚳方壺》銘文中“遂定君臣之位，上下之體”的上字作上，同銘“外之則將使上覲於天子之廟”“上逆於天、下不順於人”等上字則作尚。上、尚古同音，可知作尚者是在上上又加注音符“尚”。有一部分研究者認爲尚字是在“尚”字上加注音符“上”，不確。

《吉林大學研究生論文集刊》1982-1，頁 58—59

○**吳振武**（1983）　0900 肖尚·肖（趙）堂（上）。

0901 同此釋。

3009 圓昌·瞯堂（上）。

3149 尚魿·堂（上）魿。

3150 ⊡字同此釋。

《古文字學論集》（初編）頁 495、511、512

○陳邦懷（1983）　方壺："則上逆於天"，上字人人皆識，而方壺作堂，加尚爲音符。

《天津社會科學》1983-1，頁 62

○黃錫全（1986）　上本作⊥（蔡侯盤），中山王壺作⊡，侯馬盟書作⊡（77∶9），另加聲符尚。

《古文字研究》15，頁 146

○林素清（1990）　附録六五（編按∶《璽文》）⊡即尚字，尚加聲符上作⊡，又見中山王譻壺："外之則將使堂（上）勤於天子之廟。"

《金祥恆教授逝世周年紀念論文集》頁 113

○劉釗（1995）　古璽有下揭二字：

⊡《古璽文編》495 頁　　　　　⊡《古璽文編》319 頁

⊡是加注尚聲的上字，⊡是堂字。戰國文字中從土作的字大都可改爲從立作，故從土的堂改從立作⊡。

《人文雜志》1995-2，頁 107

○劉信芳（1996）　包山簡一〇"郯戜上連囂"，七九"上臨邑公"，一〇二"上新都"，一八八"上鄳邑"，二四六"水上"，二六九、二七三"其上載"，信陽楚簡一·〇一"戔（賤）人奮上則刑劅至"，諸例"上"均用作方位詞。而二三六、二三九、二四二等"走懸"，信陽簡一·〇二"走賢"，"走"用作動詞。鄂君啟節"辻灘"，又"辻江"，"辻"用作動詞。上與走、辻各自用例不同。

《考古與文物》1996-2，頁 78

○何琳儀（1998）　中山王圓壺上，見《廣雅·釋詁》一："上，君也。"

楚器地名前之上，表示地理方位。（中略）信陽簡上，尊位。

《戰國古文字典》頁 657

○陳偉武（1999）　有些字也由音同音近的兩個偏旁組成，但兩個偏旁都兼有意義，廣義上它們也算雙聲符字，但與形聲字的關係更密切。人們在分析具體字形結構時往往出現不少差異。例如"堂"字，（中略）"尚"與"上"音義俱同。《論語·顏淵》："草上之風必偃。""上"，《孟子·滕文公上》作"尚"。《國語·晉語四》："尚有晉國。"韋昭注："尚，上也。"《漢書·匡衡傳》："治天下者，審所上而已。"顏師古注："上，謂崇尚也。"

《中國古文字研究》1，頁 335

○**李丁生**（2000）　（編按：廿四年上郡守戈）"上"即上郡的簡稱。

○**黃錫全**（2001）　⊥⊥　上上　系699　其義不明。

○**陳偉武**（2002）　郭簡以"走"爲"上"（9.6）、以"辷"爲"上"（10.18），"走、辷"爲繁體。

△**按**　戰國文字"上"這個詞或可用"走、辷"等字表示。"走、辷"於"上"外復加"止、辵"二旁表示行動之義,故"走、辷"二字當如劉信芳所言,乃爲"上"這一動作所造之專字。"辷"另見卷二辵部"辷"字條。"堂"字從尚、上,"尚、上"二旁皆可兼表音義。

【上士】

○**羅福頤等**（1981）　上士。

○**王人聰**（1997）　上士,編號4632—4633（編按:《璽彙》）。

　　戰國時期,士階層興起,士的品類亦頗複雜,士之中又分等級,有所謂上士與下士之分。《荀子·堯問》:"故上士吾薄爲之貌,下士吾厚爲之貌。"《墨子·節葬》:"上士之操葬也。"上士應係指知識與德行都比下士爲高的人。

【上士之又】

○**羅福頤等**（1981）　（編按:璽彙4844—4851）上士之右。

○**王人聰**（1997）　上士又志,編號4844—4851（編按:《璽彙》）。

　　《彙編》將上列各璽釋爲"上士之右",其誤與釋上述"君子又志"璽同。這幾方璽亦應釋爲"上士又（有）志"。

○**陳松長**（1991）　上士之屮（右）,1.5×1.5×1.5釐米。此印亦見《彙編》4844—4851。"上士"乃古之官名,《周禮·王制》:"諸侯之上大夫卿、下大夫、上士、中士、下士凡五等。"屮即又,與右通。古人尚右,《史記·田叔傳》:"上盡召見,與語,漢廷臣毋能出其右者。"上士之右,猶官上士中之皎皎者。

【上下】

○**李零**（1985）　（編按：楚帛書）“上”字下面的一橫，底下還有殘畫，巴納德補爲“上下”二字合文（參丙7：2—8），甚確。這裏“上下”指天地。

《長沙子彈庫戰國楚帛書研究》頁68

○**曾憲通**（1993）　甲三・二（編按：楚帛書）“上”字豎筆直下，下半雖殘去，爲“上下”合文無疑。

《長沙楚帛書文字編》頁116—117

○**何琳儀**（1998）　中山王方壺“上下”，見《書・周官》“和上下”。

《戰國古文字典》頁657

○**陳茂仁**（1998）　卡（上下），爲上下之借筆畫合文，即簡省相同構件“一”而合書之，益“＝”爲合文符。“上下”，於此（編按：楚帛書）訓“神人”。《國語・周語》：“夫王人者，將利導而布之上下者也。”《秦簡・日書》：“達日利以行師、出正、見人，以祭上下，皆吉。”《論語・述而》更直標“上下神祇”，其云：“誄：‘禱爾於上下神祇。’”納梟于祠，蓋黃帝肇其始，“有梟内于上下”蓋“以梟爲祭牲，祭祀於上下神祇”之謂也。

《第九屆中國文字學全國學術研討會論文集》頁229—230

○**李家浩**（2000）　（編按：九店56・26“弖［以］爲卡＿［上下］之禱裯［祠］”）“卡＿”是“上下”的合文，中閒一橫是公用的筆畫，其右下側兩點是合文符號。這種寫法的“上下”合文，還見於長沙楚帛書（《長沙楚帛書文字編》116、117頁）。

《九店楚簡》頁81

【上下禾】

○**王人聰**（1996）　（編按：香港中文大學文物館藏印續集一189）璽文“禾”借爲和。《吕氏春秋・必己》：“一上一下，以禾爲量。”高誘注：“禾，中和。”俞樾《諸子平議》：“禾，當作和。”于省吾《雙劍誃諸子新證》：“禾乃和之借字。”

《香港中文大學文物館藏印續集一》頁171

△**按**　戰國玉瑵銘云“上變下動，相合禾（和）同”，可與此並觀。

【上下和】

○**羅福頤等**（1981）　（編按：璽彙4370）上下和。

《古璽彙編》頁430

○**葉其峰**（1983）　“上下和”。《禮記・樂記》：“樂文同，則上下和矣。”又《禮記・孔子閒居》：“無體之禮，上下和同。”璽文亦屬修身之詞，意猶上下和睦，與人無爭。

○王人聰(1997) 上下和,編號4730。

　　璽文上下和亦作上下禾,香港中文大學文物館藏一璽即作"上下禾",禾與和字通,《呂氏春秋·必己》:"一上一下,以禾爲量。"俞樾《諸子平議》云:"禾,當作和。"于省吾《雙劍誃諸子新證》:"禾乃和之借字。"《韓非子·揚榷》:"君操其名,臣效其形,形名參同,上下和調也。"《管子·問》:"上帥士以人之所戴,則上下和。"《淮南子·主術訓》:"所任者得其人,則國家治,上下和,群臣親,百姓附。"璽文"上下和"即是此義。

○李東琬(1997) 《禮記》記載:"樂者爲同,禮者爲異,同則相親,異則相敬。"鄭玄注:"異謂別貴賤也。"指出禮的本質是異是分,貴賤有等,上下有別,不可易也。如此,才能維護等級制度,才能相敬。然而,這種差異也使得君臣之間充滿了矛盾和對立,即《禮記》所説"禮勝則離",鄭注:"離謂析居不和也。"因此,必須禮樂並行,"禮義立則貴賤等矣,樂文同則上下和矣"。要在異的前題下,提倡君臣之間、上下之間的和諧,以此維繫"君君、臣臣、父父、子子"的"宗法社會"。"和"是實行禮制的保證,所以有子説:"禮之用,和爲貴",要靠"忠恕""仁義"來達到如箴言璽中所表述的那樣,"上下和"。

○何琳儀(1998) 古璽"上下和",見《史記·魏世家》"上下和未可圖也"。

【上白】

○李學勤(1980) (編按:上白羽壺)出於北室的卮,上有"羽"字。南室的鐘,有"羽、上白"銘文。這些銘文字體屬於秦人。所謂"上白",可能是地名"上郡白土"的省略。

【上㠻】

○黃盛璋(1989) (編按:上㠻床鼎)"上員"員字上從"屮"乃"口"字,秦漢"口、曰、白、自"上可不封口,而以"屮"表示。(中略)"上員"亦爲宮室名,"員"或通"園"。

○**何琳儀**（1998）　（編按：上芑床鼎）上芑。

《戰國古文字典》頁 1095

○**張亞初**（2001）　（編按：上芑床鼎）上𦬇（范）。

《殷周金文集成引得》頁 34

○**中國社會科學院考古研究所**（2001）　（編按：上芑床鼎）上範

《殷周金文集成釋文》2，頁 159

△按　"芑"從巳得聲，又古文字從中從艸每不別，故"芑"當即"范"字之異體，黃盛璋釋"員"非是。"上芑"當爲地名，不見於典籍，具體地望待考。

【上各】

○**吳振武**（1983）　3228 𦥑俓·上各（洛）坒（府）。

《古文字學論集》（初編）頁 513

○**陳漢平**（1985）　古璽文有上各二字合文，書作𦥑，《古璽文編》不釋而收入附錄。按此璽文爲"上各坒"，文凡言"某某坒"者，坒字前之文字多爲地名，故此"上各"合文當讀爲"上雒"。

《出土文獻研究》頁 237

○**吳振武**（1989）　此璽重新著録於《古璽彙編》（三二二八）。璽中𦥑字《古璽文編》列於附錄（528 頁第六欄）。

今按，𦥑應釋爲"上各"二字合文，右下方" = "是合文符號。此璽全文作"上各坒"，"上各"是地名，即敔簋中的上洛，典籍或作上雒（《左傳·哀公四年》），春秋晉邑。戰國時先屬魏，後屬秦。《戰國策·秦策》："楚、魏戰於陘山。魏許秦以上洛，以絶秦於楚。"其地在今陝西省商縣。此璽從形制和文字風格上看，可以確定爲魏璽。

《古文字研究》17，頁 269

○**林素清**（1990）　上各（洛）合文作𦥑。《彙編》3228"上洛"。

《金祥恆教授逝世周年紀念論文集》頁 108

【上武】

○**王輝**（1990）　"上武"當是"上郡武庫"之省文。武庫之名見五年吕不韋戈、少府矛、十三年少府矛，三器所指皆中央之武庫。上郡處於防範匈奴之前線，戰略地位重要，故亦設立武庫以儲藏兵器。

《秦銅器銘文編年集釋》頁 54

【上芥】

○鄭家相（1958）　右布面文上苑，背文十二朱，僅見小者，應有大者。《括地志》云：“故王城一名河南城，本郟鄏，周公新築，在洛州河南縣北九里苑內東北隅，則九里苑名也。”程恩澤曰：“九里苑，即故王城，在今河南洛陽縣西北九里。”此布文曰上苑者，猶洛陽之稱上地也。

《中國古代貨幣發展史》頁 146—147

○裘錫圭（1978）　下揭三孔布面文，《辭典》（通檢 3 頁）和《發展史》（146 頁）都釋作“上苑”。第二字明明從“艸”從“外”，釋作“苑”是錯誤的。

據《漢書・地理志》，太原郡有上艾縣。其地在今山西省平定縣東南，戰國時在趙國疆域內。上引幣文“芥”顯然是從“艸”“外”聲之字。“外、艾”都是疑母祭部字，古音極近。《國語・晉語七》“國君好艾，大夫殆；好內，適子殆”，韋注：“‘艾’當爲‘外’，聲相似誤也。”三孔布的上芥應該就是《地理志》的上艾。

《古文字論集》頁 434，1992；原載《北京大學學報》1978-2

○曹錦炎（1984）　通讀《文編》，覺得釋文可商之處甚多，今不揣謭陋，摭采各家之説，札記於次，希望能求證於編者和讀者（括弧中“P”表原書頁，後爲頁數）。

1.芥（P.8）

《文編》釋爲“苑”。此字從艸從外，隸定應作“芥”。近年河北平山出土的中山王方壺，“簡策”之簡作筊；安徽壽縣朱家集出土的曾姬無恤壺，“閒”字作閞，《説文》閒字的古文也作閞。古文字從艸之字可以寫作從竹，如芥字，信陽楚簡作筊；範字，陶文作範，均其例，所以“芥”字應該是“簡”的異體。幣文“上簡”爲地名，古有簡河，爲九河之一，在今河北東光之南、山東德縣之北。“上簡”得名，或與簡河有關。

《中國錢幣》1984-2，頁 67

○梁曉景（1995）　【上芥・三孔平首布】戰國晚期青銅鑄幣。鑄行於趙國，流通於三晉等地。屬小型布。面文“上芥”。背鑄“十二朱”，背首穿孔上有數字“一”。“外、艾”古相通，“上艾”，古地名，戰國屬趙。《漢書・地理志》太原郡有上艾縣，在今山西平定東南。一般通長 4.9—5.1、面寬 2.7 釐米，重 7.1 克。極罕見。

《中國錢幣大辭典・先秦編》頁 372—373

○郭若愚（2001）　三孔布十二銖幣。《説文》：“閒（古閑切）。隙也，從門從月,**閞**古文閒。"《説文》:"簡,牒也,从竹,閒聲。"《石鼓文》作**韽**,《中山王壺》作**𥯤**。於此知**𦬣**爲簡字之省體,古文字从"艸"與从"竹"可通。此幣文字可釋爲"上蕳"。自右向左讀。按山西平陸縣西五十里有"閒田",今名閒原:"上蕳"即"上閒"。三孔布上地名往往有上下之分。"上閒"即在其地。

《詩·大雅·文王》:"虞芮質厥成,文王蹶蹶(編按:後"蹶"當作"厥")生。"毛傳:"虞芮之君,相與爭田,久而不平。乃相謂曰西伯仁人也,盍往質焉。乃相與朝周,入其境,則耕者讓畔,行者讓路;入其邑,男女異路,斑白不提挈;入其朝,士讓爲大夫,大夫讓爲卿,二國之君,感而相謂曰:我等小人,不可以履君子之庭。乃相讓以其所爭田爲閒田而退。"閒田之地名,看來大概在周初已經成立。

《先秦鑄幣文字考釋和辨僞》頁 27

【上邮陽】

○**鄭家相**(1958)　　右布面文上邨陽,背文一兩,僅見大者一種,應有小者。邨陽地名,其曰上邨陽者,當是在比水上游之陽,其地戰國屬楚,未知何年入秦,此布當入秦後所鑄,參見邨陰釿布。

《中國古代貨幣發展史》頁 140

○**裴錫圭**(1978)　　三孔布面文有作"上**𨝋**陽"或"下**𨝋**陽"的(《東亞》4.71),一

般釋"陽"上一字爲"邨"。《發展史》以爲上邨陽"當是在比水上游之陽",下邨陽"即比水之下游之陽地"(140—141 頁)。《漢書·地理志》南陽郡有比陽縣,以處於比水之陽而得名,在今河南省泌陽縣西,戰國時當屬楚,不在鑄造布幣的區域之內,跟見於三孔布的邨陽似乎不會有關係。

其實"邨"不見得一定是"邨"字。中子化盤"化"字所從的"七"作**𠤎**(《金》458 頁),"坏(市)南少(小)七(貨)"空首布"七"字作**𠤎**(《東亞》二·118),寫法都跟"邨"字左旁相似。所以,這個字很可能是從"七"得聲的。"化、和"古音相近。《水經·濁漳水注》:"……百尺溝,又東南逕和城北,世謂之初丘城,非也。漢高帝十一年封郎中公孫耳爲侯國(《漢書·功臣侯表》作'禾成侯公孫昔')。"和城在今河北省寧晉縣東北,戰國時當屬趙。疑"邨陽"當讀爲"和陽",上下和陽二邑皆在和城附近一帶。

《古文字論集》頁 438,1992;原載《北京大學學報》1978-2

○**李零**(1983)　　**𠤎**,與下文直相對,可以肯定是曲字。這個字的釋出也很重要,因爲它可以糾正過去人們對趙幣"上邨陽、下邨陽""邨"字的誤釋,證明釋

郎或釋和(讀匕爲化,借讀爲和)(編按:"匕"爲"化"字所从,非"匕首"字)都是不對的,唯一正確的釋法應當是把它讀爲"上曲陽""下曲陽"(原注:李學勤先生釋"邔陽"爲"曲陽",其説至確。)。

《古文字研究》8,頁 61—62

○裘錫圭(1990)　　李學勤同志認爲"邔"字所从之"匕"爲"曲"字異體,釋"上邔陽、下邔陽"爲"上曲陽、下曲陽"(見李零《戰國鳥書箴銘帶鉤考釋》,《古文字研究》8 輯 62 頁注③),可從。上曲陽、下曲陽正爲趙邑。原文此條全誤。所謂"坿南少匕"應釋"少曲坿南",參看本書《戰國文字中的"市"》的追記。

《古文字論集》頁 451

○黄錫全(1993)

編號	幣文	原釋	今釋	簡注	國別	幣形
2465	上邔陽	上邔陽	上郵陽	河北曲陽縣西	趙	孔

《第二屆國際中國古文字學研討會論文集》頁 369

○梁曉景(1995)　【上邔陽・三孔平首布】　戰國晚期青銅鑄幣。鑄行於趙國,流通於三晉等地。屬大型布。面文"上邔陽"。背鑄"兩",背首鑄有"二十"等數字。"上邔陽",古地名,戰國屬趙,地望待考。或謂"邔"從"匕"得聲,讀如化,與"和"古音相近,疑"邔陽"當讀爲"和陽",在今河北寧晉縣東北。或將上邔陽讀如上曲陽,《漢書・地理志》常山郡有上曲陽,在今河北曲陽。殘長 5.8、殘寬 3.7 釐米,殘重 10.2 克。極罕見。

《中國錢幣大辭典・先秦編》頁 374

○郭若愚(2001)　　三孔布一兩幣及十二銖幣。此幣文字有上邔陽和下邔陽兩種,自右向左讀。邔字從邑"匕"聲。按金文比字作 55,妣字作 5,而氏字有作"ι"(贏氏鼎)和"ι"(長甶盉)者,和此字形似。又《古璽彙編》第 441 頁有四字璽,其文字是:

　　古璽 4864"可以正ι"　 古璽 4860"可以正氏"
　　古璽 4865"可以正ι"　 古璽 4861"可以正氏"

　　於此可知"匕"和"氏"可以通用,古文字正反無分別。二孔布"邔"字從邑匕聲應是"氏"聲。通"示"。氏,石蟻切,音是,屬禪紐紙部;示,舌肆切,音諡,屬澄證紐真部(編按:衍"證"字)。兩字同音可通。故此字可釋爲"祁",祁陽即祁邑之陽。祁，春秋晉大夫祁奚邑，晉滅祁氏，分爲七縣，以賈辛爲祁大夫。《戰國策·西周策》：“蘇厲謂周君曰：敗韓魏，殺犀武，攻趙取藺、離石、祁者皆白起。”注：“藺石本屬西河，祁本屬太原也。”故城在今小西祁縣東南。

《先秦鑄幣文字考釋和辨僞》頁 29

【上咎荅】

○**劉釗**（2005）　“上佫荅”爲地名，（中略）“上皋落”之名則不見於典籍。在古代，常有同樣的地名或國名又分爲上下者，如“上蔡”和“下蔡”，“上陽”和“下陽”，“上都”和“下都”等，又有同樣的地名或國名另加“上”字或另加“下”字者，如“洛”和“上洛”，“曲陽”和“下曲陽”，“邳”和“下邳”等。其中有的是據某地在某一水系的上下游或某地方位南北的不同而命名的。考慮到“皋落”這一地名很可能是從赤狄別種“東山皋落氏”而來，“上皋落”與“皋落”相距不會很遠。（中略）譚其驤先生主編的《中國歷史地圖集》第一册之“春秋時期晉秦地區圖”中，在山西昔陽南部和垣曲南部都標有“東山皋落氏”，很可能就是認爲有兩個“皋落”，或者是因爲不能確定而兩説並存。上皋落戈銘文中“上皋落”的地望就有可能是指位於山西昔陽東南七十里的皋落鎮。當然，也不能排除“上皋落”就是“皋落”，兩者本指一地的可能。名稱的改變，也許是居住在該地的氏族後來有過分化或遷移的緣故。

　　（中略）十一年皋落戈的“少曲哎”就是上皋落戈的“少曲夜”。兩戈監造的“太令”爲同一人。這一點對認定“皋落”與“上皋落”爲同一地的推測有利。

《考古》2005-6，頁 95—96

【上官】

○**朱德熙、裘錫圭**（1973）　戰國時代的銅器、陶器銘文裏還有“中官、上官、下官”等名稱，（中略）這裏的“官”大概也都指食官。

《朱德熙文集》5，頁 86，1999；原載《文物》1973-12

○**羅福頤等**（1981）　（編按：璽彙 3971、3967）上官。

《古璽文編》頁 361

○**黄盛璋**（1982）　上官、下官：銘刻國別可考的大抵皆爲魏器，大別有二，一種爲用器之處，因而多刻於銘末，或另刻一處。刻於銘末的，如三十五年虒鼎與二十七年大梁鼎之下官，中有缺空於前刻不連，較易判別，刻於另處，須仔細分辨，如“安邑下官鍾”，主造爲府嗇夫等，而銘反在後面，安邑下官僅爲用器之處，銘反在前。有兩處刻款的，可以是同時所刻，一開始即爲上官或下官鑄造；也可以是第二次刻，表後來轉用於此，兩鼎之下官與上官皆屬此。另一種爲造器之地，如梁陰鼎，令爲監造者，而上官冢子疾在令之下、冶之上，則爲主造者，下設有冶。梁上官鼎蓋刻"梁上官"，而器刻"宜信□"，梁與宜信不同地，而官職亦不相同，其中必有一爲造器之處，一爲用器之處。至於垂下官鼎，僅刻一處，則造器、用器處無從決知。平安君兩鼎皆記明卅三年單父上官受於平安君，而其前又有刻記確爲平安邦冶客所造，單父上官爲後來轉用之地，銘已交代。信安君鼎一處刻私官等爲財，另一處刻"上官容半"，必爲第二次轉用於下官時所刻。至於蓋、器所刻之"十二年受"及"二益六釿"與"九益"，重量雖在記信安君私官造器銘刻之後，容易誤認爲同一次所刻，細察字體，刻寫大小皆不一樣，應爲轉用於他處所校刻者，按平安君鼎之銘式推斷，受器之處應即下官，因而應爲同次所刻。

楚有上官大夫，與屈原同列，則楚似亦有此官，西漢有上官桀，則以上官爲姓，至今仍有此姓，但秦、漢皆未見上、下官，源流失傳，據戰國銅器銘刻，上、下官不僅中央有，地方也有，而又與私官對，則與王宮之官無關。所受之用器皆爲鼎、鍾與飲食有關之器，似與秦漢之飤官有些相同，但詳制待考。

《考古與文物》1982-2，頁 60

○袁仲一（1987）　1977 年在陝西省鳳翔縣高莊發掘了一批秦墓，墓葬出土的陶缶等器物上有許多件都有刻辭或朱書的文字。（中略）

高莊的 M6 墓出土的陶缶（M6:2）上刻有"上官"二字。上官、下官在銅器銘文中曾多次發現，如"梁上官鼎、垂下官鼎、梁陰鼎"等之"上官"，"平安君鼎"之"單父上官"，"梁二十七年鼎"之"下官"，"安邑下官鍾、魏三十五年鼎"之"下官"，以及 1979 年 6 月陝西省武功縣遊鳳鄉浮沱村出土的信安君（有的釋爲評安君）鼎，蓋和器沿兩處刻有"下官"。據黃盛璋同志考證，上述均爲魏國器物，"上官、下官"均爲器物的使用處或造器之地，似與秦漢之飤官有些相同。高莊村 M6 墓陶缶上的上官，與上述諸器銘文中的上官、下官的性質似有不同，應爲墓主的姓，表明此器爲上官家之物。古代以上官爲姓的，如楚的上官大夫、西漢的上官桀、唐的上官儀等。至於此姓的來源，可能與古之上官這一官署機構名有關。秦國未見有上官這一官署名，因而 M6 墓的主人或其先人很可能是從楚國或三晉地區遷來的。

《秦代陶文》頁 72—74

○黃盛璋（1989）　上官、下官多見魏器，不僅中央有，地方亦有，如單父上官、垂下官，梁陰鼎中之"上官冢子疾"還主造銅器。上官爲官府名，故常用爲用器之處，其長官則名冢子。《史記·屈原傳》有上官大夫與屈原同列，漢有上官桀則以上官爲姓,今尚保存此姓。秦漢官制皆不見上官、下官,漢人以"上官"爲姓,則此官必來源甚久,源流待考。

《古文字研究》17,頁 50

○**何琳儀**(1998)　三晉銅器"上官",官名。《史記・屈原賈生列傳》:"上官大夫與之同列。"(中略)晉璽"上官",複姓。楚莊王少子蘭爲上官大夫,後以爲氏。

《戰國古文字典》頁 656—657

○**李學勤**(2003)　所謂"安邑下官、滎陽上官",均係當地的食官,銘文記的是器的置用場所,以及"鍾、皿"等名稱。

《文物》2003-10,頁 78

【上相邦】

○**王人聰**(1998)　1995 年 11 月 19 日《中國文物報》頭版刊載了張照根寫的一篇報導《蘇州真山墓地出土大量珍貴文物》(以下簡稱《張文》),報導了1994 年 11 月至 1995 年 4 月蘇州博物館和吳縣文物管理委員會對真山墓地進行發掘,清理了一批春秋、戰國及漢代的墓葬,其中 D1 號的戰國墓中出土了一方銅印。這方銅印據《張文》報導説:印的紐式爲橋紐,"長 2.9 釐米,寬2.8 釐米,高 2.1 釐米,印文爲'上相邦鉨'"(圖一、二)。《張文》推斷説:"結合出土的陶冥幣'郢爰',此印應爲楚相之印。根據史書記載,楚考烈王時,以黃歇爲相,封爲春申君,後請封於江東,因城吳故墟,以自爲都邑。黃歇爲楚相 20 多年,考烈王卒,被害於壽州,可能歸葬真山,從出土'上相邦鉨'及區域、時代分析,是爲春申君印璽,D1 應爲春申君墓。"

圖一　　　圖二

在《張文》刊出後不久,《中國文物報》於1995 年 12 月 17 日發表了曹錦炎先生寫的《上相邦璽考》一文(以下簡稱《曹文》),和《張文》一樣,也認爲這方印是春申君的印璽,D1 號墓的墓主應是春申君。不過,《曹文》中有一點需要特別指出的,就是對此印印文的損傷情況作了比較詳細的記述。《曹文》説:印文"'相'字'目'旁雖缺損厲害,但並不難認。'邦'字比較模糊,鈐本很難看出,仔細觀察原印,'邑'旁筆畫還是可以看清。'丰'旁豎筆出了底線,由於與下字'鉨'的金旁尖頭距離太近,改作斜出,顯得有點突兀,這是出於布局的需要……從識字的角度講,這方古璽並不難認,蘇州博物館的楊文濤同志已對印文作了很好的復原,可以對(編按:疑脱"照"字)參看”。《曹文》所記的印文損傷情況,對於考釋這方印具有十分重要的意義,它實際上是關係到印文應當怎樣隸定的關鍵問題。可是在《張文》中,對印文的損傷情況卻隻字未提,這種疏略作爲一篇忠實的學術報導來説是很不應該的。

《曹文》推斷這方印爲春申君的印璽,其論據主要有以下幾點:1.根據蘇州博物館對此印印文的復原,將印文釋爲“上相邦鉨”四字。2.認爲戰國晚期,“‘相邦’一職,楚也有之,《戰國策·東周策》:‘周共王太子死,有五庶子,皆愛之而無適立也。司馬翦謂楚王曰:何不封公子咎,而爲之請太子?左成謂司馬翦曰……公若欲爲太子,因令人謂相國御展子、嗇夫空曰:王類欲令若爲之,此健士也,居中不便於相國。相國令之爲太子。’是其證”。3.“據《史記·春申君列傳》:‘考烈王元年,以黃歇爲相,封爲春申君,賜淮北地十二縣。後十五歲,黃歇言之楚王曰:淮北地邊齊,其事急,請以爲郡便。因並獻淮北十二縣,請封於江東。考烈王許之。春申君因城故吳墟,以自爲都邑。’張守節《正義》:‘墟音虚。今蘇州也。’可知戰國晚期蘇州一帶屬於春申君的封邑,此時此地的楚國封君墓,屬於春申君的可能性最大”。4.認爲“墓中出土了這方‘上相邦鉨’,證明墓主曾擔任楚相一職。春申君爲楚相,已見上引《史記》本傳,文中稱‘相’,乃是泛稱,其實官名也是‘相邦’,見《戰國策·楚策四》:‘朱英謂春申君曰:君相楚二十餘年矣,雖名爲相國,實楚王也。’‘相國’即‘相邦’”。根據以上四點,《曹文》在斷定此印爲春申君的印璽之後,又進一步推論説:“前人(筆者按:指齊思和先生)曾據《戰國策·楚策四》與《史記·楚世家》文互參,認爲:‘據春申君封令尹事,可知終戰國之世楚未改令尹之號。’楚印‘上相邦鉨’的出土,改變了這個結論。”

我們認爲《曹文》所持的論據是很難成立的。首先此印的印文能否釋爲“上相邦鉨”就是個問題。從上引《曹文》對此印印文傷況的記述中,可知印文的損傷情況是很嚴重的,四字印文中,第二字“相”字的“目”旁缺損厲害;第三字“邦”字比較模糊,鉨本很難看出。既然印文存在這麼嚴重的損傷情況,那麼,有什麼可靠的依據可以斷定第二、第三字一定就是“相邦”二字呢?這是不能不使人產生懷疑的。再從蘇州博物館所復原的印文來看,第二、第三兩字,書法極不自然。第三字“邦”所從“丰”旁的豎筆下半部向右下方作大幅度的彎曲,這種寫法的邦字,在楚文字中是從未見過的。現在我們將出土楚文字的“邦”字列表和它對照:

「上相邦鈢」

包二·七　包二·二三六　包二·二三八　包二·二三〇　包二·二三二　包二·二三四　包二·二三六　包二·二三九　包二·二四二　包二·二四五

包二·二四七　信一·一〇一七　帛乙四·五　帛乙五·二〇　帛丙八·四　帛丙四·三　帛丙七·三　〇一四三（古璽彙編）

從以上的對照中，我們可以清楚地看出，楚文字中“邦”字所從“丰”旁的豎筆，都是作接近垂直地向下貫穿而出，而不是像所復原的印文“邦”字那樣作向右下方大幅度地彎曲，這説明所復原的印文“邦”字是不合楚文字“邦”字的寫法的。印文第二字“相”字的“目”旁缺損厲害，從所復原的這個“相”字來看，“目”旁的位置偏高，下邊又沒有飾筆襯托，字形結構不匀稱，試將它與下列楚文字的“相”字比較：

「上相邦鈢」

包二·八五　包二·一二　包二·一九六　包二·二五九　信一·一〇四　帛甲四·一　帛甲七·三五　帛乙二二·七　〇一六四（古璽彙編）

同樣可以看出所復原的印文“相”字也是與楚文字不合的。那麽，這個缺損厲害的印文第二字是否爲“相”字，自然也就成問題了。由以上的分析，我們認爲蘇州博物館對印文所作的復原是不可信據的。因此，沒有任何根據可將此印文釋爲“上相邦鈢”四字。

《曹文》認爲戰國晚期楚國也設有相邦的官職，並引《東周策》左成的話爲證，這個説法是與史實不符的。齊思和先生早在 30 年代就已指出：“終戰國之世，楚未嘗置相，仍行其令尹之舊制。”其他研究先秦史的學者也持有同樣的看法。在先秦的文獻以及出土的楚文字資料中，從未見有關於楚置相邦或相的記載。《曹文》所引《東周策》左成關於“相國御展子”的一段話，並不能作爲説明楚置相國的證據。因左成此處所説的相國只是比擬的説法，是一種泛稱,而非楚國實際所置的官名。例如孫叔敖爲楚令尹,但《荀子·堯問》説:"繒丘之封人,見楚相孫叔敖曰:'吾聞之也,處官久者,士妒之,禄厚者,民怨之,位高者,君恨之。今相國有此三者,而不得罪楚之士民,何也?'"將孫叔敖稱爲相國。又如《戰國策·秦策一》説商鞅仕秦:"秦孝公以爲相。"但其時商鞅實際上是爲大良造。秦國到惠文王十年才以張儀爲相,是秦置相之始(見《史記·秦本紀》及《六國年表》)。可知《秦策》説商鞅爲相也是一種比擬的説法。史籍中這種比擬的説法屢見不鮮,顧炎武就曾指出:"《管子》曰:黄帝得六相。《宋書·百官志》曰:殷湯以伊嚴爲右相,仲虺爲左相。然其名不見於經,惟《書·説命》有爰立作相之文,而《左傳》定公元年,薛宰言,仲虺居薛,以湯爲左相。《禮記·月令》:命相布德和令。注:相謂三公,相王之事也。《正義》曰:按《公羊》隱五年傳曰:三公者何? 天子之相也……至六國時,一人知事者,特謂之相……杜氏《通典》曰:黄帝六相,堯十六相,爲之輔相,不必名官。是則三代之時,言相者皆非官名。"齊思和先生同樣指出:"《韓非子》《戰國策》《史記》所謂楚相云者,蓋比擬之言,而不可拘泥矣。"這是十分正確的。

《吕氏春秋·舉難》説:"相也者,百官之長也。"在楚國相當於百官之長的官職始終都是令尹。《戰國策·楚策三》:"蘇秦謂楚王曰:……自令尹以下,事王者以千數。"《齊策二》:"昭陽爲楚伐魏,覆軍殺將,得八城,移兵而攻齊。陳軫爲齊王使,見昭陽,再拜賀戰勝,起而問:'楚之法,覆軍殺將,其官爵何也?'昭陽曰:'官爲上柱國,爵爲上執珪。'陳軫曰:'異貴於此者何也?'曰:'唯令尹耳。'"這兩條資料説明令尹爲楚國的百官之首,其地位相當於"百官之長"的相。《韓非子·存韓篇》載,李斯上韓王書説:"杜倉相秦,起兵發將以報天下之怨而先攻荆,荆令尹患之。"荆即是楚,這條資料則説明直到戰國末期,楚國的最高執政長官仍是令尹而非相。

《曹文》據《史記·春申君列傳》關於春申君獻淮北十二縣,請封於江東,因城吳故墟以自爲都邑的記載,推斷説:"可知戰國晚期蘇州一帶屬於春申君的封邑,此時此地的楚國封君墓,屬於春申君的可能性最大。"我們認爲這個推論也是缺乏根據的。因據《史記·春申君列傳》的記載,楚考烈王卒,李園使死士刺殺春申君,"斬其頭投之棘門外,於是遂使吏盡滅春申君之家"。試想,春申君被殺害後身首異處,全家慘遭滅絶,落到這樣悲慘的下場,怎麼可能還會有人爲他立墓並將他生前所謂的"上相邦鉨"殉葬呢! 可知這種推論是完全不合情理的。

《曹文》説:"墓中出土了這方'上相邦鉨',證明墓主曾擔任楚相一職。"

又引《戰國策・楚策四》朱英稱春申君爲相國的話，證明春申君所任的官名確實是相邦。我們在上文已經指出，蘇州博物館所復原的此印印文是不可信據的，没有任何根據可將這方印的印文釋爲“上相邦鉢”。其次，如上所述，春申君及其一家慘遭滅絶，不可能有人爲他立墓並殉葬印璽。第三，史籍所謂的楚相或相國只是比擬的説法而非楚國實際所置的官名。因此，《曹文》的這一論據同樣也是不能成立的。

根據以上的辨析，我們認爲蘇州真山 D1 號墓所出的這方印不能將其印文釋爲“上相邦鉢”，D1 號墓的墓主人也絶非春申君。終戰國之世，楚未嘗置相，這是研究先秦史的學者所得出的共同結論，如果没有確鑿的證據，這個結論是不宜輕易改變的。最後，我們希望蘇州博物館最好能將此印鑄有印文的一面照相放大發表，以供大家觀察分析，這樣或許可以作出符合實際的印文釋文。

《古璽印與古文字論集》頁 49—52，2000；原載《故宫博物院院刊》1998-2

○ **曹錦炎**（1999）　印文作“上相邦鉢”四字，應該説並不難認，只要觀察過原印，就可明白。爲了解疑，蘇州博物館照相室的同志克服技術上的種種困難，經過多次努力，終於在最近獲得了較爲滿意的照片，今與拙文一併刊出（見附圖），讀者可以根據照片分析印面文字的構形，作出正確判斷。

拙文考證該璽爲楚官璽是根據印文的文字風格、特點而作出的結論。80 年代以來，由於對戰國文字研究的水平突飛猛進，我們已經可以利用新知對古璽作分國鑒別。由於楚文字的地域特色非常明顯，個性强烈，因此相對來説，鑒別楚璽要比其他國家璽印容易些。此璽印文四個字，具有很明顯的楚文字特點。“上”字下部贅增一短橫，只見於楚文字，無論是楚璽還是包山楚簡以及新出的郭店楚簡，這種“上”字構形的例子甚多。“鉢”字的“金”旁構形更是楚璽所獨有。僅憑這二字，就可斷定爲楚璽。凡是涉獵過楚文字的學者，都會作此結論。而對這兩個最具楚文字特點的字，《王文》（編按：王人聰文）卻避而不談，不知何故？另外兩個字，“邦”字“丰”旁豎筆出底線；“相”字“目”旁下不加兩短橫作飾筆，也是具有楚文字的特色。《王文》所附這兩個字與楚系文字對照表恰恰證明這兩個字的構形同於楚文字而異於他國文字。表中所列《古璽彙編》收錄的“邦、相”構形更比簡帛文字接近“上相邦鉢”的文字構形，便是最好的直接證據。《王文》認爲“相”字“目”旁偏高，下面没有兩短橫飾筆，這是原印的客觀存在，並不是復原的緣故。若“目”旁

下果真加兩短橫作飾筆,反倒會引起我們的懷疑了,因爲這不是楚文字"相"所具有的特點。可以説,印文四個字個個具有楚文字特色。至於"邦"字"丰"旁豎筆斜出的原因,拙文早就指出,這是因爲"邦"字處於"鉨"字上方,爲了避開"尔"旁上部只好改作斜出,這是出於布局的需要,我們不能僅憑這一點而否定其是"邦"字。

真山出土的這方古璽,根據其文字特色可以認定是楚璽,其出土範圍又是戰國晚期的楚境。儘管其印文所示"上相邦"一職不見於有關楚史的文獻記載,但絶對不存在後世作僞的問題。既然不是贋品,"上相邦"又是客觀存在的事實,那麼我們就不能以傳世文獻未載爲理由來否定它。以出土文物與傳世文獻互相印證的研究方法,是王國維先生首創的兩重證據法,深爲學術界所信奉。傳世及出土的楚璽中,不見於《左傳》《國語》《戰國策》《史記》等典籍所載的楚職官名甚多,如"連囂、連尹、新邦官、粟客、鑄巽客"等,有些也只是見於秦漢之際的記載。新出的包山楚簡中,有些官名更是前所未聞。我們不能以未見文獻載明是楚官而説其不是楚官。當出土文物與典籍記載出現矛盾時,我們只能以前者來修正後者,決不可以用後者來否定前者。這裏實際上存在着一個方法論的問題。我説楚國於戰國晚期曾設"相邦"一職,這是根據出土文物所作的結論,並非想象之辭。"上相邦鉨"的出土,説明楚國於戰國晚期曾受中原國家影響,在官制上可能作了某種程度的改革,只是典籍失載罷了。

最後,對墓主問題再説幾句。由於"上相邦鉨"出土於戰國晚期的楚墓中,説明墓主曾擔任楚國"上相邦"之職,結合該墓的墓葬規格、隨葬品特點,蘇州又是春申君的封地等多種因素考慮,我才提出此墓"屬於春申君的可能性最大"。

《故宮博物院院刊》1999-2,頁 79—80

○**蕭毅**(2001) 　1.上相邦璽 　《真山東周墓地》39 頁

相邦當即相國,戰國時楚令尹的代稱。《史記·春申君列傳》記朱英對令尹春申君説:"君相楚二十餘年矣,雖名爲相國,實楚王也。"相邦見於古璽"匈奴相邦(0094)",亦見於建信君鈹(《三代》20.46.3)、繆斿弋(**編按:"弋"當爲"戈"**)(《三代》20.26.2)等。

《江漢考古》2001-2,頁 39

【上皇】

○**睡簡整理小組**(1990) 　(**編按:睡虎地·日甲 101 正壹**)《楚辭·九歌》:"吉日兮辰良,穆將愉兮上皇。"注:"上皇謂東皇太一也。"《莊子·天運》:"九洛之事,治成德備,監照下土,天下戴之,此謂上皇。"則指帝王。兩説均可通。

《睡虎地秦墓竹簡》頁 197

【上洛】

○**徐在國**(2000)　《江陵九店東周墓》著録一件銅戈,銘文如下:

二十八年上洛左庫工帀(師)□隊冶□(圖六)　圖六

此戈係 M412:5 出土,内上鑄有銘文 13 字,原釋文爲:"二十八年上河左庫工帀(師)恭(?)隊冶蠤(蠶?)。"

按:戈銘中用作地名的兩個字不應釋爲"上河",而應釋爲"上洛"。戈銘中的"洛"字與永盂、虢季子白盤中的"洛"字(《金文編》729 頁)形體相同,當釋爲"洛"。上洛是地名,古璽作"上各"。吳振武先生説:"'上各'是地名,即敔簋中的上洛,典籍或作上雒(《左傳·哀公四年》),春秋晉邑。戰國時先屬魏,後屬秦。《戰國策·秦策》:'楚、魏戰於陘山,魏許秦以上洛,以絶秦於楚。'其地在今陝西省商縣。此璽從形制和文字風格上看,可以確定爲魏璽。"其説甚確。此戈從銘文格式和文字風格看,應爲魏戈。

《古文字研究》22,頁 118

【上郡】

○**楊寬**(1947)　《史記·秦本紀》説:"秦惠文君八年魏納河西地,十年魏納上郡十五縣。"《張儀列傳》又説:"秦惠王十年……魏因入上郡、少梁。……儀相秦四歲,立惠王爲王,居一歲,爲秦將,取陝,築上郡塞。"可知魏地上郡入秦,在秦惠文君十年(即公元前 328 年)。《魏世家》載"襄王(當作魏惠王後元)五年……予秦河西地……七年魏盡入上郡於秦"。(中略)《匈奴列傳》云:"魏有河西、上郡以與戎界邊。"《秦本紀》云:"魏築長城自鄭濱洛以北有上郡。"魏的上郡相當於今陝西洛河以東,黃梁河以北,東北到子長、延安一帶。《韓非子·内儲説上》説:"李悝爲魏文侯上地之守……及與秦人戰,大敗之,以人之善射也。"上地當即上郡。《戰國策·秦策四》載:"楚、魏戰於陘山,魏許秦以上洛,以絶秦於楚,魏戰勝,楚敗於南陽……楚王揚言與秦遇,魏王聞之,恐,效上洛於秦。"上洛即上郡,可知上洛是因在洛水之上而得名,上郡又因上洛而得名。

《楊寬古史論文選集》頁 405—406,2003;
原載《中央日報》副刊《文物周刊》33,1949-5,收入《論文選集》時有修改

○**陳平**（1987）　周萼生先生在《王五年上郡疾殘戟考》一文中，考定戈銘中的上郡守疾就是樗里疾，這是正確的。但他據《水經注・河水注・奢延水》下的一條注文，將此戈定爲秦昭王五年，似有可商。《水經》云：“（奢延水）逕膚施縣南。”酈注曰：“秦昭王三年置上郡治。”周文據此注認定秦之上郡應始置於秦昭王三年，並據此進一步斷定所有秦的上郡戈鑄造之年均不得早於這一年。因此，他將“王五年上郡守疾戈”定爲秦昭王五年所造（因樗里疾卒於秦昭王七年，周文既認爲王五年上郡守疾戈銘之“疾”爲樗里疾，其鑄造之年代當然不得晚於昭王七年）。我們認爲，上述《水經》的注文主要是針對本經中的膚施縣而發的。這條注文的本意似應理解爲：在秦昭王的三年，秦把上郡的郡治由別處移置到了北魏時的膚施縣（戰國秦漢時稱高奴，見下文），而不是像周先生所理解的那樣，秦國直到昭王三年才開始設置上郡這個郡。上郡原爲魏置，在秦惠文王前元十年上郡十五縣由魏入秦之前即已有之。這一點，《史記・秦本紀》“（秦惠文王前元）十年，張儀相秦，魏納上郡十五縣”的記載説得很清楚。從上郡之地歸秦的惠文王前元十年到秦昭王三年，時間已經過去了整整二十四年。在這麼長的時間内，秦遲遲不設置在魏即早已有之、其地又處於與强敵三晉相接的戰略要地的上郡，一直要等到二十四年後的秦昭王三年才開始設置它，這是十分令人費解的。從秦在奪取六國其他地方後不久（速則當年，遲則次年，最晚不超過三年），就著手設置新郡的一系列歷史記載看，遲至昭王三年秦方設置上郡也是不大可能的。秦上郡始置之年雖然史籍無明文記載，但考之情理則決不會晚至昭王三年。在此之前，即當已有上郡之設。只不過其郡治可能不在後來的膚施縣，而在別處罷了。北魏時期的膚施縣，應當就是戰國秦漢時期的高奴。關於這一點，《漢書・地理志》説：“上郡，秦置，縣二十三。”在其開列的二十三縣中就有高奴。《史記・項羽本紀》正義引《括地志》曰：“膚施縣，延州州城，即漢高奴縣。”《史記・項羽本紀》曰：“立董翳爲翟王，王上郡，都高奴。”是則秦漢之際之上郡首府就是高奴。從現存的十二件上郡戈銘所載鑄造地名看，鑄地爲高奴的共有四件，即王五年上郡守疾戈、二年上郡守冰戈、二十五年上郡守厝戈和四十年上郡守起戈。此外，還有一件高奴矛。可見高奴在戰國中、晚期應是秦上郡兵器的一個重要鑄地。如果上述戰國秦漢時期的高奴就是《水經注》和《括地志》等書所説北魏至唐代的膚施縣的話，那麼秦昭王三年以前的上郡郡治就應當到秦上郡戈銘中另外一個重要兵器鑄地“漆垣”或別的鑄地去尋找（**原注**：關於秦上郡戈鑄地，過去有高奴、漆垣與圖三處的説法。這三處中高奴、漆垣多次見於秦戈刻銘，字形清晰，確鑿無疑,只是嗇一地可商。這一鑄地是有人根據卌年上郡守起戈銘中的鑄地隸定出來的。在本文屬稿過程中筆者曾親見此戈,經審視該字實作⿰。拙見以爲,它可能不是嗇字,而是高奴的高字。"高工帀"就是高奴工帀,這正如漆工帀就是漆垣工帀一樣。秦戈中象卌年上郡戈將高奴工帀省寫成高工帀的還有二年上郡守冰戈的"高工丞"。這樣,實際上秦上郡戈鑄地目前我們還只發現高奴與漆垣兩處)。

《中國考古學研究論集》頁 316—317、334

○**王輝**(1990)　關於上郡始設之年,《史記·張儀列傳》:"儀相秦四歲,立惠文王爲王。居一歲爲秦將,取陝,築上郡塞。"所指爲惠文王更元元年,陳平同志據此推斷,"秦之上郡始置之年,不應晚於秦惠文王後元元年"。

《秦銅器銘文編年集釋》頁 44

○**陳平**(1994)　鄒文認爲:"上郡爲秦置。此戈應不能早於昭襄王。"應當承認,鄒文的這個結論還是對的;(中略)在對秦上郡戈的斷代問題上,學術界長期以來流行着這樣一個觀念:即秦之上郡戈鑄造之年,不能早於秦昭王三年。而其唯一依據,則是《水經注·河水注》"(奢延水)逕膚施縣南"本經經文下酈道元"秦昭王三年置上郡治"的注文。立論者認爲:秦之上郡應始置於秦昭王三年,所以所有秦上郡戈均不能早於秦昭王三年。前輩學者周蕚生、李學勤等先生均采此説。(中略)應當注意的是,酈注説的是"置上郡治",而不是"置上郡"。其注文主要是針對《水經》本經中的"膚施縣"而發的,它的本意應是:在秦昭王三年,秦國把上郡的郡治設置在了奢延水旁的膚施縣。該注注文與秦何時始置上郡了無干係。在《試論》一文中,筆者還據《史記·張儀列傳》"儀相秦四歲,立惠文王爲王。居一歲爲秦將,取陝,築上郡塞"的記載,推定秦上郡的始置之年,至少不能晚於秦惠文王更元元年。筆者的這些推斷分析,已經得到了王輝等同志的認同。

《考古》1994-9,頁 847

○**黃留珠**(1997)　至於像"上郡侯丞"(114)封泥所具有的價值,顯然已遠遠超出官爵制度本身的範圍了。大家知道,不論秦國還是秦朝,上郡皆北方重鎮,僅傳世及出土的上郡戈就多達 10 餘件,但此地封有列侯,卻從未見到任何蛛絲馬迹。據此封泥,秦史的某些篇章,無疑須重新改寫。

《西北大學學報》1997-1,頁 24

○**周偉洲**(1997)　"上郡侯丞"　按此印令人費解,據《漢書》卷九上《百官公卿表》(下簡稱《漢書·百官表》)列西漢爵二十級,"十九關内侯,二十徹侯"。且云"皆秦制,以賞功勞。徹侯金印紫綬,避武帝諱,曰通侯,或曰列侯,改所食國令長名相,又有家丞、門大夫、庶子"。西漢"列侯所食縣曰國",即是説西漢時列侯食邑僅爲縣，即僅縣侯一等，或僅食一鄉，與縣脱離；東漢則有縣侯、鄉侯、亭侯之別，從未見有以郡封侯者。封泥曰“上郡侯”，顯然與承秦爵制之西漢封侯僅食縣不同。秦時是否有以郡爲侯食封者？考秦自建國以來封侯者不多，有以縣爲侯食封者，如衛鞅爲列侯，食邑商，號商君；長信侯嫪毐食封山陽等；但也確有以郡封侯者，如《史記》卷五《秦本紀》惠文王後十一年（公元前 314 年）“公子通封於蜀”；《華陽國志·蜀志》亦記：“赧王元年（即公元前 314 年），秦惠王封子通爲蜀侯，以陳莊爲相，置巴郡，以張若爲蜀國守。”即是説，秦於是年封子通（蜀王後代）爲蜀侯，又以張若爲蜀郡（國）守。直至“（周赧王）三十年（公元前 283 年），疑蜀侯綰反，王復誅之，但置蜀守”（《華陽國志·蜀志》）。可見，秦代確有以郡封侯者，與漢不同。

　　封泥“上郡侯丞”，上郡治今陝西榆林南；上郡侯丞，即侯之家丞，佐官之一。秦上郡侯之封，不見史籍，或有考此上郡侯爲秦太子扶蘇者，因扶蘇曾至上郡監蒙恬軍也（周曉陸先生面告）。

《西北大學學報》1997-1，頁 30—31

○李丁生（2000）　上郡原爲三晉中魏國之地，秦惠文王十年（前 328 年），“張儀相秦，魏納上郡十五縣”，自此上郡屬秦。

《文物研究》12，頁 260

○崔恆昇（2002）　上郡　王五年上郡疾戈：“上郡疾造。”戰國魏地，後屬秦。在今陝西榆林市東南。《史記·秦本紀》：“魏築長城，自鄭濱洛以北，有上郡。”又《秦始皇本紀》：“北收上郡以東，有河東、太原、上黨郡。”

《古文字研究》23，頁 220

【上専】

○鄭家相（1958）　右布面文上専，背文一兩，僅見大者一種，應亦有小者。按専爲薄省文，即薄洛津，見《趙策》。《郡國志》，“安平國涇縣西有漳水津，名薄洛津，在今直隸肥鄉鉅鹿之間”。戰國趙地，後入於秦，此布當在其地入秦後，而鑄於津之上地者，故曰上専。

《中國古代貨幣發展史》頁 144

○裘錫圭（1978）　三孔布面文有作“上専”或“下専”的（《東亞》4·72）。《發展史》以爲“‘専’爲‘薄’省文，即薄洛津”（144—145 頁），不確。

　　據《漢書·地理志》，信都國有下博。其地在今河北省深縣東，戰國時在趙國疆域內。“博”從“専”聲，幣文的下専無疑就是下博。古人以北爲上，南爲下,如漢代的上曲陽(今河北省曲陽縣西)就在下曲陽(今河北省晉縣西)之北。上專大概是下專北面相距不遠的一個城邑。

《古文字論集》頁 435,1992;原載《北京大學學報》1978-2

○**梁曉景**(1995)　戰國晚期青銅鑄幣。鑄行於趙國,流通於三晉等地。面文"上專","專"通作"博"。"上專",古地名,戰國屬趙,在今河北省深縣東。

《中國錢幣大辭典·先秦編》頁 373

○**郭若愚**(2001)　三孔布一兩幣及十二銖幣。此幣左一字爲"專",《説文》:"專,布也,从寸,甫聲。(芳無切)。"按《曩鼎》"專古"經典作"蒲姑"。此幣"專"亦用作"蒲"。地名。《國語·晉語一》:"驪姬賂二五使言於公(獻公)曰:夫曲沃,君之宗也;蒲與二屈,君之疆也。"《左傳·僖公四年》:"重耳奔蒲。"《左傳·僖公五年》:"公使寺人披伐蒲,重耳曰:君父之命不校,乃徇曰校者吾讎也,踰坦(編按:當作"垣")而走。披斬其袪,遂出奔翟。""蒲"地在今山西隰縣西北。三孔布分爲上蒲和下薄兩地。

《先秦鑄幣文字考釋與辨僞》頁 27—28

【上造】

○**張占民**(1986)　四年相邦樛斿戈銘"工"爲工師省稱,"上造閒"爲工師名。

《考古與文物》1986-4,頁 110

○**王輝**(1990)　上造爲秦爵之第二級,陝西省博物館藏的始皇二十一年寺工車書亦稱"工上造旦"。工匠雖有武功封爵,其身份仍當爲隸徒。上造之名始見於《漢書·百官公卿表》,馬非百以爲應作良造,"《漢書》作'上造'者,乃班氏誤以漢人之名改之也"。看來事實並非如此。上造之名又見於睡虎地秦墓竹簡之《傳食律》《游士律》《法律答問》,以及始皇陵西側之秦刑徒墓出土瓦志刻文,瓦文有"嫡上造姜"。值得注意的是此戈及車書僅有"工上造"而無工師,工上造既有爵稱,可能即工師。

《秦銅器銘文編年集釋》頁 43

○**睡簡整理小組**(1990)　上造,秦爵第二級,《漢舊儀》:"上造,二爵,賜爵二級爲上造,上造,乘兵車也。"

《睡虎地秦墓竹簡》頁 60

○**李學勤**(1992)　(編按:相邦樛游戈銘文)"櫟陽工上造閒",閒的爵級爲上造,他大約不是普通的工,而是工官。秦器銘如高奴權有"漆工熙,丞詘造","漆工"乃漆垣工官,可供參照。

《綴古集》頁 137,1998;原載《中國社會科學院研究生院學報》1992-5

○**湖南省文物考古研究所、湘西土家族苗族自治州文物處**（2003）　（編按：里耶秦簡簡 6 正陽陵褆陽上造徐有貲錢二千六百八十八）上造，秦爵之第二級。《漢書·百官公卿表》：爵：一級曰公士，二上造，三簪褭，四不更，五大夫，六官大夫，七公大夫，八公乘，九五大夫，十左庶長，十一右庶長，十二左更，十三中更，十四右更，十五少上造，十六大上造，十七駟車庶長，十八大庶長，十九關內侯，二十徹侯。

《中國歷史文物》2003-1，頁 17

○**湯餘惠**（1993）　上造，秦爵第二級。《漢書·百官公卿表》：“爵：一級曰公士，二上造，三簪褭，四不更，五大夫，六官大夫，七公大夫，八公乘，九五大夫，十左庶長，十一右庶長，十二左更，十三中更，十四右更，十五少上造，十六大上造，十七駟車庶長，十八大庶長，十九關內侯，二十徹侯。皆秦制，以賞功勞。”

《戰國銘文選》頁 68

△**按**　秦文字資料屢見“上造某”，是以爵名帶私名之稱，皆不著姓氏。

【上容】

○**何琳儀**（1998）　（編按：二十七年晉上容大夫戈）晉戈“上容”，疑讀“上谷”，郡名。《戰國策·秦策》五：“趙攻燕，得上谷三十六縣，與秦什一。”在今河北西北。

《戰國古文字典》頁 657

○**崔恆昇**（2002）　晉戈：“晉上容大夫。”上容，何琳儀疑讀上谷。郡名，戰國燕置。秦時治所在沮陽縣（今河北懷來縣東南）。《戰國策·秦策五》六信侯欲攻趙以廣河閒章：“趙攻燕，得上谷三十六縣，與秦什一。”

《古文字研究》23，頁 223

【上場】

○**羅福頤等**（1981）　（編按：璽彙 0099）上場。

《古璽彙編》頁 17

○**李學勤**（1982）　上場，當讀爲上唐。《説文》“唐”字古文作“喝”，足爲旁證。《漢書·地理志》南陽郡“春陵，侯國，故蔡陽白水鄉，上唐鄉故唐國”。《左傳》宣公十二年杜解：“唐，屬楚之小國，義陽安昌縣東南有上唐鄉。”《水經·溳水注》：“石水出大洪山，東北流注於溳，謂之小溳水，而亂流東北，逕上唐縣故城南，本蔡陽之上唐鄉，舊唐候國（編按：“候”當爲“侯”）。”《史記·楚世家》正義引《括地志》：“上唐鄉故城在隨州棗陽縣東南百五十里，古之唐國也。”清吳卓信《漢書地理志補注》云：“其地在今湖北隨州西北八十五里。”即今隨縣西北唐縣鎮一帶。由上引文獻可知，春秋時唐國爲楚所滅，漢代稱其地爲上唐鄉。根據古璽,上唐這個地名戰國時已經存在了。

《江漢論壇》1982-7,頁 71

○**吳振武**（1983）　　0099 上場行宮夫=鉩·上場（唐）行宮夫人鉩。

《古文字學論集》（初編）頁 488—489

○**何琳儀**（1998）　　楚璽“上場”,讀“上唐”,地名。見《漢書·地理志》南陽郡隨縣“上唐鄉”。在今湖北隨縣西北。

《戰國古文字典》頁 657

○**趙平安**（2003）　　上場爲故唐國所在地,春秋時併入楚,漢時稱上唐鄉。

《第四屆國際中國古文字學研討會論文集》頁 533

【上與】

○**何琳儀**（1999）　（編按:夕陽坡楚簡）“上與”,讀“上舉”。《管子·大匡》:“得之,成而不悔,爲上舉。”注:“得此大夫,故有成功,終然允當,無有可悔,如此者舉,善之上。”

《安徽史學》1999-4,頁 16

【上新都】

○**劉信芳**（2003）　（編按:包山 102）《漢書·地理志》南陽郡:“新都,侯國。”《水經注·比水》:“謝水又東南逕新都縣,左注比水。比水又西南流,逕新都縣故城西。”楊守敬《疏》:“在今新野縣東。”上新都應在新都所臨比水之上游。

《包山楚簡解詁》頁 96

【上寢】

○**田靜、史黨社**（1997）　　“上寢”,寢字通寑、寝。（中略）至少從戰國晚期起,秦出現了陵寢。秦印有“泰上寢左田”,爲秦始皇父莊襄王陵寢田官印。趙超即以爲泰上是秦始皇父泰上皇莊襄王,始皇二十六年（前 221 年）尊其父莊襄王爲泰上皇,泰上爲死諡。（中略）“泰上寢”趙超以爲即泰上皇莊襄王之陵寢,我們認爲“上寢”即秦始皇之陵寢,惟前者爲死諡,後者爲生稱,理由如下。

第一,秦始皇時代,秦人稱秦始皇爲上。（中略）

第二,有充分證據説明,秦始皇是生而有陵寢的。（中略）

既然“上寢”爲秦始皇之陵寢,那麼“上寢”封泥的年代上限應不早於信宮的修建即前 220 年,下限不晚於始皇死即前 210 年。“上寢”秦末焚於兵火。“上寢”應是管理秦始皇陵寢的專設機構。《漢書·百官表》載奉常“掌宗廟禮儀”,其屬官有“諸廟、寢、園食官令長丞”,“上寢”亦應爲奉常屬宫（編按:“宫”當爲“官”）。

《人文雜志》1997-6,頁 74—75

【上樂】

○**黃盛璋**(1989)　(編按：上樂廚鼎)上樂當爲宮名,如秦漢之長樂宮。傳世有一銅鈁,銘爲"趙常樂"(《陶齋》六・一四),係漢器,常樂亦爲宮名,上樂同於常樂。

《古文字研究》17,頁 16—17

【上黨】

○**黃盛璋**(1974)　(編按：上黨武庫矛)(38)矛　武庫

矛鐓　上黨武庫中國歷史博物館藏

北大《古銅兵器展覽會目録》云："易縣出土",並説鐓即矛之鐓。原器及銘文未見他書著録,今存中國歷史博物館。按韓、趙、魏皆有上黨,《史記・趙世家》："韓之上黨去邯鄲百里⋯⋯秦以三郡攻王之上黨,羊腸之西,句注之南,非王有已",《正義》對三晉的上黨及其演變有較詳的解釋："秦上黨郡今澤、潞、儀、沁等四州之地,兼相州之半,韓總有之。至七國時,趙得儀、沁二州之地,韓猶有潞州及澤州之半,半屬趙、魏,沁州有羊腸坡之西,儀、并、代三州在句注山之南。"按趙上黨在北,韓、魏在南(韓上黨後降趙,最後又爲秦所得)。趙武靈王説趙"自常山以至代、上黨,東有燕、東胡之境"(《戰國策・趙策》及《史記・趙世家》),據此,趙上黨當與燕接境。此矛及矛鐓出土燕下都,當爲趙上黨武庫冶所造。

《考古學報》1974-1,頁 27

○**崔恆昇**(2002)　上爅武庫矛："上爅。"上爅即上黨。地區名。在今山西晉城、長治市一帶。《史記・趙世家》:趙成侯十三年,"成侯與韓昭侯退上黨"。又"昔者簡主不塞晉陽以及上黨"。亦爲郡名。戰國韓置,其後入趙,入秦後仍置郡。《史記・秦本紀》:"昭襄王四十七年,秦攻韓上黨,上黨降趙。"《史記・白起王翦列傳》:"(昭王)四十八年十月,秦復定上黨郡。"

《古文字研究》23,頁 220

△**按**　上黨武庫矛銘文"黨"字作![字形],下從黑,崔恆昇誤析"黑"旁爲"田、火"二旁而隸定爲"爅",未安。

帝 帚

![字形]楚帛書　![字形]集成 2840 中山王鼎　![字形]郭店・六德 38　![字形]郭店・唐虞 9　![字形]陶彙 5・399
![字形]集成 144 越王者旨於賜鐘

○**陳偉**(1999)　君子不帝(諦),明乎民(萌)微而已　六德 38

帝,釋文讀爲"啻"。"不啻"爲不僅、不只的意思,似與簡文不合。恐應讀爲"諦",指詳細審察。民,似應讀爲"萌",指發端,故與"微"連言。《淮南子·繆稱》云"福之萌也綿綿,禍之生也分分,禍福之始萌微",可參證。簡文是說君子並非洞悉一切,只是把握住基礎性環節而已。

《武漢大學學報》(哲學社會科學版)1999-5,頁32

○**王寧**(2000) (編按:者旨於賜鐘銘文)第二十八字舊釋"奉",不通,當是"康"字。"虞(娛)康"古書或作"康娛",如《離騷》云:"日康娛以自忘兮。"又或作"樂康"(《廣雅·釋詁一》"娛,樂也"),如《九歌·東皇太一》:"君欣欣兮樂康。"本句云"台(以)樂虞(娛)康",乃是指自我娛樂。

《文物研究》12,頁217

○**李家浩**(2000) 根據上考釋[一五九][一六○]所説,簡文"凡五亥,不可以畜六牲擾,帝之所以戮六擾之日"的意思是:凡亥日不可以畜養六牲,因爲亥日是帝所殺戮六牲的日子。此處的"帝"跟上文"帝以命益齎禹之火"的"帝"一樣,也是指帝舜。上考釋[一五七]引《孟子·滕文公上》説:"舜使益掌火,益烈山澤而焚之,禽獸逃匿。"簡文"帝之所以戮六擾之日"與此大概是同一件事的不同傳説。

《九店楚簡》頁104

○**陳偉**(2003) 帝,原釋文讀爲"啻",疑當讀爲"諦",指詳細審察。《後漢書·李雲傳》記李雲上書説:"孔子曰:'帝者,諦也。'今官位錯亂,小人諂進,財貨公行,政化日損,尺一拜用不經御省。是帝欲不諦乎?"李賢注:"《春秋運斗樞》曰:'五帝脩名立功,脩德成化,統調陰陽,招類使神,故稱帝。帝之言諦也。'鄭玄注云:'審諦於物也。'"可參看。

《郭店竹書別釋》頁131

【帝夋】

○**李學勤**(1984) 帛書"日月允生",前人多讀爲"日月夋生";"帝允,乃爲日月之行",多讀爲"帝夋乃爲日月之行"。這與帝俊生十日、十二月之説似若符合。然而,細察照片,"夋"字下部不顯足形,釋讀實有問題。況且"日月俊生"文法不順,"帝俊"一句又上無所承,看來帝俊一名在帛書中實際是不存在的。

《簡帛佚籍與學術史》頁53,2001;原載《楚史論叢》初集

○**李零**(1985) 帝夋,即《山海經》中的帝俊,也就是舜。舜傳爲顓頊之後,也是楚人傳説的祖先。《山海經·大荒南經》和《大荒西經》有帝俊之妻義和生十日、十二月的傳説。《書·舜典》稱舜"在璿璣玉衡以齊七政……協時月、正

日,同律度量衡"。這説明帝俊也與天文曆數之學有密切關係。

《長沙子彈庫戰國楚帛書研究》頁 72

○何琳儀(1986)　"帝夋",即"帝俊"。《史記·五帝本紀》索隱"帝嚳名俊也"。

《江漢考古》1986-2,頁 82

【帝虖】

○袁國華(1998)　(編按:郭店·六德4)"帝"字見簡本《六德》第 4 簡,字形作帘。"帘"應即"帝"字,有簡本《緇衣》《五行》《唐虞之道》等篇"帝"字字形,可資證明:

　　　帘見《緇衣》簡 3 及簡 37

　　　帘見《五行》簡 48

　　　帘帘《見唐虞之道》簡 8 及簡 9

而《六德》帘字,顯而易見,實乃"帝"字訛體。《六德》"帝"字與"敵"通假。(中略)《六德》第 4 簡云:"親父子,和大臣,歸四鄰之帝(敵)乎,非仁義者莫之能也。"意謂"使父子相親,使臣僚相和,使四鄰之仇敵來歸,非仁義者莫能成就也"。此段文字之涵義,與《管子·霸形》所言"近者示之以忠信,遠者示之以禮義,行之數年,而民歸之如流水"等内容,頗有異曲同工之妙。亦與《孟子·梁惠王》上謂"仁者無敵";又《盡心》下"仁人無敵"之義蘊相符合。

《中國文字》新 24,頁 143

○李零(1999)　(編按:郭店·六德3—4)"抵牾",上字原不釋,疑是"帝"字的省體,下字从虎从口,與簡文常見的"乎"字相同。疑讀"抵牾"("抵"是端母脂部字,"帝"是端母錫部字;"牾"是疑母魚部字,"乎"是匣母魚部字,讀音相近)。

《道家文化研究》17,頁 519

○陳斯鵬(1999)　《六德》簡 3～4:"新(親)父子,和大臣,帰(歸)四哭(鄰)之帘虖(乎),非㥷(仁)宜(義)者莫之能也。"裘先生按語:"疑'帰'即'寑'之省寫。"

今按:整理者釋"帰"爲歸,未確;當從裘説釋"寑"。《字彙·宀部》:"寑,息也。"此作使動用法。"帘"字闕釋,(中略)按"帝"字,《緇衣》簡 7 作帘,簡 37 作帘,《唐虞之道》簡 8 作帘,信陽楚簡作帘(右略損),本簡未釋字正是後二形省去上端二横而成,當是"帝"字之省作,即可逕釋爲"帝"。"虖"字當讀爲"所"。(中略)"帝所"指天帝或帝王之所。《史記·趙世家》:"簡子寤,語大夫曰：‘我之帝所，甚樂，與百神遊於鈞天。’”(中略)簡文當於“叜”字下點斷，讀爲“親父子，和大臣，寢四鄰，之帝所，非仁義者莫之能也”。“之帝所”猶言往帝所、即帝所，有君臨天下之意。“親父子，和大臣，寢四鄰，之帝所”四句，文例一律，且與上文“作禮樂，制刑法”、下文“聚人民，任土地”文例並同。

《中山大學學報論叢》1999-6，頁147

○**陳偉**(1999)　寢四鄰之帝虎(抵梧)　(六德簡03—04)

寢，無“宀”頭，原讀爲“歸”，裘錫圭先生疑即“寢”之省寫，是。“寢”爲平息之意。《廣雅·釋言》：“寢，偃也。”帝，原未釋，有學者釋爲“帝”，應是。在此似當讀爲“抵”。抵、帝並在端紐，韻部則爲脂、錫通轉，讀音相近。虎(从口)，簡書中多讀爲“乎”。乎魚部匣紐，吾魚部疑紐，爲疊韻旁紐。虎(从口)在此恐當讀爲“梧”。《漢書·司馬遷傳贊》云：“至於采經摭傳，分散數家之事，甚多疏略，或有抵梧。”如淳曰：“梧讀曰迕，相觸迕也。”師古曰：“抵，觸也。梧，相支柱不安也。”簡文“帝虎(从口)”似即“抵梧”，爲抵觸、不協之意。《史記·周本紀》：“西伯陰行善，諸侯皆來決平。於是虞、芮之人有獄不能決，乃如周。入界，耕者皆讓畔，民俗皆讓長。虞、芮之人未見西伯，皆慚，相謂曰：‘吾所爭，周人所恥，何往爲，只取辱耳。’遂還，俱讓而去。”“四鄰之抵梧”蓋指此類情形。

《武漢大學學報》1999-5，頁32

○**吕浩**(2001)　《郭簡·六德》簡三至四：

新(親)父子，和大臣，帰(歸)四叜(鄰)之𢂁虐，非悬(仁)宜(義)者莫之能也。

“虐”上一字與上文所舉包山簡二〇一之“央”字和天星觀一號墓卜筮中之“央”字字形相近，只上部多一筆，而使該字上部似“羊”字形。這可能是因聲符化而産生的訛變現象(羊，余紐陽部；央，影紐陽部。影、余二紐可通，如溢是余紐字，所从之益爲影紐字)。因聲符化而使字形發生訛變的現象在戰國文字中並不少見，故疑“虐”上一字當釋爲“央”，簡文讀爲“殃”。《廣雅·釋言》：“殃，禍也。”

《中國文字研究》2，頁287

【帝戠】

○**曹錦炎**(1994)　(**編按**：越王鐘)“帝”字《博古》作“□”，《嘯堂》作“□”，上部略有飾筆。秦公簋作“□”，中山王譽壺作“□”，可以參考。“祖”字《款識》所收古器物銘本作“□”，維揚石本作“□”，《嘯堂》作“□”，除古器物銘外，右旁

"示"字均有訛變。此字隸定作"褁"（古文字偏旁往往左右無別），是在"且"下贅增了口旁。這種贅增口旁的現象，在戰國文字中常見，如"丙"作"酉"、"士"作"吉"、"壴"作"喜"等，即如本銘的"鼓"字，左旁"壴"也寫作"喜"。所以，"祖"字寫作"褁"毫不奇怪。古人稱父之父及以上皆謂"祖"，《詩·大雅·生民》序："《生民》，尊祖也。"疏："祖之定名，父之父耳。但祖者，始也，己所從始也。自父之父以上皆得稱焉。"西周金文有稱"帝考（仲師父鼎、窎鼎）、啻考"（買簋），裘錫圭先生正確指出，"帝考"應讀作"嫡考"，"嫡庶的'嫡'經典多作'適'。不論是'嫡'或'適'，都是從'啻'聲的，'啻'又是從'帝'聲的"。本銘的"帝祖"，也應該讀爲"嫡祖"。

　　在宗法制度下，統治者可以把全國各宗族的人都看作是自己的親屬。《國語·越語》載句踐棲於會稽之上時號令三軍曰："凡我父兄昆弟及國子姓，有能助寡人謀而退吳者，吾與之共知越國之政。"這裏所説的"我父兄昆弟"，顯然不僅僅是指句踐的直系親屬而已。鐘銘特意指明"嫡祖"，很明白是爲了區別這些泛稱的、非直系的祖先。越王者旨於賜在鐘銘中有意識地强調嫡庶，這是否和當時越國剛從氏族制階段上升到更高級的社會形態有關，是值得回味的。

《國際百越文化研究》頁 258—259

旁

楚帛書　　集成 2746 亡智鼎　　睡虎地·日乙 147

○何琳儀（1986）　（編按：楚帛書甲）"旁"，原篆作"𣃟"。"旁"，金文作"𣃟"，小篆作"旁"，帛書正其過渡形體。"𣃟"，上文或作"𣃟"（"㙑"偏旁），乃同篇異體互見的現象。帛書中"四、夋、青"等字均異體互見，不足爲奇。

《江漢考古》1986-2，頁 81

○李天虹（1995）　旁

　　《説文》："旁，古文旁，𣃟，亦古文旁。"

　　按：古文旁之形體有訛變。從古文字來看，旁字本爲從丂方聲。甲骨文作𣃟（《後》下 37.2）、𣃟（《拾》5.10）；金文作𣃟（旁鼎），兩個偏旁併筆作𣃟（妣𦤕母簋）。東周時帝字作𣃟（陳侯因㜏錞啻從），又作𣃟（《彙》0397 帚從）；录字作𣃟（諫簋），也作𣃟（隨縣簡），所以𣃟也繁化成𣃟（石鼓溥從）。古文旁第一體，由🔲致訛之迹十分明顯，第二體則可能是由🔲形傳抄致訛。

丁　丁　下　迂

🔲集成 9735 中山王方壺　　🔲陶彙 5・388　　🔲璽彙 0309　　🔲包山 182

🔲璽彙 0619

【下土】

○張政烺（1981）　（編按：哀成叔鼎）下土對上天言，金文中之上下率如此，如：

　　周厲王胡簋　畮才立，乍彙才下。（《文物》1979 年 4 期 90 頁）

　　番生簋　不顯皇且考……嚴才上，廣啟氒孫子于下，勵于大服。（《大系》133 頁）

　　秦公鐘　不顯朕皇且受天命，竈又下國。十又二公，不㣇才上。（《大系》250 頁）

下字皆指人世言。下土一詞在《毛詩》中（《邶風・日月》《小雅・小旻、小明》《大雅・下武、雲漢》《魯頌・閟宮》等篇）凡六七見，和一般説天下或中國相似，如：

　　《小旻》　旻天疾威，敷于下土。鄭玄箋：“旻天之德，疾王者以刑罰威恐萬民，其政教乃布於下土，言天下徧知。”

尸於下土，按金文慣例理解就是執掌天下，或主宰人間，這和哀成叔的身份極不相稱，何況這時哀成叔已死，早離開了人間啊。因此推測這裏的下土是另一個含義，乃指兆域即地下宮室言。《禮記・檀弓下》：“陳子車死於衛，其妻與其家大夫謀以殉葬，定而後陳子亢至，以告曰：夫子疾，莫養於下（鄭玄注：下，地下），請以殉葬。子亢曰：以殉葬，非禮也。雖然，則彼疾當養者孰若妻與宰，得已則吾欲已，不得已則吾欲以二子者之爲之也。於是弗果用。”莫養於下，是在下土無人照管。哀成叔生事康公，死後也還可以主管康公冥府的事，故言尸於下土。其或即殉葬而死，亦未可知。

《古文字研究》5，頁 32

○蔡運章（1985）　（編按：哀成叔鼎）“下土”，古文獻中屢見。《詩・大雅・下武》：“成王之孚，下土之式。”鄭氏箋：“王道尚信，則天下以爲法勤行之。”《楚辭・離騷》：“苟得用此下土。”王逸注：“下土，謂天下也。”可見，“下土”謂天下之義。這裏當指康公分封的國土或采邑。

《中原文物》1985-4，頁 58

【下夨】

○**郭沫若**(1958)　下鄀即下蔡,春秋時本名州來,《左傳》哀公二年"蔡昭侯自新蔡遷於州來,謂之下蔡"。今之安徽鳳臺縣。

《文物參考資料》1958-4,頁 5

○**殷滌非、羅長銘**(1958)　鄀字長銘釋,其右下旁是亥字,甲骨文家下或从亥。下鄀,疑即《左傳》吳人圍巢伐駕的駕。滌非疑"下"下一字是蔡字繁文,其右旁與蔡姞殷的蔡字形相似。左旁即邑字,也如陳字作敶同。下蔡即州來,與居巢相鄰。

《文物參考資料》1958-4,頁 10

○**黃盛璋**(1964)　下蔡:下蔡確在淮北,即今鳳臺,下蔡故城尚有遺址。清人蕭景雲有詳細調查,此古城演變,作者另有《壽春與下蔡》一文詳之。

(中略)"州"爲古代黃河中下游一帶方言的發語詞("州、朱、諸"聲同),《封氏見聞記》(編按:當爲《封氏聞見記》)卷二:"古謂州爲朱。"州來即來,此國當是萊人爲周人所逼,自東方南徙淮水所建者(另有文詳之)。其國可跨淮水兩岸,但國都即後來蔡遷都下蔡時所據之基礎,非另擇新址。自《漢書·地理志》交待就很明白:"居巢:故州來國,爲楚所滅,後吳取之,至夫差遷蔡昭侯於此,後四世侯齊竟爲楚所滅。"所指自爲國都而言。州來國都與下蔡城不能分割爲二。

《中華文史論叢》5,頁 158—161

○**殷滌非**(1965)　庚下蔡:下蔡即州來,州來之地望何在,頗有異説:李兆洛説州來即下蔡鎮,今鳳臺縣城,但據近年考古調查,今鳳臺縣城(下蔡鎮,俗稱扁擔城)北之下層地層中,因治淮破土發現的乃是宋代城址,出土有大量的宋瓷片。除此外,於其附近也無先秦時期的古墓出現,因無實物證據,故此説有些靠不住。譚其驤説:"所謂蔡遷於州來,實際是在州來境内淮水北岸營建了一個新邑。"目前也還没有考古資料可證實。且蔡遷於州來,是在戰況危急的時候,"昭侯私許",蔡大夫都不知道,何能於州來境内淮水北岸營建新邑以都之? 據現在考古資料似可尋出州來故城線索的,殆即今之壽縣:(中略)近數年來,於此也鑽探出一些大小型戰國墓,蔡聲侯墓即其中之一。墓葬區分列於故城址的外圍,應該引爲注意的。

楚滅州來在惠王四二年(公元前 447 年),其後當不放棄其地,因以楚公族、貴人居之,故宋玉賦有"嫣然一笑,惑陽城,迷下蔡"之句。節鑄楚懷王六年(公元前 322 年),故節銘仍以"下蔡"稱之,爲所"庚"的重要地點之一。

《中華文史論叢》6,頁 82

○**黃盛璋**(1982)　　我們認爲邱家花園的古城遺址並不是下蔡(州來)故城,而是《水經注》中的壽春故城,(中略)邱家花園不僅出土鄂君啟節,還發現有楚"大府之器"的銅牛,正可證明這裏的古城遺址是楚壽春城而不是下蔡故城。

《楚史研究專輯》頁 78—79

○**李零**(1986)　　下蔡,在今安徽鳳臺縣。

《古文字研究》13,頁 372

○**張中一**(1989)　　"庚下蔡"是針對"庚高丘"而言的。"下"表北面,即"蔡"在"高丘"之北。"蔡"本義是野草,引申爲草地,即"高丘"北面的草地。

《求索》1989-3,頁 128

○**湯餘惠**(1993)　　下蔡,即《水經注·潁水》中的蔡岡,在今安徽省阜陽縣西。一説今安徽鳳臺。

《戰國銘文選》頁 50

【下民】

○**饒宗頤**(1993)　　(編按:楚帛書)"下民"一詞,見《吕刑》:"皇帝清問下民。"《吕覽·應同篇》:"天必先見祥乎下民。"

《楚地出土文獻三種研究》頁 265

【下吏】

○**睡簡整理小組**(1990)　　秦漢時把原有一定地位的人交給官吏審處,稱爲"下吏",如《史記·叔孫通傳》:"於是二世令御史案諸生言反者下吏。"此處係名詞,指被"下吏"的人。古書中或稱下級的吏爲"下吏",與簡文不合。

《睡虎地秦墓竹簡》頁 45

【下里】

○**湖南省文物考古研究所、湘西土家族苗族自治州文物處**(2003)　　(編按:里耶簡 3 正"陽陵下里士五[伍]不識有貲餘[余]錢千七百廿八")下里,鄉里名。

《中國歷史文物》2003-1,頁 16

【下邟】

○**羅福頤等**(1981)　　(編按:璽彙 0097)下□。

《古璽彙編》頁 17

○**吳振武**(1983)　　0097 下𨜷宮夫=。·下邟(蔡)宮夫人。

《古文字學論集》(初編)頁 488

○**趙平安**(2003)　　下鄝即下蔡,《漢書·地理志》屬沛郡。

《第四屆國際中國古文字學研討會論文集》頁 533

【下邽】

○袁仲一(1987)　下邽,地名,秦置縣,故城在陝西渭南東北。另有上邽縣,本是邽戎地,在今甘肅省天水市。秦武公十年(公元前 688 年)"伐邽、冀戎,初縣之",此即後來的上邽縣。下邽是與上邽相對而命名。

《秦代陶文》頁 50

○陳曉捷(1996)　"下邽"(圖二,8、9、10)《漢書·地理志》云京兆尹有下邽縣。應劭曰:"秦武公伐邽戎,置有上邽,故加下。"其地在今陝西渭南市固市鎮古城村。

8　　　9　　　10

《考古與文物》1996-4,頁 4

○周偉洲(1997)　下邽丞印　《漢書·地理志》京兆尹下邽應劭注曰:"秦武公伐邽戎,置有上邽,故加下。"顏師古注云:"邽音圭,取邽戎之人而來爲此縣。"地在今陝西華縣西北、渭水北岸。秦併六國前後,其爲秦內史屬縣;丞爲縣令之佐官。

《西北大學學報》1997-1,頁 33

【下邼陽】

○鄭家相(1958)　(編按:貨系 2466、2467)右布大者面文下邼陽,背文一兩,小者面文下邼陽,背文十二朱。按下邼陽,即比水下游之陽地也,對上邼陽而言,注參見前。此布小者陽字上有八字,乃半字省文,可知小者亦稱半化也。

《中國古代貨幣發展史》頁 141

○裘錫圭(1978)　見上部"上"字【上邼陽】條。

○裘錫圭(1990)　見上部"上"字【上邼陽】條。

○黃錫全(1993)

編號	幣文	原釋	今釋	简注	國別	幣形
2466—2467		下邼陽	下邼陽	河北晉縣西	趙	孔

《第二屆國際中國古文字學研討會論文集》頁 369

○梁曉景(1995)　【下邼陽·三孔平首布】戰國晚期青銅鑄幣。鑄行於趙國,流通於三晉等地。面文"下邼陽",古地名,戰國屬趙,地望待考。或將下邘陽讀如下曲陽,《漢書·地理志》巨鹿郡有下曲陽,在今河北晉縣西(參見"上邘陽·三孔平首布"條)。按形制有大小兩種:大型者背部鑄"兩"字,背首穿孔上有數字"二十"。一般通長 7.3、身長 4.9 釐米。小型者背部鑄"十二朱",背首穿孔上鑄數字"十一"。一般通長 5.4、身長 3.7 釐米,面寬 2.8,重9.05克左右。極罕見。

《中國錢幣大辭典·先秦編》頁 372

○郭若愚(2001)　見上部"上"字【上邮陽】條

【下官】

○沈之瑜(1962)　"下官"乃此鼎置用之處。見於魏器者尚有"上官、中官、眉脉"⋯⋯等處。這兩個字是當時使用者後來加刻的。

《文匯報》1962-10-14

○王㔻忠(1974)　"安邑下官"是安邑地方管理飲食的官吏。

《光明日報》1974-7-6

○湯餘惠(1992)　"下官",官署名稱,表明該鍾是下官的用器。除本器以外,戰國器物銘文裏的下官,還見於三十五年安令鼎、安邑下官鍾、梁二十七年鼎和朝歌下官鍾,均爲魏器。與"下官"對稱的又有"上官",見於平安君鼎、梁上官鼎和十三年上官鼎,除平安君鼎國別尚存爭議外,另有兩器也是衆所公認的魏國遺物。上官和下官,性質相類,同屬食官。

《古文字研究》19,頁 504

○湯餘惠(1993)　下官,魏國食官名;另有上官,爲同類官署,均僅見於魏器銘文。

《戰國銘文選》頁 6

【下尃】

○鄭家相(1958)　右布面文下尃,背文一兩,僅見大者一種,應亦有小者。因其鑄於薄洛津之下地,故曰下尃。

《中國古代貨幣發展史》頁 145

○裘錫圭(1978)　見上部"上"字【上尃】條。

○梁曉景(1995)　【下尃·三孔平首布】戰國晚期青銅鑄幣。鑄行於趙國,流通於三晉等地。屬大型布。面文"下尃"。背部鑄"兩",背首穿孔上鑄有數字十五、十六等。"尃"通作"博","下博",古地名,戰國屬趙。《漢書·地理志》信都國有下博縣,在今河北深縣東。一般

通長 7.3—7.6、面寬 3.5—3.7 釐米,重 15.6—17 克。極罕見。

《中國錢幣大辭典·先秦編》頁 371

○**郭若愚**(2001)　見上部"上"字【上尃】條。

【下縣】

○**睡簡整理小組**(1990)　(編按:睡虎地·秦律45)下縣,見《史記·項羽本紀》,指郡的屬縣。

《睡虎地秦墓竹簡》頁 31

示 示

 天星觀　　陶彙 5·469　　貨系 351

○**何琳儀**(1998)　示,甲骨文作𠄐(後一·一·二),象神主之形。主、示一字分化。主,端紐;示,定紐。端、定均屬舌音,示爲主之準聲首。參主字。示或作𠄐(甲二八二),上加短橫爲飾。或作示(前二·三八·二),左右各加二點,已與主字有別。西周金文作示(癲鐘祜作祜),或穿透筆畫作示(伯沙其盨福作祜)。春秋金文作示(曾子伯祜作祜)。戰國文字承襲兩周金文。(中略)

天星觀簡示,讀"祋"(編按:辭曰"鐘示")。《說文》:"祋,殳也。从殳,示聲。"《詩·曹風·侯人》"何戈與祋",傳:"祋,殳也。"

《戰國古文字典》頁 1245

禮 禮

 十鐘　　詛楚文

○**郭沫若**(1947)　"禮叟"當即國老,"介老"當即庶老,介讀爲芥,《孟子》所謂"在野曰草莽之臣"也。

《郭沫若全集·考古編》9,頁 18

○**何琳儀**(1998)　詛楚文"禮俾",讀"禮卑","卑禮"之倒文。《史記·魏世家》:"卑禮厚幣。"

《戰國古文字典》頁 1262

△**按**　"禮"字僅見於秦系文字資料,六國文字或用"豊"字表示"禮"。

禄 祿

璽彙 5423

睡虎地・日甲 75 背

△按　就目前所見,"禄"字僅見於秦系文字資料,且皆用爲人名。《睡虎地秦墓竹簡・日書甲》簡 75"禄"字右旁訛爲"彖"。

祥 祥

集成 4630 陳逆簠

【祥器】

○阮元(1804)　祥器,祥祭之器。

《積古齋鐘鼎彝器款識》7・10 上

○楊樹達(1959)　余謂祥字當讀爲鬺。《說文・三篇下鬲部》云:"鬺,煮也。从鬲,羊聲。(式羊切)"祥與鬺同从羊聲,字通作耳。彝銘恆見"鸞鼎""鸞殷""鸞彝"之文,鸞與鬺爲一字,見《玉篇・鼎部》及《廣韻》十《陽》。此文云祥器,猶他銘云"鸞鼎""鸞殷""鸞彝"也。銘云乍伾元配季姜之祥器,以鬺器繫之季姜者,古人以烹飪爲女子之專職,故以烹飪之器繫之女子也。(中略)或疑簠所以盛食,不得説爲鬺器。今按免簠云:"對揚王休,用乍旅鸞彝。"叔姬簠云:"叔姬霝乍(迮)黃邦,曾侯乍叔姬邛嬭媵器鸞彝。"鸞鬺同字,前已言之,彼二器爲簠,銘文直曰鸞彝,則此銘之鬺器無可置疑明矣。

《積微居金文説》(增訂本)頁 209

○何琳儀(1998)　陳逆臣祥,見《廣雅・釋天》"祥,祭也"。或讀祥爲鬺。《說文》:"鬺,煮也。从鬲,羊聲。"

《戰國古文字典》頁 676

△按　戰國文字"祥",或又用"羊、恙、羕"等字表示。

福 福　禰 禰

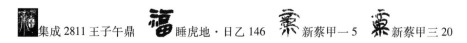集成 2811 王子午鼎　　　睡虎地・日乙 146　　　新蔡甲一 5　　　新蔡甲三 20

字形圖例：
羃 上博五・三德 14　　羃 上博三・周易 57　　羃 上博一・詩論 12

羃 楚帛書　羃 包山 205　羃 上博三・彭祖 5　羃 璽彙 4685

羃 郭店・成之 17

○**李學勤**（1956）　（編按：仰天湖 40"□□福之□"）福。

《文物參考資料》1956-1，頁 48

○**睡簡整理小組**（1990）　福（幅）廣二尺五寸（編按：《睡虎地・秦律》66）。

《睡虎地秦墓竹簡》頁 36

○**李家浩**（2000）　（編按：九店 621・2"自出福是從内自悲□□□□□☑"）"福"字原文作上下重疊結構，與長沙楚帛書乙篇"隹（唯）天乍（作）福"之"福"和九店五六號楚墓竹簡五九號"尻（居）之福"之"福"結構相同。

此簡文字可能讀作"［□］自出，福是從，内自悲，□□□……""自出"位於簡首，其前一字當在另一殘缺的簡簡尾。

《九店楚簡》頁 142—143

△**按**　《説文》宀部："富，備也。一曰，厚也。从宀，畐聲。"古人以"富"爲"福"，"福、富"是一對同源詞。《説文》宀部："寶，珍也。从宀从玉从貝，缶聲。"乃示意室内藏珍。上古音"寶"字屬幫紐幽部，"富"字屬幫紐職部，聲紐相同，韻部旁對轉。在兩周金文中，"匋"或可讀爲"寶"，而"匋"字所从之"勹"（"伏"之象形初文）即職部字。故"寶"與"富"也是一對同源詞。戰國文字或又易"福"字所从之"畐"爲"酉"，"畐、酉"皆酒樽之象形，乃形近而混。《説文》火部："槱，積火燎之也……禉，柴祭天神，或从示。"其中"禉"與戰國文字"福"字之異體"禉"同形。

【禉易】

○**何琳儀**（1998）　（編按：包山 37）包山簡"福易"，讀"復陽"，地名。見《漢書・地理志》南陽郡，在今河南桐柏西北。

《戰國古文字典》頁 127

○**劉信芳**（2003）　（編按：包山 37）福易：讀爲"偪陽"。《國語・鄭語》述祝融八姓："妘姓，鄔、鄶、路、偪陽。"《春秋》襄公十年："夏五月甲午，遂滅偪陽。"杜預《注》："偪陽，妘姓國，今彭城傅陽縣也。"《續漢書・郡國志》彭城國"彭城"，劉昭《注》："《左傳》襄公十年滅偪陽，杜預曰即此縣也。"其地在今江蘇徐州東北。

《包山楚簡解詁》頁 49

【禃褅】

○黃賓虹(?)　福壽鉼金

禃从西从不，不与示同，前人釋禃、釋栖未安。今按爲吉語，陳簠齋所謂通用印也。

《黃賓虹金石篆印叢編》頁 349,1999

○曹錦炎(1992)　《大系》首次刊布一方鉛版，編號爲 4277，重 116.2 克，爲枕石齋所藏，列爲四星級，顯然是一件視爲極其珍貴的藏品。

這件鉛版，打有十方印記，文二字(圖一)，《大系》釋爲"壽春"。因壽春爲戰國晚期楚都之名，楚考烈王二十二年(公元前 241 年)東徙於此，所以認爲這是楚國鑄幣。

按戳記印文並非是"壽春"，實爲"福壽"二字。福字作禃，見於戰國文字。所以，"壽春"地名不能落實。再説考烈王徙壽春，稱之爲"郢"，不稱"壽春"，因爲"郢"是春秋、戰國時期楚國國都的代名詞。這已被安徽壽縣地區出土大量的"郢稱"金版所證實。另外，傳世有一件楚國銅器"壽春鼎"，銘稱"壽春廥(府)鼎，□□□"(圖二)，可見必作於考烈王東遷之前。"春"字構形與戳記所謂的"春"字形體完全不同，可以對比。此其一。

第二，鉛版一般是作爲冥幣出現的，其所打的戳記印文應該是同於現行流通的鑄幣。西漢初期，許多地區出土泥、陶質的"郢稱"，便是明證。而這件鉛版所打的印文爲"福壽"，既不是地名，也不是錢幣名稱，更不見著於任何正式的金屬鑄幣。況且"福壽"是吉語，是祈求多福長壽之意，若作爲冥幣，爲死者祈求福壽，豈不成了笑話。

第三，和鉛版戳記相同的，傳世有多方銅印。羅福頤先生主編的《古璽彙編》就著録了 6 方，編號爲 4683—4688，浙江省博物館也藏有一方，係黃賓虹舊藏。其中有些印的印文文字及印面尺寸，和《大系》所刊的拓片完全相合(圖三)。很明顯，這種鉛版的戳記，是用相同的銅印壓打的。原印爲陽文，壓打在鉛版上後，呈現出來的自然是陰文。

第四，據柯昌濟《金文分域編》卷三謂，安徽壽縣朱家集曾出有所謂"壽春鉛瓦"，上有"壽春"字樣。顯然就是指這種鉛版，或者即是指《大系》著録的這一品而言。不過柯氏是據傳聞所記，很可能是古董商(或僞造者)的借遁之辭，爲了推銷贋品，自然要謊報出土地點。而且，我們知道，壽縣朱家集自1934 年發現楚國大批銅器以後，多次遭到盜掘。楚幽王的墓中曾出土過象徵性的鎏金銅版，顯然是仿"郢稱"金版而作爲冥幣隨葬，但上面沒有戳印。這方銅版被初步認爲是楚國後期於國都鑄造的冥幣。《大系》著録的這一品鉛版的形制、尺寸竟與這品鎏金銅版幾乎吻合。另外，天津歷史博物館收藏有相同形制（寬爲 5.6 釐米，略小）的一塊銅版，上有九方戳記，印文也是“福壽”，文字形體與印面尺寸與《大系》所録鉛版完全相同。故《大系》收録的“壽春”鉛版是不是金屬鑄幣，是不是楚國的冥幣當存疑。

圖一　　　　圖二　　　　　　圖三

《中國錢幣》1992-2，頁 61—62

○**何琳儀**（2001）　《貨系》4277 著録鉛版，銘文二字。原釋“壽春”，可能是根據柯昌濟所謂“壽春鉛瓦”而釋。筆者曾改釋爲“福壽”，今補充説明。

鉛板銘文右字應釋“福”，在楚文字中習見：

禀貨系 4277　　禀璽彙 3581　　禀仰天 31　　禀信陽 1.011

禀包山 37　　禀望山 1.51　　禀楚帛書

鉛板銘文左字原釋“壽”，驗之壽春鼎銘“壽”字，十分正確。

值得注意的是，後世習見“吉語”的“福壽”亦見楚璽（《璽彙》3581、4686）。二者字體頗近，可見均爲楚物。“福壽”一詞見《顏氏家訓·歸心》“盜跖、莊蹻之福壽”。

《古幣叢考》（增訂本）頁 234—235，2002；原載《安徽錢幣》2001-2

祇 禔

石鼓文·作原　　集成 122 者沪鐘　　集成 9735 中山王方壺　　郭店·老乙 12

○**張政烺**（1979）　（編按：妤蚉壺銘文）祇原作禀，又見酄壺，乃由禀（見召伯簋）演變而來，本象兩甾以底相抵（參考《金文叢考·釋甾》），字形詭異不可隸定，今據《金文編》逕釋爲祇，其義爲恭敬。蔡侯盤“祇盟嘗禘”，鄁侯簋“祇敬禧祀”，用法與此同。

《古文字研究》1，頁 245

○**于豪亮**（1979）　（編按：中山王鼎“毕業才祇”）《説文·示部》：“祇，敬也。”

《考古學報》1979-2，頁 173

○**商承祚**（1982）　（編按：中山王鼎"㠯業才祗"）祗，與魏三體石經之古文作𥘰近似。祗，敬也。

　　（中略）（編按：中山王方壺銘文）此祗字與蔡侯盤作𥘰者近似，魏三體石經之古文作𥘰。祗，敬也。

《古文字研究》7，頁 54、70

○**何琳儀**（1989）　（編按：者㳂鐘）"台（以）胹（祗）光朕立（位）"，"胹"，與三體石經《君奭》"祗"作"𥘰"形近。《說文》："祗，敬也。"

《古文字研究》17，頁 150

○**黃盛璋**（1992）　（編按：郾侯奪作戎戈）祗。

《古文字研究》19，頁 22

○**湯餘惠**（1993）　（編按：中山王鼎銘文"㠯業才祗"）祗，莊敬。

《戰國銘文選》頁 35

○**林清源**（1997）　（編按：郾侯奪作戎戈）最後一行的"𥘰"字，黃盛璋釋爲"祗"，其說可從。燕侯奪簋"祗敬禱祀"，召伯簋"又祗又成"，祗字寫法與戈銘全同，可以爲證。

《第三屆國際中國古文字學研討會論文集》頁 431

○**裘錫圭**（1998）　（編按：郭店·老乙 12）"聲"上一字疑是作兩"甾"相抵形的"祗"字古文的訛形（參見《金文編》10 頁"祗"字條所收者沪鐘及中山王器之"祗"字）。今本此字作"希"，"祗""希"音近。

《郭店楚墓竹簡》頁 119

○**張桂光**（1999）　五是乙組第十二簡的𥘰字。此字編者釋爲"祗"，注（15）以爲"祗""希"音近，讀作今本"大音希聲"之"希"。考"祗""希"二字，韻部所屬之"脂"與"微"二部雖可旁轉，但"祗"字所屬之舌音"章"母與"希"字所屬之喉音"曉"母卻不相近。從字形上看釋𥘰爲"祗"也不如三體石經"傲"字之古文作𥘰者相近。"傲"字有"傲慢、超凡、不輕易爲"的意思，"大音傲聲"可理解爲"美妙之音不輕易發聲"，這與高亨之解"大音希聲爲高妙的音樂很少有聲（比喻聖人少有言論）"的說法也是能相吻合的。

《江漢考古》1999-2，頁 74

○**陳劍**（2006）　　𥘰郭店《老子》乙本簡 12

　　此字所在文句爲"大音～聖（聲）"，裘錫圭先生指出：（中略）

　　按所謂"'祗'字古文"指見於三體石經《尚書·君奭》的𥘰，西周金文的

🔲 (六年瑂生簋,舊稱召伯簋)等形,皆用爲祗敬之"祗"。郭沫若將其字形解釋爲兩"𠚤"相抵,得到研究者的公認。《金文編》第 10 頁 0016 號所收者沪鐘及中山王器字形作🔲(者沪鐘)、🔲(中山王響壺)、🔲(盗壺),正是西周金文之形演變爲上舉郭店簡之形的中閒環節。

《文史》2006-4,頁 6

△按 郭店·老乙 12 🔲 字,裘錫圭釋"祗"可從,陳劍於字形之嬗變解説甚明,可以參看。

【祗祗翼翼】

○**張政烺**(1979) (編按:中山王方壺)祗原作🔲,乃由🔲(見召公簋)演變而來,本象兩𠚤以底相抵(參考《金文叢考·釋𤔲》),字形詭異不可隸定,今據《金文編》徑釋爲祗。《廣雅·釋訓》:"祗祗,敬也。"

《古文字研究》1,頁 221

○**李學勤、李零**(1979) 祗字寫法同於正始石經古文。祗祗翼翼,恭敬貌。

《考古學報》1979-2,頁 153

○**徐中舒、伍仕謙**(1979) 🔲,金文鄅侯簋作🔲;魏三字石經祗,古文作🔲;皆與此形同。《詩·商頌·長發》:"上帝是祗。"祗,敬也。翼翼,重言其敬,鄭重其詞。

《中國史研究》1979-4,頁 88

○**鄭剛**(1996) 中山王壺:"祗祗翼(原缺重文符號),邵告後嗣",祗、翼並訓敬。

《中山大學學報》1996-3,頁 113

【祗敬】

○**廖序東**(1991) 祗敬 鄅侯奔簋:"🔲敬禱祀。"郭沫若云:"🔲,三字石經《君奭篇》祗之古文如是。祗敬連文,文獻中亦多見。"《説文》:"祗,敬也。"《爾雅·釋詁》:"祗,敬也。"《書·皋陶謨》"日嚴祗敬六德",《禮記·月令》"藏帝藉之收於神倉,祗敬必飭",《荀子·非十二子》"案飾其辭而祗敬之曰:'此真先君子之言也'",《楚辭·離騷》"湯武儼而祗敬兮,周論道而莫差",均是。

《中國語言學報》4,頁 169

○**馮勝君**(1999) 🔲敬禱祀:🔲,象兩𠚤缶相抵之形,抵之本字。在此讀爲祗。《説文·示部》:"祗,敬也。"祗敬,見《禮記·月令》:"祗敬必飭。"

《中國古文字研究》1,頁 184

神 禑

示? 楚帛書　　上博五·競建7　　郭店·太一5　　郭店·唐虞15

行氣玉銘　　秦駰玉版

【神明】

○**陳偉**（1999）　（編按:郭店·太一5）神明,神祇。《禮記·表記》"昔三代明王,皆事天地之神明",鄭玄注:"神明,謂群神也。"注一引《禮記·禮運》所説的"鬼神"約與之相當。或認爲本篇神明與天地、陰陽等對舉,而天地、陰陽皆爲性質相對的事物,神明應分别指天神、地祇。

《古文字與古文獻》頁 67—68

○**彭浩**（2000）　（編按:郭店·太一5）"神明"一詞或指神祇,或指精神,或指神妙的作用。有學者認爲《太一生水》中的"神明"應指神祇而言。如果仔細考察與該詞相關的上下文,或許可以得出不同的結論。簡文的"神明"位於"天地"之後,"陰陽"之前。"神明者,天地所生也","陰陽者,神明之所生也"。邢文先生認爲"神明"並非日月,是十分正確的。神明應與陰陽一樣,並非人們可以直接看見的。馬王堆漢墓帛書《經法·名理》對"神明"有透徹的論述:

> 道者,神明之原也。神明者,處於度之内而見於度之外者也。處於度之内者,不言而信;見於度之外者,言而不可易也。處於度之内者,表面不可移也;見於度之外者,動而不可化也。靜而不移,動而不化,故曰神。神明者,見知之稽也。

由此可知,"神明"於此似應理解爲"道"的神妙的作用,是一種超自然的力量,處於萬事萬物之中,不斷地發揮着作用。《太一生水》的"神明"正是由天地產生出來的神妙作用。類似的説法亦見於《鶡冠子·泰鴻》:"天也者,神明之所根。""故聖知神方調於無形,而物莫不從天受藻華,以爲神明之根也。"陸佃注:"天受道之英華以生神明。"那麼,神明是否也是一組對立的概念呢?如果對照前引《經法·名理》所述,《太一生水》的"神明"是分指天、地各具有的神妙的作用。按傳統的説法"天秉陽,垂日星;地秉陰,竅於山川"(《禮記·禮運》),那麼,天、地所產生的"神明"也就具有陰、陽的屬性。《春秋元命苞》注也以"神明,猶陰陽也,相推相移"來説明"神明"也有類似陰陽的功用及分别。

《郭店楚簡國際學術研討會論文集》頁 539

○**陳偉**（2003）　（編按：郭店·太一5）神明，神祇。《禮記·表記》"昔三代明王，皆事天地之神明"，鄭玄注："神明，謂羣神也。"簡書中，神明與天地、陰陽等對舉，應分別指天、地之神。

《郭店竹書別釋》頁 26

齋

望山 1·132　　集成 11680 建信君鈹

○**袁國華**（2002）　望山簡文云："己未之日卜，庚申入齋。""庚申"日乃"己未"的後一天，故簡文的内容是説"己未日進行占卜，占卜的後一天庚申日進行齋戒儀式"。齋戒儀式似爲卜筮祭禱活動常見的節目，如望山一號墓第 106 號簡云："☑歸玉束大王。己巳内齋。"

《古文字研究》24，頁 372

【齋盟】
○**何琳儀**（1998）　詛楚文"齋盟"，讀"齊盟"。《左·成十一》"齊盟所以質信也"，注："齊，一心。"據詛楚文"齊盟"應作"齋盟"，齋戒而盟。

《戰國古文字典》頁 1270

祭

陶彙 3·843　　集成 9735 中山王方壺　　集成 4646 十四年陳侯午敦

包山 237　　九店 56·33　　上博五·競建 3　　睡虎地·日乙 155

【祭豆】
○**吳大澂**（1884）　（編按：陶彙 3·838）亦古陶器文，从手从示，置肉於豆閒以祭前代始爲飲食之人也。

《説文古籀補》卷 1，頁 1

○**顧廷龍**（1936）　吳大澂云："从手从示，置肉於豆閒以祭前代始爲飲食之人也。"又云："凡匋器有祭字者當即民閒祭器，疑有尊、卣、鼎、敦、壺、豆之屬，不止瓦瓦一器也。"

《古匋文香録》卷 1，頁 1

○**何琳儀**（1992）　《陶彙》3.838 著録一件齊國陶文：

舊多釋“祭”字異體，如吳大澂云“从手从示，置肉於豆閒以祭前代始爲飲食之人也”。誠然齊國陶文有單字“祭”（《陶彙》3.841、8.44、8.45），但是此字左上从“豆”，則與祭不同。按，《陶彙》有“合文”之例，如“公區”3.279、“柢豆”3.858（《集韻》“柢，屋梠也，兩楹閒謂之柢，或从臣”）、“十一”4.15、“八月”4.70 等。以此類推，上揭陶文也應釋“祭豆”合文。“祭豆”，見《儀禮·牲特饋食禮》“祝左執角、祭豆”。顯然“祭豆”應指祭祀所用祭器——豆。另外，《陶彙》3.836“祭壺”與“祭豆”辭例相同，可資旁證。

《考古與文物》1992-4，頁 78—79

【祭室】

○**晏昌貴、鍾煒**（2002）　（編按：九店 56·49）“祭室”，《新唐書·禮樂志三》：“其後廟制設幄，當中南向，祔坐無所施，皆祭室户外之東而西向。”《金史·列女傳·白氏》：“嘗於宅東北爲祭室。”以上諸簡是講“宫侈”的方位吉凶。

《武漢大學學報》2002-4，頁 419

祀 祀

集成 9734 妌盍壺　　集成 85 楚王酓章鎛　　集成 4694 鄦陵君王子申豆

郭店·老乙 16　　睡虎地·日乙 155

○**湯餘惠**（1993）　祀，年。《爾雅·釋天》：“載，歲也。夏曰歲，商曰祀，周曰年，唐虞曰載。”把“年”稱作“祀”，是沿用殷商時的叫法。

《戰國銘文選》頁 11

△按　先秦時期或以“祀”稱“年”，自商代甲骨文至戰國文字資料皆有用例。董作賓《殷曆譜》謂：“殷人稱‘一年’爲‘一祀’，乃帝乙、帝辛時之事，此與祀典有密切關係……彡、翌、祭、壹、劦五種祀系之連續關係既得，吾人乃名此五‘祀系’爲一‘祀統’，即一年中先祖妣五種祭之一周，亦即所謂‘一祀’也。‘祀典’不與‘王年’相始終，且又前後遊移，故代表‘王年’之‘祀’僅借‘祀’以名‘年’，不與三十六旬而一周之‘祀典’有直接之關係。”故“祀”之爲“年”雖源於周祭，然已有別於朔義。

祖 祖　褖 褖 褖

集成 4694 鄦陵君王子申豆　　秦駰玉版　　上博三·彭祖 2　　上博五·競建 2

集成 4096 陳逆簠

包山 266

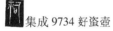集成 2840 中山王鼎　　集成 9735 中山王方壺

○商承祚（1982）　　陳逆簠祖亦从旻作，此不但加又，而且从俎聲（編按：中山王鼎）。

《古文字研究》7，頁 55

○李家浩（1994）　見“皇”字下【皇襦】條。

△按　商代、西周文字均用“且”爲“祖”，“且”本象俎形，乃假借爲“祖”，後增益“示”旁表義則爲“祖”，“祖”字爲後起本字。中山王鼎、方壺銘文“祖”字以“俎”易“且”，是聲旁的換用。

祠 祠　祠 祗

集成 9679 趙孟庎壺　　集成 9734 姧蚉壺　　睡虎地・封診 92

秦文字集證 133・13

九店 56・26　　新蔡乙四 53

九店 56・41

○張守中（1994）　祠，通伺。“人毋故而鬼祠其宮”（日甲四九背）。

《睡虎地秦簡文字編》頁 2

○李家浩（2000）　（編按：九店 56・41“凡吉日，利㠯祭祀、禱祠”）“祗”从“示”从“飤”聲，當是“祠”字的異體。“飤”或作“飼”，从“司”聲，故从“司”聲的“祠”可以寫作从“飤”聲的“祗”。“禱祠”參看上考釋［七八］（編按：見“禱”字條）。

《九店楚簡》頁 101

△按　《爾雅》“春祭曰祠”，郭注：“祠之言食也。”《詩》正義引孫炎云：“祠之言食。”楚簡“祠”字或从飤，“飤”兼表音義。

祝 祝

石鼓文・吳人　　睡虎地・日乙 194　　秦文字集證 133・11　　璽彙 2726

包山 217　　上博四・内豊 8　　包山 237　　楚帛書　　侯馬 156:24

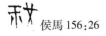侯馬 156:26

新蔡零 243

新蔡乙四 139

○**陳偉**(2004) "兄(或作"祝")禱",未曾見於包山簡或望山簡。"兄其戠牛之禱"的"兄"或許讀爲"貺",爲賜予之義。

《出土文獻研究》6,頁 41

○**禤健聰**(2006) 上列諸字無論是全釋爲"聑"或全釋爲"兄"都有問題。甲骨文、金文的例子若改釋爲"聑",無法做出令人滿意的解釋;《曹沫之陳》的二字若釋"兄"讀"恭",也遠遜於釋"聑"讀"輯"。郭店簡不同篇次的"聑"字均作同一形體,則訛寫之説,便難成立。

(中略)我們認爲三字既有區別,又不能截然分開。其關係如下:

(1)"祝"字所從有二體,或作跪形若🖐,或象以手著胸若🖐,跪拜也是祝,揖手也是祝,不同的取義角度表達同一個詞。

(2)"祝"與"兄"本來字形區別明顯。西周金文以後才出現偏旁訛混的情況。"兄"有作🖐、🖐者。

(3)"祝"字或作🖐,即"聑",換言之,"祝"的其中一體乃從"聑"。

(中略)上揭上博、郭店楚簡諸字,則應隸定爲"聑",釋爲"揖";上揭新蔡簡的🖐,也應隸定爲"聑",但在簡文中讀"祝",上博《内禮》簡 8"行祝於五祀",《儀禮·既夕禮》有"乃行禱於五祀",祝、禱義近,故簡文"祝"與"禱"搭配。

《許慎文化研究——首屆許慎文化國際研討會論文集》頁 315—316

○**楊華**(2007) 此處的"祝",可能與疾病治療的祝由巫術有關。(中略)祝禱則由專門的祝者(巫醫)先行祝由之術,再行禱祠儀式。

《簡帛》2,頁 368—369

○**沈培**(2007) 在殷墟甲骨文裏,得到大家公認的"祝"字有以下幾種寫法:

A   B   C   D

以上四種字形,可以按照人形中是否有覆手形分爲兩組,即 A、B 爲一組,C、D 爲一組。不管是否有覆手形,字形中所從的人形都是跽跪形的,這是"祝"字的一個重要特徵。姚孝遂先生很早就注意到這個特徵,並認爲甲骨文裏"祝"與"兄"二字就是根據所從人形是跽跪形還是立人形而區別開的。

1983 年,他在一篇論文中指出:

> 論者多以爲卜辭"兄、祝"同字,這完全是一種誤解。□下部从亻,□下部从卪,形體是有别的,其用法也截然不同……卜辭所見"□"與"□"數以百計,都是以"□"爲"祝",以"□"爲"兄",區分極爲嚴格,並不相混。

姚先生認爲,甲骨文中偶有以"□"爲"兄弟"之"兄"者,當屬誤刻。他還說:

> □或作□,祖庚、庚甲時期以後(沈按:"庚"當是"祖"字之誤,《詁林》所引已改爲"祖"),又增丅作□或□,而从亻與从卪的基本區别是始終不變的。

由於甲骨文中的實際用例確實很少不合姚先生所説的規律,他的説法得到了大多數學者的贊同。

到了 1996 年,姚先生又對自己從前的説法進行了補充:

> 卜辭祝或省示。孫海波《甲骨文編》誤混入兄字,以爲"兄用爲祝"。實則凡卜辭祝字之省示者作□或□,象人跪形,亦有象人立形作□者,突出手掌形以區别于"兄"字,金文則以□爲兄,已混。

按照姚説,雖然甲骨文裏"□"與"□"有别,但是覆手形的"□"則可作"□",此時从踞跪形和从立人形則没有區别,它們都是"祝"字。

(中略)但是,"祝"字作□形,顯然不能解釋爲其手中持有拐杖之類的東西,其覆手形很可能是突顯人在祝禱時手的動作。

(中略)回頭再看殷墟甲骨文裏的"祝"字不同寫法在各類卜辭中的分布,也有一種值得注意的情況,就是凡是寫作□、□形的"祝"字,基本都集中在出組卜辭中,而這一組卜辭裏正好有一個貞人叫"祝",寫作"□"。據此可以推測,此組刻手在刻字時,把"祝"刻成□等形,恐怕是有意要跟用爲貞人名的"□"區别開來。這當然是一種推測,還有待進一步證明。

(中略)以上調查也説明,在殷墟甲骨文和西周金文裏,我們還没有看到"□"用爲"祝"的例子,"祝"和"兄"無論有無覆手形,總是"祝"从踞跪人形,"兄"从立人形,區别明顯。張桂光先生最早指出,殷墟甲骨文中既有□字,又有□字,二者有别,不是一個字。裘錫圭先生《甲骨文中的見與視》一文通過更多的證據論證,前者爲"見",後者爲"視",區别明顯。裘先生的説法已經得到了不少學者的贊成。本文所討論的"祝"和"兄"的區别與此相類,應當不是偶然的現象。

現在再來看戰國竹簡文字上跟"□"有關的字。

過去我們没有機會看到戰國文字裏有寫作"□"形的字。自從新蔡葛陵簡和上博簡公布後,大家看到了戰國簡中出現了不少"⻊"字。

下面是新蔡簡的例子,爲了方便省覽,我們在每條簡文的前面把要討論的字形也列出來:

(16)⻊　　☐君、文夫人,兄(祝)其大牢,百(各)(乙四:128)之,貢,樂之;辛酉之日禱之。☐(甲三:46)

(17)⻊　　☐一勆,北方兄(祝)禱乘良馬、珈[璧]☐(乙四:139)

(18)⻊　　☐霝君子,兄(祝)其特牛之禱。鄭憲占之:兆☐☐(乙四:145)

(19)⻊　　☐☐㮋兄(祝)☐(零:127)

以上所列各字,原釋文都讀爲"祝"。我們認爲這是很正確的。這種寫法的"祝"有時有"示"旁:

(20)⻊　　☐祝禱於☐(零:243)

(21)⻊　　☐之,祝禱於☐(零:533)

下面一例的"祝"看不清,似乎所从的"兄"旁跟上舉諸例相同,也可能跟簡文中常見的"祝融"的"祝"字寫法相同。姑列於此,存以待考:

(22)☐之,祝禱於☐晟☐(零:439)

新蔡簡一般寫法的"祝"字也可以用於這種場合,作⻊、⻊形,跟"祝融"之"祝"寫法完全相同。下面二例這種寫法的"祝"的用例,可與上面例(16)對比:

(23)☐樂之,百(各)之,贛。祝☐(甲三:298)

(24)☐祝,昃禱之。☐(甲三:159-1)

例(23)"祝"與"樂之,百(各)之"同時出現,跟例(16)的"祝"出現環境是相同的。例(24)先説"祝",後説"禱",也可跟上舉例(16)對比。"祝"有"告"義,我們在新蔡簡中也看到"告"與"禱"同時出現的例子,如"既皆告且禱也"(甲三:138)、"☐之日皆告且禱之☐"(零:452)。這兩例的"告"和"禱"同時出現的情況,跟例(24)的"祝、禱"關係相類。由此可見,把上面例(16)等簡的"⻊"讀爲"祝"應該是沒有疑問的。表示"祝禱"的"祝"跟"祝融"的"祝"用不同的字形,這應該是有意加以區別。不過,從例(23)和例(24)看,"祝禱"的"祝"有時也寫成"祝融"的"祝"的字形,兩種字形的用法並非區別得很嚴格。雖然這樣,"祝融"的"祝"迄今還沒有發現寫成覆手形的,這是須要注意的。

新蔡簡作"⻊、⻊"這種寫法的"祝"字,出現的辭例有好幾例是"祝禱"。"祝禱"的説法早已見於殷墟甲骨文,例如下面一條卜辭,其中"禱"的考釋采用了冀小軍先生的説法：

（25a）其祝禱年，有大雨。

（25b）☐無雨。（《合集》28296）

古書也有“祝禱”的説法：

（26）虚二星，冢宰之官也，主北方邑居、廟堂、祭祀、祝禱事，又主死喪哭泣。（《晉書·天文志上》）

以上例子中凡是“祝禱”連言的，“祝”與“禱”之間應當是並列關係。但例（18）的“祝其特牛之禱”大概只能看成動賓關係，“其特牛之禱”是“祝”的賓語，意即爲“其特牛之禱”而“祝”。殷墟甲骨文中“禱”常以牲名爲賓語，例如：

（27）乙亥卜，爭貞：禱于成十牛。（《合集》1345）

（28）其禱三牛。（《合集》30609）

新蔡簡中“禱”常帶牲名“冢”爲賓語，如甲三:249“禱一冢”、甲三:327-2“禱二冢”等等。戰國簡中屢見“寵（編按:“寵”爲“寵”之誤，下文同）禱、舉禱”和“賽禱”的説法，其後也往往以牲名爲賓語，例如：

（29）寵禱於邵王特牛（包山簡200）

（30）舉禱特牛（包山簡222）

（31）賽禱邵王特牛（包山簡214）

“寵禱、舉禱”和“賽禱”很可能都是並列結構，它們後面所帶的牲名賓語既是“寵、舉、賽”的賓語，同時也是“禱”的賓語。因此，例（18）的“特牛之禱”意即用特牛作爲祭牲的禱祭。

例（16）的“祝”後面有“其大牢”，似乎應該讀爲“祝，其大牢”。殷墟甲骨文中“祝”字正有此種用法：

（32）祝，其十牛又五，［王］受［又（祐）］。大吉。茲用。（《合集》30629）

不過，這樣讀的話，句中的“其”就應該看作副詞。對比例（18）的“其特牛之禱”的“其”，恐怕還是看成代詞比較合適。因此，例（16）的“祝其大牢”應該作一句讀，“其大牢”作“祝”的賓語，意即“祝祭中用‘其大牢’”。“祝”以牲名爲賓語，這在殷墟甲骨文中也屢見不鮮，例如：

（33a）祝一牛。

（33b）二牛。（《合集》29441）

（34）辛巳卜，其告水入于上甲，祝大乙一牛，王受又（祐）。（《合集》33347）

以上一些解釋，可以進一步説明把“𩰀”釋爲“祝”是可信的。

新蔡簡的"祝"的這種寫法,所从人形雖作覆手狀,但已是立人形,跟金文中讀爲"覗"的"🝔"看起來字形相同。其實它們之閒並沒有源流關係。有學者或疑上引新蔡簡中"祝禱"的"祝"當釋爲"覗"字,實無必要。上舉字形中加了"示"旁的"🝔"字是無法釋爲"覗"的,僅從此點來看,把"🝔"釋爲"覗"就不正確。這種寫法的"祝"字應當看作是從甲骨文中跽跪、覆手形的"🝔""🝔"變來的。在漢字演變中,早期寫作跽跪形的字形到後來往往都變成了立人形。甲骨文中从示从跽跪形的"祝"字,到了西周中期的《長甶盉》(《集成》15.9455)裏已經變成了立人形,變得跟兄弟的"兄"寫法一樣,只是因爲有"示"旁而能跟"兄"字區別開來。裘錫圭先生也指出,早期"見"和"視"本來有从跽跪形和从立人形的區別,但是後來"見"也往往寫成立人形。正因爲這樣,作立人形的"視"字的表意初文逐漸就從歷史上消失了。新蔡簡這種寫法的"祝"有从示和不从示兩種寫法,即"🝔"和"🝔"並存,這正跟殷墟甲骨文中"祝"作"🝔"和"🝔"對應,只不過所从人形已從跽跪形變成了立人形,這是合乎字形演變規律的。另外,這種字形從殷商時代一直到戰國時代都帶有覆手形,反映了這種寫法延續的時閒比較久遠。這也不必感到奇怪。曾憲通先生曾指出,直到春秋中期或晚期的《王子午鼎》,其上"考""孝""壽"三字仍然是从覆手形的。可以注意的是,此鼎也是楚器。看來,在楚國文字裏,帶覆手形的字存活的時閒比較長。

《簡帛》2,頁 1—19

△按　徐在國《説"聑"及其相關字》釋"🝔"爲"聑",以爲"揖"之初文(見簡帛研究網 2005 年 3 月 4 日)。

【祝融】

○**饒宗頤**(1958)　故繒書上人名祝🝔爲祝融無疑。戰國以來並以祝融配炎帝。《呂覽・仲夏紀》:"其帝炎帝,其神祝融。"《淮南子・天文訓》:"南方火也,其帝炎帝,其佐朱明。"高誘注"舊説云祝融",是圖言炎帝命祝融,因祝融爲其佐也。

《長沙出土戰國繒書新釋》頁 16

○**李學勤**(1960)　此節提到祝融,"龗"字和邾公釛鐘"陸龗"一名第二字相同,爲祝融、陸終本爲一神分化之説提供了進一步的證據。《史記・楚世家》説帝嚳命重黎曰祝融,這裏帝命祝融、德敚奠三天四□,很可能就是重黎絕地天通的故事。

《文物》1960-7,頁 68

○**安志敏、陳公柔**(1963)　"炎帝乃命祝融"(B.6.1—6)舊釋祝融是正確的。《呂氏春秋·十二紀》和《禮記·月令》孟夏云:"其帝炎帝,其神祝融。"《淮南子·天文訓》"南方火也,其帝炎帝,其佐朱明",高誘注:"舊說祝融。"是祝融爲炎帝之佐。繒書所記,與文獻相合,可以反映出一部分古史傳說與信仰的內容。

《文物》1963-9,頁56

○**嚴一萍**(1967)　邾公鈝鐘銘有"陸䰧"之名,字作䰧。王國維先生曰:"䰧字自來無釋,余謂此字從䖝辜聲(辜古墉字),以聲類求之,當是螽字,陸螽即陸終也。"又曰:"殷虛卜辭有䰧字,從鬲辜聲,余因此器冬作䰧,因釋爲融字。古韻東冬二部之分合,久無定論,今冬部之螽融乃並以東部之辜爲聲,可爲古韻學家添一有力之證據也。"(《觀堂集林》十八)按郭氏大系亦從此說。《金文編》隸定作蟲。今以繒書祝融證之,知邾公鈝鐘乃借融爲螽,非䰧即螽也。

《中國文字》26,頁3027

○**李學勤**(1984)　祝融按《國語·鄭語》之說,其後有八姓,羋姓爲其中之一,故祝融是楚的遠祖。帛書《四時》章述及炎帝、祝融,頌揚了他們奠定三天、四極,爲日月之行的功績,這個傳說正體現了楚人的古史觀念。

《楚史論叢》初集,頁150

○**高明**(1985)　"炎帝乃命祝䰧",《邾公鈝鐘》有名爲"陸䰧"者,王國維曾謂:"䰧字自來無釋,余謂此字從䖝辜聲(辜古墉字),以聲類求之,當是螽字,陸螽即陸終也。"王說至確,繒書"祝䰧"正可釋爲祝融。《國語·晉語》:"昔少典娶於有蟜氏,生黄帝、炎帝。黄帝以姬水成,炎帝以姜水成,成而異德,故黄帝爲姬,炎帝爲姜。"《史記·五帝本紀》:"炎帝欲侵陵諸侯,諸侯咸歸軒轅,軒轅乃修德振兵,治五氣,藝五種,撫萬民,度四方,教熊羆貔貅貙虎,以與炎帝戰於阪泉之野,三戰然後得其志。"以上記載雖出於戰國和西漢,但皆源於傳說,並無可靠之根據。仔細分析,其中矛盾很多,(中略)就以祝融而論,就有兩種傳說,一如《海内經》:"炎帝之妻、赤水之子聽訞生炎居,炎居生節並,節並生戲器,戲器生祝融,祝融降處於江水,生共工。"另一如《楚世家》:"楚之先祖出自帝顓頊高陽,高陽者黄帝之孫,昌意之子也。高陽生稱,稱生卷章,卷章生重黎,重黎爲帝嚳,高辛居火政,甚有功,能光融天下,命曰祝融。"過去蒙文通根據古代傳說史料將古代民族分作三支,即河洛民族、江漢民族、海岱民族,而將傳說中之炎帝、共工、蚩尤、祝融均視爲江漢民族的先祖,此一推測,卻與帛書記載相吻合。

《古文字研究》12，頁 379—380

○**何琳儀**（1986）　　“祝盧”，即“祝融”，武梁祠畫像作“祝誦”，《史記·周本紀》“成王名誦”，《竹書紀年》作“庸”。《國語·周語》“服物昭庸”，王引之《經義述聞》卷二十“庸與融同”。然則“融、庸、誦、盧（蟲）”皆可通用。《禮記·月令》：“孟夏之月，其帝炎帝，其神祝融。”

《江漢考古》1986-2，頁 82

○**李零**（1991）　　這裏的“祝融”，過去見於長沙子彈庫楚帛書，與炎帝和共工有關。類似傳說也見於《山海經·海内經》，作“炎帝之妻、赤水之子聽訞生炎居，炎居生節並，節並生戲器，戲器生祝融，祝融降處於江水，生共工”。研究者多認爲這也是楚人的族源傳説，現在看來恐怕有誤。因爲我們注意到，子彈庫楚帛書和《海内經》都是數術家言。前者是以十二月配四方，講各月禁忌；後者是“大舉九州之勢”的形法書。二者皆與畫爲四方中央的圖式相配，顯然與《禮記·月令》和《吕氏春秋》中所記以炎帝配南方、祝融爲其佐神的五帝系統屬於同類。這是數術家根據五行説安排的帝系，與楚人自己的祭祀系統未必是一回事。

《文物》1991-2，頁 48

○**劉信芳**（2003）　　祝融：楚之先祖。《國語·鄭語》載祝融之後分爲八姓，芈姓楚人爲其中一枝。

《包山楚簡解詁》頁 231

祈　祈

祈 包山 266

○**張吟午**（1994）　　包山 2 號墓出 2 件無足禁，遣策木器欄内記“二祈”，疑即指此二禁。《禮記·祭法》：“相近於坎壇。”注：“相近當爲禳祈，聲之誤也。”祈、禁二字，古音可通。

《楚文化研究論集》4，頁 611

○**李家浩**（1994）　　上文五所録望山簡文（12）和信陽簡文（13）（編按：[12]二近，二瓚。[13]二彫[雕]瓚，一厚奉之近，三彫[雕]近），都有器名“近”。“近”字原文皆寫作《説文》古文“近”，從“止”從“斤”。“祈、近”二字都從“斤”得聲，故可

通用。《禮記・祭法》"相近於坎壇,祭寒暑也",鄭玄注:"相近,當爲'禳
祈',聲之誤也。"(1)（編按:包山266木器部分）的"祈"與(12)(13)的"近",顯然
是同一個詞。

朱德熙先生在考釋望山簡文的"近"時說:

> 簡文"近"疑當讀爲"巹"。《禮記・昏義》"合巹而酳",孔疏:"巹謂
> 半瓢。以一瓠分爲兩瓢謂之巹。"信陽楚墓出土匜形陶器一件（標本1-
> 726）,報告謂"黑色,斂口,鼓腹,平底,略似瓢形",又形制相似的漆器一
> 件（標本1-820）,疑即2-011號簡所記之"近"。

朱先生的說法是很有見地的。春秋時期,楚、蔡、吳等南方國家的匜形銅器自
名爲"曳、盉"等:

> 佳（唯）正月初吉丁亥,楚叔之孫以鄧擇其吉金,鑄其會（沫）曳,子子孫
> 孫永寶用之。(《淅川下寺春秋楚墓》16頁圖一一)

> 佳（唯）正月初吉乙亥,宣王之孫、雍子之子東姬,自乍（作）會（沫）曳,
> 其（眉）壽屬（萬）年無記（期）,子子孫孫永寶用之。(《淅川下寺春秋楚墓》
> 36頁圖二九)

> 佳（唯）王正月初吉丁亥,蔡侯乍（作）朕（媵）鄬（蔦）中（仲）姬丹會
> （沫）盥,用旂（祈）眉壽邁（萬）年無彊（疆）,子子孫永保用之。(《淅川下寺
> 春秋楚墓》229頁圖一七○・1)

> 蔡子仦自乍（作）會（沫）异。(《三代吉金文存》17.26.1)

> 王子适蚩（之）芐（沫）盉。(《淅川下寺春秋楚墓》17.25.2)

> 工虞（吳）季生乍（作）其盥會（沫）盉。(《文物》1988年9期96頁)

第一、二器器名之字和第六器器名之字所從的聲旁,即《説文》訓爲"引"的
"戛"字的異體,第三、四器器名之字從《説文》"殄"字古文"丩"聲,第五器器
名之字從《説文》正篆"申"聲。這些器名之字都應當讀爲"巹"。簡文"祈、
近"應當是楚國"巹"這個詞在戰國時期的寫法,即假借祈求字和遠近字
爲之。

包山楚墓東室出土一對"帶流杯"(2:31、2:25),其形態與東姬盉、蔦仲姬
盉等相似,唯前者有喇叭形座。器内紅漆,器外黑漆地上繪紅、黃、金三色花
紋。2:31"帶流杯"腹部繪展翅欲飛的鳳紋,最大口徑19.3釐米、通高10釐
米。2:25"帶流杯"腹部繪四龍相蟠紋,最大口徑19.5釐米、通高10.5釐米。
這兩件所謂的"帶流杯"分別以龍、鳳爲圖案,正符合古人以龍、鳳喻男、女之
意,無疑是古書中所説的"合巹",也就是簡文(1)（編按:包山266木器部分）所記的

“二祈”。上引朱先生的説法,於此再次被證明是正確可信的。

《著名中年語言學家自選集·李家浩卷》頁244—246,2002;

原載《國學研究》2

○**劉信芳**(1997) 包山簡二六六:“二祈。”“祈”讀如“肵”,《儀禮·特牲饋食禮》:“佐食升肵俎。”鄭玄注:“肵謂心舌之俎也。”又《少牢饋食禮》:“心舌載於肵俎。”《禮記·郊特牲》:“肵之爲言敬也。”疑出土實物之帶流杯二件(標本二:三一;二五)即“二祈”,該杯器口呈心臟性(**編按**:“性”當爲“形”),或取其載動物心臟以敬神的象徵意義。

《中國文字》新23,頁85—86

○**連劭名**(1999) (**編按**:集成155能原鎛)二銘可分爲三部分:

(一)甲銘自起首至“連余大邾”。“尸膚”二字見於《之利殘片》:“尸膚書釿口。”此段主要是邾的盟辭,“乍”下一字頗重要,可惜殘損,“祈”,《禮記·大傳》云:“祈於社。”鄭注:“祈,告天地及先祖也。”春秋晚期邾國有二,稱爲“大邾”是對小邾而言,《春秋經》魯僖公七年有云:“小邾子來朝。”

《故宫博物院院刊》1999-3,頁29

○**劉信芳**(2003) 祈:字讀爲“肵”,《儀禮·特牲饋食禮》:“佐食升肵俎。”鄭玄《注》:“肵謂心舌之俎也。”又《少牢饋食禮》:“心舌載于肵俎。”《禮記·郊特牲》:“肵之爲言敬也。”報告謂“二祈”即出土四件“高足案”中較長的兩件(標本2:3),不可信。李家浩已正確地指出“二祈”即該墓東室出土的一對“帶流杯”(2:31,2:25),不過李氏認爲“祈”,“應當是楚國‘巹’這個詞在戰國時期的寫法”,則與我們的理解不同。該杯器口呈心臟形,或取其載動物心臟以敬神的象徵意義。信陽簡2:11:“一厚奉之旂,三彫旂。”旂亦讀爲肵。該墓出土漆木匴一件(標本1:820),器口的形狀與包山二號墓所出帶流杯相近,口沿内外以紅、黄、紫、銀四色彩繪出精緻的變形雲紋,此所以稱“彫旂”。該器已殘,出於擾土内。至於“厚奉之旂”,出土器物未之見,上述包山二號墓所出帶流杯,有橢圓形柄及足座,“厚奉”謂此類足座,“厚奉之旂”應是與“帶流杯”類似的器物。

《包山楚簡解詁》頁291

【祈室】

○**黄盛璋**(1995) (**編按**:戰國銅位)祈室即民間祈祀鬼神之室,云夢秦墓出土惊與弟衷家信(二)有:“爲惊視祀,若大廢毁,以惊居反城放。”祀指惊家中祀室,亦即祈室,證明戰國晚期楚之故地民家皆有祀室,惊因出征反城淮陽,除關心他的新婦、幼女和兩位老人外，就是他的祀室，特別提出因居反城（淮陽）故，顯然是和他在反城戰爭中生死存亡的命運聯繫起來，這是民間宗教信仰、地方風俗和當時人民心理的具體反映，（中略）《漢書・地理志》齊地下也記載：“始齊桓公兄襄公淫亂，姑姊不嫁，於是命國中民家長女不得嫁，名曰巫兒，爲家主祠，嫁者不利其家，至今以爲俗。”是至漢猶如此，既“爲家主祠”，則家必有祠室，本銘之祈室正是地下提供的物證，詳見下考。

《第二屆國際中國古文字學研討會論文集》（續編）頁 271—272

△按　戰國文字“祈求”之“祈”或又用“旂、忻”等字表示。

禱禱　祖禂禬禂

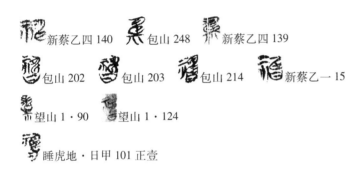

新蔡乙四 140　　包山 248　　新蔡乙四 139

包山 202　　包山 203　　包山 214　　新蔡乙一 15

望山 1・90　　望山 1・124

睡虎地・日甲 101 正壹

【禱祠】

○李家浩（2000）　（編按：九店 56・26）“禱祠”，下四一號簡作“禱禉”。本簡“祠”字原文稍有殘泐，從殘畫看，右半似非“飤”字，而似是“訇”字。“訇”字金文屢見（《金文編》565、566 頁，原書誤釋爲“侣”）。“由於台和司古音極近，這個字可能是在訇（司）字上加注聲符台，也可能是在台字上加注聲符司”（《朱德熙古文字論集》118 頁，中華書局 1995 年）。“禉”當是“祠”字的異體。（中略）《周禮・春官・小宗伯》“大菑，及執事禱祠于上下神示”，鄭玄注：“求福曰禱，得求曰祠。”孫詒讓《周禮正義》：“《女祝》注云：‘祠，報福也。’謂既得所求，則祠以報之也。”

《九店楚簡》頁 81

祺祿

睡虎地・日甲 156 背

○**睡簡整理小組**（1990）　《禮記・月令》：“仲春之月，玄鳥至。至之日，以大牢祠於高禖。”《續漢書・禮儀志》注引蔡邕《月令章句》云：“高，尊也。禖，媒也。吉事先見之象也。蓋爲人所以祈子孫之祀。玄鳥感陽而至，其來主爲字乳蕃滋，故重其至日，因以用事。”據此高禖爲祈子孫之祀，則馬禖爲祈禱馬匹繁殖的祭祀。《周禮・校人》：“春祭馬祖，執駒。”疏：“春時通淫，求馬蕃息，故祭馬祖。”馬禖或即祭祀馬祖。

《睡虎地秦墓竹簡》頁 228

○**劉信芳**（1991）　禖：《説文》：“禖，祭也。”《周禮・夏官・校人》：“春祭馬祖，執駒。”“馬禖”即馬祭。

《文博》1991-4，頁 66

社 祀 袿

袿包山 210　　祀包山 248　　社睡虎地・日乙 164　　坛望山 1・115　　坛望山 1・125

祥集成 2840 中山王鼎　　袿上博五・鬼神 2 背　　祉新蔡甲三 334　　神新蔡甲三 354

○**中大楚簡整理小組**（1977）　（編按：望山 1・115、1・125）坛，當爲社字。

《戰國楚簡研究》3，頁 31

○**陳邦懷**（1983）　社　祉　古文社
　　　　　　　　　　　大鼎　使智社稷之賃

按，《説文》示部社。古文作祉。篆文社字下曰：“《周禮》：二十五家爲社，各樹其土所宜木。”段注：“从木者，各樹其土所宜木也。”

《天津社會科學》1983-1，頁 63

○**戴家祥**（1995）　《説文》：“社，地主也，从示、土，春秋傳曰：共工之子句龍爲社神。”按社爲土之表義加旁字，“土”讀舌腹透紐，“社”讀正齒禪紐，在形聲字的聲系中，正齒聲每每混入舌聲，以舌腹透紐爲定點，前延則爲舌端，後伸則爲舌面。

（中略）六國古文社作袿，从示而又从木，正如防之古文作墮，陳之古文作墮，在形聲字中算是形義符號重複例，從形體發展變化的規律上，進一步證明“社”“杜”“土”古本一字。

《金文大字典》頁 3135、3137

○**李家浩**（1998）　社字古文“袿”所从的“杢”，與古文字“埶”的簡體“杢”，雖然字形相同，但含義卻不相同。古人在神社之處往往種有樹木，即所謂的社

樹,故"社"字古文又加注意旁"木"。"禋"字應分析爲从"示"从"木"从
"土"聲。

《容庚先生百年誕辰紀念文集》頁 670—671

○**李零**(1998)　包山占卜簡的祭禱對象分三種:

　　(一)天神。(中略)

　　(二)地祇。

　　　(1)侯(后)土。(中略)

　　　(2)社。即社主。

《李零自選集》頁 62—63

○**劉信芳**(2003)　社:土地神。《左傳》昭公二十九年:"共工氏有子曰句龍,
爲后土……后土爲社。"又昭公十七年:"伐鼓於社。"簡文有"后土"(214)、
"宮地主"(202、207)、"野地主"(207)、"地主"(219),屈原《九歌》中的土地
神爲"雲中君"。析言之,"后土"主要指土地神之神靈:"雲中君"是土地神靈
的人格化;"宮地主、野地主、地主"特指宮、野及當地土地神之神位;"社"是某
一居住區共設的祭祀土地神的廟宇之類("社"同時又是行政區劃單位)。然
通用則皆指地神。

《包山楚簡解詁》頁 227

【禋禝】

○**張政烺**(1979)　《説文》禋,古文社。

　　禝从示,馬王堆帛書、漢代碑刻皆與此同。

《古文字研究》1,頁 225

○**趙誠**(1979)　社作禋,與《説文》古文形同。禝作禪,與《子禾子釜》同。丁
佛言《古籀補補》云:"《風俗通義》:禝,五穀之長。五穀衆多,不可徧祭,古(編
按:當作"故")立禝而祀之……禝爲祭名,許氏説齋也,故古禝字亦从示。"

《古文字研究》1,頁 255

○**商承祚**(1982)　社字作禋,《説文》之古文同。

　　禝,《説文》古文作禝,此作禝,右旁與小篆小異,左易禾爲示。

《古文字研究》7,頁 52

禍禍　祟禍

集成 9735 中山王方壺　　上博四·昭王 9

郭店・尊德2　　上博五・競建8

包山213　　秦家咀99・11　　上博五・三德14　　新蔡乙一15

○**湯餘惠**（1993）　見卷九"司"字下【司禑】條。

○**李零**（1993）　司禑（簡213、215）。次字是楚文字中的禍字。禍可讀爲過。《開元占經》引《黄帝占》謂文昌六星中的第五星爲司中，"主司過詰咎"，《抱樸子・微旨》引《易内戒》《赤松子經》《河圖記命符》也提到"天地有司過之神，隨人所犯輕重，以奪其算，算減則人貧耗疾病，履逢憂患，算盡則人死，諸應奪算者有數百事，不可具論"。此神與司命有關。或前者即大司命，此即小司命。

　　　　　　　　　　　　　　　　　　　　　《中國典籍與文化論叢》1，頁438

○**李零**（1994）　司禍（過）。禍原從骨，是戰國文字的一種特殊寫法，（原注：天星觀一號楚墓發掘簡報釋此神名爲"司禍"，無說。據何介鈞先生示慈利楚簡照片，此字在該簡文例中是讀爲"禍"。）這裏讀爲"過"。古書說司中（即文昌五星）"主司過"，爲"司過之神"（《開元占經》引《黄帝占》《抱樸子・微旨》引《易内戒》等書），可見此神即司中。

　　　　　　　　　　　　　　　　　《李零自選集》頁62，1998；原載《學人》5

○**吳郁芳**（1996）　見卷九"司"字下【司禑】條。

○**荆門市博物館**（1998）　㟴（禍）福之羿也。

　　　　　　　　　　　　　　　　　　　　　　　《郭店楚墓竹簡》頁173

○**劉信芳**（2003）　見卷九"司"字下【司禑】條。

○**李家浩**（2005）　"禍"字原文作"禑"，李零釋爲"禍"。按"禑"字見於《龍龕手鏡》示部上聲，以爲是"禍"字的俗體。天星觀卜筮簡"司禑"作"司禍"（見湖北省荆州地區博物館《江陵天星觀一號楚墓》，《考古學報》1982年1期110頁），可見《龍龕手鏡》的說法是有所本的。

　　　　《長沙三國吳簡暨百年來簡帛發現與研究國際學術研討會論文集》頁201

△按　"禍、㟴、禑"並爲"禍"之異體。上古音"禍"字屬匣紐歌部，"化"字屬曉紐歌部，故"禍"字又可從化得聲。"禍"字所從之"咼"本是一個從"骨"字之初文得聲的字，故"禍"字亦得從骨得聲。"骨"字上古音屬見紐物部，物、歌二部旁對轉。"司禑"之"禑"讀爲"過"，此處"禑"乃"司過"之"過"的專字，不用"禍、㟴"。

祟 祟

 睡虎地·日乙 216 壹　　祟 包山 239　　祟 包山 243

△按　"祟、柰"一字分化,參卷六木部"柰"字條。

祆禓　祅

 上博二·容成 16

【祅祥】

○**李零**(2002)　祅祥　即"妖祥",指各種怪異反常現象,如《左傳·宣公十五年》"地反物爲妖",《玉篇·示部》"祥,似羊切,妖怪也"。《説文·示部》"祅"字段玉裁注:"祅,省作祅。經傳通作妖。""妖"作"祅",與簡文寫法同。

《上海博物館藏戰國楚竹書》(二)頁 262

禁 禁

禁 睡虎地·秦律 117　　禁 龍崗 17　　禁 秦文字集證 149·256

【禁苑】

○**睡簡整理小組**(1990)　(編按:睡虎地·秦律 117)禁苑。

《睡虎地秦墓竹簡》頁 47

△按　"禁"字僅見於秦系文字。

祚祚　複襐

祚 包山 141　　祚 包山 209

襐 上博五·鮑叔 3

○**劉彬徽、彭浩、胡雅麗、劉祖信**(1991)　東周之客謷緟逯(歸)複(祚)於菽(栽)郢之東周之客嗇經逞(歸)裻(祚)於戔(栽)郢之戢(歲)。

《包山楚簡》頁 29、33

○**何琳儀**(1998)　包山簡裻,讀胙。或作叔、俊、腹、胈。

《戰國古文字典》頁 580

○**張富海**(2006)　(編按:上博五·鮑叔 3"乃命又嗣箸槳浮老溺不型")祚,簡文原形從作從又從示,即"祚"字異體。整理者嚴格隸定後括注"祚"。此字又見於包山 129、141、162、209 號簡,都用爲福胙字(文例是"歸祚、致祚")。《説文》有"胙"無"祚",前人以爲從"示"旁的"祚"字後起,由楚簡知"祚"字古已有之。箸,通作"著"("著"是"箸"之訛),此處是著於簿籍的意思,乃常訓。浮,彭浩先生已正確地指出當訓爲"罰",亦常訓。祚,常訓爲福爲禄,又引申而有慶賜之義,其義正與"浮"相反。《左傳》昭公十一年:"天之假助不善,非祚之也,厚其凶惡而降之罰也。""祚"與"罰"反義對舉,簡文只不過把"罰"換成了同義詞"浮"。"乃命有司箸祚浮,老弱不刑",是説桓公聽從了鮑叔牙和隰朋之諫,於是命令執事者明著賞罰於簡册,而又特別強調老弱不刑,以示刑政之寬緩。

《北方論叢》2006-4,頁 10

○**李學勤**(2006)　(編按:上博五·鮑叔 3"乃命又嗣箸槳浮老溺不型")"槳"從"作"聲,精母鐸部,讀爲從母鐸部的"籍"。"書籍"指在户籍上登記。"浮"讀爲同在並母幽部的"復",意即除免。除免老弱民衆的刑罰,是政策之一。

《文物》2006-9,頁 93

○**彭浩**(2007)　(編按:上博五·鮑叔 3"乃命又嗣箸槳浮老溺不型")作,字上從"作"下從"示",整理者讀爲"祚"。"祚,常訓爲福爲禄,又引申而有慶賜之義"。我以爲該字讀"作",是作刑的簡稱。管仲在齊國推行革新時,建立新的法律制度是其中的重要内容,見於《管子·法法》等篇,學者也多有論述。

《楚地簡帛思想研究》(三)頁 6

釭　　絭

集成 2623 楚王酓肯鼎　包山 224　郭店·老丙 2　郭店·太一 12
郭店·窮達 9　上博二·容成 20　上博四·内豊 8　新蔡甲三 189
新蔡甲三 309

○**荆門市博物館**(1998)　子疋(胥)前多釭(功),後寥(戮)死,非其智懷

（衰）也。

《郭店楚墓竹簡》頁 145

○**李家浩**（2000） （編按：九店 56・23"可㠯爲少社"）"社"字還見於包山楚墓竹簡和楚王酓肯鼎銘文。楚王酓肯鼎云"集脰社貞（鼎）"（《金文總集》一・〇六五九）。包山楚墓二二四號簡云"攻尹之社"，同墓二二五號簡"攻尹"作"社尹"。於此可見，"社"應當分析爲從"示"從"工"聲。《周禮・春官・大祝》"掌六祈，以同鬼神示……五曰攻，六曰説"，鄭玄注引鄭司農云："攻、説，皆祭名也。"又《秋官・庶氏》"掌除毒蠱，以攻説襘之"，鄭玄注："攻説，祈名，祈其神求去之也。""社"當是"攻説"之"攻"的專字。古代的祭祀分大祭、小祭（參看下考釋[一〇二]）。"小社（攻）"猶"小祭"，大概古代舉行"攻"這種祭祀活動也分大小。

《九店楚簡》頁 75—76

○**李家浩**（2001） "攻尹之攻執事人"的第一個"攻"字，225 號簡作"社"；第二個"攻"字，224、225 號都作"社"。天星觀楚墓卜筮簡也有此字："思社解於盟詛與强死。"包山卜筮簡"社解"皆作"攻解"。"社、攻"二字都從"工"得聲，故可通用。因此字與祭祀有關，故字或從"示"作。上引包山楚墓竹簡整理小組考釋只説"社，讀如攻"，至於"攻"在這裏是什麼意思，卻没有交代。彭浩《包山二號楚墓卜筮和祭禱竹簡的初步研究》認爲"攻"，可能就是《周禮・春官・大祝》所説六祈之一的"攻"。其説可從。"攻尹"當是掌管攻祭的長官。楚國有工官名"工尹"，見《左傳》昭公十二年、《禮記・檀弓》等，楚國文字作"攻尹"，祭禱簡文的"攻尹"與之當非一官。"攻執事人"即"攻尹"下所屬執行攻祭事務的人員。《周禮・春官・小宗伯》："大戔，及執事禱祠上下神示。"此是小宗伯下所屬執事人進行禱祠神祇，與簡文情況相同。

"社"字除了見於上面所説的天星觀卜筮簡外，還見於楚王酓肯鼎、九店五六號楚墓竹簡和郭店楚墓竹簡：

(13) 集脰社鼎。（《殷周金文集成》5・51・226231）（編按：5・2623）

(14) 凡荀日，可以爲少社。（《江陵九店東周墓》圖版一〇六.23）

(15) 城（成）事述（遂）社，而百眚（姓）曰我自然也。（《郭店楚墓竹簡》9.2）

(16) 古（故）社城（成）而身不傷。（《郭店楚墓竹簡》13.12）

(17) 子疋（胥）前多社，後寥（戮）死。（《郭店楚墓竹簡》27.9）

(13)的"社鼎"當讀爲"攻鼎"，指攻祭用的鼎。（14）的"少社"疑讀爲"小攻"。古代祭祀有大祭、小祭，大概攻祭也有大、小之分。（15）至（17）的"社"

皆讀爲“功”。

《簡帛研究二〇〇一》頁 31—32

○賈連敏（2003）　䄷。

《新蔡葛陵楚墓》頁 194

○何琳儀（2004）　卜筮爲䄷（甲三：189）

　　䄷，原篆左从“示”，右从“工”聲。《釋文》誤釋右从“立”。此字已見包山簡 124、天星觀簡等，又作“攻”（包山 238）。《周禮·春官·大祝》“五曰攻”，注：“鄭司農曰，攻，祭名。玄謂，攻用幣而已。”

《安徽大學學報》2004-3，頁 7

△按　邴尚白認爲“‘䄷執事人’的職司，可能與卜祝祭禱之事有關”，又謂“䄷”“應與卜祝巫覡有關”（見《楚國卜筮祭禱簡研究》104—105 頁，暨南國際大學 1999 年碩士學位論文）。

【䄷尹】

○李家浩（2001）　見“䄷”字條。

○劉信芳（2003）　“䄷”讀爲“攻”。由此可知楚國“攻尹”兼領神職。

《包山楚簡解詁》頁 237

【䄷貞】

○李零（1992）　䄷鼎，䄷字很容易使人認爲是社字（原銘文字與花紋相含混），經筆者目驗，原銘所从工，不但沒有出頭筆畫，而且豎畫上端與上面的一橫畫稍稍隔開。

《古文字研究》19，頁 145

○李家浩（2001）　見“䄷”字條。

礽

上博五·三德 2　 上博五·三德 9　 上博五·三德 14　 港藏 4

○陳松長（2001）　“㐀”此字亦見於楚帛書乙篇，其形作“㐀”，隸定爲“礽”，饒宗頤先生考曰：“礽字从示弋，字書未見。弋即弋，亦借作翼。《書·多士》：‘敢弋殷命。’《釋文》馬本作‘翼’，鄭玄訓翼爲敬，與弋同音字有㢆，敬也（《廣韻·二十四職》）。以弋、異、翼互通例之；礽殆即禩字，《説文》則以禩爲祀之或體。”（《楚帛書新證》，《楚地出土文獻三種研究》）依此，本簡之“礽”字亦當讀爲“祀”字，“祀”即“年”也。《爾雅·釋天》：“載，歲也。夏曰歲，商曰祀，周曰年，唐虞曰載。”所謂“乃無凶𢽤”，意即“乃無凶年”。又，“𢽤”或即“殺”字之異構。“乃無凶殺”亦文意曉暢。

《香港中文大學文物館藏簡牘》頁 13

○**陳偉武**（2002）　後世字書有“𢽤”字，亦有“祄”字。《漢語大字典》謂“𢽤”同“禍”，引《宋元以來俗字譜》：“禍”，《白袍記》《目連記》作“𢽤”。又云：“祄，yì，《海篇·示部》音亦。云：‘祄，祀也。’”楚簡“𢽤”字與宋元俗字“𢽤（禍）”當是異代同形。楚帛書乙篇云“下民之祄，又（有）敬毋戈（忒）”，協職部韻，知“祄”非“禍”字。何琳儀先生讀“𢽤”爲“忒”，饒選堂先生讀爲“祀”。楚簡和楚帛書之“𢽤（祄）”究是何字？筆者以爲即是表示災禍義的專用字，典籍多作“忒”或“慝”，加示旁表示災禍與鬼神有關，類似“禍”字、“𤑔（災）”字、“魄（鬼）”字等等。故天星觀楚簡有掌管禍害之神爲“司禍”。《國語·晉語八》：“蠱之慝，穀之飛實生之。”《漢書·敘傳下》：“既成寵祿，亦羅咎慝。”“慝、咎慝”均指災禍。楚帛書原意是説：……這是下民的災害，應有所警飭，不要有差忒。“戈”爲“弋”加羨筆而成，楚文字習見，帛書此字最早由安志敏和陳公柔兩先生讀爲“忒”，後經李家浩先生論證，已廣爲學界接受。“戈（弋）”既用爲“忒”表差錯義，故表災禍義加示旁以資區別。郭店簡《緇衣》2—3 號：“則民青（情）不紑。”裘錫圭先生按語指出“紑”當讀爲“忒”。

　　楚簡“凶𢽤（祄）”一詞，後世尚有流傳，只是轉指兇惡而已，（中略）先秦古書稱“凶災”（《禮記·月令》）、“凶事”（《易·益》）、“凶患”（《左傳·成公十二年》），漢代古書稱“凶咎”（《論衡·讕時》）、“凶禍”（又《命義》）、“凶殃”（又《亂龍》），均與楚簡“凶𢽤（祄）”同義。《史記·五帝本紀》“凶慝”指兇惡之人。“凶殺”一語似未見於先秦兩漢之書。“上帝憙之，乃無凶𢽤”。釋“凶𢽤”爲“凶殺”不妥。作爲吉凶斷語，訓“𢽤（祄）”爲災禍亦甚貼切。

《古文字研究》24，頁 360—361

○**李零**（2005）　𤑔（災）。

《上海博物館藏戰國楚竹書》（五）頁 289

○**李守奎、曲冰、孫偉龍**（2007）　𤑔　香港·戰 4·11。

《上海博物館藏戰國楚竹書（一—五）文字編》頁 13

△**按**　“𤑔”爲災異之“災”的專用字。

弍

楚帛書

○**李學勤**（1982）　下民之弍（式）。

《湖南考古輯刊》1，頁 70

○**李零**（1985）　祇　見於白弍鼎，疑讀爲戒。

《長沙子彈庫戰國楚帛書研究》頁 100

○**饒宗頤**（1985）　祇（祂）字从示、戈，字書未見。戈即弋，亦借作翼。《書・多士》："敢弋殷命。"《釋文》馬本作"翼"，鄭玄訓翼爲敬，與弋同音字有廙，敬也（《廣韻・二十四職》）。以弋、異、互通例之；祂殆即禩字，《説文》則以禩爲祀之或體。此處弋、惻等協韻，宜讀爲翼。

《楚帛書》頁 65

○**何琳儀**（1986）　"祂"，原篆作"祇"。郭釋戒，非是。李乙釋"祂"讀式，可從。《説文》："式，法也。"帛書"弋"作"弋"，"戈"作"戈"。二者區別雖微，屢驗不爽。

《江漢考古》1986-1，頁 57

○**劉信芳**（1996）　祂　字从示从弋，李學勤先生讀如"式"，可信。《天問》："天式縱橫。"王逸章句："式，法也。"《史記・日者列傳》："旋式正棊。"索隱："式即栻也，旋，轉也。栻之形上圓象天，下方法地。"

《中國文字》新 21，頁 96

礼

䢅公豆

○**何琳儀**（1998）　礼，从示，乚聲。（或乙聲。乙、乚一字分化，參乙聲首。）禮之異文。《説文》："禮，履也。所以事神致福也。从示从豊，豊亦聲。礼，古文禮。"

《戰國古文字典》頁 1081

○**湯餘惠等**（2001）　礼。

《戰國文字編》頁 9

条

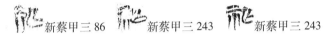上博四·昭王 1

○**陳佩芬**(2004) “条”字《説文》所無。待考。

《上海博物館藏戰國楚竹書》(四)頁 183

○**李守奎、曲冰、孫偉龍**(2007) 恭。

《上海博物館藏戰國楚竹書(一——五)文字編》頁 14)

祦

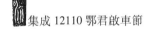新蔡甲三 86　新蔡甲三 243　新蔡甲三 243

○**楊華**(2006) “亡”字左邊从示,爲其意符,釋作“亡”,亦無問題。簡甲三 86:“……銅牢,酒食,夏亡特……”此處的“亡”字又从歺,表示死亡。从歺之表示死亡,與从示之表示受祭,並不矛盾。

《簡帛》1,頁 209

△**按** “祦”爲“亡魂”之“亡”的專字。

厡

集成 12110 鄂君啟車節　包山 162　包山 197　包山 228

○**郭沫若**(1958) 厡是月名。《爾雅·釋天》十二月月名爲陬、如、病、余、皋、且、相、壯、玄、陽、辜、涂。屈原的《離騷》“攝提貞於孟陬”,即攝提格之歲的孟春正月,既用《爾雅》月名,則與之同時的本節文的月名也當同於《爾雅》月名。但夏季三個月月名爲余、皋、且,卻無一字相合。余意:《爾雅》“余”字當是後來的訛變,本當作厡,因後人不識而誤寫爲余。故“厡之月”當爲四月。

《文物參考資料》1958-4,頁 4

○**殷滌非、羅長銘**(1958) 斦,从示,古無舌上音,長銘讀如禘。滌非以爲可釋祂。

《文物參考資料》1958-4,頁 9

○**于省吾**(1963) 斦字郭釋爲厡,謂《爾雅·釋天》夏季月名之“余”本當作

"屍",羅讀侎爲祶,殷釋爲祂,都不可從。侎字从人示聲,即商器"祁盉"的
"彡"字,古文字从人从卩往往無別。《説文》:"示,天垂象,見吉凶,所以示人
也,从二(上),三垂,日月星也。"許解示字係臆爲之説。卜辭示字作"丅"或
"丁",既非从上,也不从三垂。示與主古同字,卜辭示字閒或作工,卜辭先公
中的示壬、示癸,《史記・殷本紀》作主壬、主癸。天神地示之示經傳通作祇,
示與祈、祁音近字通,《史記・晉世家》的"示眯明",《公羊傳》宣六年作"祁彌
明",《吕氏春秋・開春論》的"祈奚",《左傳》成八年作"祁奚",《説文》"祁"
从邑"示"聲,是其證。卜辭多以气爲祈求之祈,金文自西周中葉以來,祈求之
祈作蘄、薾、旂,閒或作气。以六書之義求之,侎或彡,从人、示,象人跪於神主
之前以祈福,示亦聲,係會意兼形聲。侎字係由彡滋化爲侎,典籍則代以"从示
斤聲"的"祈"字。

《考古》1963-8,頁 443

○**朱德熙、裘錫圭、李家浩**(1995)　　(編按:望山 1・6"酓屍")"屍"爲尸祝之"尸"的
專字,見於馬王堆三號漢墓所出帛書中一種字體較古的雜占書(中略)。秦簡的
"夏尸",鄂君啓節亦作"夏屍"。

《望山楚簡》頁 88

祆　袄

袄 包山 210　　祆 包山 218　　祆 望山 1・79

祆 包山 243

○**中大楚簡整理小組**(1977)　　(編按:望山 1・55)袄,(中略)爲神名。

《戰國楚簡研究》3,頁 35

○**湯餘惠**(1993)　　祆 243　　祆 210　　原皆照摹,疑並袄字。前例从大省丿,仍
商周古文傳統寫法。簡文中"袄"與"夭"文例完全相同,亦當以妖孽解之。

《考古與文物》1993-2,頁 75

○**李零**(1995)　　見卷十大部"犬"字條。

○**吳郁芳**(1996)　　包山二號墓墓主昭佗在因病"不甘食"時,常常祭一個名爲
"蝕袄"的神,祭品往往是一整頭豬,如簡 211 號、227 號所載,"蝕袄"有時也
單稱袄,如簡 238 號、244 號所載。袄字《包山楚簡・考釋》未釋,僅照簡摹寫,
筆者據其字形,以爲可隸定爲袄,也可作飫。"蝕袄"之蝕,《考釋 404》謂"虧

毀爲蝕”。拙見以爲蝕即食,二字通用,如日蝕、月蝕又作日食、月食。“蝕祆”
即食祆或飪,是古時主進飲食的神。《禮記・曾子問》“攝主不厭祭”。鄭玄注
曰:“厭,厭飪神也。”楚人故有祭禱食神的風俗,如《説文》“腰”下曰:“楚俗以二
月祭飲食也。”又如《風俗通・祀典》亦謂:“楚俗常以十二月祭飲食也。”這個職
掌進食的飪神,應當就是《包山楚簡》中的“食祆”。(**編按**:此文“祆”字皆當作“祆”。)

《考古與文物》1996-2,頁 76

○**劉信芳**(2003)　祉:字从示,太聲,或从示,大聲(簡 243),字或作“太”(簡
213、227)。“太”作爲神名,應即楚人所祀“太一”。《九歌》有“東皇太一”,就
其神格而言,“太一”是至上神,屈原《九歌》以“太一”列於篇首,居諸神之上。
(**中略**)楚簡祀譜,自然諸神在人鬼諸神之上,自然諸神又以“太”爲最尊,揆之
於《九歌》,則“太”非“太一”莫屬。

《包山楚簡解詁》頁 226

○**李家浩**(2005)　“夼”是文獻上所説的什麽神呢?我在這裏提出一種推測,
供大家參考。古代有一種神名“酺”。《周禮・地官・族師》説:

　　春秋祭酺,亦如之。

鄭玄注:

　　酺者,爲人物菑害之神也。故書“酺”或爲“步”,杜子春云“當爲
　　酺”。玄謂《校人》職又有“冬祭馬步”,則未知此世所云,蟓螟之酺與?
　　人鬼之步與?蓋亦爲壇位如雩禜云。

按鄭注所説的“校人”見於《周禮・夏官》,“冬祭馬步”鄭玄注:

　　馬步,神爲災害馬者。

“酺、步”古音相近,按照杜子春和鄭玄的説法,是同一種菑害神名的不同
寫法。

　　古代還有一種神名“布”。《史記・封禪書》説:

　　及秦并天下,令祠官所常奉天地名山大川鬼神可得而序也……而雍
　　有日、月、參、辰……諸布、諸嚴、諸述之屬,百有餘廟……各以歲時奉祠。

司馬貞《索隱》:

　　案:《爾雅》“祭星曰布”。或諸布是祭星之處。

《淮南子・氾論》説:

　　羿除天下之害,而死爲宗布。

高誘注:

　　羿,古之諸侯。河伯溺殺人,羿射其左目;風伯壞人屋室,羿射中其

膝；又誅九嬰、窫窳之屬，有功於天下，故死託於宗布。祭田爲宗布謂出也。一曰今人室中所祀之宗布是也。或曰司命傍布也。

高注“祭田爲宗布謂出也”句不好懂，孫詒讓認爲文字有訛誤，他説：“以意求之……當作‘祭星爲布，宗布謂此也’。《爾雅·釋天》云‘祭星曰布’，即高所本。”其説近似。

惠士奇對上引《周禮》的“醽”、《史記》的“布”和《淮南子》的“宗布”有很好的意見，我把他的話抄寫在下面：

> 《封禪書》有諸布，《索隱》引《爾雅》“祭星曰布”，非也。大祝六號，二曰鬼號。布者，鬼號也。秦漢之布，即《周官》之醽。《淮南子·氾論訓》曰：“羿除天下之害，而死爲宗布。”布，猶醽也，步也。族師祭醽，校人祭步，所謂布也。醽、步、布音相近而通。

孫詒讓贊成惠氏的説法，並且還認爲“宗布”之“宗”是雩禜之“禜”。從《淮南子》高注所説漢代的“宗布”與“布”有别來看，“宗布”就是“宗布”，似非“禜布”。

上古音“醽、步”都是並母字，“醽”所從聲旁“甫”和“布、卜”都是幫母字。幫、並二母都是脣音。如果簡文“柰”確實像前面所分析的那樣從“卜”聲，頗疑“柰”與《周禮》等的“醽、步、布”爲一聲之轉。值得注意的是，簡文的“柰”多與后土、司命等同祭，這跟《淮南子》高注所説漢代的“布”位於司命傍同祭的情況基本上相同。從這一點來説，把簡文的“柰”讀爲“醽”或“布”是合理的。孫詒讓對上引《周禮·地官·族師》鄭注“則未知世所云蠈螟之醽與，人鬼之步與”作疏證時説：

> 此據漢時民間有此二祭。蠈螟之醽，即爲物裁害之神；人鬼之步，即爲人裁害之神也。賈疏云：“但此經云醽，不知何神，故舉漢法以況之。但漢時有蠈螟之醽神，又有人鬼之步神，未審此經醽定當何醽，故兩言之。”

從包山 218—219 號簡所説的“柰”附於佩玉琥上爲害病人和“蝕”字的本義爲蠹蟲食物來看，我認爲簡文的“柰”和“蝕柰”，分别相當漢代的“人鬼之步”和“蠈螟之醽”。

《長沙三國吳簡暨百年來簡帛發現與研究國際學術

研討會論文集》頁 189—190

△按　除上引諸説外，或又徑釋“犬”爲大（于成龍《楚禮新證——楚簡中的紀時、卜筮與祭禱》102—104 頁，北京大學 2004 年博士學位論文），或又認爲此

字从大得聲,而轉讀爲"厲"(董珊《楚簡中从"大"聲之字的讀法》,簡帛網2007 年 7 月 8 日)。

祡

楚帛書

○**蔡季襄**(1945) 祡,或即祭字異文。按末行亦有祭參二字,祭作祡,與此略似。

《晚周繒書考證》頁 5

○**商承祚**(1964) 祡(化)。

《文物》1964–9,頁 22

○**饒宗頤**(1968) 祡字从化从示甚明,應讀如變化之化。

《史語所集刊》40 上,頁 4

○**饒宗頤**(1985) 祡指大化、玄化。化从示者,如鬼字亦作魂(《説文》古文)之例。

《楚帛書》頁 14

○**何琳儀**(1986) "祡"同"魂",讀"化"。《汗簡》引《義雲章》"化"作"魂"。"鬼"和"示"義近可通。《説文》"鬼"之古文作"魂",《汗簡》引華嶽碑"神"作"魅",是其證。

《江漢考古》1986–2,頁 79

△**按** 學者多讀楚帛書"祡"字爲"化",是天地、神力之"化"的專字,與"禍"字的異體"祡"同形。

袾

睡虎地・日甲 27 背

○**睡簡整理小組**(1990) 《山海經・海内北經》:"袾,其爲物人身黑首從目。"注:"袾即魅也。"《説文》作彪,云:"老精物也。"

《睡虎地秦墓竹簡》頁 218

△**按** "祡"字下引何琳儀説謂"鬼、示"二旁義近可通,甚是。"袾"之異體作"魅",亦"鬼、示"義近換用之例。

𢀰

包山 205　　 包山 206

○**劉彬徽、彭浩、胡雅麗、劉祖信**（1991）　𢀰，讀如位。《周禮・春官・肆師》
“凡師甸用牲于社宗，則爲位”，孫詒讓云：“位與‘辨方正位’同。”

《包山楚簡》頁 55

○**李家浩**（2001）　李零在《包山楚簡研究（占卜類）》的“内容與格式”部分，
談到 205、206、224、225 號四支簡文的内容時，（中略）他對祭禱簡主要講了以下
幾點意見：

　　1.𢀰、位，應該讀爲“涖”。“邵吉爲涖”“臧敢爲涖”，是“邵吉涖祭”“臧敢
涖祭”。

　　2.致福，即“賜福”。“賜福”者是墓主人的祖先。

　　3.致命，即“賜命”。“賜命”者是墓主人的祖先。

　　4.蒿祭之，應該讀爲“郊祭之”。

　　（中略）其實，包山楚墓竹簡整理小組對“位”的考釋是對的，簡文的“爲
位”，就是《周禮・春官・肆師》“凡師甸用牲于社宗，則爲位”的“爲位”。（中
略）

　　“爲位”除了見於《周禮・春官》的“肆師”職外，還見於“小宗伯”職：

　　　　成葬而祭墓，爲位。凡王之會同、軍旅、甸役之禱祠，肆儀爲
　　　位……凡天地之大戈，類社稷宗廟，則爲位。

鄭玄在“成葬而祭墓，爲位”之下注説：

　　　　位，壇位也。先祖形體託於此地，祀其神以安之。

孫詒讓疏説：

　　　　云“位，壇位也”者，謂封土爲壇，以設神位及主祭之位也。凡《經》云
　　　“爲位”者，不在宮廟，則爲壇位，此及下文“禱祠、肆儀”等是也。在宮廟則
　　　唯几、筵、坐、立、拜、獻之位，下文“類宗廟”及《射人》云“祭侯則爲位”是也。

“小宗伯”職説禱祠要“爲位”。205、206 號和 224、225 號四簡記的正是禱祠，
“邵吉爲位”“臧敢爲位”之“爲位”，無疑就是“小宗伯”等職所説的“爲位”。
據孫詒讓所説，“爲位”包括設神位和主祭者之位。

　　類似包山祭禱簡用法的“爲位”之“位”，還見於天星觀楚墓卜筮簡：

（5）享祭惠公於鄥之位，特豢饋之。

此處的“位”，應該是指神位。

《簡帛研究二○○一》頁 28—29

○劉信芳（2003）　䇉：讀爲“位”，此謂神位。先秦祭祀先祖，多以孫以代其神位，稱爲“尸”。《禮記・曲禮上》：“君子抱孫不抱子，此言孫可以爲王父尸，子不可以爲父尸。”又《曾子問》：“孔子曰：祭成喪者必有尸，尸必以孫，孫幼則使人抱之，無孫則取於同姓可也。”王國維《説俎下》（《觀堂集林》卷三）釋金文族徽云：“自宋以來均釋爲析子孫三字，余謂此乃一字，象大人抱子置諸几閒之形。子者，尸也。”又有以木主代爲尸者，《國語・周語上》：“設桑主，布几筵。”韋昭《注》：“主，獻公之主也。練主用栗，虞主用桑。禮，既葬而虞，虞而作主。”《論衡・亂龍篇》：“宗廟之主，以木爲之，長尺二寸，以象先祖。孝子入廟，主心事之，雖知木主非親，亦當盡敬有所主事。”

《包山楚簡解詁》頁 221—222

△按　“䇉”由“立”字分化出來專表神位之“位”的專字。

祫

睡虎地・日書殘

虖　褫

虎上博一・詩論 13　　虖上博五・季庚 11　　虎上博一・緇衣 14

褫上博二・從甲 15

○張光裕（2002）　毋褫　“褫”字從虖，楚簡中多讀爲“號”及“呼”，或用爲語辭“乎”。《郭店楚墓竹簡・老子甲》第三十四簡：“終日虖（號）而不嗌（憂）。”“毋褫”或可讀作“毋號”。

《上海博物館藏戰國楚竹書》（二）頁 228

○馮勝君（2007）　甲骨文中有一個從人從虎的字，寫作（《甲骨文編》35 頁），金文寫作（同簋，《集成》4271）。這個字一般理解爲象虎食人形，釋爲“虐”。《説文・虍部》：“虐，殘也。從虍，虎足反抓人也。（古文虐如此。”郭

店簡本从疒省从古文虐，當即"瘧"字，《説文·疒部》："瘧，熱寒休作。从疒从虐，虐亦聲。"在簡文中讀爲"虐"。類似《説文》古文的"虐"字戰國文字中多見，如㕈（《容成氏》36 號簡），或从"示"寫作㣈㣈（《從政》甲 15 號簡），或从"戈"，寫作㣈（新蔡甲三 64）。上博簡本"虐"字作㣈（㣈），可能是由寫作㣈形的"虐"字演變而來。戰國文字中讀爲"乎"的字或寫作：

　　　㣈成之5　　　㣈孔子13　　　㣈孔子12

與"虐"字在形體上混同。

　　　　　　　　　　　　　　《郭店簡與上博簡對比研究》頁 149—150

△按　陳劍謂（《上博簡〈子羔〉、〈從政〉篇的拼合與編連問題小議》，簡帛研究網 2003 年 1 月 8 日）："'虐'字原作从'示'从'㕈'之形，'㕈'字楚簡文字多用作'乎'，但據《説文》，它是'古文虐'字。郭店簡《緇衣》簡 27 从'病旁'从'㕈'之字，今本作'虐'，可見《説文》之説自有其根據。此處从'示'从'㕈'之字用爲'虐'，跟《説文》及郭店簡《緇衣》相合。"周鳳五説略同（《讀上博楚竹書〈從政（甲篇）〉札記》，簡帛研究網 2003 年 1 月 10 日）。陳劍、周鳳五讀"虐"可從，然此字"虎"旁下所謂"口"旁兩豎皆突出底橫，與"口"旁一般寫法有別，今謹識於此待考。

祠

㣈新蔡甲三 195

○賈連敏（2003）　祠。

　　　　　　　　　　　　　　　　　　《新蔡葛陵楚墓》頁 194

△按　張新俊、張勝波隸定此字爲"祠"（《新蔡葛陵楚簡文字編》19 頁，巴蜀書社 2008 年），可從。

㵾

㵾郭店·老甲 34

○荊門市博物館（1998）　㵾〈裳（常）〉。

　　　　　　　　　　　　　　　　　　《郭店楚墓竹簡》頁 113

○顏世鉉（2000）　《老子》甲簡 34："和曰㵾"，原《釋文》隸作"㵾"，改釋爲

"棠"（常），似視"景"乃"棠"的訛誤。此字別本都作"常"，釋爲"常"是可信的；然其上半所從字形卻與一般"尚"字的寫法不同。《古文四聲韻》卷二及卷四"當"字引《古老子》作⿰、⿱。望山楚簡簡1.88有"尚祝"，"尚"字作⿰，《考釋》74云："簡文'祝'字多讀爲'祟'，疑'尚祝'是尚有鬼神作祟之意。"包山楚簡簡220有"⿰祭"，《釋文》釋爲"同祭"；對照來看，包山楚簡也當釋爲"尚祭"。楚文字"尚"字多作如⿱（包山簡90）之形，"同"字則作如⿰（包山簡138反）之形。郭店簡《忠信之道》簡3的"尚"字則作⿰。從《古文四聲韻》所引《古老子》的"當"字、《忠信之道》的"尚"字，而至望山、包山簡"尚祝"的"尚"字，正可看出"尚"和"同"混同之迹。故郭店《老子》簡的"景"字，當可直接釋爲"棠"，讀爲"常"。

楚帛書乙篇有："日月皆亂，星唇不⿰。"末一字也當釋爲"尚"，讀爲"常"；將之釋爲"常"字也符合文義。《管子·正》："如四時之不貣，如星辰之不變。"《淮南子·覽冥》："星辰不失其行。"《本經》："五星循軌而不失其行。""星辰不變"即是"星辰有常"；反之，則是"星辰不常"。曾侯乙漆書文字有"辰尚（常）若陳"，即星辰各循其常軌運行，如軍伍行列嚴整而不亂。常即是規律，《荀子·天論》："天行有常，不爲堯存，不爲桀亡。"楊注："天自有常行之道也。"

《郭店楚簡國際學術研討會論文集》頁102

祱

祱 新蔡乙三41

△**按** "祱"爲祖先之"先"的專字。楚簡祖先之"先"或又徑作"先"。

術

術 包山210　術 包山219

○**朱德熙**（1983）　江陵望山一號墓竹簡：

（31）□祭㝵（廄）。甲戌、己巳內齋。　135

㝵字作：㝵

按望山它簡有"坛北子、㝵□□"的話。坛是祭名。《禮記·祭法》記王所立七祀、諸侯所立五祀皆有國門、國行,大夫三祀、適士二祀皆有門、行。行指道路,禦當是行神的專字。據此,襄似當釋爲廩,乃廄神的專字。

《古文字學論集》(初編)頁 420—421

○**朱德熙、裘錫圭、李家浩**(1995)　(編按:望山 1·115"垿、北子、衙□□□☒")古代祭行(即道路)。《禮記·祭法》記王所立七祀、諸侯所立五祀皆有國門、國行,大夫三祀、適士二祀皆有門、行。"禦"當是行神之專字,亦見一一九號簡。

《望山楚簡》頁 101

○**李家浩**(2000)　(編按:九店 56·27)"㠯(以)祭門、禦",秦簡《日書》甲種楚除交日占辭此句位於"行水"之上,"禦"作"行"。睡虎地秦簡整理小組注:"行,道路。古代常祭門和道路。《禮記·祭法》:'大夫立三祀:曰族厲、曰門、曰行。適士立二祀:曰門、曰行。庶士、庶人立一祀,或立户,或立竈。'注:'門户主人出入,行主道路行作。'"楚國文字"門行"之"行",皆寫作"禦",從"示"從"行"聲,即行神之專字。

《九店楚簡》頁 83

○**劉信芳**(2003)　禦:其字又作"行",參簡 208 注。"宮行"應指行神入於宮者,有如地主在宮爲"宮地主"。整理小組以"宮、行"爲二神,陳偉釋爲一神(《湖北荆門包山卜筮簡所見神祇系統與享祭制度》,《考古》1999 年 4 期),陳説是也。

《包山楚簡解詁》頁 227

○**陳偉武**(2003)　禦:包山簡 2.219:"賽禱禦一白犬。"字亦見望山簡。"禦"爲道路神之專字。包山木籤以"行"指道路神不加"示"旁。

《華學》6,頁 101

△按　"衙"爲"行神"之"行"的專字。楚簡"行神"之"行"或又徑作"行"。

奕 禚

○**朱德熙**(1979)　信陽鐘銘(編按:集成 38 翻篙鐘)和天星觀簡文的"屈禚"顯然就是與秦月十一月相當的楚月名"屈夕"。禚,從示亦聲。《廣韻》昔韻:"亦"羊益切,喻母四等;"夕"祥易切,邪母。古音"亦、夕"都在魚部,喻母四等與邪母

諧聲、假借均有密切關係。二字古音相近,古籍常互爲異文。《晏子·内篇雜上》第二章"吾亦無死矣",銀雀山竹簡本《晏子》作"吾夕無死已"。又《内篇雜下》第四章"晏子曰嘻亦善……",銀雀山竹簡本作"晏子□詠夕善矣",並假夕爲亦。

《朱德熙文集》5,頁 114,1999;原載《方言》1979-4

○**宋華强**(2010) (編按:新蔡甲三 34)遠祭之月。

《新蔡葛陵楚簡初探》頁 372

△**按** 新蔡楚簡中的"祭"即"祭"之異體,"夜"从亦得聲,以"夜"易"亦"可以看作是聲旁的換用。不過"祭"是楚月名用字,在秦簡中寫作"夕",也不能排除"祭"字是在"祭"字之上增益"夕"旁而來。

祧

溫縣 WT1K17:131

○**郝本性**(2004) "以祧主福",在盟書中"祧"作从示从交之形(也有的寫成从示从文),魏克彬先生認爲"祧"即徼福的徼,這是對的。因爲,徼,要、求之義,徼福爲春秋時常用辭令,《左傳》有六例,在此爲以求主福,福字寫作从人从畐,乃是當時一字異體與常用假借字造成的。

《新出簡帛研究》頁 77

祝

![包山214]包山 214 ![包山214]包山 214 ![新蔡甲三219]新蔡甲三 219 ![包山231]包山 231

○**朱德熙、裘錫圭、李家浩**(1995) 下五一號簡謂"不見福,毋以其故敓【之】",文例與此相近。五一號簡"見"下爲"福"字,則此簡"祝"字當讀爲"祟"。"兑、祟"古音相近。簡文屢見"又祝,以其古敓之"之語(五四號、六一號、八一號簡)。"又祝"即"有祟"。

《望山楚簡》頁 95

○**曾憲通**(1993) (3)遝郿會之祝

《説文》:"祝,祭主贊詞也,从示从人口會意;一曰从兑不省,兑爲口爲巫。"楚簡祝字作祝若祝,从示从兑不省。朱駿聲謂"祝所以悦神也",故从兑。楚帛書祝融字作𥘅，與侯馬盟書同，字從廿從人會意，廿即口字。包山簡祝融二見之，祝字一作𥘅（簡 237），一作𥘅（簡 217），同於楚帛書。可見祝融之祝作祝。孫希旦《月令集解》釋祝融云："祝，續也；融，明之盛也。祝融者，言火德之繼續而光明也。"《白虎通》云："號謂之祝融何？祝者，屬也。"可見祝融之祝於義爲續若屬，簡文於祝融字從人從口會意作祝，贊詞之祝則從兑悦神作祝，二者區分甚明。簡文屢言"遱石被裳之祝"（簡 214）、"遱郦會之祝"（簡 210、214）、"𡥀歸齁之祝"（望山簡）、"𡥀石被裳之祡"（簡 203）、"𡥀醢吉之祡"（簡 241、243）、"𡥀邦釐之敚"（簡 223），當以祝字爲正，敚、祡皆爲借字。而所謂"某某之祝"者，乃貞人祭禱之祝辭也，如秦簡《日書》路祭之大常行祝辭，馬祭之馬禖祝辭，以及董仲舒之救日祝辭等。

（4）由攻祝，歸繡取冠繗於南方

簡文"攻"下祝字當讀爲説，已如上述。《周禮·春官·大祝》六祈，五曰攻，六曰説。攻謂如救日食之鳴鼓，説謂陳論事實而責之。《秋官·庶氏》鄭玄注云："攻説，祈名，祈其神，求去之也。"簡文攻祝即攻説，謂以攻説之禮祈南方神祇，求去不祥，並歸（饋）以繡（佩）取（緅）與冠繗。與贊詞之祝字同而義有別。

《第二屆國際中國古文字學研討會論文集》頁 418—419

○陳偉（1996）　"祡"，《考釋》云："讀如祟。"可從。古人往往認爲疾病與祟有關，因而發病時有卜祟之舉。

《包山楚簡初探》頁 155

○陳偉武（2003）　祝：曾師云："包山簡祝融二見之……簡文於祝融字從人口會意作祝，贊詞之祝則從兑悦神作祝，二者區分甚明。"（編按：見曾憲通《包山卜筮簡考釋》[七篇]，《第二屆國際中國古文字學研討會論文集》418—419 頁，香港中文大學 1993 年）"祝"爲通行字，"祝"爲專用字。

《華學》6，頁 102

○劉信芳（2003）　祡：

讀爲"祟"，《説文》："神禍也。"《左傳》哀公六年："初，昭王有疾，卜曰：河爲祟。"

《包山楚簡解詁》頁 233

△按　又見卷三支部"敚"字條。

�564

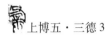上博五・三德 3

○**李零**（2005）　天乃隆祭　“祭”，疑同“祐、裸”，這裏讀爲“災異”之“異”，與上“材（災）”字互文。

《上海博物館藏戰國楚竹書》（五）頁 290

△**按**　楚簡又有“祠”字，是“祠”字之異體，與“祭”字同爲從旬示聲之字，然義不相涉。

棠

集成 2794 楚王酓忎鼎　　集成 4550 楚王酓肯簠

集成 10100 楚王酓肯盤　　集成 2623 楚王酓肯鼎

郭店・成之 31 　　上博一・詩論 9 　　上博五・三德 5 　　上博五・三德 10

○**郭沫若**（1934）　“昌共裁棠”，棠從示，尚聲，當即祭名蒸嘗字之專字，《爾雅・釋天》“秋祭曰嘗，冬祭曰蒸”，嘗乃假借字。裁與棠連文，則裁殆又假爲蒸，裁蒸乃陰陽對轉之聲也。故“昌共裁棠”即是“以供蒸嘗”。（準《魯頌・閟宮》“毛炰裁羹”之例，裁作如字，棠讀爲羹，亦可通。然古人盛羹以鋼不以鼎，故知其非。）

《郭沫若全集・考古編》5，頁 416，2002；原載《古代銘刻彙考續編》

○**唐蘭**（1934）　“棠”字銘俱作棠，僅歜忎鼎蓋作棠。郭沫若氏釋棠，“從示尚聲，當即祭名蒸嘗字之專字”（《古代銘刻彙考續編》37 葉）劉節氏釋“常”。余按：劉説非也。此字下從丞，決非“巾”字，當以釋“棠”爲是。

《唐蘭先生金文論集》頁 23，1995；原載《國學季刊》4 卷 1 期

○**胡光煒**（1934）　“常”讀爲“嘗”，與上文銅鼎句皆相韻。

《胡小石論文集三編》頁 176，1995；原載《國風》4 卷 3 期

○**胡光煒**（1934）　常下巾形作丞，前釋二鼎皆然。古文刻畫從衡異敘，故致不相屬。

《胡小石論文集三編》頁 183，1995；原載《國風》5 卷 8、9 期合刊

○**劉節**（1935）　常字鼎銘作棠。其非從示可知；古文從𡿨之字每作𡿨，而𡿨字
從巾，故棠字所從之𠂇，蓋巾字之別構也，由是推證他器之常字從爪者，非示
字，乃巾字也。常即蒸嘗。

《古史考存》頁 115，1958；原載《楚器圖釋》

○**中大楚簡整理小組**（1977）　（**編按**：望山 1·113）棠，從示，尚聲。祭名，即嘗。
楚酓肯鼎及酓忎盤作“歲棠”。《爾雅·釋天》：“秋祭曰嘗。”

（**中略**）（**編按**：望山 1·140）棠爲古代秋祭名，秋收嘗新穀，謂之嘗，先神而後人，
故字從示，尚聲，“棠祭”指此。楚王酓忎鼎、盤等器“歲棠”亦作棠，爲嘗之初
字，後世廢而不用。

《戰國楚簡研究》3，頁 10、27

○**許學仁**（1983）　棠字，屢見於考烈王、幽王諸器，多與“戠”字連文作“戠
棠”，如：

　　　　▲楚王酓肯乍盥銅鼎以共戠棠（楚王酓肯鼎凡二器）（**編按**：本文“棠”均當爲
“棠”，下不贅）

　　　　▲楚王酓肯乍爲盥盤以共戠棠（楚王酓肯盤）

　　　　▲楚王酓忎戰隻（獲）兵銅正月吉日窒盥匋鼎以共戠棠。（楚王酓忎鼎
器銘）

　　　　▲楚王酓忎戰隻（獲）兵銅正月吉日窒鑄匋鼎之蓋以共戠棠。（楚王酓
忎鼎蓋銘）

　　除酓忎鼎蓋作𥛱一見外，銘俱作𥛱，蓋即“棠”字，從示，尚聲。胡小石氏以
𢇍爲巾形，劉節氏謂𠓛乃巾之別構，皆非。字從示作𢇍，決非巾字，其偶一作𠓛，
乃字之訛變，當以釋“棠”爲是。

　　棠之義訓，約而言之，凡得四説：

　　　▲訓常爲嘗，以爲祭物之通稱：劉節讀“戠”爲“載”，訓爲載羹，謂：“常即蒸
嘗，鼎亦可盛載羹，故有鈃鼎。載常，即載羹與蒸嘗並舉之，是祭物之通稱也。”

　　　▲訓棠爲嘗，盛肉以祭，故曰載嘗：商錫永亦讀“戠”爲“載”，云：“棠即嘗
字，從示，尚聲。秋祭曰嘗，盛肉以祭，故曰載嘗。”

　　　▲祭名蒸嘗之專字，讀“戠棠”爲“蒸嘗”：容庚《金文編》謂棠即《詩·魯
頌·閟宮》“秋而載嘗”之“載嘗”（一·七）；郭某謂棠字當即祭名蒸嘗之專
字，云：“《爾雅·釋天》‘秋祭曰嘗，冬祭曰蒸’，嘗乃假借字。載與棠連文，則
載殆又假爲蒸，載蒸乃陰陽對轉之聲也。故‘以共載棠’即是‘以供蒸嘗’。”

　　　▲讀棠爲“盛”，謂“載棠”即粢盛：唐蘭讀“載棠”二字爲“粢盛”，云：“‘以

共戠棠’當即‘以共粢盛’，‘戠’與‘粢’，‘棠’與‘盛’，並語聲之轉耳。經傳所言‘粢盛’，俱指祭祀之黍稷，而此以‘戠棠’爲之者，似已爲泛義之祭物矣！”

　　劉節、商錫永、容庚、郭某四家，以棠爲祭名，並近似，然牽於“戠”字字義，乃支衍爲説。或泛指祭祀；或秋祭專名。楚考烈王與楚幽王諸盤鼎，一文德，一旌功，銘文俱云“以共戠棠”；且酓忎諸器，稱正月吉日，非秋祭之專名，乃祭祀之通稱也。以共戠棠者，謂以供歲祭也。

《中國文字》新 7，頁 85—86

○**陳秉新**（1985）　棠字从示，尚聲，郭沫若謂爲“當即祭名蒸嘗字之專字（《金文叢考・壽縣所出楚器之年代》）”。説甚確。《爾雅・釋天》：“秋祭曰嘗。”郭璞注：“嘗新穀。”棠即典笈之嘗，是獻新穀之祭，當無疑義。

　　鼎爲薦牲之器，《周禮・掌客》“鼎簋十有二”鄭注：“鼎，牲器也。”是其義。盤有盥盤、承盤，亦有作爲食器之盤，《左傳》僖公二十三年：“乃饋盤飧，置璧焉。”楚王酓忎盤銘：“窐鑄少（炒）盤。”是古有食盤之證。鼎盤又可用爲祭器，故銘文中有“以共戠棠”之句。

《文物研究》1，頁 68

○**李零**（1985）　(編按：楚帛書)不得其棠，帛書第一行適當一道縱的裂痕（此裂痕筆直，與字行不完全重合，當是裝裱後形成），棠字當中稍殘，林巳奈夫（1966）、嚴一萍、饒宗頤（1967）、唐健垣均隸定作㒸，巴納德隸定作㒸，讀爲常（嚴一萍讀爲掌），其實原字當是棠字，从示，尚聲，壽縣朱家集、無錫前洲楚器均有之，用爲歲嘗之嘗，這裏讀爲當。

《長沙子彈庫戰國楚帛書研究》頁 51

○**朱德熙、裘錫圭、李家浩**（1995）　(編按：望山 1・113“棠晉甲戌”)“棠”當爲烝嘗之“嘗”的專字，亦見壽縣楚器（《金文編》14 頁）。

《望山楚簡》頁 101

○**李家浩**（2000）　(編按：九店 56・20“利日折卒棠”)“棠”字見於楚王酓朏銅器銘文：“㠯（以）共（供）戠（歲）棠。”此字从“示”从“尚”聲，即《爾雅・釋天》所説的“秋祭曰嘗”之“嘗”的專字（參看《金文詁林》第一册 164、165 頁引郭沫若、劉節等人曰）。簡文“棠”假借爲衣裳之“裳”。

《九店楚簡》頁 73

△**按**　“棠”字从示作，於“蒸嘗”之“嘗”與“天常”之“常”皆爲本字。

盟 盟

盟 包山123　　盟 上博一·詩論7　　盟 上博五·三德1

盟 新蔡甲三231　　盟 新蔡零281

○**劉信芳**（1996）　盟　盟證　"盟誓"是當時法廷調查取證的重要程序,簡二三:"八月己巳之日,鄰少司敗臧未受期,九月癸丑之日,不遲(詳)鄰大司敗以盟鄰之梂里之敓無又李旤(景)思,阩門又敗。""盟"即盟之異體。該簡大意是:至期約之日,沒有進行法庭調查,即沒有讓鄰大司敗通過盟誓以證明鄰之梂里爲旦者之中是否有景思其人。簡一二三、一三七諸簡記載凡涉案人員在提供證詞之前均要經過盟誓,簡一三七:"執事人爲之盟,□凡二百人十一人。既盟,皆言曰。"又一三七反:"既爲之盟諹。""諹"即"證"之異體。

　　作爲審案程序的盟誓有久遠的歷史,《周禮·秋官·司盟》:"有獄訟者,則使之盟詛。凡盟詛,各以其地域之衆庶,共其牲而致焉。既盟,則爲司盟共其酒脯。"賈公彥疏:"謂將來訟者,先使之盟詛,盟詛不信,自然不敢獄訟,所以省事也。"盟誓實質上是遠古神權參與司法權的遺迹,由專門的官員主持儀式,讓參加盟誓者以對神明誠實的名義提供證詞,不僅案犯招供前要盟誓(簡一二三),證人作證前亦要盟誓。盟誓的全部過程要作記録,簡一三九反:"爲陰人舒婭盟,其所命於此箸之中,以爲諹。"説明盟誓記録是斷案的重要依據。如果未經過盟誓,將被認爲不合當時的程序法。

《簡帛研究》2,頁21

△**按**　此字可讀爲"明童"之"明"、"盟詛"之"盟",又可借爲"明王"之"明"。

【盟王】

○**李零**（2005）　盟(明)王無思。

《上海博物館藏戰國楚竹書》(五)頁288

【盟僮】

○**中大楚簡整理小組**（1977）　(編按:信陽2·28)"盟僮"即"亡童",亦見望山二號墓所出竹簡《遣策》,指木俑。

《戰國楚簡研究》2,頁26

○**劉雨**（1986）　(編按:信陽2·28)盟屬。

《信陽楚墓》頁130

○**郭若愚**（1994） （編按：信陽 2·28）八菲童

菲，同楄，《本草綱目》：“楄實，《釋名》謂即柀子。李時珍曰：‘柀亦作楄。’又曰：‘楄生深山中，人呼爲野杉。’”按楄爲松柏科常緑喬木，高數丈。木材白色，木理甚美，有香氣。爲建筑或器具用材。童，通僮，僕婢也。《急就篇》：“妻婦聘嫁齎媵僮。”注：“僮謂僕使之未冠笄者也。”《史記·貨殖傳》：“卓王孫家僮八百人。”此謂八枚楄木製的木俑。一號墓出土木俑有十一件，主室及其餘六室均有發現。有大小五種式樣。

《戰國楚簡文字編》頁 100

○**朱德熙、裘錫圭、李家浩**（1995） 《吳越春秋·夫差内傳第五》：“梧桐心空，不爲用器，但爲盲僮，與死人俱葬也。”“盲僮”當即簡文之“亡童”（編按：望山 2·49）。亡童亦稱明童。馬王堆三號漢墓遣册有“男子明童、女子明童”（見《考古》1975 年 1 期 56 頁）。信陽二二八號簡有“八㮍童”，“㮍”即“明”的分化字。此墓出木俑十六件，頭上有假髮，身著絹衣。簡文所記九亡童當在其中。

《望山楚簡》頁 127

【㮍禩】

○**李零**（1993） 盟詛（簡 211）。本指誓告於神，詛其不信者（參看《周禮》的《春官·詛祝》和《秋官·司盟》），這裏則指由詛咒造成的不祥。

《中國典籍與文化論叢》1，頁 442

○**朱德熙、裘錫圭、李家浩**（1995） 信陽二二八號簡“明童”（指木俑）之“明”亦作“㮍”。簡文“㮍禩”當讀爲“盟詛”，字皆從“示”，似指盟詛之神。

《望山楚簡》頁 98

○**劉釗**（1998） 應讀爲“盟詛”。

《東方文化》1998-1、2，頁 65

○**李家浩**（2000） （編按：九店 56·34“利㠯敓㮍禩”）“㮍禩”見於望山一號楚墓竹簡七八號和包山楚墓竹簡二一一號等。《望山楚簡》98 頁考釋［七一］説：“簡文‘㮍禩’當讀爲‘盟詛’，字皆從‘示’，似指盟詛之神。”《漢書·五行志上》“屈釐復坐祝禩要斬”，顏師古注以“禩”爲古“詛”字；《玉篇》示部以“禩”爲“詛”字或體。睡虎地秦墓竹簡整理小組於上引秦簡《日書》甲種楚除絶日占辭“利以兑（説）明（盟）組（詛）”下注説：“盟詛，在古籍中常見，《書·吕刑》：‘罔中于信，以覆詛盟。’《周禮·詛祝》：‘詛祝掌盟詛類造攻説論〈禬〉禜之祝號。’注：‘盟詛主於要誓，大事曰盟，小事曰詛。’疏：‘盟者盟將來……詛者詛往過。’”

《九店楚簡》頁95

○劉信芳（2003）　簡241“使攻解於禮與兵死”。“禮”即祖，直系祖先；“兵死”謂“祖”之兄弟死於兵者。九店簡56-34“利以説禁禮”。望山簡1-78“……與禁禮”。睡虎地秦簡《日書》740：“利以説明組。”按“禁禮”之涵義有待更多的辭例才能明確，其一可讀爲“明祖”，謂明神先君也；其二可讀爲“盟詛”，主盟誓詛祝之神也。

《包山楚簡解詁》頁228

△按　李家浩説可從。九店56·34“利以説禁（盟）禮（詛）”、睡虎地·日甲楚除絶日占辭“利以兑（説）明（盟）組（詛）”，其中“説”爲祭名，與盟詛爲二事。“禁僮”之“禁”爲“明器”之“明”的專字，“禁禮”之“禁”爲“盟詛”之“盟”的專字，字雖同形，然義不相涉，是一對同形字。

【禁禦】

△按　見新蔡甲三227、甲三231，同“盟詛”，參【禁禮】條。

祗

天星觀

○滕壬生（1995）　墼禱祗戠牛。

《楚系簡帛文字編》頁30

○何琳儀（1998）　祗，从示，呉聲。疑祇之異文。《篇海類編》：“祗，同祇。”《正字通》：“祗與祇通。”《説文》：“祇，地祇。提出萬物者也。从示，氏聲。”祇《廣韻》“巨支切”，群紐；丘，溪紐。溪、群均屬牙音，故祗乃祇之異文。

天星觀簡祗，讀祇。《周禮·春官·大司樂》“以祭地示”，注：“地祇，所祭於北郊，謂神州之神及社稷。”

《戰國古文字典》頁37

△按　字从示，呉聲。“呉”字屢見於戰國文字，在“丘”字下增益“丌”旁表聲，是“丘”字之繁構。何琳儀引《篇海類編》謂“祗”“同祇”，其中“丘”旁實際上是“氏”旁的俗寫，“底”字元趙孟頫仇鍔碑作**底**、明黄道周王忠文祠記作**底**可證，故《篇海類編》中的“祗”字與楚簡“祗”字並非一字。

寮

望山 1・137

○**朱德熙**(1983)　江陵望山一號墓竹簡：

(31)☐祭寮(廄)。甲戌、己巳内齋。135

寮字作：

按望山它簡有"埒北子、禜☐☐"的話。埒是祭名。《禮記・祭法》記王所立七祀、諸侯所立五祀皆有國門、國行，大夫三祀、適士二祀皆有門、行。行指道路，禜當是行神的專字。據此，寮似當釋爲廄，乃廄神的專字。

《古文字學論集》(初編)頁 420—421

○**朱德熙、裘錫圭、李家浩**(1995)　**(編按：望山 1・137"☐祭寮甲戌")**此字從"示"從"舍"。"舍"從"亼""呑"聲。從"亼"與從"宀"同意(簡文"賽"字亦從"亼")。"呑"與"廄"古音極近。故"舍"應即"廄"之異構，"寮"則爲廄神之專字(其字仍當讀"廄"，與"禜"當讀"行"同例)。

《望山楚簡》頁 103

祵　禋禠祜

祵侯馬 3:1　禋侯馬 88:2　祵侯馬 152:1　禋侯馬 156:3

禋侯馬 156:4　禋侯馬 77:7　禋侯馬 156:8

祵侯馬 198:3

禋侯馬 198:2　禋侯馬 179:2

祵侯馬 75:6

祜侯馬 77:9

○**陶正剛、王克林**(1972)　"殛"，《左傳》杜注："誅也。"

《文物》1972-4，頁 31

○**唐鈺明**(1989)　我們認爲，"亟"釋作"殛"是沒問題，關鍵在於如何理解"殛"的含義。《爾雅・釋言》："殛，誅也。"《説文》也説："殛，誅也。從歺，亟聲。虞書曰：'殛鯀于羽山。'""殛"訓爲"誅"，是否就是"殺戮"義呢？回答是否定的。因爲"誅"字本身就有兩解。何九盈、蔣紹愚先生指出："在先秦的文獻中，'懲罰'是'誅'的常用義，作'殺戮'解的反而少見。"

（中略）"殛之"宜解爲"罰之"。

《著名中年語言學家自選集·唐鈺明卷》頁108—110，2002；

原載《廣州師院學報》1989-2

○**何琳儀**（1998） 祴，从示，亟聲。（或惡聲，或堊聲，均屬繁化。）

侯馬盟書"祴覘"，讀"極視"。

《戰國古文字典》頁33

△**按** "己、亟"二字上古音相近，一屬見紐之部，一屬見紐職部，故"祴"字或又从己得聲。

祱

秦家咀99·10

△**按** "祱"爲"世"之異體，參看卷三𣎵部"世"字下。

䃷 禬

集成4190陳貽簋蓋 信陽2·13 郭店·老乙5 上博五·競建7

新蔡甲二40

上博二·魯邦2 上博五·季庚18

○**劉雨**（1986） （編按：信陽2·13）祟。

《信陽楚墓》頁129

○**朱德熙**（1988） （編按：信陽2·13）七見䃷之衣，屯又常（裳）。

《朱德熙文集》5，頁174，1999；原載《中國語文》1988-3

○**郭若愚**（1994） 䃷，从示，鬼聲。通禬。《廣韻》《正韻》並古外切，音膾。"除殃祭也"。《説文》："會福祭也。从示从會，會亦聲。"

《戰國楚簡文字編》頁81

○**滕壬生**（1995） （編按：信陽2·13）祟。

《楚系簡帛文字編》頁979

○**徐在國**（1998）　信陽楚簡 2.013 有如下一字：<!-- 字形 -->　原書釋文隸作"景"，無說。《簡帛編》從之（見該書 979 頁）。

今按：此字隸作"景"，誤。我們認爲此字應分析爲从"示""鬼"聲，隸作"槼"，釋爲"鬼"。"鬼"字小盂鼎作<!-- 字形 -->，梁伯戈作<!-- 字形 -->（《金文編》653 頁），古璽文"愧"字作<!-- 字形 -->（《古璽彙編》31.0183）。"<!-- 字形 -->"所从的"<!-- 字形 -->"與上引"愧"字所从的"<!-- 字形 -->"形近。"鬼"字《説文》古文作<!-- 字形 -->，甲骨文或作<!-- 字形 -->、<!-- 字形 -->（《甲骨文編》382 頁），陳貥簋作<!-- 字形 -->，並从"示"从"鬼"。"<!-- 字形 -->"字所从的"示"放在"鬼"下，這與"塙"字包山楚簡作"<!-- 字形 -->"，又作"<!-- 字形 -->"（《簡帛編》966 頁）同。

如上所述，則此字應釋爲"鬼"。

信陽 2.013 簡曰：

二紡絹，帛裏（裏）組緣。一艸齊繏之敹，帛裏（裏）組緣。十見鬼之衣，屯又（有）常（裳）……

"鬼"疑應讀爲"褱"。《説文》："褱，袖也。"

《江漢考古》1998-2，頁 84

○**荆州市博物館**（1998）　（編按：郭店·老乙 5）<!-- 字形 -->。

《郭店楚墓竹簡》頁 118

○**李零**（1999）　應釋"視"，即"鬼神"之"鬼"。

《出土文獻研究》5，頁 153

○**馬承源**（2002）　（編按：上博二·魯邦 2）視。

《上海博物館藏戰國楚竹書》（二）頁 205

○**劉釗**（2005）　（編按：郭店·老乙 5）人之所視（畏），亦不可以不視（畏）。

（中略）"視"爲"鬼"字加旁字（加"示"表示鬼神），讀爲"畏"。古音"鬼"在見紐微部，"畏"在影紐微部，聲爲喉牙鄰紐，韻部相同，在古文字中有許多相通之例。

《郭店楚簡校釋》頁 30—31

○**黃德寬**（2003）　孔子曰："庶民智（知）説之事，視也，不知型（刑）與德。"（《魯邦大旱》二簡）

按：釋文認爲"説"是古代求雨祭祀的一種，甚是，但"視"字釋文可商。其字作"<!-- 字形 -->"，从示無疑。被隸作"見"的部分，就形而言自然也有道理，但讀作"視"，文辭不通。我們以爲此字應當分析爲从"示"，"鬼"聲，即"鬼"之異文。一是"視"字在郭店、上海簡中均从目从人作，與"見"之別在"人"之腿部的彎曲與否，這已是大家的共識，尚未見从示的"視"。二是此字的寫法與郭店簡

《老子》乙之"畏"作"𩴡"、本書《民之父母》中的"威"作"𩴡",構形非常接近,不同之處在於一作鬼頭,一作目。其實古字中"目"寫作"田"司空見慣,本書之"胃"多次出現,或作"多",或作"多"。這種寫法在本書中有其對應性,《民之父母》"胃"作"多",則"威"作"𩴡"(十三簡)。因此,我們有理由認爲此處所謂的"視",與《民之父母》的"威"和《老子》乙篇的"畏"是一個字的不同寫法和用法。陳肪簋"恭盟鬼神"之"鬼"也從"示","鬼"聲,故可將此字讀作"鬼"。如此,此簡意謂"庶民只知道求雨而事鬼神,卻不知道刑與德",文意暢通明白。

　　　　　　　《上博藏戰國楚竹書研究續編》頁 439,2004;原載《學術界》2003–1

○李守奎(2003)　(編按:"𩴡")鬼字異寫。

　　　　　　　　　　　　　　　　　　　　　　　　　　　　《楚文字編》頁 19

○賈連敏(2003)　(編按:新蔡甲二40)☐下內外褆禱句所☐。

　　　　　　　　　　　　　　　　　　　　　　　　《新蔡葛陵楚墓》頁 188

○徐在國(2004)　(編按:新蔡甲二40)甲二 40　下內外視(從止)禱句所

　　此簡上下均有殘缺。第四字作者隸定作從"視""止"。我們認爲有問題。此字應當分析爲從"示""畏"聲,釋爲"鬼"。郭店簡《成之聞之》5"畏"字的寫法與此字右旁形體同。上海博物館藏戰國楚竹書(二)《魯邦大旱》2"庶民知說之事鬼也"之"鬼",原書釋爲"視"。黃德寬先生分析爲從"示""鬼"聲,釋爲"鬼"。亦可爲證。

　　　　　　　　　　　　　　　　　　　　　　　　《中國文字研究》5,頁 155

△按　𩲡,《説文》以爲"鬼"字之古文,增益"示"旁表義,又見卷九鬼部"鬼"字條。

祬

新蔡乙三5

○賈連敏(2003)　司祬。

　　　　　　　　　　　　　　　　　　　　　　　　《新蔡葛陵楚墓》頁 204

袼　袼

禠包山 202　　褚包山 202　　袼上博四·昭王5

礻客 上博四·昭王 1　　**礻客** 上博四·昭王 1

○劉信芳（2003）　礿:字從示，客聲。《周禮·秋官·大行人》:"掌大賓之禮及大客之儀。"客之禮與賓略同而次於賓。《禮記·祭義》:"濟濟者，客也。"《釋文》:"賓客也。"古代祭儀，祭祀自然諸神之時，同時祭祀列祖列宗，商代稱"賓"，武丁卜辭:"下乙賓於帝——咸不賓於帝"（乙 7434）。楚人襲殷禮，或稱"賓"，或稱"客"（"礿"之示旁是爲了强調其祭祀意義），《天問》:"啓棘賓商，九辯九歌。"《山海經·大荒西經》:"（夏后開）上三嬪於天，得《九辯》與《九歌》以下。"周人稱爲"配"，亦稱"配天"。《易·豫》:"殷薦之上帝，以配祖考。"《詩·周頌·思文》序:"思文，后稷配天也。"《史記·封禪書》:"郊祀后稷以配天，宗祀文王於明堂以配上帝。

《包山楚簡解詁》頁 217

○陳佩芬（2004）　"礿"，字書所無，假借爲"格"，《爾雅·釋詁》:"格，至也。"
（中略）尔古須（鬚）既礿（格），安從事。

《上海博物館藏戰國楚竹書》（四）頁 182、186

○李守奎、曲冰、孫偉龍（2007）　（編按:"礿"）與"礿"皆用爲祭名。

《上海博物館藏戰國楚竹書（一—五）文字編》頁 14

△按　孟蓬生、董珊皆讀爲"落"（孟蓬生《上博四閒詁》，簡帛研究網 2005 年 2 月 15 日；董珊《讀〈上博藏戰國楚竹書（四）〉雜記》，簡帛研究網 2005 年 2 月 18 日）。

禕

禕 楚帛書

○饒宗頤（1985）　禕可讀爲違，謂與辰相違，則逆亂失次之象見。

《楚帛書》頁 33

○何琳儀（1986）　"禕"，見《集韻》引《爾雅》，今本《爾雅·釋詁》作"褘"。"晨褘"即"辰緯"，《宋書·拓跋氏傳》:"嘉謀動蒼天，精氣貫辰緯。"亦作"星緯"（編按:"星緯"當作"辰緯"），本指星辰的經緯。

《江漢考古》1986-2，頁 82

禝　視

集成 2840 中山王鼎　　集成 10374 子禾子釜　　郭店·尊德 7

上博二·容成 28　　上博四·柬大 18　　詛楚文

九店 56·13　　新蔡甲三 341

上博五·姑成 3

○**丁佛言**（1924）　禪　子禾子釜,右从畟,畟从田从人从夊,此下从屮,爲夊之 譌,金文屢見,或謂从女,誤。《風俗通義》:"禝,五穀之長。五穀衆多,不可徧 祭,故立禝而祀之。"《左傳·襄二十九年》:"蔡墨曰:'禝,田正也。有烈山之 子曰柱爲禝,自夏以上祀之,周棄亦爲禝,自商以來祀之。"然則禝爲祭名,許 氏説齋也,故古禝字亦从示。

《説文古籀補補》卷 7,頁 4—5

○**張政烺**（1979）　禝从示,馬王堆帛書、漢代碑刻皆與此同。

《古文字研究》1,頁 225

○**趙誠**（1979）　禝作禪,與《子禾子釜》同。丁佛言《古籀補補》云:"《風俗通 義》:禝,五穀之長。五穀衆多,不可徧祭,古（編按:當作"故"）立禝而祀之……禝 爲祭名,許氏説齋也,故古禝字亦从示。"

《古文字研究》1,頁 255

○**商承祚**（1982）　禝,《説文》古文作禝,此作禝,右旁與小篆小異,左易禾 爲示。

《古文字研究》7,頁 52

○**湯餘惠**（1993）　禝,原銘从示,社禝專字。秦統一文字以後廢止不用,而通 作禝。

《戰國銘文選》頁 34—35

△**按**　"禝"爲"社禝"之"禝"的專字,丁佛言已詳言之。湯餘惠謂秦統一後"禝" 行而"禝"廢,非是,張政烺已言馬王堆漢墓帛書與漢碑仍有用"禝"字之例。

【禝月】

○**陳邦懷**（1961）　"子禾子釜"銘:"禝月丙午"禝从女,䰟聲（䰟是"鬼"之古文,見甲骨文、"齊陳肪簋"及《説文解字》),當是"媿"字之繁體;"媿"(愧)與"未"古韻同部,可以通叚;"褻月丙午"即"未月丙午"。

《文物》1961-10,頁 36

禟

禟 上博三·周易 5　　**禟** 上博三·周易 20　　**禟** 上博三·周易 21　　**禟** 上博三·周易 56

○濮茅左(2003)　"禟",讀爲"眚",《説文·目部》:"眚,目病生翳也。一曰過也。"《廣韻》:"過也,災也。"《象》曰:"'不克訟',歸逋竄也。自下訟上,患至掇也。"

《上海博物館藏戰國楚竹書》(三)頁 142

△按　古人認爲"眚"與神力有關,故从示,與"禍"字从示相類。

禍

禍 天星觀　　**禍** 天星觀

○滕壬生(1995)　禍。

《楚系簡帛文字編》頁 33

○李零(1999)　辭例作"選禱大禍戠牛","大禍"疑即"大昊",爲神祇名。

《出土文獻研究》5,頁 140

禮　禮

禮 包山 211　　**禮** 包山 241　　**禮** 望山 1·78　　**禮** 九店 56·34

禮 新蔡甲三 231

○鄭珍(1858)　古文"詶"。

　玄應《音義》卷六,卷十四、十七、二十五並云:"《説文》:'詶,古文禮。'同側據反。"知"詶"下原有重文"禮"。今惟《繫傳·示部》末有"禮",訓"祝也"。"祝"即"詶"之假借,義雖同而失其舊。

《鄭珍集·小學》頁 42;原爲《説文逸字》單行本

○**鄭珍**(1889)　禠　諨

並《尚書》。

○"諨"係"詛"之誤。此"禠"字也,改从本書"虍"。(中略)《説文繫傳》本示部有"禠",訓"祝",與言部"詛"訓"詶"者是一字。"祝、詶"古通用。

《鄭珍集·小學》頁506;原屬《汗簡箋正》單行本

○**黄錫全**(1990)　禠(諨並尚書)　馮本釋文作袒,與諨乃禠、詛寫誤。内本詛作禠,内藤本作禂,巖本作櫃,均爲禠字。薛本《無逸》作櫨。此形ㄏ旁乃虍變,同本書虍。古从且之字或从昜、慮,如組字,虢季氏子組壺作𦝴,仰天湖楚簡作𧛠。《漢書·五行志》"劉屈氂復坐祝禠要斬",師古注:"禠,古詛字。"漢司空宗俱碑"袒"作𥛬。《類篇》禠,古作禠。鄭珍云:"《説文繫傳》本示部有禠,訓祝,與言部詛訓詶者是一字,祝詶古通用。"

《一切經音義》每稱《説文》詛,古文禠同,知《説文》詛下原當有古文禠。鄭珍列入《説文逸字》。

《汗簡注釋》頁67

△**按**　又參"䁖"字下【䁖禠】條。

祟

祟包山203　　祟包山222　　祟包山235　　祟新蔡零38　　祟包山218　　祟新蔡乙三36

○**曾憲通**(1993)　"又祟"(簡218)之祟,《包山楚簡》考釋429謂"讀如祟",可從。《漢書·江充傳》"祟在巫蠱",注:"謂禍咎之徵也。"簡文云:"又(有)祟,𤆻見琥。"(簡218),"又(有)祟見"(簡223),"又(有)祟見於絶無後者與漸木立"(簡249)。"有祟"與"有祟見"云云,猶言有禍咎之徵象出現。

卜筮簡於命辭中又常見"尚毋祟"一語,《説文》:"祟,神禍也。""尚毋祟"是希望神禍不要降臨。"無祟"之"祟"尚未降臨,不能確指,意義比較抽象;"有祟見"是説有禍咎之徵象出現,須要加以祓除,意義比較實在和具體,因而二者用字也有所區別。

"又祟"天星觀楚簡作"又祝"或"又敚",如云:

又祝,以其古祝之。

又祝,祝之。

疑“祱之”即“以其古敓之”的省略。望山簡此句用字與天星觀簡大致相同。例如：

又祱，以其古敓之。

又見祱，宜禱……

又敓，北方又敓。

南方又敓與害，害見。

“又祱”舊讀爲有祝，今以包山簡例之，仍當讀爲“有祟”。“有見祱”即包山簡之“有祟見”，“南方又敓”即“南方有祟”，與包山簡“由攻祱……於南方”可以互證。

與“又（有）祟”相對者爲“無祟”，如云：“醤吉占之，吉，無咎無祟。”（簡234、235）此句言貞人醤吉占得吉卦，没有災難，也没有禍咎。所以下文並没有出現“以其古敓之”。天星觀楚簡有“盤奫占之，長吉宜室，無咎無祱”。按“無祱”也宜讀作“無祟”，與包山簡同。

《第二屆國際中國古文字學研討會論文集》頁417—418

○**李零**（1993）　簡文把“奪”法相同，稱爲“同奪”，而“奪”的内容相關，前後相承，稱爲“與××（貞人名）之奪”或“移××（貞人名）之奪”（“移”原作“迻”）。

《中國典籍與文化論叢》1，頁430

○**陳偉**（1996）　當時的貞問順序當如整理小組所列，即簡218—219在先，簡220在後。這樣，後簡所云“同敓”，必定是指苛光之“敓”同於前簡所記的醤吉之“敓”。

《包山楚簡初探》頁156

○**劉信芳**（2003）　祟：讀爲“祟”，《説文》：“神禍也。”《左傳》哀公六年：“初，昭王有疾，卜曰：河爲祟。”

《包山楚簡解詁》頁233

禤

天星觀

○**滕壬生**（1995）　禤　宫祭葙禤　鬼神名。

《楚系簡帛文字編》頁34

禓

示巫 天星觀

○滕壬生（1995）　禓　宮禓　神祇名。

《楚系簡帛文字編》頁 34

○晏昌貴（2006）　“禓”字，古字書所無。宮禓或讀爲宮禖。从無之字與从某之字古多通假，如膴與腜通，憮與謀亦通。（中略）

　　《詩·魯頌·閟宮》“閟宮有侐，實實枚枚”，毛傳：“閟，閉也。先妣姜嫄之廟在周，常閉而無事。孟仲子曰：是禖宮也。”馬瑞辰《毛詩傳箋通釋》：“《路史》以女媧爲神媒，《注》引《風俗通》云：‘女媧禱祀神示而爲女禖，因置昏姻，爲行媒所始。’《藝文類聚》卷八十八引《春秋元命苞》云：‘姜嫄遊閟宮，其地扶桑，履大人迹，生稷。’是以閟宮爲神禖之宮，姜嫄出祀郊禖，因遊禖宮，與孟仲子以閟宮爲禖宮正合。”祀禖神之宮爲禖宮，供奉於宮中之禖神則稱爲宮禖，文雖互倒，其義一也。

《簡帛》1，頁 234

禱

集成 10583 郾侯載器　　上博二·容成 45

○李零（2002）　（編按：上博二·容成 45）禱即“鎬”，《説文·金部》：“鎬……武王所都，在長安西上林苑中。”武王都鎬又見《世本·居篇》。據考，今陝西長安澧河以東的西周遺址即其所在。其地應與“豐”鄰近。按：西周金文無鎬京之名，德方鼎的“蒿”字作“郊”用，“莽京”是“方京”，與鎬無關。

《上海博物館藏戰國楚竹書》（二）頁 286

【禱祀】

○馮勝君（1999）　（編按：燕侯載簋）禱祀，讀禂祀。喬、周、丩聲系相通（參《古字通假會典》734、791 頁），例可通假。《説文·示部》：“禂，禱牲，馬祭也。从示周聲。𥜳，或从馬壽省聲。”（依段注本）《周禮·春官·甸祝》：“禂牲、禂馬。”鄭注引杜子春云：“禂，禱也。爲馬禱無疾，爲田禱多獲禽牲。《詩》云：‘既伯既禱’，《爾雅》曰：‘“既伯既禱”，馬祭也。’”

《中國古文字研究》1，頁 184—185

禥

望山 1·120

○**朱德熙、裘錫圭、李家浩**（1995）　“禥”从“童”聲，(中略)簡文的老禥(中略)當即《山海經》等的老童。

《望山楚簡》頁 102

△**按**　老童，包山簡作“老僮”。

禶

新蔡乙二 42　　**新蔡甲三 105**

○**滕壬生**（1995）　禶　盲禶大水一璊＝環。

《楚系簡帛文字編》頁 34

○**何琳儀**（1998）　禶，从示，薦省聲。
天星觀禶，讀薦。

《戰國古文字典》頁 1041

○**李零**（1999）　應釋“禶”。辭例“享禶大水一璊＝（佩玉）環”，“享禶”應讀“享薦”。

《出土文獻研究》5，頁 140

禋

新蔡甲三 188、197

【禋酓】
○**黃德寬**（2005）　新蔡簡甲三：188、197 號三位“楚先”中老童、祝融之後是“禋酓”，這與包山楚簡一致：
　　　禱楚先老僮、祝融、禋酓，各一牂。（217）
　　　禱楚先老僮、祝融、禋酓，各兩牂。（237）

望山楚簡 120 和 121 號可能爲一簡之殘,與包山 217 號相同,作:

[楚]先老童、祝[融]、(120)𥡜酓,各一牂。(121)

新蔡簡"𤣥酓",與包山、望山簡"𥡜酓"顯然是同一位先祖的名字,而這位先祖是否與"穴熊"是同一個人,學術界尚無定論。(中略)

李學勤先生將"媸"字分析爲從"女","蟲"省聲,指出其古音在冬部,與"鬻"(喻母覺部字)爲入陽對轉關係,因此"媸酓"就是"鬻熊",並引證《左傳·僖公二十六年》"夔子不祀祝融與鬻熊,楚人讓之"等史料爲證。《楚世家》記載鬻熊爲季連苗裔,曾子嗣文五(編按:"嗣文五"當作"事文王"),早卒。楚先公先王世系自鬻熊以下延續不絶,李釋"媸"無論從字形分析、古音通假,還是從史料證明看,應該説都顯得很有説服力。但郭店楚簡、上海博物館藏楚簡陸續公布後,學者注意到"流"字作"𣹢"又作"𣻎",因而對"媸"的字形提出了新的看法,以爲字當從"女"從"流"(省水),即"毓"字,新蔡簡作𣻎從㐬,爲釋"毓"提供了新的字形根據。"媸"釋作"毓"從字形上看似較合理。李説分析字形雖然不及釋"毓",但其字讀爲"鬻"依然得到多數學者的認可。從典籍資料看"毓"通"鬻"有例可尋。《經典釋文·春秋左傳音義之二》"鬻熊",注"音育","育"與"毓"同。《大戴禮記·帝係》(編按:當作"帝繫"):"孕而不粥三年,啟其左脅,六人出焉。""粥"即"鬻"之聲符(或其省形),通"育"(毓)。"育(毓)、鬻"均爲喻母覺部字,音同相通。由郭店、上海楚簡的"流"字,進而釋楚先祖名"媸"(𣻎)者,即"毓"(妭)字,讀爲"鬻"是一個進步。

如果"毓(㐬)酓"即楚先祖"鬻熊",那麼很自然與"穴熊"就非一人。(中略)由於"穴熊"是確定無疑的,也不能排除另一種可能,即所謂"鬻熊"的"毓(㐬)",不讀"鬻"而讀爲"穴"。但是,李學勤認爲"它和在質部的'穴'字不會有什麼關係,因而簡上這一楚先祖名是穴熊的可能性應該排除"。如果從古音學家對"穴"的歸部看,李説是合理的。不過古音學家將"流(省水)"聲的"流、旒、琉"等歸入幽部(來母),而從"穴"聲的"狖"(狖)也在幽部(喻母),因此,讀"毓(㐬)"爲"穴"也不是完全沒有可能。

《新出楚簡文字考》頁 280—284,2007;原載《古籍研究》2005 卷下

△按　"鬻熊"之"鬻"從示作"禮",與"老童"之"童"作"禮"、"祖先"之"先"作"祧"等相類。張富海指出"鬻熊"與"穴熊"在楚簡中從不同時出現,又都排在老童、祝融之後,且楚簡有"三楚先"之稱,"三楚先"是固定的組合,倘若"鬻熊"和"穴熊"是兩個不同的人,那麼"三楚先"的内涵則是不確定的,他認

爲要解決這些矛盾只能承認孔廣森的意見,即承認"鬻熊"和"穴熊"是一人之異名,《史記》誤析(説見張富海《楚先"穴熊"、"鬻熊"考辨》,《簡帛》5(209—213頁,上海古籍出版社2010年)。李學勤指出根據《史記·楚世家》的記載,鬻熊之子爲熊麗,而在《清華大學藏戰國竹簡(貳)·楚居》中熊麗恰在穴熊之後,可證鬻熊與穴熊確爲一人(説見李學勤《清華簡九篇綜述》,《文物》2010年5期55—56頁)。

禣

新蔡乙四97

○**賈連敏**(2003)　禣(就)禱。

　　　　　　　　　　　　　　　　　　　　《新蔡葛陵楚墓》頁208

△**按**　"禣"爲"就禱"之"就"的專字。

三　三

集成2576平宮鼎　　信陽2·18　　郭店·老甲1　　楚帛書　　陶彙3·1

【三天】

○**高明**(1985)　"三天",當指日月星。一年四個季節的變換,同日月星辰的運轉有密切關係,如《尚書·洪範》:"日月之行,則有冬有夏。"

　　　　　　　　　　　　　　　　　　　　《古文字研究》12,頁380

○**李零**(1985)　"三天",疑指日、月、星三辰。

　　　　　　　　　　　　　　　　　《長沙子彈庫戰國楚帛書研究》頁72

○**何琳儀**(1986)　"三天",《宋書·律志序》:"三天之説,紛然莫辨。"《雲笈七籤》:"其三天者,清微天、禹餘天、大赤天是也。"

　　　　　　　　　　　　　　　　　　　　《江漢考古》1986-2,頁82

○**連劭名**(1991)　"三天"指太陽運行的軌道,即外衡、中衡、內衡,外衡爲冬至日道,中衡爲春、秋分日道,內衡爲夏至日道。

　　　　　　　　　　　　　　　　　　　　《文物》1991-2,頁44

○**饒宗頤**(1993)　三天者,《海内經》:"有山名三天子之都(一作鄣)。"《漢武內傳》:"乃三天大上所出。"(林巳奈夫説)《宋書·律志序》:"三天之説,紛然

莫辨。"指後來道教徒之説,原與楚人有關,仍待細考。《禹貢》:"奠高山大
川。"奠,定也。"奠三天"與下文"奠四極"爲對文。

《楚地出土文獻三種研究》頁 244

○**劉信芳**(1996)　　三天　馬王堆帛書《經法·論約》:"三時成功,一時刑殺,
天地之道也。四時而定,不爽不代(忒),常有法式。"《鶡冠子·泰鴻》:"三時
生長,一時煞刑,四時而定,天地盡矣。"古以春爲蒼天,夏爲昊天,秋爲旻天,
冬爲上天(《爾雅·釋天》)。《白虎通·四時篇》:"四時天異名何? 天尊,各
據其盛者爲名也。"是帛書"三天"謂春、夏、秋三時。

《中國文字》新 21,頁 82

【三寺】

○**嚴一萍**(1967)　　甲骨時作𦥯,與《説文》古文同。繒書則借寺爲時。金文寺
所孳乳之字尚有"持",見郱公牼鐘"分器是持"。"邿"見寺季簋。"恃"見屬
羌鐘"武侄恃力"。作𦥯之"時"未見,石鼓則有晧字。三時,指三春之孟仲季。
《春秋繁露·官制象天》:"一陽而三春,非三之時與。"又《陰陽義》:"天之道
以三時成生。"

《中國文字》26,頁 19

○**饒宗頤**(1968)　　三時一詞,見《左傳·桓六年》,季梁止隨侯追楚師,諫曰:
"絜粢豐盛,謂其三時不害,而民和年豐也……故務其三時,脩其五教,親其九
族,以致其禋祀。"杜注:"三時,春、夏、秋。"是三時不計冬季。繒書所言三時,
可能指當攝提乖方,孟陬殄滅,正曆之舉,不得已或減去一季,只得三時而已。
當此之際,復值月朔行遲,則必繫素以爲壓勝之。《山海經》言用五采,而《荆
楚歲時記》載五月以五綵絲繫臂,名曰解兵,令人不病瘟。《玉燭寶典》五:"此
綵絲繫臂,謂之長命縷。"亦有名五色絲,赤青白黑以爲四方,黄居中央,名曰
襞方。繒書所云三時繫素,殆如此例,而其詳莫考。

《史語所集刊》40 本上,頁 16

○**陳邦懷**(1981)　　"三時"謂春、夏、秋也。《左傳·桓六年》:"奉盛以告曰:
絜粢豐盛,謂其三時不害,而民和年豐也。"杜注:"三時,春、夏、秋。"《國語·
周語》"三時務農",韋注:"三時,春、夏、秋。"

《古文字研究》5,頁 237

○**李學勤**(1982)　　"三時",即春、夏、秋三季,見《國語·周語》注。

《湖南考古輯刊》1,頁 69

○**高明**(1985)　　"三寺"當讀作"三時",古謂春夏秋三季爲三時,《國語·周

語》“三時務農”,韋昭注：“三時,春、夏、秋。”《左傳》桓公六年：“奉盛以告曰：絜粢豐盛,謂其三時不害,而民和年豐也。”杜預注：“三時,春、夏、秋。”

《古文字研究》12,頁 386

○**李零**(1985)　“三時”,《國語·周語上》：“三時務農而一時講武。”韋昭注：“三時,春夏秋。”這段話殘缺的字比較多,内容不大清楚,意思可能是説,凡歲若逢上天施德降罰,如行某事,邦國便會有妖異之行,草木的蕃息生長,民人的操持農事,便會違反四時星辰的躔度,致使春、夏、秋三個農事季節出現妖異之祥。

《長沙子彈庫戰國楚帛書研究》頁 58

○**何琳儀**(1986)　“三時”,見《左傳》桓公六年“三時不害”,注：“三時,春、夏、秋。”

《江漢考古》1986-1,頁 55

○**劉信芳**(1996)　三寺(時)　《左傳》桓公六年：“三時不害,而民和年豐也……故務其三時,脩其五教。”杜預注：“三時,春夏秋。”按：“三寺”後之殘文疑是二字,因帛書斷裂而字有重疊。

《中國文字》新 21,頁 91

○**鄭剛**(1996)　帛書乙篇中“三時”一詞二見,與表示四季的四時不同,含義費解。但是帛書謂“三時□擊(繫)之以彗降,是月以遷”,“三時”過後就是“是月”,可見時指的是月,指在三個月中有彗星。彗字從丰從巾,丰代表彗、孛二字所象之形,巾可能就是帚字所從之巾(彗字義爲掃帚)。彗字在這裏指的應該是一切彗星(包括妖、棓、孛等)。從全句看,這段文字指的是,在歲星失次之年,歲星在三個月内化爲彗星,而三個月後(“是月以遷”),則曆法、天象等又恢復正常了。

《簡帛研究》2,頁 65

○**劉信芳**(2002)　按帛書“三時”與《左傳·桓公六年》“三時”同一義涵,然非“減去一季”之謂也。拙稿(1996)釋爲春夏秋三季,亦非是。凡四時除本季之外,其餘三季爲“三時”。如當春應行春令,乃有“行夏令”,“行秋令”,“行冬令”之類；當夏而有“行秋令”,“行冬令”,“行春令”之屬；當秋而有“行冬令”,“行春令”,“行夏令”之屬；當冬而有“行春令”,“行夏令”,“行秋令”之屬。是所謂“三時是行”。《淮南子·時則》：“春行夏令,泄；行秋令,水；行冬令,肅。夏行春令,風；行秋令,蕪；行冬令,格。秋行夏令,華；行春令,榮；行冬令,耗。冬行春令,泄；行夏令,旱；行秋令,霜。”類似記載又見《吕氏春秋·

十二紀》《禮記·月令》《管子·幼官圖》(玄宫圖)等,《月令》孔疏云:"當月施令之事,若施之順時,則氣序調釋;若施令失所,則災害滋興。"

《華學》5,頁 132—133

【三㐬】

○**高明**(1985)　"三恆"當讀作"三垣",古人將天體中的恆星、二十八宿和其他星座,分爲上、中、下三垣,即太微垣、紫微垣、天市垣。《史記·天官書》:"衡,太微,三光之庭。"《正義》云:"太微宫垣十星,在翼、軫地。"紫微垣也叫紫宫垣,《晉書·天文志》:"北極五星,鉤陳六星皆在紫宫中,紫宫垣十五星,其西蕃七,東蕃八。"天市垣也稱天旗,《史記·天官書》:"房心東北曲十二星曰旗,旗中四星曰天市,中六星曰市樓。"

《古文字研究》12,頁 386—387

○**李零**(1985)　"三恆",疑指日、月、星"三辰"。

《長沙子彈庫戰國楚帛書研究》頁 60

○**何琳儀**(1986)　"三恆",即"三常"。《管子·君臣》:"天有常象,地有常形,人有常禮。一設而不更,此謂三常。"又《國語·晉語》"愛糞土,以毀三常",注:"三常,政之幹,禮之宗,國之常也。"典籍"恆"多作"常",蓋避漢文帝劉恆諱而改。

《江漢考古》1986-1,頁 55

○**饒宗頤**(1993)　三恆即三常,《晉語》:"愛糞土以毀三常。"韋注:"三常,政之幹,禮之宗,國之常也。"(何琳儀説)

《楚地出土文獻三種研究》頁 262

○**劉信芳**(1996)　三㐬(恆)　疑指"三星"。《詩·唐風·綢繆》:"三星在天。"鄭箋:"三星,謂心星也。心有尊卑夫婦父子之象,又爲二月之合宿,故嫁娶者以爲候焉。"

《中國文字》新 21,頁 94

【三楚先】

○**陳偉**(2004)　在包山簡中,作爲禱祠對象,兩次提到"楚先老童、祝融、鬻熊"(217、237 號簡)。在望山簡中,也有類似的記載(1 號墓 120—124 號簡)。在葛陵簡中,對這三位先祖除在"楚先"後逐一記列名字外,也合稱"三楚先"(甲三·105、甲三·214、乙一·17、乙三·41、乙四·26)。這裏的"三"字表明,被楚人作爲遠祖受到禱祠的,就是老童、祝融、鬻熊三位。

《出土文獻研究》6,頁 40

○**黄德寬**(2005) 望山、包山和新蔡簡又確實出現了"老童、祝融、鬻熊"三位先祖的組合,這就與新蔡簡"老童、祝融、穴熊"的組合形成並列,"三楚先"是指前者還是指後者目前還難以確定。按漢語表達的慣例,只有在對象明確的情況下,才會有以數字稱代這樣的簡稱,"三楚先"應該只會指代其中一組祭祀對象,而不大可能是兩組中的任意一組;由此觀之,應當只有一組經常使用的組合可以簡稱"三祖先"。從新蔡簡看,以"穴熊"與"老童、祝融"組合爲祭禱對象者占絕對優勢;而從分布看,三批出自不同地點的楚簡(望山、包山、新蔡)卻都有以"鬻熊"與"老童、祝融"組合的,也不能排除"三楚先"中最後一位可能指的是"鬻熊"。因此,看似明確的"三楚先"問題,實際上並未真正解決。

《新出楚簡文字考》頁 283—284,2007;原載《古籍研究》2005 卷下

○**宋華强**(2006) 我們認爲《離騷》裏的"三后"很可能就是楚簡裏的"三楚先",理由是:一,屈原活動的年代和葛陵楚墓墓主人平夜君成生活的年代相去不遠,前者大致是在戰國中期、晚期之間,後者大致在戰國早期、中期之間,相距不過百年。二,屈原和平夜君成的地位相當,屈原是楚武王之後,曾任懷王左徒,爵在上大夫之列;平夜君成是楚昭王之後,生前是楚國封君,爵在上卿之列,二人都是與楚王同姓的上層貴族。在這種背景下,《離騷》所説的"三后"和新蔡簡所説的"三楚先"既然都是用來指稱"國人共知之"的三位先祖,其所指相同的可能性是很大的。

（中略）不論從傳世文獻上看,還是從楚簡上看,鬻熊和穴熊都不可能是一個人,所以黄德寬等先生的論證是沒有必要的。他們之所以想證明鬻熊和穴熊是一個人,就是因爲他們認爲穴熊屬於"三楚先",而鬻熊也屬於"三楚先",楚人的祀典中不應該有兩種組合的"三楚先",所以穴熊和鬻熊應該是一個人。其實穴熊屬於"三楚先"的看法本身就是有問題的。根據現在所能見到的較爲完整的簡文,我們可以從三個方面來説明:(1)凡是前面標明"楚先"的,後面出現的先祖名都是"老童、祝融、鬻熊"這樣的組合(包括包山簡和新蔡簡);而凡是出現"老童、祝融、穴熊"這樣組合的簡文,前面都沒有"楚先"兩字,這説明"三楚先"只能是老童、祝融、鬻熊三位先祖的組合,而不是老童、祝融、穴熊三位先祖的組合,因爲後者並不被稱作"楚先"。(2)"老童、祝融、穴熊"的組合可以和昭王以下的先王合祭(辭例 18、23)（編按:辭例略）,三楚先或"楚先老童、祝融、鬻熊"這樣的組合並没有與其他先王合祭的現象。(3)"老童、祝融、鬻熊"的組合前面還曾出現司命(辭例 21)（編按:辭例略）,而三楚先和

“楚先老童、祝融、鬻熊”這樣的組合前面從不出現其他神靈。這些情況都説明穴熊所在的組合與“三楚先”或鬻熊所在的組合是不同的,説穴熊屬於“三楚先”是缺乏根據的。

《雲夢學刊》2006-2,頁 39—41

△**按**　“三楚先”指老童、祝融和鬻熊,鬻熊又作穴熊。詳見示部“禮”字下【禮酓】條。

王　王

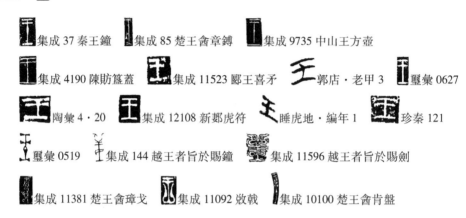

○**容庚**(1938)　攻敔王光戈余初見即審爲“攻敔王光自”。後以王字與攻字之偏旁絲毫無異,故於《鳥書考補正》一文中改釋王爲工。二十五年四月,復得見于省吾君所藏攻敔王夫差劍銘云:“攻敔王夫差自作其元用。”戈銘每非全文,如周編鐘及漢鏡銘然。乃知讀“攻敔王光自”之不誤,並可正商承祚君《十二家吉金圖録》(雙五)讀作“光自攻敔工”之誤也。與攻敔王夫差劍同出於洛陽金村。讀《史記》季札掛劍事及《越絕書·記寶劍》可知吳越寶劍之聞於天下,令人神往。今觀王懿榮所藏越王劍及余所藏越王二字劍出於陝西,越王者旨於賜劍二出於壽州,攻敔王差劍出於洛陽,則其流布之地亦甚廣漠而不限於吳越也。

《燕京學報》23,頁 289

○**丁福保**(1941)　《東亞錢志》曰,地名。《古泉匯》釋壬,以爲紀其鼓鑄之時者,非也。

《泉幣》7,頁 25

○**李學勤**(1959)　空首布平肩,面上有上端交叉的直線兩條,肩寬約 3.5 釐米,文字有:

東周　古錢大辭典 690、691

王　　　同上 570

安周　　同上 1228

官岸　　同上 699—701

賀文　　同上 562、563

“王”即王城,係西周公所居。兩周的貨幣是同形的。

《文物》1959-8,頁 62

○**李學勤**(1983)　　此外,1954 年,在 WST15 出一陶盆殘片,口沿刻“王”字,可能係“王城”省稱。

《新出青銅器研究》頁 236,1990;原載《歐華學報》1983-1

○**曾憲通**(1983)　(編按:之利鐘)𢀖舊釋爲州,然與越王鐘王字作𥪰比較,只有繁簡的不同,仍應釋爲王字。

《古文字學論集》(初編)頁 364

○**李零**(1986)　　巨荎鼎

　　(中略)釋文:

　　　　巨荎。王。(一耳)

　　　　巨荎。十二。(另一耳)

　　按:(中略)“王”,表示是王室所用,與王削、王衡、王量、王書刀之“王”字相同。

《古文字研究》13,頁 385

○**何琳儀**(1989)　(編按:者刃鐘)“王曰”“王”,原篆作“𠙻”,與《説文》古文形體吻合。本銘“王”指越王翳。

《古文字研究》17,頁 148

○**梁曉景**(1995)　【王·平襠方足平首布】戰國晚期青銅鑄幣。鑄造國別不詳,流通於三晉、兩周等地。屬小型布。面文“王”。背無文。1984 年河南鄭州有出土,通長 4.6、身長 3.1、肩寬 2.5、足寬 2.7 釐米,重 5.4 克。極罕見。

《中國錢幣大辭典·先秦編》頁 296

○**黃錫全**(1998)　　河北靈壽、藁城等地出土有字形作王者。一般通長 16 ～16.9、最寬 2 ～2.4 釐米,重 13 ～22 克。“王”字刀之“王”字,又見於趙直刀,作“王刀”,過去或以爲是“王氏”的縮寫,恐非是。根據尖首刀的分布情況,此“王”地當在河北,確切地點還有待研究。

《先秦貨幣研究》頁 261,2001;原載《徐中舒先生百年誕辰紀念文集》

○**王寧**(2000)　(編按:者旨於賜鐘銘文之“𤺥”)第十一字乃是“王”字。“戉王”即

“越王”。

【王子反】

○**王恩田**(1989)　王子反,人名。王子,表示其身份出於王族。宋國有“子反”(《左傳·僖公二十二年》),魯國孟孫氏有孟之側,字“反”(《左傳·哀公十一年》),楚大夫公子側,字“子反”(《左傳·成公四年》)。宋、魯不曾稱王,銘中“王子反”只能是楚國的“子反”。《春秋》一書,從“天無二日,土無二王”(《禮記·曾子問》引孔子語)的立場出發,對稱王的諸國國君貶稱爲“楚子、徐子、吳子、越子”等等,而貶稱其王子、王孫爲“公子、公孫”。如楚共王之子圍,貶稱爲“公子圍”(《春秋·昭公元年》),楚平王之孫,子西之子朝,《左傳》承《春秋》例貶稱爲“公孫朝”(《左傳·哀公十七年》)。金文中這樣的例子也很多。如新鄭出土的“王子嬰次爐”,嬰次即嬰齊,楚莊王之弟楚穆王元子,而《春秋·成公二年》則貶稱爲“公子嬰齊”。又如河南淅川下寺出土的“王子午鼎”,王子午爲楚莊王之子(《左傳·襄公十二年》注),《左傳·襄公十五年》貶稱爲“公子午”等等。因此,本銘中的“王子反”無疑就是楚國的“子反”。

子反,《春秋·成公十六年》貶稱“公子側”,“子反”是其字。初見於魯宣公十二年(前 597 年),死於魯成公十六年(前 575 年),歷事楚莊、共二王。晉楚邲之戰,任右軍統帥,大勝晉軍。鄢陵之役時,以司馬統中軍爲主帥。其閒,“子反命軍吏察夷傷,補卒乘,繕甲兵,展車馬,雞鳴而食,唯命是聽。晉人患之”。顯示了非凡的治軍才能。終因貪杯誤事,導致楚軍敗北,引咎自殺。

(宋)呂大臨《考古圖》卷一 26 頁著録有“王子昃鼎”,《三代吉金文存》卷四 14 頁著録同銘拓本,昃,舊隷“吳”,按“吳”字從口,此從日。兩者有別。《説文》:“昃,日在西方時側也。”昃通側。王子昃,張政烺先生謂即楚公子側,可信。王子昃鼎與王子反戈,一名一字,爲同人作器。

王子反戈的發現爲春秋中期後段的楚國兵器找到了一件年代明確的標準器。

【王子申】

○**張政烺**(1939)　《積古齋鐘鼎彝器款識》七·二六著録王子申盞銘曰:

王子申作嘉嬭盞盂,其眉壽無期,永保用之。

阮元考定以爲令尹子西之器曰:

楚僭號稱王。公子皆稱王子。楚王子名申見於《左傳》者有二：一爲共王右司馬，成六年以申息之師救蔡者。一爲平王長庶子，字子西，遜楚國，立昭王，而爲令尹者。此篆文工秀，結體較長，同於楚曾侯鐘。曾侯鐘楚惠王器，子西歷相昭王、惠王，此可直斷爲子西器也。

方濬益《綴遺齋彝器考釋》二八·四極贊同此説並證“嬭乃楚姓，即經傳之芈字”。於是益無疑義。按此器後歸吳雲，《兩罍軒彝器圖釋》八·一曾著其器形，近郭沫若先生《兩周金文辭大系》亦嘗揭其圖像，次其時地，皆從阮説無異辭。是令尹子西所作之器今猶可考見也。

　　　　　　　　《張政烺文史論集》頁 68，2004；原載《史語所集刊》8 本 3 分

○**何琳儀**（1984）　銘文中的“王子申”，我們認爲就是春申君黃歇。

春申君的身份是首先應該解決的問題。據《史記》記載，“四公子”之中，孟嘗君其父田嬰是“齊威王少子而齊宣王庶弟”，平原君趙勝是“趙惠文王弟”，信陵君無忌是“魏昭王少子而魏安釐王異母弟”，獨於《春申君列傳》則云：“春申君者，楚人也，名歇，姓黃氏。遊學博聞，事楚頃襄王。”似乎春申君與楚王族並無親屬關係。按一般邏輯推理，既然其他三公子均屬齊、趙、魏三國王族，那麼春申君也不應例外。鈎稽舊籍，卻發現兩條反證：（一）《游俠列傳》：“近世孟嘗、春申、平原、信陵之徒，皆因王者親屬，籍於有土卿相之富厚，招天下賢者，顯名諸侯。”（二）《韓非子·姦劫弒臣》：“楚莊王之弟春申君。”此“莊王”乃“頃襄王”之誤。凡此都足以證明，春申君不僅屬楚王族，實乃楚王之胞弟。被《游俠列傳》和《韓非子》保存下來有關春申君的史料，值得我們特加重視。如果僅憑《春申君列傳》的史料，是很難置春申君於“四公子”之列的。

先秦典籍中所謂“公子”，或與“世子”相對而言，在楚國也可稱爲“王子”。如《説苑·善説》載越人歌：“今日何日兮，得與王子同舟。”所謂“王子”係指楚鄂君子晳，其身份是“親楚王母弟也”。如按一般慣例則應稱“公子”。楚令尹鄂君子晳與楚令尹春申君黃歇均稱“王子”，其身份完全吻合。

春申君姓黃氏，推其本源與楚王族也是一家之眷屬。《世本》：“黃氏，陸終之後，後爲楚所滅，因以爲氏。”《楚世家》：“陸終生子六人……六曰季連，芈姓，楚其後也。”春申君身爲王族，卻冒姓黃氏，是否與他仕於黃國故地有關，由於史料的局限，尚有待進一步研究。

根據古人名與字義訓相應的通例，春申君名“歇”，本銘“申”則應是其字。《説文》：“歇，一曰氣越泄。”《廣雅·釋詁》二：“歇，泄也。”是“歇”有發散舒通

之義，《文選·顏延之和謝靈運詩》"芳馥歇蘭若"是其例。《方言》十："泄，歇也，楚謂之戲泄。"歇、泄互訓，聲韻亦近。泄乃洩之異體，典籍每多通用。洩、泄均與申義訓相近。如《論語·述而》"申申如也"，馬注"和舒之兒"（編按："兒"當作"皃"），皇疏"心和也"。《左隱公元年傳》"其樂亦泄泄"，杜注"和樂也"。《文選·張衡思玄賦》"展洩洩兮彤彤"，注"和兒"（編按："兒"當作"皃"），又引杜注"舒散也"。尤其重要的是"申洩"可以構成固定詞組。《淮南子·本經》："含吐陰陽，申洩四時。"注："申洩，猶伸引和調之也。"這是申和歇（泄、洩）義訓相通的確證。故春申君名歇，字申，有充分的訓詁依據。

　　"王子申"的封號"郲陵君"是印證"申"即黃歇的又一重要依據。"郲"，未見字書，但義從我得聲，從義與從我得聲之字多可通用。如《詩·蓼莪》，魯峻碑引《詩》"莪"作"義"。《禮記·檀弓》"蟻結於四隅"，釋文："蟻又作蛾。"《呂覽·勿躬》"常儀"即後世之"常娥"。然則郲應讀鄞。《説文》："鄞，臨淮徐地，從邑義聲。《春秋傳》曰，'徐鄞楚'。"按，今本《左昭六年傳》作"徐儀楚"，傳世徐國義楚耑與新出土義楚盤作"徐義楚"。郲、義、儀均《説文》"鄞"之異文。段注："今安徽泗州州北五十里有故徐國城廢縣。鄞者，徐縣地名。"《讀史方輿紀要》卷二十一徐城廢縣："州西北五十里，古徐子國。"淮北之鄞（郲）春秋時屬徐國，戰國後期早已歸入楚國版圖。至於地名後加"陵"字，典籍習見。僅檢《漢書·地理志》臨淮郡就是（編按："是"當作"有"）"睢陵、淮陵、富陵、開陵、蘭陵、海陵、樂陵"等七例。然則《地理志》臨淮郡之"徐"，戰國時或稱"鄞（郲）陵"應無疑義。

　　《春申君列傳》載黃歇封地與上述考察的結果適可印證：

　　　　考烈王元年，以黃歇爲相，封爲春申君，賜淮北地十二縣。後十五年，黃歇言之於楚王曰："淮北地邊齊，其事急，請以爲郡便。"因並獻淮北十二縣，請封於江東。考烈王許之。春申君因城吳墟以自爲都邑。

　　所謂"封爲春申君"乃史家追敘之辭，根據前洲器知黃歇初封淮北，其封號應該是"郲陵君"。改封江東的封號，才能該是"春申君"。以春申君命名的地理稱謂如"春申、春申江、春申澗"多在江南是其明證。前洲三器是黃歇受封淮北十五年閒所製造，其封地"郲"（鄞）屬臨淮郡，與《史記》"淮北地十二縣"地望正合。（"淮北地十二縣"在戰國是不算小的政治區域，那裏再分封一個與黃歇身份相若的王族，似乎是不可能的。）從時閒上看，郲陵器與考烈王時曾肯器字體十分相似，均屬戰國晚期。至於黃歇改封之後，把家祭禮器捆載運至江東，而今天又在江東故地無錫附近前洲重見天日，當然也是情理中事。

根據對出土材料和文獻材料的綜合考察,我們的主要結論是:

一、楚令尹黃歇屬楚王族,故可稱爲"王子"。其名"歇",字"申",名與字相應。

二、黃歇初封於淮北邶陵,其封號爲"邶陵君";改封江東後,其封號爲"春申君"。

三、前洲器製作時間推定爲楚考烈王元年至十五年間,即公元前 262—前 248 年間。

四、前洲三器是黃歇改封後攜至江東的,因此出土於無錫附近。

綜上所述,前洲三器的器主乃是戰國著名的四公子之一春申君。器主和年代的確定,可與文獻相互印證,也可彌補文獻之不足,這無疑增添了這組銅器群的史料價值。

《江漢考古》1984-1,頁 103—104

○**何浩**(1985)　西周以至春秋時期公子、公孫的稱謂,有其特定的明確含義。《儀禮·喪服》説:"諸侯之子稱公子,公子不得禰先君,公子之子稱公孫,公孫不得祖諸侯,此自卑別於尊者也。"楚人實行嫡長繼承制,除楚王嫡長子世襲君位繼爲熊氏外,餘子、庶子統稱王子(公子),餘子、庶子之子則稱王孫。而王孫的子孫,雖屬楚王後裔,已不得再稱王子或王孫了。"大夫不言公子、公孫,疏之也"。何琳儀同志曾引鄂君子晳爲例,以論證春申君爲王子。但《説苑·善説》中的鄂君子晳之所以被稱作王子,就是因爲他是"親楚王母弟",並不是説凡是其先祖爲楚王的任何王族後裔,都可以稱爲王子。屈、景、昭三家都是楚王族之後。但翻遍有關戰國的史籍,其成員從無王子或王孫的稱謂。江陵望山一號墓墓主悼固,作爲昭氏成員,也曾祭祀先君——楚王,但昭固並不稱爲王子。而"王子昊鼎"之昊(司馬子反)(編按:"昊"當爲"吳")、"王子午鼎"之午(令尹子庚)、"王子申盞蓋"之申(令尹子西),之所以稱爲"王子",是由於他們分別爲楚穆王、楚莊王、楚平王之子。否則,"王子"這一特稱是安不到他們頭上的。這與戰國中期以後謂尊貴者爲"公子、公孫",或含義更廣的"王孫公子"之類的泛稱,顯然不可混爲一談。所謂孟嘗君、平原君、信陵君、春申君爲"四公子"的説法,也只是後人對此四個封君的籠統的尊稱,並非實指春申君爲楚王之子。《史記·孟嘗君列傳》謂孟嘗君之父田嬰爲"齊威王少子而齊宣王庶弟也";《平原君列傳》謂趙勝爲"趙之諸公子",即《魏公子列傳》説的"趙惠文王弟";對信陵君,《魏公子列傳》指爲"魏王少子而魏安釐王異母弟也”。司馬遷對以上三人的身份都有明確無誤的交代。但《春申君列傳》及《楚世家》既不稱黃歇爲“王子”或“公子”，也未提及是某楚王之子或某楚王之弟，僅在上引《游俠列傳》中説他以及延陵季子等五人皆爲“王者親屬”。不言而喻，“王者親屬”不等於就是王者之子或之弟。延陵季子、孟嘗君、平原君及信陵君四人均爲王子或王孫，唯獨春申君不是王子或王孫，因此司馬遷極有分寸地統稱爲“王者親屬”，這正好説明春申君確非王子。《韓非子·姦劫弑臣》所謂春秋時期的“楚莊王之弟春申君”，純屬謬誤。至於説“‘莊王’乃‘頃襄王’之誤”，以此認定黃歇爲頃襄王之弟，也於史無徵，不足憑信。

　　既然春申君實非王子，所謂郯陵君王子申“就是春申君黃歇”的論斷，也就是没有根據了。（中略）

　　郯陵君的封地既在今無錫、宜興一帶，這一帶又曾爲黃歇的封地，而且，“前洲青銅器銘文的字體，非常像壽縣朱家集大墓所出楚幽王之器，是兩者同時的明證”。王子申受封的時間，就只會在黃歇被殺後的幽王之時。幽王時的郯陵君究竟是誰呢？如果説王子申可能是幽王之子或是幽王之弟，僅就時間而言，這有一定的道理。但從史實上看，至少是前者不存在這種可能性。

　　《春申君列傳》載，考烈王嫡配無子，“春申君患之”。待李園之妹“幸於春申君”懷孕後，黃歇以李園妹進於考烈王，“楚王召入幸也，遂生子男（即熊悍），立爲太子以李園女弟爲王后”。按李園妹有孕時，春申君“相楚二十餘年”。假定此時黃歇已任令尹二十二年，熊悍的生年就應該是考烈王二十三年。考烈王二十五年卒，李園派人刺死黃歇，熊悍立，“是爲楚幽王”。可見，熊悍繼位時年僅三歲。另據《楚世家》的記載：“十年，幽王卒，同母弟猶代立，是爲哀王。”幽王死時還只十二歲，不可能有子，郯陵君自必不會是幽王之子。

　　所謂“同母弟猶”，當然是李園妹後生之子，其生年應在考烈王二十四年或二十五年。立爲楚王，不過十一歲。既爲楚王，就不存在再爲封君的問題。熊猶立位前可稱爲王子，如果曾被封爲郯陵君，當在幽王十年之前。楚國確有不少楚王是幼年即位的。王子是否幼年即占有封邑獲得封號，就目前已知的資料，還未發現有此先例。因此，郯陵君不一定是年幼的王子猶。

　　考烈王嫡妻未曾生子，但考烈王在二十三年之前卻早已有了庶子。《楚世家》載：“哀王立二月餘，哀王庶兄負芻之徒襲殺哀王而立負芻爲王。”冰凍三尺,非一日之寒。考烈王庶子負芻有徒衆,擁有弒王奪位的實力。很明顯,王子負芻早已成年,如此看來郚陵君有可能就是奪位前的負芻。幽王幼年繼位,封其已成年之庶兄爲封君,這也是情理中事。

假設負芻受封的時閒在幽王二年,即公元前 236 年,下距秦滅楚之時的負芻五年即前 223 年,不過十四年。受封之時已是戰國之末而“前洲各器是素面的。器形和秦器已沒有什麼分別”,雖然“字體則完全是楚國的特有作風”。劉彬徽同志也認爲:“此三器形制與銘文均爲戰國晚期特點。銅鑑器形與漢代的鋗和鑑相似,但不同處是圜底,河南信陽長臺關楚墓出有與此器相類的圜底陶鑑,是此類器形由戰國中期向漢代演變之中閒形態,乃戰國晚期特徵。銘文字體與楚幽王墓出土銅器字體相同”,“器應作於楚國被秦滅之前。”從器形及銘文特徵來看,郚陵君應該是楚幽王在位時的封君。此時楚國見於《史記》可稱爲王子的,僅只有王子猶與王子負芻。前洲三器的器主,很可能就是王子負芻。

《江漢考古》1985-2,頁 76、78

○**劉彬徽**(1995)　關於此王子申攸其人,有幾種看法:(1)可能是幽王之子,也可能是其弟;(2)即春申君,郚陵爲初封地;(3)可能是負芻。主第 3 說者已對 1、2 兩說作了辨析,指出不會是幽王之子,也不可能是春申君。但斷爲負芻,與申攸名字不合,恐亦不大可能,當另作解釋。筆者認爲可能指其同母弟猶,其理由有二:第一,此王子申攸,申爲字,攸爲名,幽王被殺後繼位的哀王名猶,攸、猶爲雙聲疊韻,完全同音。從這一點看,王子申攸很可能就是哀王猶,大概他在繼位爲王以前已被封爲郚陵君。第二,這時的王子申攸,從史書記載看,還是幼年。楚之王子幼年即獲得封號占有封邑,就現有資料而言,尚未見記載。但沒有記載,不等於那時未有此例。如此素樸的鑑、豆,還要郚姬府做好給他。郚姬府也有可能爲其母后之府,因其年幼,還須得到在王宮中的母后的扶持,爲他製器。由此推測,王子申攸即以後繼位爲哀王的楚王子猶,是十分可能的事。其封爲郚陵君的時閒當在幽王元年至十年被殺這段時閒內,即公元前 238 年至前 227 年之閒,這也就是鑑、豆三器的年代範圍。

《楚系青銅器研究》頁 374—375

○**張連航**(2002)　關於王子申盞銘中的“王子申”到底爲誰,學術界有不同看法。

楚國青銅器銘文中可見之楚王子名,共八例,如下表:

金文稱謂	古籍稱謂	金文稱謂	古籍稱謂
王子吳	楚司馬子反（公子側）	王子啟疆	待考
王子午	令尹子庚	王子适	待考
王子申	待考	王子囏	待考
王子嬰次	嬰齊	郟陵君王子申	待考

　　當中王子申其人，《左傳》兩見：一爲楚共王時人，一爲楚昭王時的公子申（子西）。馬承源主編《商周青銅器銘文選四》采後説，並徵引《史記·楚世家》："昭王病甚，乃召諸公子大夫曰：'孤不佞，再辱楚國之師，今乃得以天壽終，孤之幸也。'讓其弟公子申爲王，不可。"公子申爲楚平王之庶弟，楚昭王十一年至楚惠王十年爲令尹。然劉彬徽憑此器的蓋紐形制與填雲紋的三角形紋來看，與下寺M7的盞相近，確定此當爲共王時的王子申。由於此人於公元前571年被殺，故器物年代當在此之前。從文字的形體特徵言，我們亦同意將"王子申"定爲共王時人。理由是：一、王子申器的銘文特徵與王孫誥相近。特別是"期"字的寫法，王子申盞作"🔱"，在其下從日；而王孫誥則作"🔱"，在其上加日。這種筆畫特徵不見於它器。二、王子申盞自名爲"盞盂"，"盂"字作"🔱"形。這類"盞"尚有鄬之盞、賒于盞，然均不稱"盂"。稱"盂"的器僅有共王器楚王酓審盞自名爲"🔱"。"盂"所從的"皿"作"🔱"，與王子申盞器亦同。而鄬之盞、賒于盞，"盞"所從"皿"皆作"🔱"，顯示年代上與共王時器存有差異。綜上所述，我們贊成"王子申"爲共王時人。

《古文字研究》24，頁253

【王子狘】

○張頷（1962）　　吳國從"壽夢"開始稱王，當時壽夢的幾個兒子如諸樊（太子遏）、餘祭（戴吳）、餘昧（夷末）、季札均可稱爲王子。餘昧爲吳王時，據《史記·吳太伯世家》載"僚"是太子，但《公羊傳》説"僚"係壽夢庶子，當然也可稱"王子"。以後則有"公子光（王闔廬）、太子夫差"（王夫差）。以上幾個吳君中，其名與"于"音相近者很多，如"餘祭"（亦名戴吳）、"餘昧"（亦名夷末）的"餘、吳、夷"。還有一個"勾余"，《左傳·襄公二十八年》載："……吳勾餘予之朱方。"服虔認爲"勾餘"即"餘祭"，杜預則認爲勾餘是"餘昧"。還有一個名叫"掩餘"亦稱"蓋餘"的，《左傳·昭公二十三年》："吳爲三軍……掩餘帥左。"杜預注："掩餘，吳王壽夢子。"以上這些人都有稱"王子于"的可能。但最有可能的莫過於吳王僚。《左傳·昭公二十年》："員如吳，言伐楚之利於州于。”杜預注:“州于,吳子僚。”州于的“于”字與王子于戈上的“于”字形音皆同,所以“王子于之用戈”,當即吳王僚爲王子時之器。至於“州于”本爲兩個字,而戈上只稱“于”,這種例子在有關資料上是屢見不鮮的。如銅器“陳貤𣪘”稱陳敬仲爲“陳仲”,《史記·吳太伯世家》説:太伯十五世爲“轉”,索隱引譙周《古史考》作“柯轉”,《楚辭·天問》稱吳王壽夢爲“夢”。因之“州于”單稱爲“于”是完全可能的。

《張領學術文集》頁36,1995;原載《文物》1962–4、5

○**商承祚**(1962)　戈的正面爲“王子狱之用戈”六字,背面一字不識,皆錯金,“内”部花紋亦錯金。背面一字的筆畫結構與攻敔王光戈無大差異,不同的只是正體與反體之别,我認爲是同一鑄造人名,而不是錯金工人的名字,從王光戈銘文非錯金和其他兵器上刻有工師人的姓名,有數見不鮮的證據。

“王子狱”的“狱”字从欠,于聲,讀若虚,爲人名,即吳王僚之字(屬稿之初,接張領同志來信,亦認爲“狱”是王僚),史書作“州于”。《左傳》昭公二十年,“(伍)員如吳,言伐楚之利於州于”。杜注:“州于,吳子僚也。”“狱”何以爲“州于”? 是有其轉變過程的。現先從字形及音讀兩方面説明一下。

先有“于”而後有“狱”,早期的“于”字作𣄦、𠃤,見甲骨文、金文。言其形,象氣通過多次障礙而屈曲申展,故《説文》以“於也”“舒于”來形容。商周時,因此字氣形的偏旁曲折,書寫時較難安排,乃省去蟠繞的氣形而作于,後來感覺筆畫過簡而意義隱晦不顯,遂增加“欠”旁代替氣形的意符而以“于”爲聲符,由會意字轉變爲形聲字。此狱字偏旁作𣄦,是采用“于”的本體,不可作紋飾看待。

狱,又一體作“吁”。衛有嬖人之子公子“州吁”(《左傳》隱公三年),吳有叔姬“寺吁”,我因而聯想起“歔”和“嘘”是由狱、吁産生出來的異體字,後以吁、嘘、歔通行使用面日廣,而“狱”逐漸少用以至不用而被淘汰。由此可見,于、狱、吁之間有密切關係,彼此互通是很自然的。那麽,爲什麽“州于”又會是“狱”呢? 這可從古人習慣稱謂方面尋找佐證。古代人對於由兩個字組成的人名字號稱謂的方法有兩種:其一,常略去前一字而僅用後一字;如“季札”稱“札”之類例屢見。其二,爲二字急讀合成一音;如“句吳、攻吳、攻敔、工𪩘”之爲“吳”,“於越”之爲“越”等等的方音原故,故我以爲“狱”,並非“州于”的合音,而是采用“州于”的末一字。

王僚此戈之作是在未即位之前,故稱“王子”。在銅器銘文中,稱“太子”或“公子”的較爲普遍,稱王子的,除楚王子申盞盂、鄭王子嬰次盧(鑪)而外,此爲二見。意周初制度，對天子、諸侯、正卿等稱子的可能有所規定，後來逐漸隨便任意稱呼，就是同爲一人，稱公子，又可稱王子，如公子瑕之稱王子瑕，公子比之稱王子比，在《左傳》中比比皆是。這樣，嫡子的季札、闔廬稱公子，庶出的僚稱王子，是不足爲奇的。

《商承祚文集》，頁 300—301；原載《學術研究》1962-3

○**容庚**（1964）　張頷云：“《左傳》昭公二十年：‘（伍）員如吳，言伐楚之利於州于。’杜預注：‘州于，吳子僚。’州于的‘于’字，與王子于戈上的‘于’字，形音皆同，所以‘王子于之用戈’，當即吳王僚爲王子時之器。至於‘州于’本爲兩個字，而戈上只稱‘于’，這種例子，在有關資料上是屢見不鮮的。”又云：“假如州于爲吳王餘眛之子的話，則此戈當是在王餘眛元年（公元前 530 年）至吳王僚元年（公元前 526 年）四年間所鑄造的。假若如《公羊傳》所説，州于爲吳王壽夢庶子的話，則此戈當是在吳王壽夢元年（公元前 585 年）至吳王僚元年五十多年内所鑄造的。”

《中山大學學報》1964-1，頁 81

○**董楚平**（1992）　“王子玖”即爲夫差。

《吳越徐舒金文集釋》頁 124

○**董楚平**（1996）　三十年前，容庚先生作《鳥書考》，説鳥篆各器有人名可考者，始於吳王子于、楚王孫漁。當時學術界普遍認爲《王子玖戈》是王僚作王子時所作，《楚王孫漁戈》是《左·昭十七年》在吳楚戰爭中死於長岸的司馬子魚。現在，筆者從工藝水平、字體特點、人名聲韻、名字禮俗四個方面來考證“王子玖”即爲夫差，此戈作於夫差爲王子之時，即當闔閭晚期。

《考古》1996-8，頁 76

△**按**　王子玖，“玖”字作▇，或釋爲“于”，則以右部爲飾。王子戈銘文字體爲鳥蟲書，“玖”字右旁與鳥形有别而與通行“欠”旁相同，故當釋“玖”爲宜。

【王子齊】

○**殷滌非**（1980）　“大司馬昭陽敗晉師於襄陵之歲”，是楚懷王六年（公元前 323 年）之事，已爲學界所公認。“秦客王子齊之歲”，究爲何年事？據《史記·楚世家》記載，楚太子入秦有兩次。其一是楚懷王二十六年，齊、韓、魏三國共伐楚，楚使太子入質於秦而請救。此質於秦之楚太子，即後來立爲王之頃襄王横。其二爲楚頃襄王二十七年，使三萬人助三晉伐燕，復與秦平，而入太子爲質於秦，並使左徒侍太子。三十六年頃襄王病，太子亡歸。《史記·春申君列傳》説：“楚使歇與太子完入質於秦，秦留之數年。”是知此質於秦之楚太子，即後來立爲王之考烈王元；侍太子於秦之左徒，即後來封於吳之楚令尹春申君。此王子齊，非頃襄王横，即考烈王元，二者必居其一。

據《史記》，頃襄王名横，考烈王名元。今見鎬銘王子名齊。元與齊二字義通，皆具有"一"義。《説文》："元，始也。"又："一，惟初太始，道立於一。""一"又有"同"義，如《孟子》"先聖後聖，其揆一也"。康殷《文字源流淺説》(1979年11月榮寶齋出版)解釋"齊"曰：《説文》誤解齊爲"禾麥吐穗上平也，象形"，從齊字甲、金文字形看，"象幾塊切割得方正整齊的肉塊形，用以表示整齊、劃一之意"。《周語》上："國之將興，其君齊明衷正。"注：齊，一也。"齊"也有"同"義，《楚辭》"與日月兮齊光"即是。考烈王名元，又可寫作完。完，全整也。《史記》"子胥智而不能完吳"，是其證。完、元二字音義皆通，元、完、齊三字亦義通，義通可以代用。考烈王名元，可寫作完，殆亦可寫作齊。或曰：元與齊，乃考烈王一名一字之同義名字。鎬銘"王子齊"，是考烈王未立爲王之前的稱呼。

考烈王爲太子時質於秦，鎬銘"秦客"是客於秦，二者本不能混同。其實司馬遷寫《史記》是實事求是的追述；鎬爲楚大鳥之器，楚人把王子質於秦改稱客於秦，即把太子在秦國當人質之醜事粉飾爲在秦作客，而以其事繫年，應是情理中事，不足爲怪。因此，鎬銘"秦客王子齊之歲"，很可能即是頃襄王二十七年(公元前271年)。

壽縣朱家集(現已劃歸長豐縣)楚王墓内出土銅器群的銘文中，爲楚王名者計有王子齊、楚王酓肯、楚王酓忎。唐蘭説："馬衡氏嘗推測酓肯爲考烈王，余謂馬説是也。據《史記·楚世家》，考烈王名熊元，《世本》作完。按從元聲之字，多讀如昆。《説文》阮字，徐鍇云'讀若昆'；髡從元聲，而讀苦昆切，皆其證。然則元肯一聲之轉，考烈王本名肯，而史借元或完以代之耳。"今我認爲此王子齊亦即考烈王爲王子時所稱之名，齊、元義通，故亦用之耳。酓忎墓内出幽王器，酓忎當即楚幽王。酓肯器及大鳥鎬爲考烈王爲王和爲太子時所鑄銅器，後被埋入幽王墓内陪葬，故朱家集楚王墓内所埋銅器群有頃襄王、考烈王、幽王先後三世之物。幽王在位十年，死後造此大墓，是有其條件的。

《文物》1980-8，頁26—27

【王子嬰次】

○**王國維**(1923)　嬰次即嬰齊，乃楚令尹子重之遺器也。《説文》貝部："賏，頸飾也。從二貝。"又女部："嬰，頸飾也。從女，賏其連也。"是賏、嬰一字。按：男子頸無飾，賏蓋專施於女子，故字亦從女作嬰。此器又省作晏，從一貝與从二貝，意無以異也。又次、齊古同聲，故齊聲之字亦从次聲，徵之《説文》，則資、饌同字，齍、齋同字，㮂、穧同字，經典資斧亦作齊斧，牆茨亦作牆薋，采茨亦作采齊，㮂盛亦作齍盛，蠀蟬亦作蠐螬，又齊威王之名《史記・六國表、田敬仲完世家、魯仲連傳》並作因齊，《戰國策》作嬰齊，而傳世陳侯因育敦、陳侯因育戈並作因育，育亦齋之異文也。則晏、次二字即嬰齊無疑。古人以嬰齊名者，不止一人，獨楚令尹子重爲莊王弟，故《春秋》書公子嬰齊，自楚人言之，則爲王子嬰齊矣。子重之器何以出於新鄭，蓋鄢陵之役，楚師宵遁，故遺是器於鄭地。此器品質製作，與同時所出他器不類，亦其一證，然則新鄭之墓，當葬於魯成十六年鄢陵戰役後，乃成公以下之墳墓矣。

《觀堂集林》卷 18，頁 9

○**郭沫若**（1957）　　王子晏次即鄭子嬰齊也。《左傳》作子儀，當是字。《史記》作公子嬰乃嬰齊之略，古籍於人名複名往往略其一字，蓋誤以爲名字並舉也。《漢書・古今人表》作嬰齊，与古器合。稱王子者可以僭分解之。嬰齊之父鄭莊公時鄭最強，《左傳》隱三年載周鄭交惡事，終至決戰而射王中肩，竟儼然敵國。有此器出，足證鄭莊公時實曾僭稱王號耳。嬰齊与魯莊公同年即位，十四年而遇弑，故此燎鑪之製作實當在春秋初年。

《兩周金文辭大系圖録考釋》頁 183

○**張連航**（2002）　　（編按：王子嬰次爐銘文"王子嬰次"）由於"次"与"齊"古韻可通，"次"是清母脂部，"齊"乃從母脂部，兩字同韻而聲母也同屬齒音，只是清濁不同而已。《左傳・宣公十一年》有"楚左尹子重侵宋，王待諸郔"。"子重"楊伯峻注中説即"成公二年經……之公子嬰齊，楚莊王之弟，又稱令尹子重，又稱將軍子重，此時（楚莊王十六年，即公元前 598 年）則爲左尹"。而在《左傳・襄公三年》記載子重卒的消息云："三年春，楚子重伐吳……楚人以是咎子重，子重病之，遂遇心病而卒。"（楚共王二十一年，即公元前 570 年）。王國維早年主張器主當爲楚令尹子重。但子重之器爲什麼在新鄭出土呢？這是引發異説的原因。

　　楊樹達在《積微居金文説・王子嬰次盧跋》中嘗試作出解釋。楊氏云："彝器古人所重，上以之賜下，下以之獻上，與國以之爲酬酢，甲國之製不必恆在甲國，固也，亦不必製器者曾至乙國而乙國之人始能得其器也。蓋其變易遷流，不可紀極，據出土之地以定器之何屬，可以論其常，而不可以論其變。如器出一地，必求一事以實之，斯不免於鑿矣。"這一段話主要是爲了解釋楚王子嬰次爐在新鄭出土的原因。但從考古材料看，甲國之器在乙國之地出土的，常見的是媵器，如吳王光鑑出於蔡侯墓。然而吳越之器出於他國者也甚多,尤以兵器爲多見。所以上面的推斷仍只是猜測之詞。

郭沫若就曾認爲"王子嬰"應當爲鄭國公子嬰齊。並認爲此器爲"燎炭之爐(今言火盆)"。但當是時鄭國尚未稱王,鄭國公子不能稱爲"王子",郭氏之説似欠理據。

孫次舟在《新鄭銅器群年代考辨》一文中,羅列了從王國維以來的各種説法,並以幾個角度加以考察,主張此器主爲韓襄王的王子,即《史記·韓世家》所言的"太子嬰"。據《史記·六國年表》載,韓襄王十年"太子嬰與秦王會臨晉,因至咸陽而歸"。歸後一載而卒(當公元前 301 年)。過去我們用文字形體來檢驗,覺得把它定在公元前 301 年左右亦有道理。因爲在這短短七個字的銘文中,有些形體在戰國材料中也有類似的形體特徵。如"庥"字所從的⌒在戰國中期以後的三晉兵器中常常出現。而所從的另一部件↖也出現較晚。此外,"盧"字所從的🔥亦似是戰國文字的特點。

然而《集成》收録一枚故宫舊藏未曾著録的王子嬰齊鐘,器主與王子嬰次爐完全相同。其釋文爲:"……八(?)初吉丁亥(?)王子嬰次自乍(作)□(龢)鐘,永用匽喜。"對此器的國別必須另外考慮。

劉彬徽從形態特點指出:"此器長方形,腹部有 4 個 X 環耳,兩側的環耳上套一副提鏈。腹部有細線方格紋具南方銅器特徵,銘文字體亦爲楚風。"

從文字的角度,我們在王子嬰次爐找到楚文字的地域特徵。楚文字"次"字,每將所從之":"移至"欠"下。例如:上鄦君之証鈇(《彙編》0008),鄦(贛)從章從次從口,次作🔥,鄂君啟舟節淯水偏旁作🔥,楚王酓忎鼎、冶勺、腏鼎,並見楚國名冶苛腏之名,所從之次作🔥。可見乃楚器。

綜合而言,從爐器的形制及銘文特徵判斷,將王子嬰次爐斷爲楚國器是可信的。倘若在考慮王子嬰次鐘紀年特徵及東周時代鑄鐘盛行的年代,將王子嬰齊認爲是楚共王時的令尹子重也是有道理的。

《古文字研究》24,頁 254—255

【王氏】

○丁福保(1938)　王氏　氏字各異,背同,此亦王畿之物,前曰畿氏,此曰王氏,其義一也,與列國布並列無異,亦猶《國風》之有《王風》也。【錢匯】

右小布面文二字曰任氏。

按壬古通任,《史記·律書》:"壬之爲言任也。"曰任氏,蓋魯地。《孟子》"他日由鄒之任,見季子",疑即此。【文字考】

按此布右曰任,左曰氏。《孟子》"他日由鄒之任,見季子",任蓋魯地。【匯考】

王氏　傳形，面文各異。【錢匯】

右布三品面文，一品右作王，左作，二品右作，左作，三品右作丰，左作，翁宜泉皆訓爲王氏。【錢略】

王□　左王字，右文未識，疑亦土毛二字合書。【錢匯】

《古錢大辭典》頁 1176，1982

○**鄭家相**(1958)　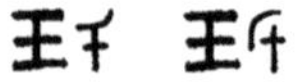　文曰王氏。《古泉匯》謂王氏畿氏皆是王畿之物。然畿氏實爲茲氏，係尖足類，與王氏非同地物，釋畿固誤，謂王畿物亦誤。氏爲古時地名之通稱，如烏曰烏氏、茲曰茲氏等是。此王氏亦地名也。春秋有王官，見文三年，杜注晉地，在今山西聞喜縣南，戰國屬魏。此布文去官增氏，於理頗近，王氏者，其王官之變稱歟。

《中國古代貨幣發展史》頁 95—96

○**梁曉景**(1995)　【王氏・平襠方足平首布】戰國晚期青銅鑄幣。鑄行於周王畿，流通於三晉、兩周、燕等地。屬小型布。面文“王氏”，書體多變。背無文。“王氏”，亦見於春秋中晚期周王畿鑄行的平肩空首布，指周王室，在今河南洛陽。周王室稱“王氏”或“周氏”，猶如韓、趙、魏三國稱韓氏、趙氏、魏氏。1956 年以來北京，河南洛陽、鄭州，山西芮城、陽高、浮山，河北靈壽、易縣燕下都等地有出土。一般通長 4.2—4.5、身長 2.9—3.1、肩寬 2.3—2.5、足寬2.5—2.7 釐米，重 4—6.5 克。

《中國錢幣大辭典・先秦編》頁 291

○**蔡運章**(1995)　【王氏・平肩空首布】春秋中晚期青銅鑄幣。鑄行於周王畿。屬大型空首布。面文二字舊釋爲“王氏”，其義待考，今暫且采用舊釋。背無文。1970 年河南伊川出土 1 枚，通長 9.1、身長 5.9、肩寬 4.8、足寬 5.1 釐米，重 27.2 克。極罕見。

《中國錢幣大辭典・先秦編》頁 63

○**石永士**(1995)　【直刀】戰國中晚期青銅鑄幣。鑄行於趙、魏、中山等地區。按形制有大、小兩種，因鑄造國别不同而稍有差異。大型者爲趙、中山兩國的鑄幣，其共同特點是直背微弧，刃部略凹，刀首作圓首狀，俗稱“圓首刀”。其不同處是趙國直刀環作橢圓形，中山國直刀環作圓形。小型者爲趙、魏兩國鑄幣，因其形體短小，俗稱“小直刀”。趙國的小直刀環作圓形。魏國的小直刀背較直，方首或斜首，刀環作圓形。其鑄行時間較晚，約在戰國末年。

《中國錢幣大辭典・先秦編》頁 591

○**石永士、高英民**(1995)　【王匕・直刀】戰國中晚期青銅鑄幣。鑄行於趙國,流通於中山。屬大型直刀。面文“王匕”,疑是“王氏匕”的縮寫。“王氏”古地名,“匕”通作“幣”。幕平素,或鑄以符號等。1963 年以來山西原平、河北靈壽等地有出土。一般通長 13.8、最寬 1.4、環徑 1.7 釐米,重 12 克。

《中國錢幣大辭典・先秦編》頁 591

【王父】

○**劉樂賢**(1994) （編按:睡虎地・日甲 70 正 2)《爾雅・釋親》:“父之考爲王父。”

《睡虎地秦簡日書研究》頁 117

【王夸】

○**何琳儀**(1991) 《中國古今泉幣辭典》4425 著録一枚罕見的三孔圓足布(圖 1),銘文或釋“王夸”。原件藏北京市首都博物館,曾於 1990 年亞運會藝術節期間公開展覽。

圖 1

地名“王夸”,典籍未見。但典籍的“望諸、望都、慶都”似與“王夸”有關。

“王、望”古音均屬陽部,音近可通。《書・無逸》“無皇曰”,漢石經作“毋兄曰”。《釋名・釋親屬》:“兄,荒也。”《老子》四十章“是謂忽怳”,帛書乙本“怳”作“望”。凡此均可證“王、兄、亡”聲系相通。“皇”從“王”得聲,故可讀“望”。

“夸、諸”古音均屬魚部,音近可通。《戰國策・西周策》“樗里疾”,《史記・樗里子甘茂列傳》索隱引《紀年》作“楮里疾”,一本“楮”作“褚”。《莊子・讓王》“原憲華冠”,《韓詩外傳》一“華”作“褚”。以上“夸、樗、華”均從“亏”(于)聲,此“亏、者”聲系相通之證。

由此類推,“王夸”讀“望諸”似無疑義。

“望諸”於《戰國策》凡二見:

一、《燕策》二・九:“樂毅奔趙,趙封以爲望諸君。”吳師道注:《史》趙封毅於觀津,號望諸君。《索隱》云:望諸,澤名,在齊,蓋趙有之,故號焉。”程恩澤曰:“按《職方氏》青州澤曰望諸,《禹貢》作孟諸。《地理志》梁國睢陽盟諸澤在東北,或謂之孟都(亦名孟諸),《史記》作明都,《詩譜》作明豬,其實一也……胡三省曰:望諸本齊地,毅自齊奔趙,趙人以此號之,本其所從來也。今爲河南歸德府虞城縣。蓋本宋地,而齊取之,趙輔燕破齊,或者分得其地,亦未可知。其實毅所封地在觀津,望諸特其號耳,非地也,似與望諸澤無涉。”

二、《燕策》二・二:“望諸相中山也,使趙。趙劫之求地,望諸攻關而出逃。”鮑彪注:“此與樂毅同號。”程恩澤曰:“按,據注,望諸即藍諸也。然此等處不可臆斷,當從闕疑。"檢《中山策》三:"出兵以攻中山,藍諸君患之。"鮑彪注:"藍諸君,中山相也。"吳師道注:"《索隱》云:《戰國策》望諸作藍諸。愚按《燕策》望諸相中山,恐即此人,與樂毅同號者。《索隱》指爲毅,則誤也。"程恩澤曰:"按,《廣韻》引《戰國策》有中大夫藍諸文,未知即此否? 其地無考。"

　　綜合各家考證的結果大致是:趙國望諸君樂毅的封號與"望諸澤"有關,望諸屬齊境。中山國望諸君(又號藍諸君)的封地"望諸",地望不詳。

　　今按,河南、山東交壤的"望諸"先屬宋,後屬齊,未聞屬趙。所謂"趙輔燕破齊,或者分得其地,亦未可知"乃臆測之辭。宋、齊並不是流通三孔布的地區,因此三孔布"王夸"(望諸)與此"望諸"的關係可以排除。望諸君(藍諸君)既然爲中山相,其封地當於中山國求之。

　　檢《漢書·地理志》中山國有"望都",應即《中山策》之"望諸"(藍諸)。遺憾的是,以往注釋《戰國策》者,多未曾注意二者閒的關係。"都、諸"相通,與上引《職方氏》"望諸",《史記》作"明都",適可互證。另外,《左傳·昭公三年》"國之諸市",《晏子春秋·内篇·問》作"國之都市",亦可資佐證。

　　"望諸",戰國時屬中山國。《戰國策·中山策》鮑彪注:"漢爲中山國,有盧奴、北平、北新城、唐、深澤、苦陘、安國、曲逆、望都、新市。"《水經·滱水注》:"又於是城(按,指唐城)之南如東一十餘里有一城,俗謂之高昌縣城,或望都之故城也。"《一統志》:"望都故城在今保定府望都縣西北,本戰國時趙慶都邑。"在今河北省望都縣西北三十里。

　　"望都",雖然戰國時一度屬中山國,但是據《一統志》又名"慶都",則戰國末期應屬趙國。

　　檢《史記·秦始皇本紀》:七年"以攻龍、孤、慶都,還兵攻汲"。正義:"《括地志》云:定州恆陽縣西南四十里有白龍水,又有挾龍山。又定州唐縣東北五十四里有孤山,蓋都山也。《帝王紀》云:望堯母慶都所居。張晏云:堯山在北,堯母慶都山在南,相去五十里。北登堯山,南望慶都山也。《水經注》云:望都故城東有山不連陵,名之曰孤。孤、都聲相近,疑即都山。孤山及望都故城三處相近。"按,"慶"與"望"古音均屬陽部,故"望都"亦作"慶都"。

　　總之,"王夸、望諸、望都、慶都"均爲一地名的音轉。據《燕策》《中山策》,"望諸"屬中山國(《地理志》作"望都"),據《秦始皇本紀》"慶都"屬趙國。後者與三孔布是戰國"最晚的趙幣"之説,適可互證。

《古幣叢考》(增訂本)頁 151—154,2002;原載《古籍整理研究學刊》1991-5

○**高桂雲**(1994)　　首都博物館舊藏三孔布一枚,面篆書"珍"三字,背"十二米

（鉄）"。布周邊與穿皆有郭,通長 6、寬 2.7 釐米,重 7 克,兩足傷缺（圖 1）,後修復。經唐石父先生鑒定,面文釋"王大于"。

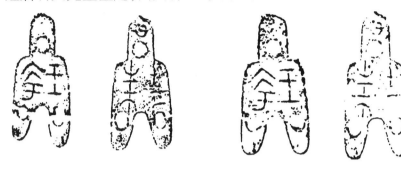

圖 1　　　　　　　　　　　　　　圖 2

　　據李學勤先生《東周與秦代文明》所示,查美國邱文明先生著《中國古今泉幣辭典》（英文版）451 頁圖 4425 有三孔布一拓（圖 2）,邱先生將面文釋作"王夸"或"玉太"。經對比,《辭典》中拓本竟與我館藏品一致:兩足從孔中斷裂,面背字體、銹色及鑄痕均同。又據《泉幣》第一期,邱先生三四十年代曾居北京,並研究錢幣。這均表明,邱先生《辭典》中的拓本,是出自我館藏的這枚三孔布。這枚三孔布爲 1955 年個人捐獻。

《中國錢幣》1994−2,頁 77

○**崔恆昇**（2002）　首博 99 趙三孔布:"王夸。"何琳儀讀望都。以望都山得名,亦稱孤山。在今河北唐縣東北。《漢書・地理志》中山國有望都。張晏曰:"堯山在北,堯母慶都山在南,登堯山見都山,故以爲名。"王夸亦稱"慶都山"（參見《史記・秦始皇本紀》）。

《古文字研究》23,頁 220

△**按**　"亢"字從陳劍釋（《試説戰國文字中寫法特殊的"亢"和從"亢"諸字》,《出土文獻與古文字研究》3,復旦大學出版社 2010 年）。

【王正】

○**曾憲通**（1983）　(編按:之利鐘)"王正"之王,依下文"王發厚陳",知其當指吳王,即吳王僚。據《史記・吳太伯世家》,太伯、仲雍奔荊蠻,自號句吳。傳十九世至壽夢始強。壽夢傳子諸樊,諸樊傳弟餘祭,餘祭傳弟餘昧。餘昧卒,庶兄僚代立,是爲吳王僚。王僚在位十有二年,爲餘昧之子公子光所弒。鐘銘所記爲吳王僚八年之正月。

　　(中略)鐘銘"王正仲春"與欒書缶"正月季春"句式相同。黃盛璋先生説:"夏正正月正當周正三月,故欒書缶言'正月季春'。"是欒書缶之"正月"即夏正。"季春"即三月指周正。周正建子,夏正建寅,兩者相差二個月,以此證明晉用夏正。依此類推,可以證知鐘銘"王正仲春"之"王正"實用殷正。殷正建丑,與周正建子存在一月之差。吳既用殷正,吳之正月恰當周正二月,故鐘銘言"王正仲春"。

《古文字學論集》(初編)頁 356—358

【王句】

○劉節(1935)　見卷三丩 部"句"字下。

○朱德熙(1954)　見卷三丩 部"句"字下。

【王母】

○劉樂賢(1994)　(編按:睡虎地·日甲 72 正貳)《爾雅·釋親》:"父之姑爲王母。"

《睡虎地秦簡日書研究》頁 117

【王成】

○黃錫全(1993)

編號	幣文	原釋	今釋	簡注	國別	幣形
2005	王丑	□□	王城(?)	河南洛陽市	周	方

《第二屆國際中國古文字學研討會論文集》頁 367

○石永士(1995)　【王城·平襠方足平首布】戰國晚期青銅鑄幣。鑄行於周王室畿(編按:衍"室"字),流通於兩周、三晉、燕國等地。屬小型布。面文"王城"。無背文。"王城",古地名,周都城,在今河南洛陽西。1966 年河北易縣燕下都遺址出土。通長 44(編按:當爲 4.4)、身長 3、肩寬 2.3、足寬 2.6 釐米,重 6克。極罕見。

《中國錢幣大辭典·先秦編》頁 291—292

○何琳儀、唐晉源(2004)　《中國錢幣大辭典》292 頁著録一枚方足布(圖3),1966 年在河北省易縣燕下都遺址出土。銘文"王成",編者讀"王城",甚確。

圖 3

檢《左傳·莊公二十一年》:"夏,同伐王城。"顧棟高曰:"今河南洛陽縣城內西偏,即王城故址。周公營洛邑㵎水東、瀍水西,南繫乎洛水北,因乎郟山。自平王東遷,至景王十一世,皆居此。敬王遷成周,王城廢,至赧王復居之。"在今河南洛陽舊城西。

《中國錢幣》2004-2,頁 6

【王后】

○**朱德熙、裘錫圭**(1979)　（編按:兆域圖）"哀后"是最早死去的一位后，"王后"則指今后。

《朱德熙文集》5，頁96，1999；原載《文物》1979-1

【王何】

○**陶正剛**(1994)　"宜安戈"出土在趙國境内，"宜安"爲冶鑄地點，當係趙國的遺物。在趙國歷史上名何，又稱王立事掌權者，見於《史記·趙世家》："武靈王……二十五年（前301年）惠后卒。使周紹胡服傳王子何……二十七年（前299年）五月戊申大朝於東宫，傳國，立王子何以爲王……是爲惠文王……惠后吳娃子也。"因此，宜安戈銘中的"王何"當指趙武靈王的兒子趙惠文王何。"王何立事"應在趙惠文王何在位執政（前299—266年）的約32年間。因此，宜安戈的製作年代亦應在此期間。

《文物》1994-4，頁84

【王卒】

○**李學勤**(1959)　齊陶器多記有生產者的籍貫名氏，（中略）可知他們都是"王卒"，但被使用於陶器生產。有題銘的齊國陶器，包括各種日用器皿，雖不像漢代陶器那樣明記"某市"，但不難看出是在市上出售的商品。

《文物》1959-7，頁52

○**高明**(1992)　所謂"王卒"，可能同齊王軍事機關有關係，但稱"左衢"，又必然是城内平民居住的行政區域，（中略）

"王卒左衢"的城圜里、城圜北里、城圜中岳里等，當同其他衢里的情況一樣，都是民間居住的里名，並皆有製陶業。

（中略）陶文中之"王卒左敀"則代表王國官吏的名稱，"王卒左衢"是表示臨淄城内一個行政區域的名稱，二者含意不同，所代表的事物也不同。在王卒左敀管轄下的城圜櫨里、昌里的製陶業與屬於王卒左衢城圜里、城圜北里、中岳里的製陶業，二者性質似有區別，前者可能是由政府官員經營的陶業，後者是由民間經營的陶業。

《高明論著選集》頁258—259，2001；原載《古文字研究》19

○**魏成敏、朱玉德**(1996)　"王卒"，常見於齊陶文，但"王卒𦚐"極罕見。陶文中"王卒"釋讀無疑義；"𦚐"字如前所述應釋爲"粦"，即升。帶此陶文之陶杯爲完整器，器形、容量與"王粦"陶量相仿，因此可斷定此器也爲齊之升量。

《考古》1996-4,頁 26

○**馮勝君**(1998)　王卒,即王車之萃。相當於上引文中的"戎路之萃",鄭注云:"戎路,王在軍所乘也。"

《華學》3,頁 245

【王貞】

○**李學勤**(1988)　頭兩個字可讀爲"中陽",當爲地名,亦或爲宮苑名。"貞",讀爲"鼎"。"中陽,王鼎",猶如安徽壽縣李三孤堆銅器銘文有"集脰,太子鼎"。"王鼎"是王御用之鼎,由鼎爲楚式看,王最可能是指楚王。

《綴古集》頁 134,1998;原載《江漢考古》1988-2

【王室】

○**唐蘭**(1934)　此二壺以字體書法驗之,當在楚王歈章之前,然又春秋後期器也。其云:"隹王廿又六年。"又云:"職才王室。"當指周王而非楚王。按周靈王及敬王均有二十六年,此不知當何屬。

《唐蘭先生金文論集》頁 18,1995;原載《國學季刊》4 卷 1 期

○**劉節**(1935)　王室即楚王室,唐氏以爲周室,恐非。

《古史考存》頁 113,1958;原載《楚器圖釋》

【王孫袖】

○**李學勤**(1985)　王孫袖是楚國王族,受命監管服屬於楚的巴蜀人,因而被稱爲楚君監。推測偲是這些巴蜀人的領袖,受王孫袖的監管,鑄作了這件富於巴蜀特色的兵器,獻贈給王孫袖。

《古文字研究》12,頁 333

【王孫巢】

○**中大楚簡整理小組**(1977)　(編按:望山 1·89"己未之日賽禱王孫巢")王孫桌,與第12 簡"王孫梟"同例,其人皆未見於史書。

《戰國楚簡研究》3,頁 20

○**朱德熙、裘錫圭、李家浩**(1995)　(編按:望山 1·89"己未之日賽禱王孫巢")八八號、八九號二殘簡似可拼接,中閒無缺字而略有空白,但斷口不是十分密合。"王孫巢"之"巢"原文作𣛬,一一九號簡有"王孫梟",與"王孫巢"當是一人。"巢、梟"音近,此字字形又與"巢"相近,故釋作"巢"。

《望山楚簡》頁 98

【王孫敤】

○**朱德熙、裘錫圭、李家浩**（1995）　（編按：望山 1・119"罷禱王孫敤冢冢"）王孫敤與八九號簡之王孫巢當爲一人，參看考釋［七五］。

《望山楚簡》頁 102

【王孫遺者】

○**劉翔**（1983）　我們認爲，王孫遺者就是楚莊王的兒子子南，又稱公子追舒。此人見於經傳。按遺、追古音同在微部，者讀作諸，諸、舒字屬魚部。《詩・角弓》"莫肯下遺"，鄭箋云"讀曰隨"；《方言》十二："追，隨也。"又《詩・有客》"薄言追之"，鄭箋云"送也"；《廣雅・釋詁》："遺，送也。"遺、追皆可讀作隨，又都可訓爲送，這就表明遺、追古音義訓相同，自可通假。再論諸、舒。朱駿聲《説文通訓定聲》豫部第九舒字條下説："《離騷》前望舒使先驅兮，《注》，月御也。按方諸，望舒，字亦同。"衆所周知，《離騷》乃楚人屈原所作，保持楚方言甚多，方諸念作望舒，正是楚人語言中諸、舒互通的明證。有了上述古音訓上的證明，《左傳》將遺者（諸）寫作追舒，也就不奇怪了。

　　據《左傳》載，楚康王二年（魯襄公十五年）"楚公子午爲令尹……公子追舒爲箴尹（杜預注：'追舒，莊王子子南。'）"。楚康王八年（魯襄公二十一年）"夏，楚子庚卒……乃使子南爲令尹（杜預注：'子南，公子追舒也。'）"。楚康王九年（魯襄公二十二年）"楚觀起有寵於令尹子南，未益禄而有馬數十乘。楚人患之，王將討焉……王遂殺子南於朝，轘（編按：當作"轘"）觀起於四竟"。綜合以上材料，知公子追舒在子庚任令尹之時，已出任楚國箴尹之官。子庚死後，由他繼任令尹。就在追舒任令尹的次年，因驕寵觀起，激怒了楚國君臣上下，終致招受殺身之禍。

《江漢論壇》1983-8，頁 78

○**孫啟康**（1983）　子南，爲楚莊王之子，當稱"王孫"，其名追舒，與遺者（諸）音近。

　　遺、追，同屬微部。遺，古與隨、隧相通。如《詩・小雅・角弓》"莫肯下遺"，鄭箋："遺，讀曰隨。"而《荀子・非相》引此句時則作"莫肯下隧"。楊注"隧，讀爲隨"。

　　追，古亦通隨、遂、墜等字。《離騷》"背繩墨以追曲兮"王注："追，古與隨通"；《漢書・五行志》"歸獄不解，茲謂追非"注："追非，遂非"；司馬相如《上林賦》"車騎雷起，殷天動地，先後陸離，離散別追"注："追，讀爲墜。"而墜、遂與隧亦互通，如：《淮南子・説林訓》"懸垂之類，有時而隧"之隧，讀如墜，《史記·魯世家》“魯人三郊三隧”之隧,實爲遂。以上諸例説明:遺、追二字,不僅聲類相屬,意亦可通。

　　者,古文以爲“諸”字,本文所録之《王孫臺鐘》銘之“以樂楚王者侯、及我父兄者士”。其“者侯、者士”應讀爲“諸侯、諸士”即可爲證。

　　諸、舒,同屬魚部,諸除自有本訓外,又爲托名標識字。《誰（編按:當作“淮”）南子·天文訓》“方諸見月,則津而爲水”,高注:“方諸,陰隧……”爲古時對月承露取水之器,《周禮·職方氏》:（青州）“其澤藪曰望諸。”鄭注:“望諸”,“明都也”,《爾雅·釋地》作“孟諸”,古爲水澤之名,在今河南商丘;《淮南子·説林訓》“月照天下,蝕於詹諸”,高注“詹諸,月中蝦蟆”;《爾雅·釋魚》作“蟾蠩”;《淮南子·精神訓》“月中有蟾蜍”則作“蟾蜍”,如果將蟾、蠩、蜍等從“虫”之字都省去意符,則“詹諸”即可作“詹余”。《説文》:“余,語之舒也,從八、舍省聲。”《爾雅·釋天》“四月爲余”李注:“余,舒也。”

　　舒,在本訓之外,亦可作爲托名標識字,如《詩·魯頌·閟宫》“荊舒是懲”之舒,爲國族名;《左傳》之陳夏徵舒、楚公子追舒等,爲人名;《離騷》“前望舒以先驅兮”王注:“望舒,月御也。”朱駿聲《説文通訓定聲》按:“方諸、望諸字亦同。”以上均爲諸、余,諸、舒,古可通假之例。因此,王孫遺者（諸）實爲楚公子追舒。

《江漢考古》1983-4,頁 45

○**劉彬徽**（1986）　　此鐘作器者之名爲王孫遺者,有的同志考證即《左傳》所記之公子追舒,誠然,遺者爲追舒古音相近,可以互通,但一爲王孫,一爲公子,稱謂不同,不可能是一個人,只能闕疑。

《古文字研究》13,頁 263

【王孫戁】

○**石志廉**（1963）　　根據以上情況,我們認清此戈的全部銘文,知道戈主人是楚國的一位王孫,名字叫做魚。《左傳》昭公十七年有一段關於楚司馬子魚的記載:“吳伐楚,陽匄爲令尹,卜戰不吉。司馬子魚曰,我得上流,何故不吉,且楚故。司馬令龜,我請改卜。令曰,魴也,以其屬死之,楚師繼之,尚大克之吉。戰于長岸,子魚先死,楚師繼之,大敗吳師,獲其乘舟餘皇。使隨人與後至者守之,環而塹之,及泉,盈其隧炭,陳以待命。吳公子光請于其衆曰,喪先王之乘舟,豈唯光之罪,衆亦有焉,請藉取之以救死。衆許之,使長鬣者三人,潛伏於舟側,曰:我呼餘皇則對（編按:“餘”字本無,今據《校勘記》補）。師夜從之,三呼皆迭對。楚人從而殺之,楚師亂,吳人大敗之,取餘皇以歸。”從這一段的記載中，可以得知在春秋末期，吳曾伐楚，在長岸（按長岸，春秋時地名，在今安徽省當塗縣博望山，地勢險要，處長江下游，自古爲兵家必爭之地，故吳楚相遇大戰於此）進行了一次大規模的水戰，楚國的司馬子魚率領楚師應戰，結果戰勝，並且獲得了吳王的乘舟餘皇，但他自己卻犧牲在這次戰役中。

這個率領楚師的司馬子魚正與戈上的楚王孫漁（魚）名字相同，且其時代均在春秋晚期。按司馬爲古代軍事上極爲重要的官職之一。子者乃古時男子之尊稱。子魚者，實際即指名魚之男子，自稱爲魚，人稱爲子魚。如吳王光，公子光又可稱爲吳光。故此司馬子魚即戈上的楚王孫魚。

再證以與此戈同出土的器物，多是兵器，從這一特點來看，墓主人也應是一帶兵的武將，因此，楚王孫魚的身分也就更和抗擊吳的楚司馬子魚的身分相互吻合了。此戈的出土地點在湖北省江陵縣，江陵在春秋晚期爲楚之國都郢之所在地，位居長江上游。司馬子魚率楚師由郢出發擊吳於長岸，戰死後，因其爲楚之王孫，屍體由長岸溯江而上運回郢都，也是合乎情理的事情。

從以上幾種可能情況證實，春秋晚期吳楚之戰中的楚司馬子魚可能就是此戈的主人。戈銘所稱楚王孫，正是他早年的用物。

《文物》1963-3，頁 47

○**容庚**（1964）　《左傳》昭公十七年（公元前 525），"吳伐楚，陽匄爲令尹，卜戰不吉。司馬子魚曰：'我得上流，何故不吉？且楚故，司馬令龜，我請改卜。'令曰：'魴也以其屬死之，楚師繼之，尚大克之，吉。'戰于長岸，子魚先死，楚師繼之，大敗吳師，獲其乘舟餘皇。"杜注："子魚，公子魴也。"楚之公族，有稱公子者，如公子元是也。有稱王孫者，如王孫游是也。有稱王子者，如王子職是也。有稱太子者，如太子建是也。有稱公孫者，如公孫燕是也。王孫漁當即子魚，不知何王之子或孫。除王朝及吳國公族外，他國無稱王子、王孫者。

《中山大學學報》1964-1，頁 83

○**劉彬徽**（1984）　這個王孫魚，有的同志考證爲楚平王四年（公元前 525 年）時在吳楚交戰中戰死的司馬子魚。但據《左傳》昭王十七年杜注："司馬子魚，公子魴也。"公子魴即王子魴，戈上之王孫魚與這個王子魴，輩分不同，名亦不同。可見此戈銘之王孫魚絕非《左傳》記載之司馬子魚（公子魴）。故此戈究屬何人，待考。其絕對年代不能定，相對年代可定爲春秋晚期。

《古文字研究》9，頁 355

○**李零**(1986)　"戀"即漁字,所从卅可能是冎字,不是舟字。石文將王孫漁考爲《左傳》昭公十七年戰死於吳楚長岸之役的司馬子魚,容庚《鳥書考》説同。我們認爲這種説法是值得重新考慮的。因爲第一,子魚,傳文名魴,杜預注説"子魚,公子魴也",是一位"公子",也就是王子,而王孫漁是"王孫","王孫"與"王子"是不能等同的;第二,此戈與1978年益陽赫山廟M4出土敁戟形制相似,應屬戰國中期器物,與司馬子魚卒年(前525年)時代相去太遠。我們認爲此雙戈戟年代可能在戰國中期。

《古文字研究》13,頁377—378

○**黄錫全**(1992)　此"王孫漁",或主張爲楚司馬子魚,楚平王時吳楚交戰中戰死於長岸。或定其年代爲春秋戰國之際,則王孫漁就不大可能是平王時之司馬子魚。"漁"爲某楚王之孫是可以肯定的,但是哪一位王之孫還有待進一步研究。如按後一種意見,"漁"有可能是平王或昭王之孫,而與惠王同時。

《湖北出土商周文字輯證》頁157

○**董楚平**(1996)　至於《楚王孫漁戈》,近年有多位學者指出,器主是"王孫",而司馬子魚是"公子",即"王子",尚差一輩;從戈的形制看,最早不出春秋戰國之際,最大可能屬戰國早期。漁可能是平王或昭王之孫,與惠王同一時代。筆者同意他們的意見。需要補充的是,此戈字體與《楚王酓璋戈》相同,皆修長,筆畫纖細,不參肥瘦,下部喜飾曲線,鳥的形象也相同,當作於楚惠王時。

《考古》1996-8,頁76

【王萃】

○**李學勤**(1959)　此外還有王萃、力萃、黄萃、霓萃、巨攻、巨旂、百執御、親者等,即燕王的侍衛徒御。

《文物》1959-7,頁54

○**沈融**(1994)　燕王直屬的步兵部隊。

《考古與文物》1994-3,頁93

【王章】

○**杜宇、孫敬明**(1992)　近由黄盛璋先生正確釋出,王章應即齊襄王法章名之簡稱。《史記·田敬仲完世家》載:"湣王之遇殺,其子法章變姓名爲莒太史敫家庸……於是莒人共立法章,是爲襄王。"

《管子學報》1992-2,頁88

【王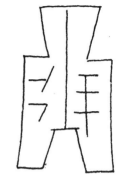】

○ **黄錫全**（1998）　《系》2004 號著録一下列方足布：

《系》闕而未釋，上海博物館藏品。

今按，此布右形“王”乃“王”字，只是中間豎筆向下穿出。這種穿出之例，古幣文中多見。如地字或作 牡（系 2233、2240 等），涅字或作 䆷䆷（系 1897—1899），王字或作丰等。

左形之“彐”，令人費解，很難確定其爲何字。經反復琢磨，我們認爲，此字構形當是借用了貨幣左邊邊線，本應作“阝”。這種借用貨幣邊線之例，如右圖（圖略）陽字或作“浮”（系 2086），郘字或作“㘎”（系 1953）。陽字“𨸏”旁借用了邊線，郘字下部借用了中線和襠線。

“阝”，依形體結構，應是“𨸏”字，即《説文》訓爲“小阜”之𨸏。然“王𨸏”不見於古代地名。戰國文字中，很多“官”及从“官”的字省簡作“𨸏”，朱德熙、裘錫圭先生已作了專門的研究，已成定論。因此，布文的“𨸏”當是“官”字的省寫。“王𨸏”當讀爲“王官”。

王官，古地名。《左傳》文公三年：“秦伯伐晉，濟河焚舟，取王官，及郊。”杜注：“王官、郊，晉地。”成公十三年：晉侯使吕相絶秦，曰：“……入我河曲，伐我涑川，俘我王官，剪我羈馬。”杜注：“涑水出河東聞喜縣，西南至蒲坂縣入河。”是王官近涑水。《水經·涑水注》：“涑水又西逕王官城北。”是王官當在今山西聞喜縣西，戰國屬魏。

又，陝西澄城縣有“王官”，與聞喜西之“王官”同名異地。見《史記·秦本紀》“取王官及鄐”《正義》引《括地志》云：“王官故城在同州澄城縣西北九十里。”又引《括地志》云：“蒲州猗氏縣南二里又有王官故城，亦秦伯取者。”澄城在陝西境，戰國亦當屬魏。根據各家注解，幣文“王𨸏（官）”則以聞喜之“王官”爲是。

《胡厚宣先生紀念文集》頁 203

○ **黄錫全**（2001）

編號	幣文	原釋	今釋	簡注	國別	幣形
2004	阝王	□□	王𨸏	王官之省，山西聞喜或陝西澄城	魏	方

【王扌】

○**石永士**(1995)　【王扌·平襠方足平首布】戰國晚期青銅鑄幣。鑄造國別不詳，流通於燕地。屬小型布。面文"王扌"，待考。背無文。1966年河北易縣燕下都遺址有出土。一般通長4.5、身長3、肩寬2.4、足寬2.7釐米，重6克。極罕見。

　　　　　　　　　　　　　　　　　　　《中國錢幣大辭典·先秦編》頁296

【王宋】

○**梁曉景**(1995)　【王宋·平襠方足平首布】戰國晚期青銅鑄幣。鑄造國不詳，流通於三晉、兩周等地。面文"王宋"，待考。背無文。通長4.5、身長3.1、肩寬2.5、足寬2.8釐米。罕見。

　　　　　　　　　　　　　　　　　　　《中國錢幣大辭典·先秦編》頁296

○**黃錫全**(2001)

編號	幣文	原釋	今釋	簡注	國別	幣形
1871	王宋	王□	王柢	556作王氏，1999等作氏王。地點説法不一	待定	方

　　　　　　　　　　　　　　　　　　　　　《先秦貨幣研究》頁354

閏　閏

閏 睡虎地·爲吏22　　閏 楚帛書

○**商承祚**(1964)　"月閏之勿行"（三、19—23）：

　　彡爲勿之省略。字書有從曰之曶，與從日之旮，形小異而意義不同。此爲從日之旮而增攴旁，其字又可作昒。《説文》："昒，尚冥也。"《玉篇》訓"旦明"，《漢書·郊祀志》(上)"昒爽"注："師古曰：'昒爽，謂日尚冥，蓋未明之時也。'"此意謂正當月冥未明之時，不宜有所舉動，如祭祀種種。

　　　　　　　　　　　　　　　　　　　　　《文物》1964-9，頁13

○**李棪**(1971)　月閏之勿行。

　　　　　　　　　　　　　　　《中國文化研究所學報》4卷2期，頁540

○**李學勤**(1982)　"閏之勿行"的"閏"字，很不易解，原因是"閏"字的得聲，《説文》家頗有異説。我們猜想此字或從"門"字，在這裏就讀爲"門"。《廣雅·釋詁三》："門，守也。"所謂"閏之勿行"，意即守之勿行。

　　　　　　　　　　　　　　　　　　　　《湖南考古輯刊》1，頁69

○**李零**(1985)　閏,疑讀爲潤,謂調節風雨以潤澤下民,但上下有缺文,意義不清楚。

《長沙子彈庫戰國楚帛書研究》頁73

○**何琳儀**(1986)　"月閏",即所謂"非常月"(《禮記·玉藻》注)。《荆楚歲時記》:"是月也,不舉百事,以非中氣也。"

《江漢考古》1986-1,頁54

○**連劭名**(1991)　□神則閏:《白虎通·日月》:"閏者,陽之餘。"《説文》:"閏,餘分之月。"

《文物》1991-2,頁42

○**劉信芳**(1996)　帛書認爲置閏之不當,將引起咎殃。楚帛書云:"月閏之毋行,一月二月三月,是□(謂)祥終,亡奉,□□其邦;四月、五月,是謂亂紀,亡尿(厲)。""行"者,常也,"毋(無)行"謂當時置閏尚未有"常"例。曆法史研究者多認爲戰國時行四分曆,無中氣置閏,用的是平朔平氣,即一年十二個月均可置閏。然而從帛書的敘述看,帛書作者是反對一月至五月置閏的,這是一個值得深究的問題。

《華學》2,頁56

皇　皇

集成287 曾侯乙鐘　曾侯乙石磬　集成6155 邾陵君王子申豆

集成10008 欒書缶　上博五·三德8　新收1781 陳逆簠　郭店·緇衣46

侯馬156:22　集成4190 陳肪簠蓋　集成4649 陳侯因咨敦　郭店·忠信3

集成9735 中山王方壺　璽彙1283

考古與文物2000-1,頁9

○**張政烺**(1979)　(編按:中山王鼎)皇,讀爲況。

《古文字研究》1,頁224

○**趙誠**(1979)　(編按:中山王鼎)皇用爲況,《尚書大傳》"皇于聽獄乎"注:"猶況也。"

《古文字研究》1,頁254

○**李學勤、李零**(1979)　(編按:中山王鼎)銘文第十二行皇,用法同況,見《詞詮》

卷三。

《考古學報》1979-2,頁 155

○于豪亮（1979）　（編按：中山王鼎）遑讀爲況,臨沂漢簡《孫子·實虛》"皇遠者
數十里,近者數里☒",十一家本作"而況遠者數十里,近者數里乎?"皇讀爲
況,則遑亦可讀爲況。

《考古學報》1979-2,頁 172

○徐中舒、伍仕謙（1979）　（編按：中山王鼎）皇,與況同。《書·無逸》:"厥或告
之曰:小人怨女詈女,則皇自敬德。"王肅本,皇字作況。《晉語》"衆況厚之"。
韋注:"古通作兄,又作皇。"見王引之《經傳釋詞》。

《中國史研究》1979-4,頁 89

○陳邦懷（1981）　一大甀　四皇俎　四皇豆　二分……二有

　　（中略）"皇"字簡文作𡊅,从𡉉,亦見於周金文。沇兒鐘作𡊅、邾王義楚尚作
𡊅,皆可證也。簡文𡊅从王,蓋爲从𡉉之省。皇字解説見後文"皇豆"下。

　　（中略）十𡊅豆

　　𡊅字,商承祚同志釋弄,非是。上从𡊅,蓋爲𡊅之省變,當釋皇。江陵望
山楚墓出土竹簡有"四𡊅豆",余釋"四皇豆",𡊅从𡉉,亦爲變體,可作旁證。
"皇豆",此皇字可引金文以説之,甘肅慶陽新發現穆公簋蓋,銘文有云:"穆公
對王休,用作寶皇段。"按寶皇段與他器之寶尊段(蔡簋、卯簋、牧簋、録伯戜簋)
同意。寶皇、寶尊,皆爲修飾詞。是知簡文之皇豆以及皇俎之皇字亦爲修飾詞。

《一得集》頁 120、121、125,1989;原載《楚文化新探》

○商承祚（1982）　（編按：中山王鼎）皇,暇也,字又作遑,《詩·商頌·殷武》:"不
敢怠遑。"《左傳·襄公二十六年》作"不敢怠皇",先有皇而後有遑,意義相通。故
經史多相通用。又皇,《書·大傳》"皇於所獄乎",注:"皇,猶況也。"即此銘意。

《古文字研究》7,頁 48

○高明、葛英會（1991）　《説文》云:"皇,大也。從自王。"按,從自王之皇始
見於秦始皇廿六年詔版之秦篆皇字。初見於西周金文矢令段作𡊅,録伯戜段
作𡊅,沇兒鐘作𡊅,王孫鐘作𡊅等形。有關皇字本義,學者據金文考之,有王冠
説、日光説、生字訛變説等。今以陶文皇字𡊅、𡊅、𡊅諸形驗之(編按:後二形非"皇"
字,乃"王員"二字之倒),以王冠説近於事實。《禮·王制》鄭注:"皇,冕屬。"即其
本義。從自大之皇乃其訛變。

《古陶文字徵》頁 166

○**曾憲通**(1997)　　皇字的發展大致可分爲三個階段：一是初文。見於青銅器紋飾及金文的𦥑字，爲鳳皇尾羽的象形，尤以"珠毛"爲其特徵。其本義則保存於《禮經》之中，引申之而有美、大之義。二是戰國時期的古文，是以皇羽作爲舞具而造的專字，故書作𦥑，與舞之作𦥑、雩之作𦥑等古文別體同例。三是小篆從自從王的皇字，隸變作皇，乃由晚周金文訛變而成。由美、大而派生出君、王之義。至秦始皇乃成爲帝王之專字。王國維謂"三王五帝之稱頗晚，乃戰國時後起之義"。因知皇、𦥑二字之從王作者，當與此一觀念之形成相應。

《中國語言學報》8，頁 171

○**周鳳五**(1998)　(編按：郭店·忠信3)不𦥑生：𦥑字簡文作"𦥑"，裘錫圭以爲"疑是'皇'之別體，讀爲'誑'，'誑生'與下文'背死'爲對文"。按，字從王，古聲，即𦥑，讀爲"孤"。《説文》："孤，無父也。"段注："引申之，凡單獨皆曰孤。孤則不相酬應，故背恩者曰孤負。"簡文"不𦥑生、不背死"，謂信守承諾，生死不渝，其句法猶上文"不誑不達"與"不欺弗知"，𦥑與背(負)文意相同，不必對文爲義也。

《中國文字》新 24，頁 124—125

○**陳偉**(1998)　　不皇(忘)生　《忠信之道》三

　　　　第二字，注[五]裘錫圭先生按云："疑是'皇'之別體，讀爲'誑'，'誑生'與下文'背死'爲對文。"裘先生釋爲"皇"字，可從。《禮記·經解》有"倍死忘生"的説法。"忘、皇"古音均在陽部，或可通假。疑"不皇生"應讀作"不忘生"，與下文"不倍死"相對。

《江漢考古》1998-4，頁 69

○**陳高志**(1999)　　𦥑，簡本隸定作"皇"，今本則作"況"。將"皇"當作"況"的通假是合理的。但在字形上隸定作"皇"則非。(中略)在楚系文字當中，"皇"字大致不出下列諸形，如：𦥑、𦥑、𦥑……等。這些字與《郭店竹簡》的𦥑字並不相似。因此，能否隸作皇，必須重新檢討。

　　　　《説文·之部》𦥑字許慎説：

　　　　　　艸木妄生也，從𦥑在土上，讀若皇，𦥑古文。

　　　　此字讀"戶光切"，即"往"字的初文。由字形的分析可以知道，《説文》的析解是許君傅會之説。這一個字的甲骨文作"𦥑"，從之從王，所謂"從土從壬"，是出於字形變化後的新解。本簡之𦥑應隸作𦥑，讀爲"況"才是。

《張以仁先生七秩壽慶論文集》頁 374—375

【皇工】

○于豪亮（1979）　《廣雅·釋詁一》：“皇，美也。”工讀爲功。故“邵（昭）龍（達）皇工（功）”意思是表彰先王的豐功偉績。

《考古學報》1979-2，頁 177—178

○張政烺（1979）　皇，大。工讀爲功。皇工，蓋指伐燕之役。

《古文字研究》1，頁 211

○張克忠（1979）　皇，大也，工，功。

《故宮博物院院刊》1979-1，頁 44

○商承祚（1982）　工即功，皇功，大功也。

《古文字研究》7，頁 63

【皇豆】

○中大楚簡整理小組（1977）　（編按：信陽 2·26）弄有賞玩的意思，在青銅器中，有所謂“弄器”。墓槨後南室有盤形豆九個，另外在擾土中也發現有這種豆，可能就是簡文中所説的“弄豆”。

《戰國楚簡研究》2，頁 32

○劉雨（1986）　（編按：信陽 2·26）皇脛。

《信陽楚墓》頁 130

○郭若愚（1994）　（編按：信陽 2·26）一皇豆

　　皇，《樂書缶》作𪃟，同此。《説文》：“皇，大也。”《文選·東京賦》：“紆皇組。”薛注：“皇，大也。”豆，古食肉器。釋見二二六簡。

《戰國楚簡文字編》頁 96

○李家浩（1994）　見【皇桓】條。

【皇皇趄趄】

○鄭剛（1996）　沇兒鐘：“皇皇趄趄，眉壽無期”，皇皇熙熙是修飾後面的主句的，皇皇，大也（金文中多變體，可从皇从光，从皇从言），《詩經·泮水》傳：“皇皇，美也。”《爾雅·釋詁》：“美也。”熙熙義同。

《中山大學學報》1996-3，頁 112—113

【皇祖】

○馬國權（1964）　皇祖，蓋對其祖父之敬稱。上言“畜孫”，此言“以祭我皇祖”，則爲祭祀其祖作器明矣。

《藝林叢録》4，頁 247

○林清源（2002）　兩周金文所見“皇祖”一詞，除了可指已故祖父之外，還可

指稱輩分更爲久遠的祖先。譬如,秦公簋銘文云:

> 秦公曰:不(丕)顯
> 朕皇且(祖),受天
> 命,鼏(宓)宅禹責(蹟)。
> 十又二公,才(在)
> 帝之坏。　　　　　　　　　　　　　　(《集成》8.4315)

秦公及王姬編鐘銘文云:

> 秦公曰:我先且(祖)受天命,
> 商(賞)宅受或(國),剌(烈)剌(烈)邵(昭)文公、靜
> 公、憲公不豕(墜)于上。　　　　　(《集成》1.262)

　　兩相對照即可得知,簋銘"皇祖"與鐘銘"先祖"的涵義並無二致,均指秦國開國之君秦襄公。秦公簋造於秦景公即位之初(前576年之後不久),其與秦襄公(前777年至前766年)之間的年代差距,正如簋銘所言,相隔"十又二公"。據此足以證明,"皇祖"一詞,確實可指輩分相隔久遠的祖先,尤其是指具有特殊功績、備受敬仰的祖先。

　　在傳統文獻中,"皇祖"一詞的使用情境,也是經常用來指稱輩分久遠、地位隆崇的祖先。譬如,《詩經·魯頌·閟宮》是臣子歌頌魯僖公之詩,對於周的始祖后稷、遠祖周公,即分別稱之爲"皇祖后稷、周公皇祖"。又如,《左傳·哀公二年》記載衛大子的祝禱之詞,禱詞云:"曾孫蒯聵敢昭告皇祖文王、烈祖康叔、文祖襄公。"皇祖位居三祖之首,顯見其輩分最爲久遠、地位最爲尊崇。

　　根據缶銘(編按:欒書缶)可知,"祭我皇祖"一事,應是器主鑄器主要緣由。器主在銘文開頭處自稱是"畜孫",這種稱謂用語,應是相對於缶銘"皇祖"而言的。《儀禮·聘禮》:"孝孫某,孝子某,薦嘉禮于皇祖某甫。"即是以"孝孫"與"皇祖"對稱,足以佐證。器主在缶銘末尾又自稱爲"欒書之子孫",據此推論,缶銘所稱的"皇祖",應是專指"欒書"一人。

　　根據第四節考證的結果,缶銘"欒書"爲受祭者,此人即是史籍"欒書"。器主是"欒書之子孫",他稱呼欒書爲"皇祖",並且自稱爲"畜孫",此種稱謂關係,説明器主與欒書應該相隔好幾代。史籍"欒書"的政治活動,主要集中在春秋中期晚段。據此可以推算得知,器主的主要活動年代,極有可能已經進入戰國時期。

【皇俎】

○**中大楚簡整理小組**（1977）　　（編按：望山 2・45：三〔四〕皇俎，三〔四〕皇豆）"皇俎、皇豆"，皇有美意，皇亦通煌，輝耀奪目。出土物中有彩繪漆豆，當即皇豆。皇俎，或亦指彩繪漆俎。

《戰國楚簡研究》3，頁 46

○**李家浩**（1994）　　見【皇褃】條。
○**朱德熙、裘錫圭、李家浩**（1995）　　見【皇豆】條。

【皇桓】

○**李家浩**（1994）　　（編按：包山 266）簡文"桓"分"亼桓、皇桓"兩種。"桓"即"豆"字的異體，見《玉篇》《廣雅》等。

"亼"從"曰"從"合"聲，對答之"答"古文"亼"即此字的訛誤。對答之"答"，古文字作"合、亼"二形，可見"亼"實際上是"合"字的異體。古代"合、亼"二字形、音、義皆近，常見通用。例如：《老子》第五十五章"未知牝牡之合而全作"，馬王堆漢墓帛書《老子》乙本"合"作"會"；"會"字《説文》古文和魏正始石經古文作"袷"，金文或以"迨"爲之，皆從"合"聲。所以《玉篇》以"亼"爲"會"字古文。朱芳圃説"合"字"象器蓋相合之形"。因此，有蓋之器可以在器名之前冠以"合"字。例如：

二亼（合）瑚。（簡 《包山》圖版二〇四・265）

二亼（合）鈚。（簡 《信陽》圖版一二七・2-024）

廿四年，槁朝爲亼（合）陞。（鼎 《殷周金文集成》5・2693・2）

"合豆"與此"合瑚"等文例相同，當指有蓋的豆。

《周禮・天官・掌次》"設皇邸"，鄭玄注："染羽象鳳皇羽色以爲之。"孫詒讓《正義》："凡《禮經》言'皇'者，鄭並以鳳皇羽爲釋。""皇豆"與"皇邸"文例相同，大概指繪有像鳳凰羽花紋的豆。

此墓東室出土有蓋豆（2：95、2：113、2：136、2：181）和無蓋豆（2：115、2：145、2：151、2：183）各四件，黑漆地上繪白色花紋，無蓋豆豆盤外壁還鑲有三顆石英石子。無蓋豆標本 2：145，盤徑 20 釐米，通高 27.2 釐米。有蓋豆標本 2：113，盤徑 14.4 釐米，通高 25.2 釐米。《包山》指出這四件有蓋豆和四件無蓋豆即簡文所記的合豆和皇豆，甚是。

信陽簡也有合豆、皇豆兩種，但望山簡只有皇豆一種：

（15）其木器：十皇豆，屯都（漆）彫（雕）厚奉之□；二歓豆。（《信陽》圖

版一二七·2-025）

（16）四皇豆。（《文物》1966 年 5 期圖版伍第二簡,52 頁圖二四第二簡）

古文字“敆”作“龡”。“龡”與“敆”形近,應當是“敆”字的異體,在此讀爲“合”。信陽楚墓也出有無蓋豆和有蓋豆,報告稱爲“Ⅰ式豆”和“Ⅱ式豆”,前者十件,後者二件。無蓋豆除盤内是朱漆外,通體黑漆,繪朱色花紋。有蓋豆素面。這兩種豆的形制、數字都與簡文（15）所記相合。望山楚墓出無蓋豆四,黑漆地上繪銀灰色花紋。其形制、數字與簡文（16）所記相合。

古禮書記載有三種豆,一是“楬豆”,二是“玉豆”,三是“獻豆”。《禮記·明堂位》“夏后氏以楬豆,殷玉豆,周獻豆”,鄭玄注:“楬,無異物之飾也。獻,疏刻也。”我們認爲這三種豆中的“楬豆、獻豆”,可能就是簡文所記的合豆、皇豆。

《儀禮·士喪禮》“楬豆”作“毼豆”,鄭玄注:“毼,白色也。”按“白色也”也就是“無異物之飾也”的意思。“楬、毼”二字本身並没有這層意思,“楬”是一種作標志的木板,“毼”是一種毛布。可見“楬”和“毼”可能是某字的假借。古代“曷、合”二字音近。前面説過,“合”與“會”通。“會”有黄外切、見泰切兩讀,前一讀音與“曷”同屬匣母月部。《禮記·月令》所記鳥名“鶡旦”,陸德明《釋文》作“曷旦”,《禮記·坊記》引佚《詩》作“盍旦”。馬王堆漢墓帛書《老子》乙本卷前古佚書《經法·君正》“號令闔於民心,則民聽令”,“闔”假借爲“合”。“曷”與“盍”通,而从“盍”得聲的“闔”又與“合”通,那麼“曷”與“合”也應當可以相通。疑《禮記》的“楬豆”和《儀禮》的“楬豆”（編按:《儀禮》作“毼豆”）,即簡文的“合豆”的異文。鄭玄對“楬豆”和“毼豆”的注釋,與信陽楚墓出的合豆素面無飾相合。從這一點來説,似乎也可以證明我們的推測是合理的。若此,鄭玄顯然不知道“楬、毼”二字是“合”字的假借,他僅從合豆的外觀有無紋飾著眼來加以訓釋,不夠貼切、全面。

“獻豆”之“獻”與《周禮·春官·司尊彝》的“獻尊”之“獻”同義。鄭玄注引鄭司農云:“獻,讀爲犧。犧尊,飾以翡翠。”《禮記·明堂位》“尊用犧、象、山罍”,鄭玄注:“尊,酒器。犧尊,以沙羽爲畫飾。”孔穎達疏引《鄭志》:“張逸問曰:‘《明堂》注“犧尊,以沙羽爲畫飾”,前問曰“犧讀如沙;沙,鳳皇也”,不解鳳皇何以爲“沙”？’答曰:‘刻畫鳳皇之象於尊,其形婆娑然。或有作“獻”字者,齊人之聲誤耳。’”據鄭玄説,《禮記》獻豆之“獻”與簡文“皇豆”之“皇”

的義訓正好相應,疑獻豆、皇豆是同一種豆的異名。

《著名中年語言學家自選集・李家浩卷》頁 248—252,2002;

原載《國學研究》2

○**朱德熙、裘錫圭、李家浩**(1995)　　此墓出四個小"立板俎",黑漆,有朱色及銀灰色彩繪,又出四個"粗把豆",木胎,黑漆,有銀灰色彩繪,當即簡文所記"四皇俎,四皇豆"。《周禮・天官・掌次》"設皇邸",鄭注:"染羽象鳳皇羽色以爲之。"孫詒讓《正義》:"凡禮經言皇者,鄭並以鳳皇羽爲釋。"此四俎四豆以"皇"爲名,其花紋可能即取象於鳳皇羽。信陽二二五號簡亦有皇豆。

《望山楚簡》頁 123

【皇褬】

○**李家浩**(1994)　　(編按:包山 266)"皇"下一字原文作 G:

　　　G　　褬

《包山》釋爲"褬",讀爲"盤",非是,97 號、265 號等簡"盤"字所從"般"與 G 的上部寫法有別可證。此字可與下面的二"褆"字比較:

　　褆《包山》圖版一八四・211

　　褆《文物》1966 年 5 期圖版肆第八簡

據此,G 可以隸定作"褬"。"且、示"二旁作上下重疊形,與上揭二"褆"字所從"且、示"二旁寫法相同,不過 G 所從"且"旁爲了給"攴"旁讓出位置而寫得偏左了一點而已。G 應當分析爲從"示"從"攴"從"且"聲。金文"祖"或寫作從"示"從"又"從"且"聲。在古文字中,"又、攴"二字作爲意符往往通用。如"祭、啟、攻"等字,既有寫作從"攴"的,也有寫作從"又"的。又如"得"字,多寫作從"又",而僕兒鐘寫作"攴"。因此,簡文 G 應當是"祖"字的異體,在此讀爲"俎"。

望山 45 號簡所記的木器中有"皇俎":

(14)四皇俎。(《文物》1966 年 5 期圖版伍第二簡,52 頁圖二四第二簡)

原文"皇俎"位於"皇豆"之前。包山簡"皇俎"也位於"皇豆"之前。從這一點來說,也可以證明我們把 G 釋爲"褬"、讀爲"俎"是可信的。俎以"皇"爲名,其花紋可能取象於鳳凰羽,說見下文八(編按:"下文八"指釋"桓"一則,見【皇豆】條引李家浩說)。

包山楚墓東室出"窄面俎"五(2:92、2:110、2:138、2:156、2:177),當是簡文(1)(編按:見包山簡 266 所記木器)所記的"五皇俎"。這五件"窄面俎"面板長方形,中部兩側安足板,足板下端呈拱形。足板兩側各安一塊側板。黑漆地上繪白色幾何紋、變形獸面紋等。兩塊足板正面中閒嵌石英石子各一粒。大小略有出入。標本 2:138，長 34 釐米、寬 14 釐米、通高 18.8 釐米。

望山楚墓出"B 型 II 式俎"四，其形態與包山楚墓"窄面俎"相同。黑漆，俎面繪紅色幾何紋，足板繪銀灰色幾何紋。標本 B16，長 25.4 釐米、寬 11.5 釐米、通高 15.3 釐米。這四件"B 型 II 式俎"當是簡文(14)所記的皇俎。

《禮記·郊特牲》說："鼎、俎奇而籩、豆偶，陰陽之義也。"包山簡所記的俎是奇數，符合"俎奇"之制，望山簡所記的俎是偶數，不符合"俎奇"之制，這是什麼原因呢？ 值得探討。

上文二說過，房實際上也是俎，只不過它的形體比一般的俎大而已。因此，我們在計算俎數時，應該把房也計算在內。包山簡"五皇俎"，加上"一大房、一小房"，共計七件。望山簡"四皇俎"，加上"一大房"，共計五件。它們都是奇數，與"俎奇"之制相合。按照先秦鼎、俎相配的制度，鼎數和俎數相同。爲了檢驗我們這一說法是否可信，有必要瞭解一下包山楚墓和望山楚墓出土的鼎數。據湖北方面的考古工作者研究，包山楚墓出土的鼎有兩套，一套是大牢七鼎，一套是少牢五鼎。在使用大牢七鼎時，五皇俎加上一大房、一小房與之相配，在使用少牢五鼎時，撤去大、小房，只用五皇俎與之相配。望山楚墓出銅鼎五，其數字正好與簡文所記的一大房、四皇俎相合。可見我們對簡文俎數計算的說法是符合當時的制度的。

《著名中年語言學家自選集·李家浩卷》頁 246—248，2002；
原載《國學研究》2

△**按**　"皇俎"與"皇褯"、"皇豆"與"皇桓"，係同一詞語的不同書寫形式。朱德熙、裘錫圭、李家浩引故訓以爲"皇"意謂以鳳凰羽爲飾之意，可從。中山王方壺銘文另有"皇褯"，讀爲"皇祖"，"褯、褯"爲一字之異體。

玉 王

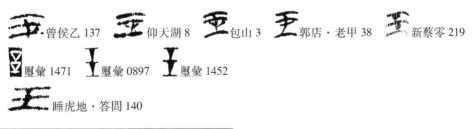

曾侯乙 137　　仰天湖 8　　包山 3　　郭店·老甲 38　　新蔡零 219

璽彙 1471　　璽彙 0897　　璽彙 1452

睡虎地·答問 140

○**吳振武**(1983)　　0897 肖王·肖(趙)玉。

1452 陳王·陳玉。

1471 陳🅰·陳玉。

《古文字學論集》(初編)頁 495、498

△按　“玉”字本象穿玉片之形,後爲區別“王”字,遂增益斜筆。戰國文字“璋”字或作🅰(《璽彙》1640),所从之玉在右旁增益兩斜筆,或有作🅰、🅰、🅰者,皆其變體。

【玉句】

○中大楚簡整理小組(1977)　(編按:望山 2·50)玉句,即玉鈎。

《戰國楚簡研究》3,頁 44

○朱德熙、裘錫圭、李家浩(1995)　玉句(鈎)(原注:此墓出玉鈎一件[頭一八九號]。)

《望山楚簡》頁 112

【玉頁】

○饒宗頤(1957)　(編按:仰天湖 18)“頁”,以金文眉字卜體或从🅰作🅰例之,可釋頁。《説文》:“頁,頭也。亦即首字。”“玉首”者,《詩·閟宮》鄭箋:“大房,玉飾俎也。”言其首以玉爲飾,故稱“玉首”。

《金匱論古綜合刊》1,頁 62

○商承祚(1995)　頁作🅰,簡文屢見,按古文首、頁本一字,均象人首之形,或無髮作🅰,或有髮而無人作🅰,後爲適應語詞需要,區別分工時也考慮到形,於是把具有人形和無髮形的爲一類,秦隸簡化爲頁,有髮形而不加人字偏旁的爲一類,爲首的專用字,商代已如此,金文更加普遍,秦隸寫爲首。玉頁,即玉首。

《戰國楚竹簡彙編》頁 73

【玉珩】

○張守中(1981)　(編按:中山王玉珩)玉行。

《中山王罍器文字編》頁 80

○何琳儀(1998)　(編按:中山王玉珩)《國語·晉語》:“白玉之珩六雙。”

《戰國古文字典》頁 1484

△按　“玉珩”合文作🅰、🅰,張守中釋爲“玉行”,亦可讀爲“玉珩”。

【玉琥】

○張守中(1981)　(編按:中山王玉珩)玉虎。

《中山王罍器文字編》頁 80

○何琳儀(1998)　(編按:中山王玉琥)《左·昭十二》“賜子家子雙琥”,注:“琥,玉器。”

《戰國古文字典》頁 1484

△**按**　《戰國文字編》“琥”字下録有中山玉虎琦字,檢《中山王響器文字編》
琦下尚有合文符號,《戰國文字編》誤奪。“玉琥”合文作琦,張守中釋爲“玉
虎”,亦可。

【玉閏】

○**李零**（2002）　（編按:上博二·容成38）《竹書紀年》有桀“立玉門”之説。簡文
“閏”可能是表示玉門的專用字。

　　　　　　　　　　　　　　　　　　　　《上海博物館藏戰國楚竹書》（二）頁280

【玉廥】

○**劉彬徽、彭浩、胡雅麗、劉祖信**（1991）　玉廥,廥即府。《周禮·天官·冢
宰》:“玉府掌王之金玉、玩好、兵器,凡良貨賄之藏,共王之服玉、佩玉、珠
玉……凡王之好賜,共其貨賄。”

　　　　　　　　　　　　　　　　　　　　　　　　　　　《包山楚簡》頁40

○**劉信芳**（1996）　（編按:包山3）玉府之典　簡三記曾因年幼尚未登記入“玉府
之典”之“二夫”,自楚懷王九年（前320）登記入籍。或釋“玉府”即周官之“玉
府”,非是。《周禮·天官·玉府》:“玉府掌王之金玉、玩好、兵器,凡良貨賄之
藏。”而楚簡“玉府”是收藏户籍及其他典籍之所,依古代禮制,這些重要典籍
屬“祖廟之藏”,即所謂“天府”之所收藏。《周禮·秋官·大司寇》:“凡邦之
盟約,涖其盟書,而登之於天府。”又《小司寇》:“及大比,登民數,自生齒以上,
登於天府。”鄭玄注“天府”云:“祖廟之藏。”楚簡“玉府”既爲收藏名籍之所
在,自與周官“玉府”名同而實異。

　　　　　　　　　　　　　　　　　　　　　　　　　《簡帛研究》2,頁13

○**周鳳五**（1996）　“玉府”之名雖見於《周禮·天官》,但《周禮》所載玉府“掌
王之金玉、玩物（編按:“玩物”當爲“玩好”）、兵器,凡良貨賄之藏。”與户籍無關。簡
文用“玉府”一詞,大約如金匱、石室,取其珍重、寶貴之意,不必求之過深,强
爲比附。

　　　　　　　　　　　　　　　　　　　　　　《中國文字》新21,頁27—28

○**劉信芳**（2003）　“廥”即“府”字。《周禮·天官·玉府》:“玉府掌王之金
玉、玩好、兵器,凡良貨賄之藏。”楚簡“玉府”與周官“玉府”不同,而與所謂
“天府”相類。《周禮·秋官·大司寇》:“凡邦之大盟約,涖其盟書,而登之於
天府。”又《小司寇》:“及大比,登民數,自生齒以上,登於天府。”鄭玄《注》“天
府”云:“祖廟之藏。”

　　　　　　　　　　　　　　　　　　　　　　　　《包山楚簡解詁》頁8

【玉環】

○**張守中**(1981)　(編按：中山王玉珩)玉睘。

《中山王舋器文字編》頁 80

○**何琳儀**(1998)　《韓非子·説林》下："吾好佩，此人遺我玉環。"

《戰國古文字典》頁 1484

△**按**　"玉環"合文作玉睘，張守中釋爲"玉睘"，亦可。

【玉鑲】

○**朱德熙、裘錫圭**(1973)　仰天湖 21 號簡(圖六)云：

　　□繡又(有)玉鑲紅纑

繡上一字殘泐，從剩餘的幾筆看，當是革字。玉字或據摹本誤釋
爲辛，但照片此字很清晰，形體和 8 號簡玉字全同，可以肯定是玉字。
玉下一字當釋鑲。此字所從之衣亦省去上部，與信陽簡褱襄諸字同。
由於所從的衣字垂筆上有一短橫，與羊字形似，所以有人曾誤釋爲鐔。　圖六

《朱德熙文集》5，頁 68，1999；原載《考古學報》1973–1

瓊　璚

璚　睡虎地·答問 202

○**睡簡整理小組**(1990)　可(何)謂"璚"？"璚"者，玉檢殹(也)(原注：檢，即封
檢。古時重要物品用木片加封，稱爲檢；檢上書寫物品情況，稱爲署。《釋名·釋書契》："檢，禁也，禁閉
諸物使不得開露也。""書文書檢曰署。"《急就篇》注大致相同)。節(即)亡玉若人貿傷(易)
之，視檢智(知)小大以論及以齎負之。

《睡虎地秦墓竹簡》頁 142

璿　璿

璿　上博二·容成 38

【璿室】

○**李零**(2002)　(編按：上博二·容成 38)璿室　《竹書紀年》有桀"作璿室"之説。

《上海博物館藏戰國楚竹書》(二)頁 280

璧   

侯馬16:13 新蔡甲三99 新蔡甲三137 詛楚文

上博二·魯邦3 上博五·鮑叔3

信陽2·10 上博六·競公1

○**中大楚簡整理小組**(1977) (**編按**:信陽2·10云“一青尻□之琫”)琫,《集韻》:“琫瑭,玉名。”

《戰國楚簡研究》2,頁20

○**郭若愚**(1994) 琦,《玉篇》:“《埤蒼》云琦瑋也。”《廣雅》:“玉名。”《前漢·西域傳》:“綺繡雜繒琦珍,凡數十萬。”(**中略**)

(**編按**:信陽2·10)一青紫□之琦

此謂一枚青紫色的玉佩。

《戰國楚簡文字編》頁77

○**劉國勝**(2001) 璧,原文作(**編按**:文中漏圖,見上引信陽2·10),从玉从辟省聲,右旁與郭店楚簡《尊德義》17號簡“避”字所从偏旁形近,即“璧”字,指玉璧。簡文對璧的尺寸度量,除“徑四寸間寸”外,還記有“博一寸少寸”和“厚錢寸”。“博一寸少寸”是指玉璧的肉寬一又三分之一寸。“厚錢寸”顯然是記玉璧的厚度。由於“錢”字的釋讀還不能十分肯定,所以厚度不詳,但可以肯定是小於一寸。

《江漢考古》2001-3,頁68

△**按** 陳偉等著《楚地出土戰國簡册》(十四種)(頁387,經濟科學出版社2009年)同意上引劉國勝説,又舉上博六·競公1“璧”字作作佐證,可信。

瑗 

包山5

○**劉彬徽、彭浩、胡雅麗、劉祖信**(1991) 新官市(師)瑗。

《包山楚簡》頁17

△**按** 包山5“瑗”字用爲人名。

環 瓎 環

![環]望山 1·54　　![瓎]望山 1·125　　![環]睡虎地·日甲 77 背

![環]曾侯乙 115　　![瓎]包山 213　　![環]包山 213

○ **睡簡整理小組**（1990）　　（編按：睡虎地·雜抄 25）射虎車二乘爲曹。虎未越泛藪，從之，虎環（還），貲一甲。

　　（編按：睡虎地·爲吏 23 叁）槍闌（蘭）環殳。（原注：槍，一種兩端尖鋭的木製武器。蘭，擂石。環，讀爲戌［音環］，《説文》："屋牡瓦也。"蘭和瓦都是守城用物，《墨子·號令》："悉舉民室材木、瓦若蘭石數，署長短小大。"）

　　（編按：睡虎地·日甲 77 背）申，環也。（原注：環，讀爲猨，即猿字。）

　　　　　　　　　　　　　　　　　《睡虎地秦墓竹簡》頁 85、170—171、220

○ **何琳儀**（1998）　　楚簡環，璧。隨縣簡環，讀鐶。《集韻》："鐶，金環也。"《正字通》："鐶，凡圜郭有孔可貫繫者謂之鐶。通作環。"

　　　　　　　　　　　　　　　　　　　　　　《戰國古文字典》頁 991

△ **按**　　"環"爲"玉環"之"環"的本字，"鐶"爲"金鐶"之"鐶"的本字，楚簡或用本字，或借"環"爲"鐶"，或借"鐶"爲"環"，或借"睘"爲"環"、爲"鐶"。

【環書】

○ **王焕林**（2005）　　（編按：里耶簡 J₁［9］3 正）環書。此語未見諸文獻載籍。《選釋》《報告》於此均未置一詞，殊爲審慎。（中略）筆者以爲，"環"與"爰"通（上古同屬匣紐元部），故"環書"實即"爰書"！ 此語雲夢秦簡、居延漢簡凡數十見，《史記·張湯列傳》亦有一例，爾後，《漢書·張湯傳》襲用之。

　　"爰書"之含義，古代注疏家（魏）蘇林、（吳）韋昭、（唐）顏師古、（宋）劉世奉、（清）錢大昕、（清）王先謙各持異説，莫衷一是。今人陳般、高敏、（日）大庭修復據雲夢秦簡、居延漢簡考之，已獲定讞。高敏先生説："秦的爰書，都同刑訊有關……秦時爰書的内容，不僅包括犯人的供詞，也包括原告的起訴書、驗實者的調查報告和向上級的報告書等。"按，"爰"與刑訊有關，高説精審。

　　　　　　　　　　　　　　　　　　《吉首大學學報》2005-4，頁 159

璜 璜

集成 4612 楚屈子赤目簠蓋　　望山 2·50　　新蔡乙三 44、45

○**中大楚簡整理小組**(1977)　　(編按:望山 2·50)簡文接着所説"雙璜、雙虎、玉
句",都是玉製品,顯然是一組飾物。璜,《説文》:"半璧也。"《大戴禮·保
傅》:"上車以和鸞爲節,下車以佩玉爲度,上有雙衡,下有雙璜。"注:"衡,水平
也,半璧曰璜。"出土物中有玉璜。

《戰國楚簡研究》3,頁 43—44

○**朱德熙、裘錫圭、李家浩**(1995)　　一雙璜。(原注:此墓出玉璜六雙[内棺一六號等]。)

《望山楚簡》頁 112、128

琥 瑎

包山 218　　包山 218

○**李零**(1993)　　原文"太見琥",似指太欲獻琥,故下文獻之。簡文"璧琥"應
讀"璧琥","歸之"是饋送之義。

《中國典籍與文化論叢》1,頁 445

○**朱德熙、裘錫圭、李家浩**(1995)　　一雙虎(琥)。(原注:琥爲虎形珮玉。《左傳·昭公
三十二年》"賜子家子雙琥",杜注:"琥,玉器。"孔穎達《正義》:"蓋刻玉爲虎形也。"此墓"内棺一〇號"
的一對玉佩似爲虎形,疑即簡文所記之琥。)

《望山楚簡》頁 112、128

○**劉信芳**(2003)　　琥:疑指兔星。《史記·天官書》:"兔過太白,閒可械劍,小
戰,客勝;兔居太白前,軍罷;出太白左,小戰;摩太白,有數萬人戰,主人吏死;出
太白右,去三尺,軍急約戰。"又:"兔七命,曰小正、辰星、天櫼、安周星、細爽、能
星、鈎星。"楚人名虎爲"於兔"(《左傳》宣公四年),所謂"太見琥"應指太一之星
與兔星相遇,其兆預示占卜之主將有災,故須"避琥"。"避"謂巫師行禁避之術。
　　以上簡 218。

《包山楚簡解詁》頁 233—234

○**李家浩**(2005)　　包山 218—219 號簡跟"夰、巫"有關的文字,見於占辭和説
辭。占辭説:"有祟,夰見琥。"説辭説:"璧琥,擇良月良日歸之;且爲巫繡佩,

速巫之。"

"苶見琥",是説"苶"出現在琥上。(中略)

"琥"是一種虎形的佩玉。《左傳》昭公三十二年"賜子家子雙琥",杜預注:"琥,玉器。"孔穎達疏:"蓋刻玉爲虎形也。"這種琥佩在考古發掘中時有出土,例如河北平山戰國中山王墓出土的琥佩,上面還寫有"玉虎(琥)"字樣。簡文所説的"琥",大概是病人昭它佩帶的玉佩之一。古人佩帶玉佩的目的有多種,其中之一是爲了避邪。《山海經·西山經》説:

　　　　瑾瑜之玉爲良,堅粟精密,濁澤而有光,五色發作,以和柔剛。天地鬼神,是食是饗。君子服之,以禦不祥。

在戰國中山王墓出土的玉佩中,被編爲西庫359、360號兩件小玉佩上,寫有如下相同六字,也反映了這種思想:

　　　　吉少(小)玉,麻(靡)不畏。

第四字劉釗釋爲"麻",讀爲"靡",甚是。銘文的意思是説,佩帶這件小玉佩,鬼神見到了無不畏懼。可是簡文"苶"不僅不畏懼病人昭它佩帶的玉琥,反而還附在玉琥上。可見"苶"是很厲害的一個鬼神。

《長沙三國吳簡暨百年來簡帛發現與研究國際學術研討會論文集》頁191

璋 璋

集成 11381 楚王酓璋戈　　璽彙 1640　　陶彙 3·119　　璽彙 0232

○羅福頤等(1981)　(編按:璽彙 0232、1640)璋。

《古璽文編》頁 5

○李家浩(1990)　見卷十四酉部"酓"字下【酓璋】條。

○高明、葛英會(1991)　(編按:陶彙 3·118、119)璋。

《古陶文字徵》頁 155

瑞 瑞

瑞 包山 22

○劉彬徽、彭浩、胡雅麗、劉祖信(1991)　邔司馬之州加公孳瑞。

《包山楚簡》頁 18

珥　珥

珥 曾侯乙 64　珥 信陽 2·2　珥 新蔡甲三 207　珥 睡虎地·答問 80

○**中大楚簡整理小組**（1977）　珥字耳旁缺寫左筆，可能是珥字。"一司翠珥、一司齒珥"都是玉器名。

《戰國楚簡研究》2，頁 20

○**劉雨**（1986）　2-02："一司翱珥，一司齒珥。"

　　"珥"即《説文》訓爲"瑱"之"珥"。《徐注》："瑱之狀，首直而末鋭，以塞耳。"金文虢季子白盤和盂鼎之"聝"字，左旁所从之"耳"亦寫作"爪"，與此相似。

《信陽楚墓》頁 135

○**裘錫圭、李家浩**（1989）　（編按：曾侯乙 10）簡文的"珥瑱"與車器記在一起，當是車飾。64 號簡有"紫組珥"，與馬器記在一起，當是馬飾。此跟古書訓"珥、瑱"爲耳飾者異。

《曾侯乙墓》頁 512

○**睡簡整理小組**（1990）　（編按：睡虎地·答問 80）珥，《漢書·東方朔傳》注："珠玉飾耳者也。"《一切經音義》八引《蒼頡篇》："珠在耳也。"

《睡虎地秦墓竹簡》頁 112

○**湯餘惠**（1993）　翠珥，翠玉耳飾。《山海經·大荒東經》"東海之渚中有神人珥兩黃蛇"注："珥以蛇貫耳。"

《戰國銘文選》頁 138

○**朱德熙、裘錫圭、李家浩**（1995）　信陽二〇二號簡以"一司（筍）齒珥"與"一司（筍）翠珥"對舉，指象牙耳飾。

《望山楚簡》頁 115

○**何琳儀**（1998）　隨縣簡"珥瑱"，讀"珥瑱"，珠玉飾耳。

《戰國古文字典》頁 76

△**按**　信陽 2·2"珥"字所从之"耳"缺左筆，劉雨謂"耳"旁寫作"爪"形，並舉西周金文"聝"字爲證，未安。林澐《新版〈金文編〉正文部分釋字商榷》（中國古文字研究會第八屆年會論文，1990 年）指出西周金文"聝"字實從𢆶作，"𢆶"乃象頭皮與下垂之髪形，即"聝"之象形初文，其説可從。清代以來學者

多以爲"臧"字从爪作,非是。

理　理

陶彙 5·355

○高明、葛英會(1991)　理。

《古陶文字徵》頁 155

珍　珎　珎

陶彙 5·426

○高明、葛英會(1991)　《玉篇》:珎,珍俗體。

《古陶文字徵》頁 155

玩　玩

天星觀　新蔡零 272

○滕壬生(1995)　玩　逗玉玩折車馬於悲中。

《楚系簡帛文字編》頁 44

瑣　瑣

珍秦 62

△按　秦印"瑣"字用爲人名。

碧　碧

古陶文字徵,頁 171

○高明、葛英會(1991)　碧　此从石,與从石同意。

《古陶文字徵》頁 171

○**李家浩**（1998）　戰國文字往往把“口”旁寫作“山”字形。現把字例揭示於下，並對其釋讀略加以説明：（中略）

　　　М 瑰　　《古陶文字徵》171 頁

《中國文字》新 24，頁 72—73

△**按**　李家浩説可從。《碧落碑》與《集篆古文韻海》“碧”字作 ▣、▣，其中的 山是“口”形變爲“山”形的中閒環節。

瑶　瑶　瑈

　　瑈 包山 34　　　瑈 包山 39　　　瑈 包山 91　　　瑈 新蔡零 171

○**劉彬徽、彭浩、胡雅麗、劉祖信**（1991）　瑈。

《包山楚簡》頁 19

○**滕壬生**（1995）　瑈。

《楚系簡帛文字編》頁 46

○**陳秉新、李立芳**（1998）　瑈是瑶的古文，《説文》：“瑶，玉之美者。”瑈字見簡 34、39（編按：包山簡），用爲人名。

《江漢考古》1998-2，頁 78

○**何琳儀**（1998）　瑈，從玉，柔聲。瑈之異文。或作瓔。《集韻》：“瓔，《説文》玉也。或從柔。”

　　楚簡（編按：天星觀 3063、包山 34）瑈，人名。

《戰國古文字典》頁 220

○**李零**（1999）　（編按：瑈）所從同 454 頁 3 行：柔，楚簡用爲“瑶”字。

《出土文獻研究》5，頁 159

○**劉信芳**（2003）　瑈：讀爲“瑶”。“瑈”從玉，柔聲，簡 278 反“柔腊”，曾侯簡 1 作“皐趎”，“皐”從由聲，而“繇”字亦作“趎”，經典多作“由”，知“瑈”即“瑶”之異構。又郭店《性自命出》24：“訶謠”即“歌謠”，益知“瑈”乃“瑶”字。

《包山楚簡解詁》頁 47

△**按**　“瑈”即“瑶”字之異體。《戰國文字編》《楚文字編》均以“瑈”爲《説文》所無之字，未安。上博二・容成 38 云“珖爲柔臺”，李零讀作“飾爲瑶臺”，並指出《竹書紀年》有桀“飾瑶臺”之説，是楚簡又借“柔”字表示“瑶”。另，滕壬生《楚系簡帛文字編》（增訂本，湖北教育出版社 2008 年）已將“瑈”字改釋

爲"瑤"。

珠 珠

睡虎地·爲吏 36 叁　　貨系 4069　　貨系 4073

○**睡簡整理小組**(1990)　　朱珠丹青。

《睡虎地秦墓竹簡》頁 170

琀 琀　欸

上博三·周易 41

○**濮茅左**(2003)　　(**編按**:上博三·周易 41)"欸",從玉,欠聲,疑亦"琀"字,讀爲
"含"。

《上海博物館藏戰國楚竹書》(三)頁 192

△**按**　　"欸"字從玉、欠,欠亦聲。古文字從欠、從口每可相易,故"欸"字當即
"琀"字之異體。

靈 靈

詛楚文　　陶彙 9·88

○**睡簡整理小組**(1990)　　(**編按**:睡虎地·日書甲 26 正 2)靈,福。《左傳》昭公三十
二年:"今我欲徼福假靈于成王。"哀公二十四年:"寡君欲徼福于周公,願乞靈
於臧氏。"靈與福對舉,是靈與福同義。

《睡虎地秦墓竹簡》頁 186

△**按**　　"靈"字僅見於秦系文字,且皆從玉作,與《説文》正篆同。

珈 珈

集成 287 曾侯乙鐘　　集成 292 曾侯乙鐘　　新蔡甲三 137　　新蔡零 397

○**李純一**(1981)　　珈蓋即加字的繁體或其同音通假。《詩經·鄘風·君子偕
老》:"副笄六珈。"《箋》:"珈之言加也。"其命名本義當爲增加有效振動弦分

的一倍,以獲得低八度。從理論上講,珈與反之閒應有一個不加不減的中聲做爲基準。

《音樂研究》1981-1,頁 64—66

○裘錫圭、李家浩(1989)　珈(加)。

《曾侯乙墓》頁 533、535

○何琳儀(1998)　曾樂律鐘珈,讀駕。《楚辭・大招》"伏羲駕辯",注:"造駕辯之曲。"《淮南子・要略》:"琴不可鼓也,必有細、大、駕、和,而後可以成曲。"

《戰國古文字典》頁 841

○宋國定、賈連敏(2004)　"珈",見於曾侯乙樂鐘銘。《説文新附》:"珈,婦人手飾,从玉,加聲。"此簡中讀爲"加"。

　"束錦珈璧",文獻多稱"束帛加璧",見於《禮記》《儀禮》等,爲古時最貴重之禮。《禮記・禮器》:"束帛加璧,尊德也。"

《新出簡帛研究》頁 22

○陳偉(2004)　甲三・137 記云:"册告自文王以就聲宣王,各束錦珈璧。"由甲三・267、零・409、零・727 三段也可綴合出相同的簡文。"珈",讀爲"加"。古書常見"束帛加璧、束錦加璧"的記載。用在聘享的場合,是指在束帛或束錦之上加以玉璧,用以禱祠神靈。

《出土文獻研究》6,頁 42

琖　瑻　盞　錢

集成 4634 大府盞　集成 4643 王子申盞　望山 2・46　望山 2・54

包山 265

上博五・鮑叔 3

○容庚(1959)　盞　《説文》所無,《方言》"桮也"。字亦作鎆、作醆。《廣雅・釋器》:"盞,盂也。"《玉篇》:"盏盞,大盂也。"又《禮・郊特牲》注:"醆,酒盏也。"

《金文編》頁 275

○中大楚簡整理小組(1977)　盞,杯。《太平御覽》卷七百五十九引《通俗文》曰:"醬杯曰盞。"鳳凰山八號、九號、一六九號墓遣策均記"醬杯"若干,實指一種絳紅色的較大的耳杯。

《戰國楚簡研究》3,頁 55

○**李學勤**(1990)　　盍銘的最末一字曾見王子申盞蓋等,方濬益已釋爲“盂之別體異文”。字上部所从,日本高田忠周認爲“即茉字,茉又作釪”,是有道理的,它可能是“茉”字的別構。

大家知道,王子申盞蓋也是楚器,其銘文是:

王子申盞作嘉芈盞盅,其眉壽無期,永保用之。

清代收藏該器的阮元業已指出:“此器形如敦蓋,銘曰盞……《玉篇》云:‘盎鎣’大盂也。”《廣雅》案鎣與敦、椀同釋爲盂,此即鎣字。據此,盞即安殘,和盂是同物異名,所以在楚器銘文或稱盞,或稱盂,也可結合而稱盞盂。1976年,湖北隨縣義地崗出土的盞,就自名爲“行盞”。由於青銅器中的盂包括幾種形制和用途不同的器物,對於這一器種仍以稱盞爲好。

《中國文物報》1990 年 5 月 31 日

○**王輝**(1991)　　我以爲盞字从戔得聲,而其下所从〣當爲皿字之殘,字當釋盞。盞字楚器王子申盞盂(《三代》18·12·5)、大府鼎(《小校》2·38)作盞、盞,即爲明證。

《考古與文物》1991-6,頁 78

○**朱德熙、裘錫圭、李家浩**(1995)　　二鉈(匜),卵盞(原注:“卵盞”疑當讀爲“盥盞”。又疑“二鈶卵盞”當連讀,“鈶卵盞”即“匜”之別名。)三☐

二盒(合)盞。(原注:楚地所出東周器之自名爲“盞”者,多與敦形近,疑合盞即指器蓋相合作圓球形的敦。墓中出此類陶敦二件[頭一七五號等]。)

《望山楚簡》頁 111、112、125、129

○**劉信芳**(1997)　　包山簡二六五:“二枳錢。”報告釋“枳”爲“椹”,與簡一六九“湛”字形不合。“枳錢”謂三足盞。《詩·小雅·大東》:“跂彼織女。”毛傳:“跂,隅貌。”疏引孫毓釋云:“織女三星,跂然如隅。然則三星鼎足而成三角,望之跂然,故云隅貌。”从“只”與从“支”之字讀音相通,説參“梽枳”條。

楚人謂圓體敦爲“盞”,楚幽王墓所出大府盞,在敦的口沿上有此器名。報告謂出土的兩件銅敦即簡文所記“錢”,是正確的。該器由蓋、身各半合成,蓋、身等大(標本二:一七五;一六八)。

《中國文字》新 22,頁 200—201

○**何琳儀**(1998)　　盞,从皿,戔聲。瑳之異文。《説文新附》:“瑳,玉爵也。夏曰瑳,殷曰斝,周曰爵。从玉,戔聲。或从皿。”

楚器盞,楚銅器名,似鼎足短呈蹄狀。

《戰國古文字典》頁 1043

《説文》：“錢，銚也。古田器。从金，戔聲。”

包山簡錢，讀盞。《廣雅・釋器》：“盞，杯也。”

《戰國古文字典》頁 1043

○**陳劍**（1999）　近年又新發現了一些銅盞，我們對其形制發展可以作出更爲細緻的描述：其基本特點是三小蹄足、鼓腹、有蓋，腹上有二到四個環紐。早期的盞蓋上無紐，以後發展爲二到四個紐；早期多爲平底，以後發展爲圜底；蓋上捉手則由圓形向鏤空螭龍形發展。

　　從形制來看，盞應當是一種盛食器。其在禮器中的地位，應與簠相當。簠在楚墓中發現很少，一般認爲它“不是楚國銅禮器中的典型器物”，取而代之的，是簋或盞。在當陽趙家湖楚墓甲類（中型墓）組合中，即存在着由鼎、簠組合向鼎、盞組合過渡交替的現象。湖北公安石子灘春秋楚墓、江陵岳山春秋楚墓銅器組合都爲鼎、盞、缶。類似的鼎盞同出而不見簠的還有湖南岳陽縣鳳形嘴山一號楚墓、當陽慈化楚墓等。凡此可以説明，盞、簠地位、功用大致相當，盞應是盛放黍稷的食器。

《中國文字研究》1，頁 354

○**李守奎**（2003）　《方言》卷五：盞，桮也。《説文》新附字以爲琖之或體。

　　簡文中讀盞。

《楚文字編》頁 309、796

△**按**　《説文》新附字之“琖”及其異體“盞”乃“酒盞”之“盞”，楚器“盞”與敦形近，故《説文》之“盞”與楚簡之“盞”可能是一對同形字。或以“酒盞”之“盞”訓楚簡之“盞”，非是。盞，楚簡或又作“錢”，見包山 265。

玥

信陽 2・18

○**中大楚簡整理小組**（1977）　（編按：信陽 2・18）玥，字書所無。此金玥，指的是銅鐘鍵，見《信圖》一一圖。

《戰國楚簡研究》2，頁 22

○**郭若愚**（1994）　金玲

　　玲，《唐韻》古函切，《集韻》居咸切，並音緘。《説文》：“玲，礜石之次玉者。"《集韻》:"琳,古作玪。"此謂鐘架亦以金玉爲紋飾也。

《戰國楚簡文字編》頁88

○**李家浩**(1998) "玏"字不見於字書,字當从"乃"得聲。信陽一號楚墓出土的編鐘,是用銅鍵固定在鐘簨上的。中山大學古文字研究室的同志認爲"金玏",就是指這種把鐘固定在簨上的銅鍵。其說可從。

《簡帛研究》3,頁6

○**何琳儀**(1998) 信陽簡玏,讀栭。鐘簴之銅飾件,參《説文》"栭,屋枅上標也。从木,而聲"。

《戰國古文字典》頁77

△**按** 劉國勝(《楚喪葬簡牘集釋》22頁,科學出版社2011年)認爲:"'玏'或可讀爲'珥'。'耳'屬日母之部,'乃'屬泥母之部,古音相近。《漢書·惠帝紀》'上造以上及内外公孫耳孫',顔師古據《爾雅》'昆孫之子爲仍孫'云:'仍、耳聲相近,蓋一號也。'《文選·秋興賦》'珥蟬冕而襲紈綺之士',李善注:'珥,猶插也。'"

玳

曾侯乙42 曾侯乙60 上博二·容成38 上博三·周易30

○**裘錫圭、李家浩**(1989) "玳",77號簡作"鈛",並从"弋"聲,据文意當讀爲"飾"。"弋、飾"古音相近可通。詛楚文"飾"字作(《石刻篆文編》7·27),从"巾""飤"聲,而"飤"又从"弋"聲。

《曾侯乙墓》頁514

○**李零**(2002) (編按:上博二·容成38) 玳爲조臺 簡文"玳"與"飾"字相當;"条臺"應即"瑶臺"。《竹書紀年》有桀"飾瑶臺"之説。按:"玳"字亦見曾侯乙墓遣册,裘錫圭、李家浩指出當讀爲"飾",見《曾侯乙墓》(文物出版社1989年)上册510頁注(編按:當爲514頁)。

《上海博物館藏戰國楚竹書》(二)頁280

○**濮茅左**(2003) 六二:玳用黄牛之革,莫之剩叏 "玳",从玉从弋,字也見於《曾侯乙墓》竹簡四二、六〇,作"、",音與"執"近,可通,意縛、結,或讀爲"弋"。(中略)

本句馬王堆漢墓帛書《周易》作"六二：共之用黄牛之勒，莫之勝奪"；今本《周易》作"六二：執之用黄牛之革，莫之勝説"。

《上海博物館藏戰國楚竹書》（三）頁 177

○**李學勤**（2004）　《遯》六二今傳本"執之用黄牛之革"，帛書本"執"作"共"，簡本則是"戎"字。猜想字本作"鞏"，帛書以音近寫爲"共"，簡本應爲"戎（攻）"而有形誤。

《文物中的古文明》頁 389，2008；原載《湖南省博物館館刊》1

○**李零**（2006）　飾用黄牛之革，飾，簡文从玉弋聲，《容成氏》簡 38 有"飾爲瑶臺"句，飾字就是這樣寫，馬王堆本作共，今本作執。按簡文與攻相似，攻可通共，共可通鞏，鞏與執相似。下文革卦"鞏用黄牛之革"，正作鞏。簡文飾，也許是攻的訛寫。

《中國歷史文物》2006-4，頁 60

△**按**　上博三·周易 30"戎"字除上引意見外，尚有以下意見：徐在國《上博竹書（三）〈周易〉釋文補正》（簡帛研究網 2004 年 4 月 24 日）謂"戎"字讀音與"執"近，"執、埶"二字又相混，故"疑今本《周易》'執'字爲'埶'字之誤"；楊澤生《竹書〈周易〉札記一則》（簡帛研究網 2004 年 4 月 24 日）讀"戎"爲"文飾"之"飾"。"戎"字或即楚文字之"飾"字，上博三·周易 30"戎"字音義仍待考。

玟

包山 146

○**劉彬徽、彭浩、胡雅麗、劉祖信**（1991）　豕玟苛歆利之金一益歆益。

《包山楚簡》頁 28

○**湯餘惠等**（2001）　玟。

《戰國文字編》頁 17

△**按**　玟字从玉、攴，當隸定爲"玟"。《説文》有从玉、文聲之"玟"字，後或寫作"玫"，與簡文中的"玟"是同形字，音義皆無涉。《戰國文字編》將"玟"字字頭寫作"玫"，又收入簡文中的"玟"字，非是。

玢

陶彙 5・23

○**高明、葛英會**(1991)　　玢　《説文》所無。《玉篇》:"玢,玉名。"

《古陶文字徵》頁 154

△**按**　《集篆古文韻海》以"玢"字入"瑂"字下。

珇

包山 214

○**劉彬徽、彭浩、胡雅麗、劉祖信**(1991)　　珇。

《包山楚簡》頁 34

○**陳偉**(1996)　　瓅(玦)。

《包山楚簡初探》頁 233

○**何琳儀**(1998)　　包山簡珇,疑珇狀玉器。

《戰國古文字典》頁 198

○**湯餘惠等**(2001)　　珒。

《戰國文字編》頁 18

○**劉信芳**(2003)　　"鈕"字古文。

《包山楚簡解詁》頁 230

珸

新蔡乙三 44、45

○**何琳儀**(2004)　　(編按:"珸")可讀"疏"。《周禮・春官・典瑞》"疏璧琮以斂屍",注"疏璧琮者通於天地"。孫詒讓曰:"《月令》孟春其器疏以達。注云,器疏者刻鏤之。《有司徹》疏匕。注亦云,匕柄有刻飾者。謂六玉之内唯璧琮更刻鏤之,使兩面疏通。"簡文"△(編按:"珸")璜"讀"疏璜",應指鏤刻之璜。戰國墓葬已出土許多"珩"形佩,附加有精美的透雕紋飾,大概就是這類"疏璜"。或讀△(編按:"珸")為"珇",亦可備一解。

《安徽大學學報》2004-3,頁 9

珪

郭店・緇衣 35　　新蔡零 207　　上博一・緇衣 18

△按　"圭"字增益"玉"旁表義，與《説文》古文相合。詳見卷十三土部"圭"字條。

硐

曾侯乙 4　　曾侯乙 13

○裴錫圭、李家浩（1989）　硐。

《曾侯乙墓》頁 490

○何琳儀（1998）　隨縣簡硐，讀銅。

《戰國古文字典》頁 421

△按　曾侯乙墓竹簡屢見"硐賠"一辭，或作"銅賠"。

珤

上博四・昭王 6　　上博四・昭王 7

○鄭珍（1889）　珤

　　並見《尚書》。

　　○薛本作"珤"。《説文》窨，古文"寶"，省貝，此又省宀。《玉篇》引《聲類》云："珤，古文寶字。"此所本。下宀部又重收《尚書》"窨"。

《鄭珍集・小學》頁 511；原爲《汗簡箋正》單行本

○黃錫全（1990）　（珤並見《尚書》）　九、巖、雲、小、豐、内等本寶字作珤，薛本同。《説文》寶字古文作，省貝，與番君鬲寶作、宰峀設作類同，此又省宀。鄭珍云："《玉篇》引《聲類》云珤古文寶字，此所本。"古陶文有字（陶附）（編按：金祥恆《匋文編》），當是由（虢季氏設）形省宀，與此類似。

《汗簡注釋》頁 71

○李守奎、曲冰、孫偉龍（2007）　簡文中爲地名用字，或即"寶"字異體。

《上海博物館藏戰國楚竹書（一——五）文字編》頁 23

珞

 包山 167

○劉彬徽、彭浩、胡雅麗、劉祖信（1991）　珞。

《包山楚簡》頁 29

○何琳儀（1998）　包山簡珞，地名。

《戰國古文字典》頁 489

玟

望山 2·6

○朱德熙、裘錫圭、李家浩（1995）　（編按：望山 2·6"骨玟"）仰天湖七號簡有"骨交"，與"骨玟"當爲同語的異寫。此墓一八號簡又有"黃生角之交"，一九號簡又有"白金之交"。"交"當是器物上的一種飾物或附件。

《望山楚簡》頁 117

△按　劉國勝（《楚喪葬簡牘集釋》100 頁，科學出版社 2011 年）謂："'玟'疑讀爲'骹'。'骨骹'似是指套在車衡和車軛端頭的箍帽。其形如腿脛，上粗下細。《説文》：'骹，脛也。'段玉裁注：'脛，膝下也。凡物之脛皆曰骹。'《方言》卷九：'骹，謂之鋚。鐏，謂之釪。'骹、鐏都是一類套在杆狀器端頭的納杆構件。包山 2 號墓出土車馬器的衡、軛，端頭都有箍帽。'黃生角之交、白金之交'的'交'疑並讀爲'骹'。"

琛　琛

新蔡乙二 25

包山 226　　　包山 236

○劉彬徽、彭浩、胡雅麗、劉祖信（1991）　見【琛豪】條。
○李守奎（2003）　琛　異文作保、賹、寁等。琛與賹當並爲寶之異體。

《楚文字編》頁 29

△按　字從玉、保，《説文》所無，應該隸定爲"琛"，"保"旁或省而作，可

以隸定爲"琛"。"琛(或琛)"字從玉,"賨"字從貝,皆"寶"字之異體,李守奎説可從。李零讀"琛(或琛)豕"爲"保家",可從。"窚"字或即"保家"之"保"的專字。

【琛豕】

○**朱德熙**(1989)　見卷三爪部"豕"字條。

○**劉彬徽、彭浩、胡雅麗、劉祖信**(1991)　琛豕。

《包山楚簡》頁 35、36

○**李零**(1993)　"寶家",可能即古書所説的"寶龜"(《書·大誥》《爾雅·釋魚》等)。望山簡和天星觀簡"寶家"亦作"寶室"("室"字亦從爪旁,據朱德熙先生説,二字音近相通)。"寶",簡文往往從宀從保,或寫作"保",似取諧音讀爲"保家",是一種吉語。

《中國典籍與文化論叢》1,頁 433

△**按**　"琛(或琛)豕"又作"窚豕、賨豕、保豕",見於望山、包山、新蔡、天星觀等楚簡,是一種占卜器具。朱德熙讀"豕"爲"蓍",然據後來發表的楚簡可確定"豕"乃從家得聲之字。

【琛豕】

△**按**　見【琛豕】條。

琦

信陽 2·12

○**郭若愚**(1994)　(編按:信陽 2·12)八方琦

琦,當作椅。此處所記均爲木器也。椅,《正韻》:"隱綺切,音倚。俗呼坐凳爲椅。"此謂八枚方形坐椅。

《戰國楚簡文字編》頁 80

○**劉信芳**(1997)　信陽簡二·一二:"其木器,八方琦。""琦"從奇聲,讀如"柯",《方言》卷五:"盂謂之柯。"《廣雅·釋器》:"柯,盂也。"出土實物有高足方盒一二件,殘甚,能復原者僅一件(標本一:一三一),盒内蓋、身組合而成,盒身下面置有高柄假圈足。該方盒與"畝椚"爲組合器物(另見)。從奇之字多有奇數之義,如《説文》釋"踦","一足也"。比方盒爲獨足(柄),此所以名"方琦"歟?

　　據報告所述,此方盒使用時應置於"猷梱"之上。惟簡一一記云:"一猷梱,漆彫,二筲。""筲"乃壺中(另考),是筲亦可與"猷梱"組合。"猷梱"之上或置盒,或置壺,因使用之需而有置換,似未可拘泥。

　　　　　　　　　　　　　　　　　　　　　　《中國文字》新 23,頁 88—89

○何琳儀(1998)　信陽簡琦,讀柯。《方言》:"盂謂之柯。"

　　　　　　　　　　　　　　　　　　　　　　《戰國古文字典》頁 852

△按　劉國勝(《楚喪葬簡牘集釋》15 頁,科學出版社 2011 年)認爲:"'方琦',按:可能是記前室及擾土裏出土的漆木'高足方盒'。這類器物的上部作方盒體,有蓋,蓋頂有抓手,下部爲類似豆座的喇叭形座。河南固始侯古堆 1號墓出土的此類型銅器自銘'盒'。江蘇無錫出土郳陵君銅豆自銘'鉄盍',豆上部作圓盒體,下部也是類似豆座的喇叭形座。'琦、盒'皆從'奇'聲,'奇'從'可'得聲,'可、盍'音近。疑'奇、盒、盍'是同一器名。"《説文》玉部新附字有"瑳",訓爲"玉爵也",又云"或從皿",以"盞"字爲"瑳"字之異體。"盞"字或從玉,或從皿,與"盒"字或從玉相類。

瑋

上博四・曹沫 63

○李零(2004)　(編按:上博四・曹沫 63)瑋　待考,疑是據、處之義。

　　　　　　　　　　　　　　　《上海博物館藏戰國楚竹書》(四)頁 284

○陳斯鵬(2007)　瑋,《李釋》疑爲據、處之義。舊稿讀爲"邇",理由是這很可能是一個從"夲"聲的字,而"夲"《説文》"讀若簞"。"邇"是接近的意思。《尚書・仲虺之誥》:"惟王不邇聲色,不殖貨利。"李文讀"狎",孟蓬生先生讀"躐",義均可通,且亦各有所據。

　　　　　　　　　　　　　　　　　　　《簡帛文獻與文學考論》頁 104

△按　"瑋"字從玉,夲聲,《説文》所無。此字除上引諸説以外,尚有以下釋讀意見:孟蓬生《上博竹書(四)閒詁》(簡帛研究網 2005 年 2 月 15 日)讀"躐",謂"弗躐危地""即'不蹈危地'或'不履危地'之義";李鋭《〈曹劌之陣〉釋文新編》(簡帛研究網 2005 年 2 月 25 日)讀爲"狎",訓爲"近";魏宜輝《讀上博楚簡(四)札記》(簡帛研究網 2005 年 3 月 10 日)讀爲"涉",認爲有"進入、陷入"之意。諸説於義均可通。

閨

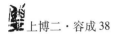上博二・容成 38

○**李零**（2002）　《竹書紀年》有桀“立玉門”之説。簡文“閨”可能是表示玉門的專用字。

《上海博物館藏戰國楚竹書》（二）頁 280

△**按**　簡文云“玉閨”，讀爲“玉門”。“閨”爲“玉門”之“門”的專字。

珊

包山 74

○**劉彬徽、彭浩、胡雅麗、劉祖信**（1991）　迅大敏（命）珊之州加公周遷、里公周歟受期。

《包山楚簡》頁 21

○**何琳儀**（1998）　珊，从玉，朋聲。

　　包山簡珊，人名。

《戰國古文字典》頁 157—158

○**徐在國**（1998）　此字从玉朋聲，似是“朋”字異體，所从之“玉”乃是贅加的義符。

《安徽大學學報》1998-5，頁 79

琧

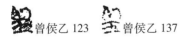曾侯乙 138

○**裘錫圭、李家浩**（1989）　驛（翠）琧（？）。

《曾侯乙墓》頁 497

瑩

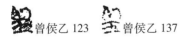曾侯乙 123　　曾侯乙 137

○**裘錫圭、李家浩**（1989）　玉瑩驛（翠）玟（飾）畫幝輯。

《曾侯乙墓》頁 496、497

○**湯餘惠等**（2001）　　瑬。

《戰國文字編》頁 18

瑬　璹

信陽 2・7

包山 219

○**中大楚簡整理小組**（1977）　（編按：信陽 2・7）琭是玉名。

《戰國楚簡研究》2，頁 19

○**郭若愚**（1994）　　其琭（編按：信陽 2・7）

　　琭，《廣韻》《韻會》《正韻》並盧各切，音禄。《廣韻》：“玉名。”老子《道德經》：“不欲琭琭如玉，珞珞如石。”注：“琭琭喻少，珞珞喻多。一云承上文貴以賤爲本言。”蘇轍注：“非若玉之琭琭，貴而不能賤；石之珞珞，賤而不能貴也。”此處謂貴玉之賵，列物名如下。惜下簡失之矣。

《戰國楚簡文字編》頁 73

△**按**　“瑬、璹”是一對異體字，皆爲“佩玉”之“佩”的專字。

【瑬玉】

○**朱德熙**（1989）　　簡文中的葡玉、備玉、繡玉、瑬玉並當讀爲“佩玉”。《左傳・哀公二年》：“大命不敢請，佩玉不敢愛。”《禮記・玉藻》：“凡帶必有佩玉，唯喪否。”瑬大概是佩玉之佩的專字，繡大概是瑬的異體。

《朱德熙文集》5，頁 203，1999；原載《語言文字學術論文集》

○**李家浩**（2000）　（編按：九店 56・24）“玉”上一字原殘泐，從殘存筆畫看，當是信陽楚墓竹簡二-〇七號末尾“亓”下之字。此字朱德熙先生釋爲“瑬”。望山一號楚墓竹簡和包山楚墓竹簡，“瑬玉”作“葡玉、備玉、繡玉”。朱先生説“葡玉、備玉、繡玉、瑬玉並當讀爲‘佩玉’。《左傳・哀公二年》：‘大命不敢請，佩玉不敢愛。’《禮記・玉藻》：‘凡帶必有佩玉，唯喪否。’瑬大概是佩玉之佩的專字，繡大概是瑬的異體”（《長沙帛書考釋》[五篇]，《古文字研究》19 輯 290、291 頁）。望山竹簡、包山竹簡和《左傳》等的“佩玉”是動賓結構的名詞性詞組，本墓竹簡的“佩玉”是動賓結構的句子，謂佩帶玉飾，意思有所不同。

《九店楚簡》頁 76

△**按**　“瑬玉”或又作“備玉”，見卷八人部“備”字【備玉】條。

【瑞環】

○滕壬生（1995）　（編按：天星觀楚簡）瑞環。

《楚系簡帛文字編》頁 43

△按　"瑞環"讀爲"佩環"。

璻　瓛

曾侯乙 23　　曾侯乙 46　　曾侯乙 105

曾侯乙 212　　曾侯乙 213

○裘錫圭、李家浩（1989）　屯璻（纁）組之綏。

《曾侯乙墓》頁 490

○何琳儀（1998）　隨縣簡璻，讀纁。《説文》："纁，淺絳也。从糸，熏聲。"

《戰國古文字典》頁 1312

瓄

璽彙 0550

○吳振武（1983）　0550 王琿・王瓄（瓄）。

《古文字學論集》（初編）頁 493

瓔　瑴　琤　瑗

新蔡乙一 17　　璽彙 0785　　璽彙 3504　　璽彙 0527

璽彙 5349　　璽彙 5664

新蔡乙一 24　　上博六・競公 12　　璽彙 5665

新蔡甲三 166、162

○羅福頤等（1981）　瑴。

《古璽文編》頁 139

○吳振武（1983）　5665 瑗・雖瑗。

《古文字學論集》（初編）頁 527

○**裘錫圭、李家浩**（1989）　　“珢”字亦見於侯馬盟書(《侯馬盟書》330頁,原書誤摹成“珱”)和天星觀一號墓竹簡,从“玉”从“妟”。戰國古印古字中有**靜**字(《古璽文編》139頁),从“玉”从“貝”从“妟”,舊不識。王子嬰次盧銘“嬰”字作**𡥈**(《金文編》804頁),从“貝”从“妟”。據此,**靜**當是“瓔”字。古陶文“纓”字从“糸”从“瓔”,字或作**𦇚**(《古陶文香錄》附24上),“瓔”旁作“珢”;字又作**靜**(同上),“瓔”旁作“珢”。故簡文“珢”字當釋作“瓔”。戰國楚簡中有“綖”字,饒宗頤在《戰國楚簡箋證》(《金匱論古綜刊》第一期)裏據《汗簡》“纓”字古文**𦇚**釋爲“纓”。此字亦以“妟”代“嬰”。“嬰”與“妟”古音相近。二字的聲母同屬影母。“嬰”的韻母屬耕部,“妟”的韻母屬元部,古代耕元二部字音關係密切,通用的例子很多,這裏略舉數例。《詩·邶風·燕燕》“燕燕于飛”之“燕燕”,馬王堆漢墓帛書《老子》甲本卷後佚書《五行》引作“嬰嬰”。“燕”屬元部。《左傳》僖公元年“公敗邾師于偃”之“偃”,《公羊傳》作“纓”。“偃”屬元部,“纓”屬耕部。《春秋》襄公十七年“邾公牼”之“牼”,《公羊傳》《穀梁傳》並作“瞷”。“牼”屬耕部,“瞷”屬元部。《禮記·郊特牲》“故既奠,然後焫蕭合羶薌”,鄭玄注:“羶,當爲馨,聲之誤也。”“羶”屬元部,“馨”屬耕部。古文字把“嬰”所从“女”旁改作“妟”,當是有意使其聲符化。天星觀一號墓竹簡云:“盟禱大水一靜(猙),吉王(**編按:**“王”是“玉”之誤)珢(瓔)之。”《山海經·中山經》:“其祠泰室、熏池、武羅,皆一牡羊副,嬰用吉玉。”《西山經》“瑜山神也,祠之用燭,齋百日以百犧……嬰以百珪百璧”,郭璞注:“瓔,謂陳之以環祭也。”天星觀簡“瓔”字與此“嬰”字用法相同。《周禮·秋官·大行人》“樊纓九就”,鄭玄注:“樊纓,馬飾也,以罽飾之。每一處五采備爲一就。”簡文“六瓔”之“瓔”可能應讀爲“樊纓”之“纓”。

《曾侯乙墓》頁517—518

○**何琳儀**（1998）　　(**編按:**璽彙5665 **𡥈**字)珢,从玉,妟聲。疑瓔之異文。《玉篇》:“瓔,瓔珢,石似玉也。”《集韻》:“瓔,石似玉。”

古璽珢,人名。

《戰國古文字典》頁971

○**何琳儀**（1998）　　䫝,从頋(《集韻》釋“貝飾”),妟聲(燕系文字妟作**𣥂**,參易作**𢆶**)。疑嬰之異文(參賏、珢)。妟、嬰均屬影紐,聲系或可假借。又春秋王子嬰次鑑嬰字作**𡥈**形,應隸定賏(見賏字),讀嬰。可資佐證。

戰國文字䫝,人名。

《戰國古文字典》頁971

○**羅新慧**（2005） “緩”簡文基本的寫法是📛，从玉从貝从女。我們認爲此字可徑釋爲“嬰”。“嬰”，金文作“📛”，《包山楚簡》（27 簡）寫作“📛”，均从貝从女。《汗簡》引石經寫作“📛”，《古文四聲韻》引石經寫法與《汗簡》大體相同。可見早期文字中“嬰”的寫法雖略有變化，但基本保持不變，與新蔡楚簡中📛字非常接近。另一值得注意的現象是，新蔡簡中這種用玉方式，可以與《山海經》中有關記載相互印證。如《山海經·西山經》載祭祀㸤山神，曰：“嬰以百珪百璧。”《東山經》記載祀空桑之山，“嬰用一璧瘞”。《中山經》記載祀泰逢等神靈“皆一牡羊副，嬰用吉玉”。《山海經》所記皆爲祭祀用玉，兩相對照，其格式基本與新蔡楚簡一致。由此可以推定，新蔡楚簡中的“緩”就是文獻中的“嬰”字。

楚簡“緩之以兆玉”之“緩”爲文獻“嬰用吉玉”之“嬰”，但“嬰”的含義卻有不同的解說。晉郭璞注解《山海經·西山經》曰：“嬰謂陳之以環祭也。”認爲是陳列玉飾成環狀以祭神。但若陳以百珪百璧（如上舉《西山經》所記）尚可以“環祭”，但《山海經》中多處記載爲“嬰一吉玉”，即以一塊玉行祭祀，這種情況顯然不能陳列成環，表明郭注有未妥之處。江紹原先生在分析《山海經》有關記載後，曾指出“嬰”是以玉飾獻神（或云獻給神的玉飾）的專稱；《山海經》中“嬰用吉玉、嬰以吉玉”，“嬰”後的“用、以”皆爲動詞；所獻之嬰，或爲珪，或爲璧，或爲珪璧。江紹原先生認爲“嬰”是以玉飾祭神的專門名稱。我們認爲，楚簡“嬰之以兆玉”和《山海經》“嬰用吉玉”的“嬰”皆非名詞，而是用如動詞，爲繫繞之意。《説文》女部：“嬰，繞也。”朋部：“賏，頸飾也。”“嬰”的本意即是以飾品（如貝、玉等）繞於頸上。新蔡楚簡所記“嬰之以兆玉”所表達的含義就是以玉懸繞於某物之上，具體而言，即是懸繫於祭牲之上以敬神。

《文物》2005-3，頁 88—89

△**按** 上引諸説多以爲戰國文字“瓔”字从妟得聲。馮勝君指出“妟”字从日、女，而戰國文字“瓔”字所从之📛、📛、📛不从日，當隸定爲“妟”，乃由商代甲骨文📛（《合集》190）、📛（《合集》5460 反）字演變而來，象女子頸部長瘤之形，是“癭”之初文（《試説東周文字中部分“嬰”及从“嬰”之字的聲符》，《出土文獻與傳世典籍的詮釋——紀念譚樸森先生逝世兩周年國際學術研討會論文集》68—79 頁，上海古籍出版社 2010 年）。馮文指出“妟、妟”有別，可從。“妟”字在頸部作出標示，其音義當與“頸”或“癭”有關（“頸、癭”是一對同源詞），故戰國文字“瓔”字所从之“妟”不僅可以表音，其意義亦與“瓔”有關。然📛、📛字所謂象瘤形的筆畫或在前，或在後，倘是“癭”字當以在前爲是，故僅以字形

論,釋"瘦"尚不能無疑,且在甲骨文中此字又用作人名,確切音義未可確知。新蔡甲三 166、162 一例"妟"旁省作"女",其音義已晦。

璬

新蔡乙一 13

○鄭威(2007)　璬。

《楚地出土簡帛文獻思想研究》(三)頁 585

班 班

包山 85　　　上博三·周易 22　　　珍秦 157

○何琳儀(1998)　班,西周金文作班(班簋)。从刀从珏,會以刀分玉之意。春秋金文作班(邾公孫班鎛)。戰國文字承襲兩周金文。《説文》:"班,分瑞玉。从珏从刀。"

《戰國古文字典》頁 1055

气 彡 氕 燹 燹 氜

睡虎地·答問 115

上博三·周易 44

行氣玉銘　　　上博一·性情 1

楚帛書　　　上博三·亙先 9　　　包山 220　　　郭店·語一 48

上博二·民之 10

上博二·容成 29

○于省吾(1932)　氕(氣)。

《雙劍誃吉金文選》附録,頁 8

○郭沫若(1947)　氕即氣字,爲後世炁字所從出。

《郭沫若全集·考古編》10,頁 170

○**陳邦懷**（1982）　炁，从火，气聲，是气的異體形聲字。气，今作氣。

《古文字研究》7，頁 187

○**何琳儀**（1998）　烄，从火，气聲。疑燆之省文。《廣韻》：“燆，爇火也。”《集韻》：“燆，火焚山艸也。”

　　行氣玉銘烄，讀气（氣）。

《戰國古文字典》頁 1200

○**何琳儀**（1998）　熙，从火，既聲。氣（气）之異文。《汗簡》中二・五五氣作𤐫、炁。《集韻》：“气，《説文》雲气也。或作炁。”

　　包山簡熙，讀无。見愾（編按：《戰國古文字典》無“愾”字而有“慨”字，字下引《説文》“无，飲食氣屰（逆）不得息曰无”）。帛書熙，讀气。

《戰國古文字典》頁 1197

○**濮茅左**（2001）　（編按：上博一・性情 1）炁，《字彙補》：“古文氣字。”《郭店楚墓竹簡・性自命出》作“燹”。

《上海博物館藏戰國楚竹書》（一）頁 222

○**李守奎、曲冰、孫偉龍**（2007）　燹　按：讀爲“气”。其下所从之“而”，或乃“火”之訛。

《上海博物館藏戰國楚竹書（一—五）文字編》頁 24

○**馮勝君**（2007）　戰國文字中，讀爲“氣”的字主要有兩類寫法。一類从“既”得聲，一類从“气”得聲：

　　　　性自 2　　　唐虞 11　　　包山 236　　　民之 10

　　　　行氣玉銘　　　秦玉版

　　在《性情論》簡文中，讀爲“氣”的字也有兩種形體，一種寫作从火既聲（36 號簡）；一種寫作上引炁形，整理者釋爲“炁”，並引《字彙補》謂“古文氣字”。後一種形體除“火”旁以外的部分寫作：

　　A.

　　戰國楚簡中 A 及从 A 之字還有：

　　B.　周易 44　　　C.　曹沫 46

　　整理者分別釋爲“气、圪”，後來的研究者也多從其説。但這類形體與上引行氣玉銘和秦玉版“气”旁畢竟有所不同，恐怕不宜直接釋爲“气（乞）”。這裏我們提出一個大膽的猜想，即 A、B 以及 C 所从或許是“匀”字。其中 C 形體所从 A 旁雖然在簡側處略有殘損,但其上半部分從筆勢上看最接近"㠯"字。而 A、B 兩形體也與"㠯"字有關,看下面的圖示:

→中山王鼎,集成 2840-A1

→語叢 2-50

→老甲 6

不難看出,這兩組字形最上面那部分筆畫是有着嚴整對應關係的。右邊那組字形均讀爲"矣",只是《語叢二》形體應該釋爲"㠯"。不過已經有學者指出,"㠯"和"矣"本一字分化,也就是説"㠯"和"矣"上部所从應該有共同的來源。當然戰國文字中从"𠃔"之字很常見,即以《性情論》爲例,簡文中讀爲"始"的字寫作形(2 號簡),所从"𠃔"旁的寫法與我們所討論的 A、B 以及 C 所从有別。而這種區别也只不過是形所从是把"㠯"旁寫在"𠃌(司)"旁之上,而形所从是把"㠯"旁和"𠃌(司)"旁套疊在一起。

那麽"𠃔"聲與"气(乞)"聲之間能否通假呢?《公羊傳·宣公六年》:"趙盾之車右祁彌明者,國之力士也,仡然從乎趙盾而入,放乎堂下而立。"《儀禮·鄉射禮》鄭注引"仡"作"疑"。"𠃔"是個雙聲字,即"㠯、𠃌(司)"均爲聲符,而古文字材料中讀爲"疑"的字往往从矣聲(如郭店《緇衣》4 號簡"則君不悇[疑]其臣"),而"矣"字則从"㠯"聲。所以从"𠃔"得聲之字可以與从"气(乞)"得聲之字相通假。

《郭店簡與上博簡對比研究》頁 211—213

△按　"气、乞"古爲一字,象雲氣之形,是"氣"之本字;"氣"字从米,是"餼"之本字。《説文》米部:"氣,饋客芻米也。餼,氣或从食。"段玉裁注:"从食而氣爲聲,蓋晚出俗字,在假氣爲气之後。"戰國文字假借"气"字表示"乞求"之"乞",又另以"氛、槩、㸓"等字表示"氣"。上古音"既"字屬見紐物部,"氣"字屬溪紐物部,讀音相近,故"氣"字以"既"爲聲旁。或又以"愍"旁易"既"旁,是聲旁的替换。與字上部形體相同,與一般"气"字寫法有别,馮勝君認爲是"𠃔"字。字形體與"气、𠃔"二字既有相似之處,又有相異之處,可能是融合了"𠃔"字寫法的"气"字的變體,是變形聲化之例。寫作"𩲸"者爲訛體。

【气鞫】

○**睡簡整理小組**(1990)　(編按:睡虎地·答問 115)乞鞫,要求重加審判。《史記·夏侯嬰列傳》集解引鄧展云:"律有故乞鞫。"索隱:"案晉令云:獄結竟,呼囚鞫語罪狀,囚若稱枉,欲乞鞫者,許之也。"……乞鞫,也見於居延漢簡。

《睡虎地秦墓竹簡》頁 120

士　士

郭店·老甲 8　　郭店·老乙 9　　璽彙 0166　　陶彙 5·362

包山 80　　璽彙 0146　　燕下都 214·1　　璽彙 5593

○**吳振武**(1983)　　5593 𥎊·身(信)士。

《古文字學論集》(初編)頁 526

○**裘錫圭**(1990)　　1974 年,湖南省考古工作者在長沙樹木嶺發掘了一座戰國墓,出土物中有單字銅印一枚,印文發表在發掘簡報《長沙樹木嶺戰國墓阿彌嶺西漢墓》一文中,字作"干"形(《考古》1984 年 9 期 790 頁圖二),簡報釋作"干"(同上 791 頁)。1978 年,湖南省考古工作者又在益陽赫山廟戰國墓群的 24 號墓中發現了一枚同文玉印(《考古學報》1981 年 4 期 533 頁圖一二之15),發掘報告《湖南益陽戰國兩漢墓》也把印文釋作"干"(同上 535 頁)。

　　今按:"干"字在古文字裏寫作𢆶,上端不作平畫。上舉印文其實是"士"字,但是在兩篇報告裏都被倒置了。這兩枚"士"字印都出土於古之楚地。《古璽彙編》(以下簡稱"彙")165 號的"行士鉨",從"鉨"字"金"旁的寫法來看無疑是一枚楚印,"士"字兩橫畫等長,寫法跟這兩枚印完全相同。

　　傳世戰國印中屢見"士"字印,《彙》即收入三枚(5121—5123)。此外,傳世戰國印中尚有"士鉨"(《彙》4581)、"上士"(《彙》4632—4634)、"王之上士"(《彙》4819—4823、4825、4826)、"上士之又"(《彙》4844—4851、4824)、"信士"(《彙》1664、1665、4681、5695、1663、4670、4671、5403、5593)、"正行治士"(《彙》4875)、"士正亡私"(《彙》4881—4883)等印。這些士印應該大都是身分爲士的人所佩帶的。

《古文字論集》頁 395,1992;原載《徐中舒先生九十壽辰紀念文集》

【士五】

○**湖南省文物考古研究所、湘西土家族苗族自治州文物處**(2003)　　見【士伍】條。

【士市】

○**何琳儀**(1998)　　(編按:包山 12)包山簡"士市",讀"士師",獄官。《周禮·秋官·士師》:"士師之職,掌國之五禁之灋。"

《戰國古文字典》頁 103

○**劉信芳**（2003）　（編按：包山12）士師：職官名。《論語·微子》：“柳下惠爲士師。”何晏《集解》引孔氏《注》：“士師，典獄之官。”《周禮·秋官·士師》：“掌國之五禁之灋，以左右刑罰。”

《包山楚簡解詁》頁 22

【士尹】

○**何琳儀**（1993）　（編按：包山122）士尹 122　“士尹”亦見《璽彙》0146，楚國官名。《呂氏春秋·召類》：“士尹池歸荊。”

《江漢考古》1993-4，頁 58

○**何琳儀**（1999）　“士尹”，又見《古璽彙編》0146、《包山楚簡》122 等，楚國職官之名。《呂氏春秋·召類》：“士尹池爲荊使於宋，司馬子罕觴之。”

《安徽史學》1999-4，頁 16

【士吏】

○**睡簡整理小組**（1990）　（編按：睡虎地·雜抄2）士吏，一種軍官，見居延漢簡，其地位在尉之下、候長之上。《漢書·匈奴傳》注引漢律：“近塞郡皆置尉，百里一人，士史、尉史各二人，巡行徼塞也。”士史應即士吏。此外《管子·五行》也有士吏一詞，含義與此不同。

《睡虎地秦墓竹簡》頁 79

【士伍】

○**睡簡整理小組**（1990）　（編按：睡虎地·秦律190）士伍，《漢舊儀》：“無爵爲士伍。”即沒有爵的成年男子。

《睡虎地秦墓竹簡》頁 62

○**湖南省文物考古研究所、湘西土家族苗族自治州文物處**（2003）　（編按：里耶簡[8]157）士五，士伍，《漢舊儀》：“無爵爲士伍。”結合江陵張家山漢簡，二十等爵之後有公士、士伍，則士伍爲平民。

《中國歷史文物》2003-1，頁 14

【士君子】

○**何琳儀**（1998）　（編按：璽彙4731—4734）楚璽“士君子”，見《禮記·鄉飲酒義》“鄉人士君子”，注：“士謂州長黨正也，君子謂鄉大夫士也。”

《戰國古文字典》頁 103

△**按**　“士君子”表示持璽者之身份，必指一人而言，倘如《禮記》注所云，則“士”與“君子”爲二事，其說未安。“士君子”屢見於《墨子》《荀子》而罕見於其他古書，在《墨子》指統治者或貴族男子，在《荀子》則指德才出衆之人，璽文

中之"士君子"究竟爲何義,未可確知。士君子,璽文或作"君子士"。詳細討論見田煒《古璽探研》(54—56 頁,華東師範大學出版社 2010 年)。

壯 壯 莊

○ **施謝捷**(1998)　1660 鄱(番)莊·番莊(壯)。

《容庚先生百年誕辰紀念文集》頁 647

○ **何琳儀**(1998)　壯,從土(或作立形),爿聲。《淮南子·墬形》"壯土之氣",注:"壯土,南方之土。"故壯之本義當與土有關,小篆土誤作士。《説文》:"壯,大也。從士,爿聲。"

《戰國古文字典》頁 701

○ **何琳儀**(1998)　(編按:陶彙 3·527、陶彙 3·770、璽彙 1660)莊,從土,厈聲。厈爲爿之形變,與广形混同。《集韻》:"莊俗作莊。"

　　戰國文字莊,人名。

《戰國古文字典》頁 702

○ **施謝捷**(1998)　《睡虎地秦墓竹簡》的甲種《日書》"盜者篇"中有如下一條:

　　寅,虎也。盜者壯,希(稀)須,面有黑焉,不全於身……(71 背)

　　按:"盜者壯",與本篇"子,鼠也。盜者兌(銳)口……"(69 背)、"丑,牛也。盜者大鼻……"(70 背)、"卯,兔也。盜者大面……"(72 背)等描述不相若,江陵張家山漢簡《日書》中亦有相關内容,作:

　　寅,虎也。盜者虎狀,希須,大面,面有黑子,不……(《書法》1986 年 5 期 2 頁)

　　據此,疑"盜者壯"當從張家山漢簡《日書》作"盜者虎狀"。"壯、狀"古通用,《周禮·考工記·栗氏》"凡鑄金之狀",鄭玄注:"古文書狀作壯。"(中略)可見此條的"盜者壯","壯"爲"狀"之同音借字,"壯"上脱"虎"字。稱盜者"虎狀",與本篇"巳,蟲也"條言盜者"蛇目"(74 背)例同。

《簡帛研究》3,頁 168

△按　者汈鐘銘文云"用再（稱）剌（烈）竝（壯）"，"竝"字从爿得聲，何琳儀讀"竝"爲"壯"，可從，然徑釋"竝"爲"壯"，則未安。古文字確釋之"壯"字，未見有从土者，遑論由"土"又轉爲"立"者，故所謂"从土"一説非是。戰國文字"壯"字皆从士作。

戰國文字"爿"旁與"疒"旁形近，每每相混，如"疾"字或从爿作 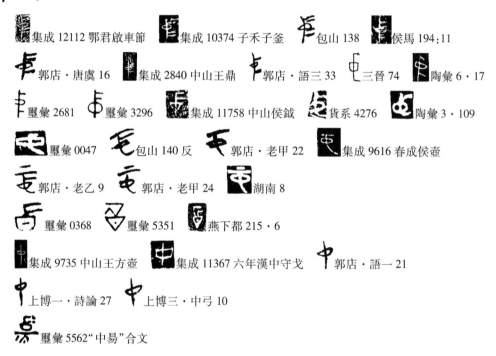（包山236）、"疠"字或从爿作 （包山220），"牆"字或从疒作 （璽彙0095），皆其例。施謝捷釋"莊"爲"壯"，可從。

中　中

中　集成12112 鄂君啓車節　　集成10374 子禾子釜　　包山138　　侯馬194:11

郭店·唐虞16　　集成2840 中山王鼎　　郭店·語三33　　三晉74　　陶彙6·17

璽彙2681　　璽彙3296　　集成11758 中山侯鉞　　貨系4276　　陶彙3·109

璽彙0047　　包山140 反　　郭店·老甲22　　集成9616 春成侯壺

郭店·老乙9　　郭店·老甲24　　湖南8

璽彙0368　　璽彙5351　　燕下都215·6

集成9735 中山王方壺　　集成11367 六年漢中守戈　　郭店·語一21

上博一·詩論27　　上博三·中弓10

璽彙5562 "中易"合文

○**羅福頤**（1930）　中　　鐵　　符（**編按**："鐵"指《鐵雲藏印》，"符"指《十六金符齋印存》）。

《古璽文字徵》1·1—1·2

○**李學勤**（1956）　（**編按**：仰天湖12）關於簡的體例，就所見的，每支簡似是獨立的，記載一種器物，只有第12簡"皆賦（藏）刭一、笛之中一"是承上的。

《李學勤早期文集》頁3，2008；原載《文物參考資料》1956-1

○**鄭家相**（1958）　中　文曰中。按中即中人，見《昭十三年》，在今河北唐縣西南，春秋時屬鮮虞，一曰中山。

按前年山東即墨縣附近，出土節墨刀二百餘枚，內有此種尖首刀十餘枚。

但皆截去刀身上半段，似在行使時被剪鑿者，可見尖首刀亦嘗行使於齊地也。又可見剪鑿古泉之風，不始於漢，在周代亦已有之矣。

（中略）ら88文曰内。按此内字，李氏《古泉匯》列之不識。馬伯昂訓爲貨字省文，但内背有兼紀化字者，則貨化意重，當屬非是。陳壽卿謂是易字倒列，但左右外皆正列，未有倒列者，且篆文亦不類，亦屬非是。近人有釋盾字者，更無所取義。今予改釋爲内字，ら之上從 Α，下從 ◻，與 外之右從 ▲，左從 𝐃，同也。上下相入爲内，左右相背爲外，亦猶 ᗡ之向左爲左，𝐄之向右爲右也。左右與内外皆爲相對字，此刀背文，既有左右外三字，不能無内字一種，其爲内字，尚何疑哉。考諸甲骨文，内字有篆作ら與ϕ者，正與刀文作ら者同，則内字更可確定矣。按上刀背文僅紀一内字。

ら文曰内一　　ら文曰内二　　ら文曰内三　　ら文曰内五　　ら文曰内六

ら文曰内七　　ら文曰内八　　ら文曰内十　　ら文曰内廿

按上刀内背兼紀數。

ら文曰内乙　　ら文曰内壬　　ら文曰内亥

按上刀内背兼紀干支。

ら文曰内化　　ら文曰内工　　ら文曰内大　　ら文曰内吉　　ら文曰内口

ら文曰内金　　ら文曰内日　　ら文曰内土　　ら文曰内启，《説文》启，開也。

按上刀内背兼紀名物。

按内背易刀，兼紀各種文字，大都與左背右背同。然左背右背皆有兼紀三種文字，而内背則未見，惟内背之启字，則爲左右背所未見也。

《中國古代貨幣發展史》頁 70、162

○**李學勤**（1959）　　燕國璽印的印面多呈條形，有細長的柄，自名爲鍴，如清光緒初年易縣西關出土的"單佑都□王氏鍴"（圖 14）。下列三鈕是特別值得注意的：

　　　易軍主車（簠齋手拓古印集 3，5）

　　　易江里丞（古印叢 3，12）

　　　易下都□王氏［鍴］（圖 15）

　　由第一鈕可知"易"是地名，由第二鈕知它大於里，由第三鈕知它大於都。"易"應即燕國，燕都

圖15　燕下都官印（長 4.3 釐米）

圖14　燕單佑都官印（銘文長 7.5 釐米）

於臨易，別稱爲易，和魏稱梁、趙稱邯鄲、韓稱鄭同例。燕"明刀"幣背文有：

易邑，一（古泉匯亨 8,10,1）

左易，下（古錢大辭典 1103）

右易，四（東亞錢志 5,53,2）

上易（綠莊嚴館古泉拓）

外易，一（古錢大辭典 1075）

"易邑"和井邑（《古今錢略》4,40,4）、安邑（同上 4,48,1）一樣，都是地名，應即臨易；所以"易軍"即燕軍，"易下都"即燕下都。明刀背文的"左""右"可能就是"左易""右易"等的簡略，均爲燕國的地方區劃。

《文物》1959-7，頁 53—54

○**朱德熙、裘錫圭**（1972） （**編按**：仰天湖 12）第七字李釋中（**編按**：見上引李學勤［1956］），可從。戰國印文中字或作以下諸形：

《古璽文字徵》1.1 下—1.2 上

與簡文中字相同（**編按**：文中二例璽文與《古璽文字徵》所録方向相反）。

《考古學報》1972-1，頁 77

○**中大楚簡整理小組**（1977） （**編按**：五里牌 16），又見於長沙仰天湖楚簡和江陵望山二號墓楚簡，釋爲屯，意義爲囤。

《戰國楚簡研究》4，頁 24

○**裘錫圭**（1978） 燕明刀背文裏常見一個寫作、、等形的字。這個字清人釋作"易字之省、倒六字"或"貨字之省"（《辭典》下 62、64 頁），《發展史》釋作"内"（162 頁），《戰國題銘概述》釋作"易"（《文物》1959 年 7 期 53 頁），都不可信。

根據文例和字形來看，這個字應該釋作"中"。

在明刀背文裏，這個字多用作兩個字以上的背文的首字。兩個字以上的明刀背文，以首字作"左、右、、外"的四種爲最常見。不過，作"外"的一種數量比其他三種少。並且，首字作"外"的，下一字必爲"盧"；首字作"左、右、"的，下一字則有很多種類。所以，在明刀背文首字裏，真正勢均力敵的只有"左、右、"這三種。僅從這一現象看，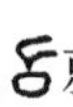就很可能是"中"字。

在明刀背文裏，這個字除作首字外，有時也用作第二或第三字。例如（此字用~號代）：

左~ 《古泉匯》亨 5・13　　右~一 《古泉匯》亨 6・8

左～下	《辭典》1103 號	右～三	同上
左～千（？）	《古泉匯》亨 5 · 7	右～昌	《東亞》5 · 53
右～	《古泉匯》亨 7 · 10	右下～卄	《續泉匯》亨 2 · 7

有的明刀背文，第二或第三字作“上”或“下”。例如：

左上	《辭典》1096、1097	右下二	同上
右上	《文物》1959 年 2 期 73 頁	右下	《辭典》1120 號
右上厶	《古泉匯》亨 7 · 4	右下厶	《東亞》5 · 52
𠂤上	《奇觚》19 · 47	左𠂤下	《辭典》1103 號
左下工	《文物》1959 年 2 期 73 頁		

“中”跟“左、右”是對文，跟“上、下”也是對文。所以，對用作明刀背文第二或第三字的𠂤，釋作“中”也同樣是合適的。

從字形上看，把這個字釋作“中”也很合理。殷末周初的中父辛爵的“中”字作𤔲（《金》24 頁）。春秋戰國之際的沖子鼎“沖”字所從的“中”作𠂤（《金》576 頁）。戰國時簡體盛行。例如：“馬”可省作𢓲（《古徵》10 · 1），“慶”可省作𢊄（《古徵》10 · 5）。上舉的那種“中”字如果仿“馬、慶”等字之例省去下部便成爲𠂤，再寫得草率一點便成爲明刀的𠂤字了。戰國印“忠”字或作𢙣（《古徵》10 · 5），所從的“中”字的省略方法，正與明刀“中”字相類。

明刀的這種“中”字也見於下列戰國印：

（1）𠂤軍壴（主？）車　　　　《簠》上 3

（2）𠂤軍丞（？）　　　　《古印集存》5 冊

（3）𠂤下都加王□　　　　《文物》1959 年 7 期 53 頁

（4）𠂤行轄　　　　《攟華齋古印譜》2 · 6

（5）𠂤　　　　《舉》1 · 43

（6）𠂤　　　　《燕匋館藏印》

（1）（2）（3）三紐古印，根據形制和文字作風可以斷定是燕國官印。（6）見於專門著錄燕地出土古印的《燕匋館藏印》。剩下的（4）（5）兩印看來也應該是燕印。古文字“口”形內加點不加點每無別，（1）（2）的第一字跟明刀“中”字顯然是一個字。中軍在古代幾乎是每一個國家都有的軍隊編制。《簠》上 2 頁著錄“左軍丞（？）鍴（？）”燕印，可與（2）對照。（3）的“中下都”似應解釋爲中部的下都，可能就指燕國的易都。（4）是私印，中行是古代常見的姓氏。(5)(6)似格言印,印上著一"中"字可能是以持中自勉之意。

《北京大學學報》1978-2,頁 81—82

○**朱活**(1983)　　這裏只談⊅刀背文中的⊱字。此字也篆作⊱⊱⊱,諸家解釋不一,主要有釋易、釋良、釋内、釋中四説。此外,馬昂《貨布文字考》訓爲貨字的省文。

釋易説,前人雖有説而未安,鮑康《觀古閣泉説》:"明字刀背文首一字爲左、右、⊱、外凡四類,壽卿云,⊱或易字之省。"壽卿即陳介祺。文中的"易"字疑爲刊誤,陳氏是釋幣文的老手,且齊刀背文有易字,空首、平首布錢均有易字,釋文又多出自陳氏,不會把易、易混而不察,鮑氏也是老於此道者,不可能以陳氏之誤而載入《泉説》。今人李學勤氏在《戰國題銘概述》(上)中釋易,並指出"燕都於臨易,别稱爲易"。所引燕下都官印,易字篆作"⊱",跟燕刀背文同,很有説服力。

釋良説,近人王獻唐主此説,王氏的《中國古代貨幣通考》:"良字作⊱、作⊱,本如金文季良父壺⊱體……良殆河北之良鄉,列國爲燕地。"

釋内説,鄭家相主此説,鄭氏的《中國古代貨幣發展史》:"今予考釋爲内字,⊱之上從⌒,下從▽,與外之右從卜,左從Ⅾ同也。上下相入爲内,左右相背爲外,亦猶⊱之向左爲左,⊱之向右爲右也,左右内外皆爲相對字,此刀背文既有左右外字,不能無内字一種,其爲内字,尚何疑哉。"

釋中説,裘錫圭主此説,裘氏在《戰國貨幣考》中提出,論據是"兩個字以上的明刀背文,以首字作'左、右、⊱、外'的四種爲最常見……在明刀背文首字裏,真正勢均力敵的只有'左、右、⊱',這三種,僅從這一現象看,⊱就很可能是'中'字"。又"'中'跟'左、右'是對文,跟'上、下'也是對文"。再"從字形上看……殷末周初的中父辛爵的'中'字作⊱。春秋戰國之際的沖子鼎'沖'字所從的'中'作⊱。戰國時簡體盛行……省去下部成⊱,再寫得草率一點便成爲明刀的⊱字"。

以上諸家之説,均不失爲卓見,以釋易説爲近情。按先秦各國文字結構並不完全一致,所謂書無定勢,字無定法,幣文更甚,顛倒易位,簡省草率,均無不可,這就給解釋幣文造成一道難關。筆者仍認爲"⊱"字亦爲"⊅"字,也就是匽(燕)的簡筆和變體,此字有時篆作⊱作⊅,如果將外筆拉下,便成爲燕刀面文⊅字,只是寫得較爲草率而已。可見⊱字不是"日月爲易"的"易",更不是"蜥易"的"易"。如果説它是猶存玄鳥形狀的"易",近是。亦即晏(匽)字,也就是燕(⊛)的省筆和變體。因爲古文其形的始體同源、一般其音近、其義同,故釋己爲晏(匽、燕)最爲近情。

1978 年,筆者再去河北易縣武陽臺燕下都故城遺址,所見到的燕刀,其背文有左、右、己、外四種,而模鑄"行"字及一個數目字的亦恆見。這幾種背文,以"外"字較少,但也不是稀如鳳毛麟角。看來,凡是背文只模鑄一個字,這是燕國控制鑄幣權在國都鑄造的早期刀貨,背文"晏"(匽、燕)是燕政府建立鑄錢場的標志。那些背文多字而冠以晏、左、右、外的,是燕國貨幣經濟得到進一步的發展,貨幣需要量逐步增加,一處鑄錢場已不夠用,於是增設晏左、晏右、晏外或稱左晏、右晏、外晏三處鑄錢場,《古泉匯》亨四所載刀刀背文有左晏、右晏、晏右、晏左一、晏右一,《古錢大辭典》所錄左晏下,皆是此説有力的證據。不過,一般多省去晏字,而成爲左一、右二等。刀刀背文"行"字,及模鑄數目單字的,可能也是省去了晏字。

總之,釋己爲晏(匽、燕),不僅猶存古形、古音,而古義亦彰。管見是否確切,願得明教。

《古文字研究》10,頁 300—302

○**許學仁**(1983)　　市仰天湖 2·1　市仰天湖 7·12　市仰天湖 12·2

仰天湖楚簡市字三見,其第二、十二號簡,皆完整可通讀:

史樹青釋"市",讀爲"市佑之綖衣""皆贇□一笮之市,一"。以爲市乃"韍的古文";金氏祥恆疑之,古器物中所見楚文之研究收入"女"字條;饒氏宗頤箋證釋"安",讀爲"安尹""一柙之安"。皆不辭。

按當釋爲"中"。璽印文字徵有先秦古鈢市(中身)、市(中士)二方,羅福頤釋"市""市"爲中。又小校經閣載王子中膚鼎,中作市;六國器夨成侯鐘刻款中作市,皆與簡文同。簡文宜讀爲"中君之綖衣"、"皆藏於一笮之中"。"中君"一詞,見於《荀子·非相》,信而有徵。"藏於一笮之中",謂以笮藏之也,辭暢義達。釋爲"中"字,孰謂不宜。

《中國文字》新 7,頁 148—149

○**李學勤**(1998)　　這處鑄幣遺址出土的範,多爲"明"字方折的弧背刀範。範"呈長方形,狀如薄磚,用細土合成,面經磨過,頗光潤;正文範背面則粗糙",有凹穴或粗繩紋,長 21.5,寬 13,厚 4 釐米。每扇五刀,刀長 14,最寬 2.2 釐米。在澆口之側常刻有一字或符號。刀的正面是方折"明"字,背面是"中"字,"中"顯然爲鑄造分批的標記。1979 年莒故城内北垣曾出一背文"中"字殘刀，“此刀銘文、形制與莒故城出土的陶範完全相符”。

《中國錢幣論文集》3，頁 84

○**徐在國**（2005）　附帶談一下江陵九店一六八號墓出土的一件楚戈，上有銘文七字，爲“南君陽邘之中戈”。疑“中”亦讀爲“撞”。《史記·天官書》：“炎炎衝天。”《漢書·天文志》“衝”作“中”。《晏子春秋·外篇下》：“衝之果毀。”《初學記》十六引“衝”作“撞”。據此，“衝”和“中”相通，而“衝”和“撞”又相通，那麼“中”和“撞”也應相通。南君戈“中戈”亦應讀爲“撞戈”。

《古漢語研究》2005-1，頁 66

【中人】

○**睡簡整理小組**（1990）　（編按：睡虎地·封診 39）中人，常人，例見《論語·雍也》及《漢書·文帝紀》等。

《睡虎地秦墓竹簡》頁 154

【中厶官】

○**朱德熙、裘錫圭**（1973）　（編按：集成 2102 中私官鼎）戰國銅器刻辭裏常常出現“自”字。例如：

（1）□公左⊐自重☒

（中略）《三代》2·53 著録鼎銘云：

（7）〔圖〕

原書目録稱此器爲“中⊐官鼎”，官上一字未釋。《金文編》則誤認“⊐官”爲一字，稱之爲中冒鼎。其實鼎銘右側一行顯然是“中厶（私）官”三字。陝西省博物館藏銅鼎銘曰：

（8）〔圖〕

首二字亦應釋爲“厶（私）官”。私官的名稱又見於下引銅器銘文：

（9）邵宮〔私〕官四斗少半斗

〔私〕工＝感

廿三斤十兩

十五　　　　　《三代》14·11

從銘文字體看，這件銅器當是秦代或戰國末年秦國的東西。銘文“官”和“工”上邊的兩個字並當釋“私”。漢印私字或作〔私〕可證。此器器形見《尊古齋所見吉金圖録》3·14 及《陶齋吉金録》5·2，與盉相似，前人多釋器銘“私”字爲

“和”，以爲即“盉”之假借字（如《金文續編》2·5下），銘文無法通讀，非是。

前引第一器的“厶自”無疑就是（7）—（9）三器的“私官”，這也證明“自”是“官”字的簡體。**（中略）**

上文已提到，私官的名稱數見於漢代遺物。我們注意到的有：

（10）“私官丞印”封泥兩片

（11）“中私官丞”封泥一片

（12）“長信私官”殘陶一片

（13）“黄室私官右丞”印一紐

（14）太初二年造“中私官銅鍾”

“私官”之稱亦見於典籍。《漢書·張湯傳》附《張放傳》：

放取皇后弟平恩侯許嘉女。上爲放供張，賜甲第，充以乘輿服飾。

號爲天子取婦，皇后嫁女。大官、私官並供其第。

服虔注：“私官，皇后之官也。”今按，大官即少府所屬“掌御飲食”的太官，私官應是皇后食官。衛宏《漢舊儀》中亦有與太官對稱的私官：

太官尚食用黄金釦器，中官私官尚食用白銀釦器，如祠廟器云。

同書記宗廟三年大祫祭之禮，説高祖座前設“黄金釦器”，高后座前設“白銀釦器”，與上條所記對照，尤可證明私官是皇后食官。《漢書·百官公卿表》詹事條下記皇后官屬有“食官”，《漢舊儀》的“中官私官”（這裏的“中官”大概是泛指宮中的官屬）以及上引封泥和銅鍾銘文中的“中私官”，應與之相當。《後漢書·百官志》所記中宮官有：中宮僕、中宮謁者令、中宮尚書、中宮私府令等等，獨無中宮食官令，似有脱誤。

上引（12）“長信私官”殘陶，從字體看是漢初的東西。《百官公卿表》：“長信詹事掌皇太后宮。”可知長信私官是皇太后的食官。上引（13）“黄室私官右丞”是王莽官印。王莽篡漢，廢孺子嬰爲定安公，改皇太后（即王莽之女平帝皇后）號爲定安公太后。始建國二年又改號爲“黄皇室主”。“黄室私官”是黄皇室主的食官，如果從平帝后在漢代的地位來説，就是太后食官；如果從平帝后跟王莽的關係來説，則是公主食官。

應劭《漢官儀》記長公主官屬有私府、食官等職。私府之稱與皇后屬官相同。其食官大概也跟皇后的食官一樣，可以稱爲私官。

總之，漢代所謂私官可以是皇后的食官，也可以是太后或公主的食官。戰國時代私官的性質不會和漢代有多大出入。上引（7）“中私官”大概是王后的食官。

《朱德熙文集》5，頁83—86，1999；原載《文物》1973-12

○**黄盛璋**（1982）　見卷九"厶"部下【厶官】條。

【中干】

○**李家浩**（1995）　"中干"亦見於望山簡（編按：望山2·13）：

　　（4）堆（隼）韽（旌），白市（旆），罷（翡）翠（翠）之首。丹关，黄末，翠（翠）胷，罷（翡）羸，豖（蒙）毛之首。二霝光之中干，一秦高（縞）之中干，丌（其）篁，丹緅之□，秦高（縞）之霝韽（旌）。

　　　　　　　　　　（《文物》1966年5期圖版伍第三簡，52頁圖二四第三簡）

　　《詩·秦風·小戎》"蒙伐有苑"，毛傳："伐，中干也。"毛傳所説的"中干"指中型的盾，簡牘文字的"中干"當非此義。簡牘文字的"中干"都與旌旗記在一起，應當屬於旌旗之類。古代有一種旗叫作"罕"。《史記·周本紀》："百夫荷罕旗以先驅。"漢代將這種"罕旗"叫作"雲罕"。《文選》卷三《東京賦》"雲罕九斿，閣戟轇輵"，薛綜注："雲罕，旌旗之別名也。九斿，亦旗名也。"古人稱疏似雲的旗或形容高至雲的旗爲"雲旗"。"雲罕"猶"雲旗"，"雲"當是修飾語。"罕"從"干"聲。疑簡牘文字的"中干"即指這種罕旗。

　　　　　　　　　　《第二屆國際中國古文字學研討會論文集續編》頁379—381

○**朱德熙、裘錫圭、李家浩**（1995）　（編按：望山2·13）《詩·衛風·干旄》毛傳："注旄於干首（《爾雅·釋天》郭注稱'竿頭'），大夫之旆也。"疑簡文"中干"之"干"與"干旄"之"干"同意。

　　考釋［六三］説一三號簡"中干"之"干"與"干旄"之"干"同意。今按此説恐不確。此簡"中干"位於"隼臂（旌）、彤关"二旗之後。包山二六七號簡與竹觚記有"笔（旌）中干"，位於"絑（朱）臂（旌）、帶（旆）"二旗之間。據此，"中干"當與旌、旆等同類。古有名"罕"之旗，《史記·周本紀》："百夫荷罕旗以先驅。"漢代或稱"雲罕"。《文選》卷三《東京賦》"雲罕九斿，閣戟轇輵"，薛綜注："雲罕，旌旗之別名也。九斿，亦旗名也。""罕"從"干"聲。疑簡文"中干"之"干"當讀爲"罕旗"之"罕"。

　　　　　　　　　　　　　　　　　　　　　《望山楚簡》頁121、131

○**劉信芳**（2003）　中干：又見牘1，望山簡2-13："二霝光之中干，一秦高（縞）之中干。""中"之古文本象旗幟之形，《詩·鄘風》"干旄"，《左傳》定公九年作"竿旄"，知"中干"應是一種以竹竿扎束如"中"之字形的旗幟。

　　　　　　　　　　　　　　　　　　　　　《包山楚簡解詁》頁308

【中土】

○ **劉信芳**（1991）　（編按：睡虎地·日甲157背）中土：此指封土爲社，以爲馬禖之神主。《周禮·夏官·校人》："秋祭馬社。"鄭氏注："馬社，始乘馬者，《世事·作》曰：相土作乘馬。"按：據《日書·馬》篇行文可知，馬禖、先牧、馬社當爲三位一體，於養馬之祖稱"先牧"，於祭儀稱"馬禖"，於神位稱"馬社"。

《文博》1991-4，頁66

【中山】

○ **湯餘惠**（1993）　（編按：中山王鼎、中山王方壺銘文）中山，國名，即春秋鮮虞國，本爲白狄之別種。公元前414年，中山武公即位，建都於顧（今河北省定縣），前408年，魏文侯派遣樂羊伐中山，攻取中山國都，中山一度亡國。前380年，中山桓公復國，遷都靈壽（今河北省平山縣三汲公社）。據文獻和同出奼蚉圓壺銘文的有關記載，知道中山國歷經文公、武公、桓公、成公、王𩵋、奼蚉和王尚諸王。公元前296年，趙武靈王伐滅中山，再度亡國。

《戰國銘文選》頁33

【中父】

○ **李學勤、李零**（1979）　（編按：中山王方壺）仲父是周王册封中山相邦賙的尊號，春秋時管仲以及秦吕不韋都曾有仲父之稱。

《考古學報》1979-2，頁153

○ **張政烺**（1979）　仲父，見《史記·范雎傳》"齊桓公得管夷吾以爲仲父"，《吕不韋傳》"太子政立爲王，尊吕不韋爲相國，號稱仲父"，正義："次父也。"

《古文字研究》1，頁220

○ **商承祚**（1982）　《史記·范雎蔡澤列傳》："昔周文王得吕尚以爲太公，齊桓公得管夷吾以爲仲父，今范君（雎）亦寡人之叔父也。"仲父，猶今之稱叔父。

《古文字研究》7，頁69

【中行】

○ **裘錫圭**（1978）　見"中"字條。

○ **黃錫全**（2001）

編號	幣文	原釋	今釋	簡注	國別	幣形
2993—2998	夲	□	中行	或者行中。又3004、3005等	燕	刀

《先秦貨幣研究》頁357

【中邑】

○**丁福保**（1938）　中邑

　　方小東刺史云：邑當爲都之省，注互見中都布。【錢匯】（中略）

　　中都

　　中都　方足布中都，注，魯邑。考《左傳·昭二年》，晉人執陳無宇於中都，注，晉邑。是兩地同名，方足尖足，或兩國所鑄。【錢匯】

《古錢大辭典》頁 1175、1236，1982

○**石永士、高英民**（1995）　【中邑·平襠方足平首布】戰國晚期青銅鑄幣。鑄行於趙國。面文"中邑"，形體稍異。背無文。"中邑"，古地名，在今河北省滄縣境內。一說"邑"爲"都"字之省，面文爲"中都"，在今山西平遥縣西（參見"中都·平襠方足平首布"條）。1979 年河北靈壽有出土。一般通長4.2—4.5、身長 2.9、肩寬 2.4、足寬 2.6—2.8 釐米，重 6 克。罕見。

《中國錢幣大辭典·先秦編》頁 250

○**何琳儀**（2002）　"中邑"（1580）（編按：貨系）。見《惠景閒侯者年表》，隸《地理志》渤海郡。在今河北滄州東北，地處趙、燕、魏三國交界。

《古幣叢考》（增訂本）頁 207

【中兮北尚】

○**張光裕**（1997）　（編按：公朱右官鼎）"中兮北尚"，銘辭前所未見，試述如下：

　　"兮"，據字形及相關資料考訂，釋讀可有二說。其一，釋"善"。包山楚簡及古璽印文所見善字多作"𦎫、𦎦"等形，《古璽文編》附錄五五收錄《古璽彙編》5387 號印文有"𦎦"字，疑即善字，鼎銘字形與之相若，倘釋作善，應可備爲一說。善或讀爲膳，"中膳"可視爲職掌範圍；"北尚"可讀作名詞，當爲人名或地名。若然，鼎銘所記爲此公朱（廚）右官名北尚者擔負中膳之責，或公朱右官專掌北尚（或宮室名）中膳之責。

　　其二，讀爲"向"或"鄉"。曾見新出土楚簡，方向之"向"即書此形，另有"鄉[卿]事"一辭，鄉字亦書作"兮"，假爲"卿"字。倘讀"中向"或"中鄉"則可指方位而言，"中向[鄉]北尚[上]"乃指鼎之陳設，以北爲上首，向中陳設。如"鄉"假爲"卿"，則"中卿"可視爲職官名。要之，鼎銘確指，未敢遽斷，僅提供愚見，以俟高明。

《中國文字》新 23，頁 75

△按　"兮"字屢見於楚簡，用爲"嚮、卿、鄉、𡩋"等字，其讀音必與"向"字相同或相近。"中兮北尚"當讀爲"中鄉北黨"，乃生產或放置公朱右官鼎之地方，詳

細考釋見田煒《古璽探研》(206—211 頁,華東師範大學出版社 2010 年)。

【中身】

○**周世榮**(1982) 還有琉璃印一枚,1956 年長左 M41 出土,收録在《長沙楚墓》,誤作銅印,墓號誤作 56 長·左·電 M24,無釋文,今補釋爲"中身"。該式琉璃印,湖南省博物館還藏有一枚,上海博物館也收藏了一枚,字形大同小異。該式印文璽印文字中習見。"中身"一説即"中年",所謂人壽百年,人身享壽之中數,即五十年;另一説"中"者正也。不偏不倚,無過不及,一如中行、中庸等,類似警語。

《湖南考古輯刊》1,頁 96

○**王人聰**(1997) 璽文中借爲忠,《周禮·大司樂》"中和祇庸孝友"(編按:"祇"當作"祇"),鄭注:"中,猶忠也。"(中略)璽文"中身"即係"忠信"。

《香港中文大學文物館藏印續集一》頁 170

△**按** 王人聰説是。

【中余】

○**陳偉**(2007) (編按:上博四·柬大 9、10)中余,當即古書中的"中謝"或"中射"。《吕氏春秋·去宥》:"荆威王學書於沈尹華,昭釐惡之。威王好制。有中謝佐制者,爲昭釐謂威王曰:'國人皆曰:王乃沈尹華之弟子也。'王不悦,因疏沈尹華。中謝,細人也,一言而令威王不聞先王之術,文學之士不得進,令昭釐得行其私。"高誘注:"中謝,官名也。佐王制法制也。"《史記·張儀列傳》云:"越人莊舄仕楚執圭,有頃而病。楚王曰:'舄故越之鄙細人也,今仕楚執圭,貴富矣,亦思越不?'中謝對曰:'凡人之思故,在其病也。彼思越則越聲,不思越則楚聲。'"索隱云:"蓋謂侍御之官。"《韓非子·十過》云:"昔者楚靈王爲申之會,宋太子後至,執而囚之,狃徐君,拘齊慶封。中射士諫曰:'合諸侯不可無禮,此存亡之機也……'"同書《説林上》載:"有獻不死之藥於荆王者,謁者操之以入,中射之士問曰:'可食乎?'曰:'可。'因奪而食之。"《戰國策·楚策四》"有獻不死之藥於荆王者"章同之,鮑彪注:"射人之在中者。"合而觀之,中謝(射)當是楚官名,其職掌則以司馬貞説近是。

《簡帛》2,頁 267

△**按** 又參【中酴】【中龣】條。

【中君】

○**李學勤**(1956) (編按:仰天湖 29)中君。

《李學勤早期文集》頁 1、2,2008;原載《文物參考資料》1956-1

○**林河**(1982)　　竹簡之二:"毛君之一綖衣緆純䋁縞之䋎。"

　　這片竹簡,也是記載的某人所送禮品,甴字不可考,我個人認爲:這是"毛"字,也即"苗"字,苗族人有自稱或他稱爲"毛"者,古書上也有"髦"爲證,毛君,應即"髦君"之簡寫,即"苗族之君"也。

《貴州民族研究》1982-1,頁 54

○**郭若愚**(1994)　　"中(仲)君之一綖衣,繬(綞)純,䋁縞之緒。句"

　　《説文》:"仲,中也。"《釋名·釋親屬》:"仲,中也。"此爲長幼之次,中君即仲君,乃賵贈者之名。

《戰國楚簡文字編》頁 115

【中舍】

○**李學勤**(1959)　(編按:三十七年右舍銀器足)"工右舍、中舍"是製器的作坊。

《文物參考資料》1959-8,頁 63

○**黄茂琳**(1973)　見卷五工部"工"字下【工右舍】條。

【中府】

○**李學勤**(1959)　"中府"是筦藏器物的有司,又見於"洛陽金村古墓聚英"38 銀杯和 45,2 銀俑。

《文物參考資料》1959-8,頁 63

○**李學勤**(1983)　"中府"係藏器職官。

《新出青銅器研究》頁 242,1990;原載《歐華學報》1983-1

○**黄盛璋**(1983)　中府有左、右佴,中府爲製器之官府,可以製銅用器,所見有:

　　鍾:春成侯中府半重匀(重)十八益。　（《三代》18·19·3）
　　鼎:王子中府　　　　　　　　　　　（《小校》2·57）
　　杖首:三年中府丞趙許冶澤　　　　　（《三代》18·31·2）
　　也可以製兵器:
　　戈鐓:中府。　　　　　　　　　　　（《三代》20·59·2）

　　中府有丞有冶,冶爲直接製器者。而丞則爲主造者。中府設有冶,製造銅、銀器等。

《古文字研究》10,頁 225

○**黄盛璋**(1985)　中府分左右曹,導工亦分左、右,右導工屬中府右曹,左導工屬中府左曹。中府三晉也有,也造器物,如中府杖首"三年中府丞趙許治(編按:"治"爲"冶"之誤)澤"（《三代》18·3·2）、中府戈鐓"中府"（《三代》20·34·2）、春成侯鐘春成侯中府半僅(鐘)（《三代》18·19·3）。中府丞當即曹丞。丞爲趙官,國別屬趙可能很大。銀節約之尋工只是屬少府,與東周尋工屬中府不同。

《古文字研究》12,頁 342

○**黄盛璋**(1985)　中府由"納之中府",亦當爲内府,私府之意,太原東太堡出土西漢代國銅器銘文有"清河太后中府鍾"(《文物》1962 年 4、5 期)。

《考古》1985-5,頁 462

○**黄盛璋**(1989)　(5)中府杖首

　　"三年中府丞肖(趙)許、治(**編按**:"治"爲"冶"之誤)澤"

　　(**中略**)"中府"不僅爲藏器之處,亦爲鑄器之所,春成侯鍾有"中府",又有"中府"戈鐓,皆可爲證。據"府、冶"等字寫法與銘刻格式,可確定爲三晉器,"府"字寫法,與趙國銀虎頭節約刻銘"府"(𤖖)全同,而丞又爲趙姓,可能屬趙。

　　(**中略**)中府除春成侯中府外,還有"王子中府"鼎(疑爲東周器),似王子與侯皆有中府,楚鄂君啟節銘有"爲鄂君啟賕(更)鑄金節",是鄂君啟也有府,當即中府。中府或與内府同義,所謂"藏之中府"。秦漢皆不見中府,但《後漢書・百官志》有"中藏府令,一人,六百石"。本注曰:"掌中幣帛金銀諸貨物,丞一人。"中藏府疑即來自中府。三年銅杖首銘正有"中府丞"。

　　(**中略**)太原出土漢初銅器有"清河太后'中府'"是"中府"等於内府之證。

《古文字研究》17,頁 31—32、50、65

○**唐友波**(2000)　中府　文獻記載一般以"中府"爲内庫,以藏財物。《穀梁傳・僖公二年》"如受吾幣而借吾道,則是我取之中府,而藏之外府",《史記・田叔列傳》"魯王聞之大慙,發中府錢",張守節正義"王之財物所藏也"。有學者據一些器物銘文推論,中府"亦設官置冶造器",而本銘則確鑿地證明了,"中府"不僅爲藏器之官府,亦爲鑄作之所。

《上海博物館集刊》8,頁 151、154

△**按**　"中府"見於楚、趙等國銅器,其中"府"字作"賔、貸、賔"等形,"賔、貸"二字下皆从貝,上或从府,或从付,从府可兼表音義,从付僅爲表音之用。"賔"字則爲从宀負聲之形聲字。

【中卒】

○**睡簡整理小組**(1990)　(**編按**:睡虎地・雜抄 8)中卒,見《商君書・境内》:"國尉分地,以中卒隨之。"朱師轍《商君書解詁定本》:"中卒,中軍之卒,《左傳》所謂‘中權後勁’,此謂中軍勁卒。”

《睡虎地秦墓竹簡》頁 81

【中官】

○**朱德熙、裘錫圭**(1973)　　(編按:集成 936 王后中官鼎)戰國時代的銅器、陶器銘文裏還有“中官、上官、下官”等名稱,例如:

　　　　(15)中官

　　(中略)這裏的“官”大概也都指食官。(15)的中官顯然不是宮中之官的泛稱,可能與上引(7)的“中私官”相當。西漢前期的王國銅器中有王后中官鼎,銘曰“王后中官二斗五升少半升”,可以與此參證。

《朱德熙文集》5,頁 86,1999;原載《文物》1973−12

○**李學勤**(1983)　　1954 年在“大城圈”西牆 WST1 城基北側發現小型戰國墓一座,編號 WSM7,所出一件完整陶罐,刻古文“中官”二字。“中官”據漢制係王后的食官。墓主可能是屬於周王后食官的人員。

《新出青銅器研究》頁 236,1990;原載《歐華學報》1

【中郎監】

○**孫慰祖**(1999)　　中郎監印　銅質,鈕式未明,縱橫各 2.5 釐米,有界格,佚名《秦漢印譜》著錄。

　　　　《漢書・百官公卿表》説郎中令爲秦官。屬官有“郎”,“郎掌守門户,出充車騎,有議郎、中郎、侍郎、郎中”。此印文風格爲秦,可以徵知秦時中郎並有佐官曰“監”,秦郎中丞之封泥,近年亦有發現,足證《百官公卿表》所説秦置郎中令是準確的。

《孫慰祖論印文稿》頁 72

【中易】

○**裘錫圭**(1978)　　見“中”字條。

○**吳振武**(1983)　　5562 ⚬ （昜）都□王□・中易(陽)都□王□。

《古文字學論集》(初編)頁 526

○**裘錫圭**(1990)　　承李家浩、吳振武二位同志分別見告,此文(編按:《戰國貨幣考[十二篇]》,見“中”字條引)所引第(3)印所據摹本有誤,原印鈐本已收入《古璽彙編》(5562 號),首二字並非“中下”,而是“中易”二字合文,“中易都”當即《史記・燕世家》“田單伐我,拔中陽”之中陽。此文“(3)的‘中下都’似應解釋爲中部的下都……”一語當删。

《古文字論集》頁 453

【中亭】

○何琳儀（2002）　(編按：三晉129)"中亭(？)"(《文編》183)
(圖5)，疑與"中人亭"有關。《左傳·昭公十三年》："晉荀吳
自著雍以上軍侵鮮虞，及中人。"據張曜《中山記》："中山郡初
始中人城，城中有山，故曰中山。"知"人"乃地名後綴（典籍習
見）。而《後漢書·郡國志》中山國唐縣有"中人亭"，即"中
人"。"中亭、中人亭"大概都是"中人"的不同稱謂而已。在
今河北唐縣西南。

圖5

《古幣叢考》（增訂本）頁211

○何琳儀、唐晉源（2004）　《古幣文編》28頁"中"字下收錄一枚罕見的方足
布"中□"。第二字又見283頁，作爲未識字收錄於"附錄"。這枚方足布，
1963年出土於山西省陽高縣天橋村。

第一字《古幣》釋"中"，頗且卓識(編按："且"當爲"具")。在《古幣》28頁就有
内證：

🔸古幣28"中都"　　　🔸古幣28"中□"

順便説明，晚周銅器銘文莒侯簋有人名字和表示排行的"仲"字分別作：

🔸三代8.43.1"不△"　　　🔸三代8.43.1"中妃"

前者《金文編》312頁釋"巨"，後者《金文編》30頁釋"中"。後者有辭例
"仲妃"的限定，釋讀不成問題。而前者是人名"不△"，則只能推敲其筆畫。
其實商周古文字"巨"從無作此形者，戰國文字更與此形迥然不同。《金文編》
沿襲舊説，殊誤。△可與中山王墓玉片銘文中干支"壬申"之"壬"字比較：

🔸三代8.43.1"不△"　　　🔸中山15"壬申"

不難看出，△亦應釋"壬"。此字與方足布"中"字相似，但也有區別。二
者豎畫上的橢圓形是癥結所在：莒侯簋較小，方足布較大，總之，莒侯簋△既
非"巨"，也非"中"，實乃"壬"字。

第二字□可與下列戰國文字"亭"相互比較：

🔸古幣283　　　　　🔸陶彙4.159

🔸中山123　　　　　🔸中山123

以上共同點是其下從"丁"旁，無庸置疑。其上從"高"旁，則略有變異。
具體而言，是將"高"上"本來彎曲的筆畫取直"，即"平直筆畫"現象，在戰國
文字中屢見不鮮。璽印文字"高"之異體更能説明問題：

商 璽彙 1142　　　　　**商** 璽彙 1147

順便指出,上引經過"平直筆畫"之後的"亭"字,與"喬"字十分相似,在典籍中也極易相混。例如,《荀子·解蔽》"桀死於亭山",注:"亭山,南巢之山,或本作喬山。"已透露其中的消息。綜上分析,這枚方足布銘文應隸定"中亭"。

檢《漢書·地理志》河南郡"緱氏"下"劉聚,周大父劉子邑。有延壽城仙人祠,莽曰中亭"。其中"劉聚"即方足布之"留"(《貨系》1678),據《地理志》所載其所屬"延壽城"即王莽時之"中亭"。衆所周知,王莽銳意復古,地名也不例外。估計"中亭"本是先秦地名,在劉聚附近。或定"延壽城"在"緱氏"之北,則先秦地名"中亭"的地望當在今河南偃師東南方向的古"緱氏"所轄"延壽城"一帶。

《中國錢幣》2004-2,頁 4—6

【中軍】

○ **李學勤**(1959)　　見"中"字條。

○ **裘錫圭**(1978)　　見"中"字條。

○ **吳振武**(1983)　　0368 **臽** 軍生車·中軍生車。

　　　　　　　　　　　5547 **乓** 軍丞·中軍丞。

《古文字學論集》(初編) 頁 492、526

○ **何琳儀**(1996)　　"中軍",又見燕國官璽"中軍鼓車"(《璽彙》0368)。燕國兵器銘文尚有"左軍"(《劍吉》下 20)、"右軍"(《錄遺》585)。《史記·燕世家》:"燕王怒,群臣皆以爲可,卒起二軍。"所謂"二軍",應指"左軍"和"右軍",至於"中軍"則由燕王直接統領。參《左·桓五》:"王以諸侯伐鄭,王爲中軍,虢公林父將右軍,周公黑肩將左軍"。又據《資治通鑑》周紀四載赧王三十一年,燕樂毅以"左軍、前軍、右軍、後軍、中軍"五路大軍入侵齊國。則説明燕國已有五軍。

《考古與文物》1996-6,頁 70

○ **何琳儀**(2000)　　"中",左有"余",右上有"又",右下有"軍",處於三字之間,無疑是補刻之字。根據文例,"中"只能與右行連讀"中軍"。"中軍",又見燕國官璽"中軍鼓車"(《璽彙》0368)。燕國兵器銘文尚有"右軍"(《錄遺》585)、"左軍"(《劍吉》下 20)。檢《史記·燕世家》:"燕王怒,群臣皆以爲可,卒起二軍。"所謂"二軍"應指"左軍"和"右軍"。至於"中軍"則由燕王直接統領。參《左傳》桓公五年"王以諸侯伐鄭,王爲中軍,虢公林父將右軍,周公黑肩將左軍。"又據《資治通鑑》周紀四載赧王三十一年,燕樂毅以"左軍、前軍、右軍、後軍、中軍"五路大軍入侵齊國。則説明燕國已有五軍。

《文史》2000-1,頁36

【中都】

○丁福保(1938)　右布面文中都二字,亦晉地。《春秋》昭二年《傳》,晉人執陳無宇於中都。杜注:中都,晉邑,在西河介休縣東南。高士奇曰:《漢志》有中都縣,《後志》同,劉昭注引晉執無宇事誤。徐廣《趙世家》西都注,《秦紀》《年表》作中都,太原有中都縣,既知西都爲中都之誤,又引漢縣作注,亦誤也。漢中都縣,文帝爲代王時都之,晉屬太原國,今太原府榆次縣東十五里有中都城,與介休之中都相去甚遠,此縣晉時猶在,如果在介休東南,則非一地矣。《水經注》以代王都與晉執無宇事連載亦誤,他若魯有中都,見《孔子世家》,齊有古中都,見《後志》東平須昌下。【錢略】

右一品面文兩字,背同前。尚齡按,此布右曰中,左曰都。《禮記》,夫子治於中都。杜注:魯邑。《左傳·昭公二年》,晉人執陳無宇於中都。杜注:晉邑,此布近與襄垣屯留諸品同出山右,是晉幣無疑。【所見録】

右小布面文二字曰中都。

按《史記》本表,秦惠王更元九年,取趙中都,《班志》屬太原郡。【文字考】

右布文曰中都,按《禮記》夫子制（編按:當作"治"）于中都,杜注:魯邑。又《左氏昭二年傳》晉人執陳無宇於中都,杜注:晉邑。《史記》秦惠文君後九年取趙中都,《班志》屬太原郡。（選青）

中都　三品,篆異,《禮記》,夫子治於中都,注,魯邑,今屬汶上縣。【錢匯】

按中都屬趙屬魯,《秦紀》,惠文王後九年,伐趙取中都、西陽。《漢志》中都屬太原郡,此趙之中都也。《禮》,夫子治於中都,《史記》,定公以孔子爲中都宰,此魯之中都也。趙錢雖精,銅質甚薄,此錢較厚,故屬于魯。【遺篋録】

右小布面文二字曰鐘吾

按釒爲鐘之省,見《摭古遺文》,作釒略同,《左昭二十七年傳》,公子燭庸奔鐘吾,《前漢志》,東海郡司吾縣。【文字考】

中垠　見第三四圖

右布面文右作釒,左作釒,似中垠二字,無考。【錢略】

《古錢大辭典》頁 1175—1176,1982

○鄭家相(1943)　（中都）釒釒　釒釒　釒釒　釒釒　釒釒

按右布文曰中都,篆法各異,筆畫增減無定,四傳形,五都省者,成爲中邑矣,《左傳·昭二年》,晉人執陳無宇於中都,注晉邑,在今汾州府平遥縣西北

十二里有中都故城,戰國時趙地。按中都地名不一,以此布出土地點證之,當
屬於趙,與尖足小布爲同地之物。

《泉幣》20,頁 29—30

○鄭家相(1958)　 中𫮃 中 𫮃 文曰中都。《左傳·昭二年》:“晉人執陳無宇於
中都。”注:“晉邑,在今汾州府平遥縣西北十二里,有中都故城。”戰國趙地。
按中都地名不一,以此布出土地證之,當屬於趙,與尖足小布中都爲同地之
物。蓋中都處汾水中游之地,爲方足尖足之交接處也。此布文字變化甚多。
　　(中略)中𫮃 文曰中都。按趙中都,在今汾州平遥縣西北十二里。注參見方
足小布。

《中國古代貨幣發展史》頁 102、113

○梁曉景(1995)　【中都·平襠方足平首布】戰國晚期青銅鑄幣。鑄行於趙
國,流通於三晉、燕等地。屬小型布。面文“中都”,形體多變。背鑄數字。
“中都”,古地名,戰國屬趙。《史記·秦本紀》:惠文君後元九年(公元前 316
年)“伐取趙中都、西陽”。在今山西平遥縣西。1956 年以來山西芮城、祁縣、
陽高、襄汾、屯留、浮山,河北易縣,北京,靈壽,遼寧遼陽,河南新鄭、鄭州等地
有出土。一般通長 4.3—4.6、身長 2.9—3.1、肩寬 2.4—2.6、足寬 2.6—2.8 釐
米,重 4.7—7 克。

　　【中都·尖足平首布】戰國中晚期青銅鑄幣。鑄行於趙國,流通於三晉、
燕、中山等地。屬小型布。面文“中都”。背無文。“中都”,古地名,春秋屬
晉,戰國歸趙。《史記·秦本紀》:秦惠文君後元九年(公元前 316 年)“伐取趙
中都、西陽”。在今山西平遥縣西。通長 5.3、身長 4、肩寬 3.6、足寬 2.9 釐米。
罕見。

《中國錢幣大辭典·先秦編》頁 239、316

○何琳儀(2002)　 “中都”(1549)。《左傳·昭公二年》:“執諸中都。”《趙世
家》:武靈王“十年,奪取中都及西陽”。隸《地理志》西河郡。在今山西平遥西。

《古幣叢考》(增訂本)頁 207

【中栢】

○朱德熙、裘錫圭(1979)　(編按:兆域圖)栢字右旁跟上引記王命銘文裏“官”字
所從的“𠂤”同形。戰國時期“官”字可以省作“𠂤”,古印中“綰、館、輨、棺”等從
“官”的字可以寫成“絙、䭆、𨌥、栢”。此銘“栢”字也是“棺”字的簡化。(中略)“中
棺”當是第二層棺。

《朱德熙文集》5,頁 96,1999;原載《文物》1979-1

【中陽】

○**丁福保**（1938） 中陽 三品，面文小異，《史記》，趙惠王十四年與秦會於中陽。【錢匯】

> 右小布面文二字曰中陽。

> 按《史記》趙惠王十四年與秦會中陽，蓋即此地。【文字考】

> 中陽，趙地，見《史記·趙世家》。【善齊錄】

《古錢大辭典》頁 1236，1982

○**鄭家相**（1958） 屯昜 文曰中陽。《史記》趙惠王十四年，與秦會於中陽，在今山西汾州寧鄉縣西二十五里。

《中國古代貨幣發展史》頁 112

○**黃盛璋**（1988） 刻"廣衍"之兵器，已知有二件由上郡造，上郡武庫交廣衍使用，刻"中陽"之兵器，我收集有三件銘文，其中一件爲四十年上郡戈，藏故宮，已由張政烺教授研究發表於《北京大學學報》1958 年 3 期，"中陽"刻於戈內背面，由正面刻銘知爲上郡高奴工師主造，後由上郡撥交中陽。還有兩件，僅刻"中陽"，一爲戈之斷內，背刻"饒"，《貞松》16.1 摹錄，而誤爲漢器，今存中國歷史博物館，另一件刻於弩牙上，未見實物，可能無其他銘刻。中陽原爲趙地，《史記·趙世家》：武靈王十年"秦取我西部（編按：當作"都"）及中陽"，又《秦本紀》：昭襄王二十二年"與趙王會中陽"，《漢書·地理志》中陽屬西河郡，續後漢志因，《說文》"濦水出西河中陽北沙南入河"，《水經》：河水"又南過中陽縣西"，而注記爲中陽縣與中陽故城，漢城已廢。《括地志》中陽在隰城縣南，《方輿紀要》則記在汾州孝義縣西北。四十年上郡戈既由上郡交中陽，中陽非造地，凡僅刻中陽之兵器，皆爲用地。

《文博》1988-6，頁 42

○**睡簡整理小組**（1990） 中陽，魏地，今河南中牟西。

《睡虎地秦墓竹簡》頁 8

○**陳平、楊震**（1990） 中陽、西都二地都見之於《漢書·地理志》，且皆屬漢之西河郡。中陽，王先謙補注云："戰國趙地，秦取之。秦昭襄、趙惠文王會此。"《秦本紀》云："昭王二十二年，與趙王會中陽。"《趙世家》云："惠文王十四年，與秦會中陽。"關於中陽的地望，《正義》引《括地志》云："中陽故城在汾州隰城縣南十里，漢中陽縣也。"王先謙補注《漢書》中陽曰："《一統志》云，故城今寧鄉縣西。"《中國歷史地圖集》第一冊所標戰國趙之中陽即在今山西省中陽縣境。

《考古》1990-6，頁 552

○**王輝**（1990）　“中陽”當爲第二次置用地。中陽所在有三説：一爲戰國趙邑，《史記·趙世家》：“武靈王十年（前 316 年），秦取我中陽。”故城在今山西中陽縣西，秦屬太原郡；二爲《方輿紀要》記南陽淅陽城秦亦名中陽縣；三爲睡虎地秦墓竹簡《大事記》秦昭王三十三年，“攻蔡、中陽”，此中陽與蔡相鄰，當爲魏地，在今河南中牟縣西。戈銘中陽所指何地無法肯定，但最大的可能是指山西中陽縣。

《秦銅器銘文編年集釋》頁 160

○**何琳儀**（1991）　“中陽”（1034），見《趙世家》：惠文王十四年“與秦會中陽”。《地理志》隸西河郡，在今山西中陽。

《古幣叢考》（增訂本）頁 114，2001；原載《陝西金融·錢幣專輯》16

○**石永士**（1995）　【中陽·尖足平首布】戰國中晚期青銅鑄幣。鑄行於趙國，流通於中山、燕等地。屬小型布。錢面無中閒豎紋。面文“中陽”，形體多變。背平素，或鑄以數字。“中陽”，古地名，戰國屬趙。《史記·趙世家》：趙惠文王十四年（公元前 285），“與秦會中陽”。在今山西中陽縣西。1957 年以來北京，内蒙古涼城，山西原平、陽高，河北易縣燕下都遺址、靈壽等地有出土。一般通長 5.3—5.5、身長 3.8—4、肩寬 2.6—2.7、足寬 2.9—3 釐米，重 5.4—67（編按：“67”疑當爲“6.7”）克。

《中國錢幣大辭典·先秦編》頁 317

○**王輝、程學華**（1999）　中陽、西都爲戈之置用地。陳平説：“‘中陽’二字大而深厚、工穩，分左右鋪開，幾占整個内背，顯係該戈的初次置用地。‘西都’二字小而淺細，局促於中陽二字的隙縫之中，顯係後來加刻者。但它與被塗改的幾處置用地孰先孰後，則不便强猜。”

　　中陽爲漢西河郡地。《史記·秦本紀》云：“（昭襄王）二十二年，與趙王會中陽。”同樣的記載見《趙世家》惠文王十四年，《正義》引《括地志》云：“中陽故城在汾州隰城縣南十里，漢中陽縣也。”清爲寧鄉縣，今仍名中陽。

《秦文字集證》頁 44

【中貸】

△**按**　見【中府】條。

【中廄】

△**按**　見【中府】條。

【中廄】

○**袁仲一**（1987）　1976 年 10 月至 1977 年初，在秦始皇陵東側的上焦村西探出馬廐坑九十三座,試掘了三十七座。在出土的器物上發現了一些刻辭,(中略)刻辭中的"宮廐、中廐、大廐"等名稱,見於秦簡《廐苑律》:"將牧公馬牛,馬[牛]死者,丞謁死所縣,縣嗇診而入之,其入之其弗嗇而令敗者,令以其未敗直(值)賞(償)之……其大廐、中廐、宮廐馬牛殹(也),以其筋、革、角及其賈(價)錢效,其人詣其官……""中廐"一名還見於《史記·李斯列傳》,公子高說:"先帝無恙時……中廐之寶馬,臣得賜之。"漢代亦有中廐,《三輔黃圖》説:"中廐,皇后車馬所在。"《漢書·戾太子傳》:"發中廐車載射士。"漢代並設有中廐令管理皇后的車馬,秦王朝的"中廐"與漢代的"中廐"似有不同,不是皇后的車馬所在,而是皇帝的廐苑。

《秦代陶文》頁 67—68

【中㦃室】

○**周世榮**(1982)　湖南省博物館藏有"中㦃(織)室鉢"一枚。三十年前長沙出土,"田"字形方框。每格各置一字。上書"中㦃(織)室鉢"。中字寫作"毛",仰天湖出土楚簡中作"屯"字。"鉢"字的"金"旁作"金",仰天湖楚簡中習見。這裏可視爲"楚文字"的基本特點。據《漢書·百官公卿表》載:"少府,秦官。掌山海地澤之税,以給供養……屬官有……東織、西織……河平元年省東織,更名西織室。"仰天湖楚簡中所載絲織品很多。該器爲楚式璽印。它與楚國官府的紡織事業有着密切的聯繫。

《湖南考古輯刊》1,頁 94

○**湖南省博物館**(1991)　(編按:湖南省博物館藏古璽印集8)中㦃(織)室鉨(璽)。

《湖南省博物館藏古璽印集》頁 4

○**曹錦炎**(1996)　室,宮室。大概東國建有楚王行宮,所以設有"㦃室"之官。

　　楚官璽中有"㦃(職)室之鉢(0213)、中㦃(職)室鉢",前者是中央機構之官署,後者當是楚王宮中(即中宮)之屬。《後漢書·百官志》記中宮官名甚多,可以參看。

《古璽通論》頁 109

△**按**　㦃室,周世榮讀爲"織室",並引《漢書》爲證,可從。漢印另有"織室令印"(《漢印文字徵》13·1下)可爲證。

【中酓】

○**周鳳五**(1996)　(編按:包山18)中酓即中舍,官名,爲楚王宮中的舍人之官。

《中國文字》新21,頁 40

△**按**　又參【中余】【中酓】條。

【中廥】

△按　見【中府】條。

【中䣅】

○**劉信芳**（2003）　（編按:包山145）"䣅"字或隸作"酴"。其字左旁似"酉"，然依"酉"摹寫，便會發現筆勢不連貫。或隸作"䣛"，與簡121、122"割"字所从之"害"亦不類。按字又見簡82、118、145等。簡132"䣅慶"，137作"夅慶"，即"舒慶"。"舒"古讀如"舍"，古音同在魚部書紐。知"䣅"亦可讀"舍"。"中舍"是職官名，又見簡145。《周禮・地官・舍人》:"掌平宮中之政，分其財守，以灋掌其出入。凡祭祀，共簠簋，實之陳之。賓客亦如之，共其禮，車米筥米芻禾。"簡145、145反記"审䣅、䣅人"負責分發各國來客之月俸，知其職守與周官"舍人"相類。

《包山楚簡解詁》頁28—29

△按　又參【中余】【中酴】條。

【中𦔮】

○**湯餘惠**（1983）　銘中第六字，舊釋爲"安"，不確;應釋爲"中"，長沙仰天湖2號竹簡"中"字寫法與此相同，可證。銘末一字已有殘缺，但上面的偏旁還很清晰，右下方从"刀"尚不難辨認，從戰國楚文字實際推測，應是𦔮字。此字楚王酓朏大鼎銘文三見:"盟（鑄）客爲集𦔮、谷𦔮、畫脧𦔮爲之。"此字或釋爲"膴"，或釋爲"勝"，筆者對這個字缺乏研究，不過認爲某𦔮、某某𦔮是職官的名稱，從辭例看無疑是正確的。中𦔮與前者當是類似的機構。

《古文字論集》1，頁62

○**郝本性**（1983）　《三代吉金文存》三・一二上著録有一膴鼎，上有銘文"中𦔮"，即中膴，可讀作中廡，《商周金文録遺》一九・七〇著録有大右秦鼎，銘文有"東陵𥳑"，壽春府鼎有"暑官翁"，均爲廡。都是表明該鼎的置用場所。

《古文字研究》10，頁209

○**許學仁**（1983）　朱德熙並以東陵鼎銘曰:"東陵勝"，壽春鼎名曰:"□□勝"，與鑄客大鼐"勝"字，均置器銘每段之末，且東陵似地名。以地名名勝，猶漢代之長樂廚、癰廚，皆以地名名廚;因疑集脝、集勝之集，可能亦爲地名。按:其事殊不然。考容希白氏編次之《武英殿彝器圖録》（33頁），著録"𦔮所鼎"，其形制斂頸、淺腹、附耳、高足，與江陵望山一號出土鼎極近，頗類楚製;而其文字亦具楚風;口緣篆銘七字:膴（齋）□□□鼎中勝，亦有"勝"字，"中勝"連文,知中賸即中饙、中饎,中賸非地名之謂也,蓋猶中饋之義。

《中國文字》新7,頁112

○**李零**(1986)　中𦥑,𦥑即剏字,讀爲肴。中肴和朱家集楚器"棄剏"(鑄客大鼎)、壽春鼎"□□𦥑"、東陵鼎"東陵廚"爲同例,應是庖廚名。其時代應與朱家集楚器大敦相當。

《古文字研究》13,頁383

○**黃錫全**(1991)　此鼎銘末尾有"𦥑",即"中腏"二字。這裏的"中"指"内臟"。《説文》"中,内也"(見段注本)。《易・坤》"黃裳元吉,文在中也"之中,即内。《素問・陰陽類論》"五中所主",即"五臟所主"。《史記・倉公列傳》"其色澤者,中藏無邪氣及重病"之"中藏",即"内臟"。所以,膾鼎是用以盛内臟的器皿,"中腏"即"内腏"。

《江漢考古》1991-1,頁66

△**按**　字未可確釋。郭永秉《談談戰國文字中可能與"庖"有關的資料》(《出土文獻研究》11輯102頁,中西書局2012年)謂與𨑤、𦥑爲異體,並認爲這三個字並當从𠬪得聲而讀爲"庖"。

中　屮

屮　陶彙3・627　　𠂹　貨系3964　　屮　先秦396　　屮　郭店・六德12

○**高明、葛英會**(1991)　(編按:陶彙3・627等)屮　《説文》:屮,艸木初生也,古文或以爲艸字。

《古陶文字徵》頁82

△**按**　屮,象草莖、草葉之形,古文字"屮、艸、卉"本爲一字,用法相同,《説文》分立字頭。上列陶文"屮"作人名,貨幣文"屮"多爲單字出現,似是地名。郭店《六德》"屮"字詳下【中型】。

【中型】郭店・六德12

○**陳偉**(1998)　雖在草茅之中　《六德》一二

第三、四字,原釋"山岳","岳"字下加注問號,表示是一種推測。楚文字中的"山"字或"山"旁,在豎筆與弧筆相交處都著意添描,近乎三角形。《語叢四》二二的"山"字及《六德》二四的"嶽(獄)"字即是其例。簡文第三字及第四字的下部並非如此,其實是"屮"字。試拿楚文字中的从"屮"或"艸"的字相比較,即可看出。《説文》:中,"古文或以爲艸字"。因而,簡文這二字可釋爲"艸(草)"和"茆"。"茆"通"茅"。故簡文可讀爲"草茅"。

《江漢考古》1998-4,頁70

○**馮勝君**(2000)　　《六德》第12號簡原書釋文爲:

　　　唯(雖)才(在)山岳(?)之宅(中),句(苟)臤(賢)……

　　其中所釋"山岳(?)"二字原篆作:🔾🔾(中略)

　　今按,此二字所釋均誤。郭店楚簡中"山"字凡5見:

　　　🔾《窮達以時》簡2　　　🔾《窮達以時》簡10　　　🔾《窮達以時》簡13

　　　🔾《唐虞之道》簡4　　　🔾《語叢四》簡22

　　從"山"之字凡6見:

　　　🔾《老子》乙簡13　　　🔾《性自命出》簡8　　　🔾《性自命出》簡8

　　　🔾《六德》簡17　　　🔾《六德》簡24　　　🔾《六德》簡36

　　"山"字寫法豎筆與彎筆交接處均塗黑填實,無一例外,而且戰國楚系簡帛文字"山"字的寫法這一特徵均十分明顯(參《楚系簡帛文字編》727—728頁)。

　　通過形體對比可以看出,將上引《六德》簡中的🔾字釋爲"山",是不正確的。既然非"山"字,那麼🔾字下部所從也非"山"字,將🔾釋爲"岳"也就更加沒有形體上的根據。而且從丘從山的"岳"是在漢代才出現的,先秦未見。

　　我們認爲,🔾實即"中"字。《緇衣》第9號簡"芒"字寫作:🔾

　　包山第169號簡"茴"字寫作:🔾

　　二字所從"中"旁形體均與《六德》簡中的🔾字全同。既然🔾爲"中"字,那麼,它就應如上引"芒、茴"二字所從的"中"一樣,是"艸"字之省。🔾上部從"卯",應無疑問,參上引"茴"字所從之"卯"。則此字應分析爲從卯從艸省,釋爲"茆",即上引包山簡"茴"字上部所從。(中略)

　　艸茆,應讀爲"艸茅"。茆、茅音近相通。《周禮·天官·醢人》"茆菹麇臡",鄭注:"鄭大夫讀'茆'爲'茅'。"是其明證。

　　"艸(草)茅"一詞,典籍習見,多用來比喻人處於貧賤卑下之位。如《唐虞之道》第16號簡:

　　　舜佢(居)於茅₌(艸茅)之中而不憂。

　　簡文"艸茅"二字原篆作🔾,係合文。類似的記載又見於《戰國策·趙策》:"昔者堯見舜於草茅之中,席隴畝而廕庇桑,陰移而授天下。"又《管子·戒》:"是故身在草茅之中而無懾意。"《儀禮·士相見禮》:"在野則曰草茅之臣。"

並且《漢書・爰盎晁錯傳》“臣錯中茅臣，亡識知”中的“草茅”之草亦省作“中”，與我們討論的簡文恰可互相印證。

上引《六德》第 12 號簡雖是殘簡，但基本意思是清楚的，意謂只要是賢才，雖身處下位，亦不會被埋没。

《古文字研究》22，頁 211—212

○陳偉（2003）　草茅，原釋文疑釋爲“山岳”。楚文字中的“山”字或“山”旁，在豎筆與弧筆相交處都著意添描，近乎三角形。《語叢四》22 號簡的“山”字及《六德》24 號簡的“嶽（獄）”字即是其例。我們這裏所討論的第一字及第二字下部並非如此，其實是“中”字。試拿楚文字中的從“中”或“艸”的字相比較，即可了然。《説文》：中，“古文或以爲艸字”。因而，簡文這二字可釋爲“艸（草）”和“茆”。“茆”通“茅”。故簡文可讀爲“草茅”，指草野、民閒。

《郭店竹書别釋》頁 116—117

△按　簡文云“雖在中邵之中”，讀爲“草茅”是。戰國文字“山”字中豎下部填實或勾廓，又或於豎筆之上增飾筆，與“中”形近而别。

屯 屯

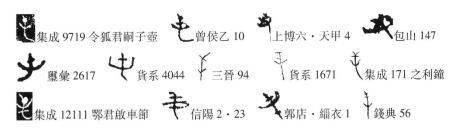

集成 9719 令狐君嗣子壺　　曾侯乙 10　　上博六・天甲 4　　包山 147

璽彙 2617　　貨系 4044　　三晉 94　　貨系 1671　　集成 171 之利鐘

集成 12111 鄂君啟車節　　信陽 2・23　　郭店・緇衣 1　　錢典 56

○吳大澂（1884）　屯　屯　屯留幣。

《説文古籀補》卷 1，頁 3

○郭沫若（1958）　（編按：鄂君啟車節）屯，集也，《離騷》“屯余車其千乘”。

《文物參考資料》1958-4，頁 4

○朱德熙、裘錫圭（1972）　信陽楚簡屯字凡二十一見，（中略）這裏有兩點值得注意：第一，屯字在簡文中出現的頻率十分高。第二，從語法位置看，都是先列舉若干器物名稱，説明其數量，然後説“屯如何如何”。

在上引簡文中，屯字有八次是在又字前頭出現的（中略），又當讀爲有。簡文中在同樣語法位置上出現的還有一個皆字。例如：

202……一組繡，一革皆又鈎

203 二笙,一簧竽皆又條

（中略）我們有理由假定上引簡文的屯字也應訓爲皆。把屯訓爲皆,這二十一個屯字可以全部讀通。

訓屯爲皆,在典籍裏是有根據的。《考工記·玉人》"諸侯純九,大夫純五",鄭注:"純猶皆也。"《墨子·節用上》"若純三年而字子",孫詒讓《墨子閒詁》亦引《周禮》鄭注訓純爲皆。純从屯聲,古二字通用。《韓非子·外儲説右下》也有應訓爲皆的屯字。（中略）

與信陽簡同爲楚物的鄂君啟節也數見屯字:

屯三舟爲一舿［舟節］

女（如）馬,女（如）牛,女（如）德,屯十台（以）堂（當）一車;女（如）檐徒,屯廿〓（二十）檐台（以）堂（當）一車［車節］

郭沫若先生訓屯爲集,文義很順,不過這些屯字如訓爲皆,似乎也講得通,疑莫能定。

《朱德熙古文字論集》頁 32—35,1995;原載《考古學報》1972-1

○**曾憲通**（1983） （編按:之利鐘）下一字作,即屯字,讀爲旾。旾者,即仲春二月也。

《古文字學論集》（初編）頁 357

○**劉雨**（1986） （編按:信陽楚簡）此字在遣册中凡二十二見。朱德熙、裘錫圭同志在《戰國文字研究六種》(《考古學報》1972 年 1 期)一文中,對此作了詳細而正確的考證,釋"屯"爲"純",訓爲"皆",基本上解決了這個字的釋讀問題,這裏我們再作一點補充,遣册中有四簡涉及"皆"字。（中略）

其中 2-023 號簡尤其值得注意,"屯、皆"同見一簡。所以,我們推想這兩個字除有相同情況外,在具體使用時還應當有所區別。仔細分析二十二條有"屯"之簡文就會發現,"屯"字前的物品數量較多。（中略）而"皆"字前的物品數量卻較少。（中略）因此,我們以爲是否可以把兩個字作這樣的區分,即"皆"相當於現代漢語的"都、都是";而"屯"相當於現代漢語的"全都、全都是"。當然,這種分別,僅限於這批楚簡。至於它們在其他地方能否作這種區別,尚待進一步探討。

《信陽楚墓》頁 136

○**朱德熙**（1988） "屯~純"雖然可以訓爲"皆",可是跟"皆"並不完全一樣。從意義上説,"屯~純"是就全體立言,而"皆"是就個體立言,類似於英語裏的all 和 every 的區別。從語法上説,"屯~純"是實詞,而"皆"是虛詞。最足以證明這一點的是"屯~純"可以修飾名詞,而"皆"不能。綜合以上兩方面來看,"屯~純"和"皆"的分別正好跟現代漢語裏"全"跟"都"的分別相當。上文引的信陽楚簡和《山海經》裏都是"屯"和"皆"並用的。細玩文義,不難看出兩種説法的區別。

《朱德熙古文字論集》頁 178,1995;原載《中國語文》1988-3

○裘錫圭、李家浩(1989)　(編按:曾侯乙2)"屯",義同"皆"。

《曾侯乙墓》頁 503

○湯餘惠(1993)　(編按:鄂君啟舟節)屯,積,引申有纍計義。

《戰國銘文選》頁 46

○黄盛璋(1993)　我掌握布幣與圜錢"屯"字各種各樣的寫法,雖各不相同,但其演變、發展軌迹是有規律可尋的,所以一見《三孔布新品》拓本、照片(編按:載《中國錢幣》1993年2期,詳下【屯氏】),很快就斷定面文第一字是"屯"。屯氏漢以爲河名,它作爲黄河下游一個主支,實來自戰國一條古黄河道,屯氏河就是得名於戰國縣名屯氏,戰國文字"屯"字似"毛",北周時官吏確是把"屯氏"誤認爲"毛氏",並爲之設置毛州,以至隋唐把屯氏河讀爲毛氏河或毛河,並且一直沿傳到近、現代,這就是很有趣的事了。從字的外表看,説此字是"毛",比"封"字更爲形似,關鍵是結構特點與演變、發展規律不同。

(一)《説文》中部"屯,難也,象艸木之初生屯然而難,从屮貫一,一,地也",小篆作屯,結構特點有三:上層的"一"表地,中層的屮象草木之秆與其枝葉,下層作屈曲狀則象草木之根深入地下之盤根錯節,整個字形則表春天草木自地下蠢動,突破地面的壓制而冒出地上。小篆之"屯"來自殷周古文,只是下層作屈曲狀,稍爲複雜和形象化,由於屈折不好寫,一般截彎取直,最後折向左或右,或稍微彎作弧線以表示根須狀,至於最上一層表地之"一",西周金文有作橢圓形或圓點,戰國則多簡化爲圓點,點上則斜出以表冒地長出之象,而枝干與根則簡化爲一個丫,只是稍加拖長而已,如此三層結構即簡化爲上下兩層,西周金文"屯"字分作三層、二層結構皆有,最早只作二層,見於甲骨文及殷周金文,三層乃後來發展所加,布幣"屯留"傳世與出土不同字形在數十以上,"屯"字以上下兩層爲多,至於"屯共赤金"圜錢中幾個"屯"字,明確分爲三層,結構則一。就"屯"字而論,秦文字與三晉最接近。

(二)此幣第一字結構點就是分爲上中下層,上中兩層皆表草木之枝干,向上長出作屮,下層作橫畫,尾部向右拖斜,表地下之根,從結構與寫法特點,完全可以確定它就是"屯"字,"屯留"幣有一個"屯"字寫法基本與此幣第一字相同,這是確定第一字爲"屯"的一個佳證,只要一加對比,就無須廢詞,但此並非孤證,至少楚文字鄂君啓節舟節與車節各有一個"屯",《信陽楚簡》中好幾個"屯"皆明確不含糊地分爲上、中、下三層,屬同一結構,茲將"屯"字古文字自殷周以至戰國、秦漢選錄典型代表,以明前後演變軌迹與發展規律、作爲"屯"字總結。

（三）《說文》:"𣮾,眉髮之屬及獸皮也,象形。"它的結構與寫法特點,一是只有二層,二是首尾捲曲與二層皆作圓弧線形以象毛髮捲曲,絕不作草木枝葉對稱成45度角相交,但根部可以稍粗,有時於下端加小圓點,如毛公旅鼎與《古璽編》3942"毛生奇"印,或將點變爲短橫,如毛叔盤及下列《包山楚簡》37、194簡兩"毛"字,但一般没有,故不能作爲第三層結構,且只能是點或短斜畫,不能和上二層相等。至於"屯"字圓點只能在上端,不能在下端,下端大多作Y,可以變爲一橫亦必與上相等。此幣第一字就是如此,而且上中兩層皆象草木枝葉成45度角兩邊對稱,這就完全排除它是"毛"字。

總起來說,此幣第一字三層結構分別表草木在地下扎根,向上生長冒出地面之象,確定是"屯",它和"封"字區別在於"封"右旁表草生於土上（或地上）,不能拖出地下,而"屯"必須拖出;它和"毛"字區別在"毛"僅表二層與首尾毛髮捲曲狀,下没有根,上也没有頭,不表生長之象,而此字則下有地下之根,上有長出地上之頭,中層表草木枝葉兩邊成45度對稱向外發展之象,所以此字既不是"封",也不是"毛",只能是"屯"。

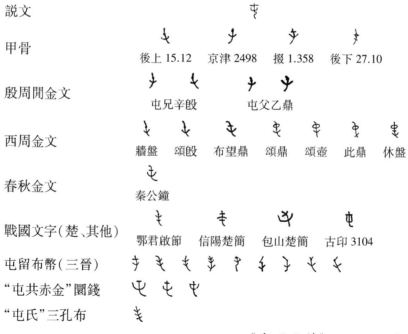

説文					屯		
甲骨		後上 15.12	京津 2498	掇 1.358	後下 27.10		
殷周閒金文		屯兄辛殷		屯父乙鼎			
西周金文	牆盤	頌殷	布望鼎	頌鼎	頌壺	此鼎	休盤
春秋金文	秦公鐘						
戰國文字(楚、其他)	鄂君啟節	信陽楚簡	包山楚簡	古印 3104			
屯留布幣(三晉)							
"屯共赤金"圜錢							
"屯氏"三孔布							

《中國錢幣》1993-4,頁 43—44、47

○**郭若愚**（1994）　(編按：信陽楚簡)“屯”之用同“並”，大都指器物之附屬件。如：二-一四簡“一湯鼎、屯有蓋”。二-〇五簡“十簠、屯有赤綿之幅”。此謂二枚圓形大盆，並有青黃色的邊飾。

《戰國楚簡文字編》頁64

○**李家浩**（1998）　上引包山楚墓竹簡147號有“授屯二擔之食，金鋝二鋝”語。此“屯”字與鄂君啟節銘文“屯二十擔以當一車”之“屯”用法相同，義同“皆”。此句講的顯然是楚王授給陳□、宋獻每人每月的食量和傭金，可以與節銘“一擔食之”互證。煮鹽者的食量比傳賃大一倍，可能有兩個原因。一，陳□、宋獻二人不是一般的雇傭者，他們大概是雇傭者的頭頭，用現在的話來說就是雇傭工工頭，地位比傳賃略高。二，相對來説，煮鹽者的勞動强度要比傳賃大。

《考古學報》1998-1，頁6

○**周鳳五**（1999）　(編按：郭店・緇衣1“民咸放而刑不屯”)屯，當爲“弋”之訛，讀作“忒”，差也，過也。今本作“試”，疑其字古本作“弋”，漢代經師或讀爲“試”。簡文此處較今本少一句，且句式不同，似各秉所傳，其來有自，既唯無害於宗旨，不必强定其是非也。

《張以仁先生七秩壽慶論文集》頁351

○**劉信芳**（2000）　(編按：郭店・緇衣1)屯　今本作“試”，字形之誤也。《離騷》：“屯余車其千乘兮。”王逸注：“屯，陳也。”春秋時多鑄刑器，(中略)是孔子反對陳刑鼎於民，與叔向所論如出一轍。且叔向所引之《詩》，亦見《緇衣》所引。可知簡文“刑不屯”即“刑不陳”。今本作“刑不試”，自漢迄今，誤之久矣。

《郭店楚簡國際學術研討會論文集》頁166

○**劉信芳**（2003）　(編按：包山147“受屯二擔之飤”)整理小組釋“屯”，甚難理解。據文意應是“弋”字，讀爲(貸)。“貸”與下文“收”相對爲文。就字形而言，隸定爲“屯”或“弋”均存有疑問，有待進一步研究。

《包山楚簡解詁》頁149

○**曾憲通**（2005）　(編按：之利鐘)下一字作𠂤，即屯字，讀爲旾。阜陽漢簡《作務員程》有：“屯夏日，人攻七十八尺。”屯亦讀爲春。甬屯者，即仲春二月也。

《古文字與出土文獻叢考》頁132

○**陳偉**（2006）　“屯”作爲虛詞，在新蔡簡比較完整的文例有以下三條：

就禱三楚先屯一牂（甲三・214）

就禱三楚先屯一牂(乙一·17)

就禱門、户屯一牂(乙一·28)（中略）

在新蔡簡中,也有在同一語法位置上出現的字,這就是"各"字。例如：

歸佩玉於二天子,各二璧(甲一·四)

五主山各一牂(甲二·29)

自文王以就聖宣王,各束錦加璧(甲三·137)

與禱於二天子各兩牂(甲三·166、162)

與禱楚先老童、祝融、鬻熊,各兩牂(甲三·188、197)

與禱子西君、文夫人各戠牛饋(甲三·200)

與禱於盛武君、令尹之子璇各大牢(乙一·13)

公北、地主各一青犧,司命、司禍各一鹿(乙一·15)

與禱於昭王、獻惠王、文君各一佩玉(乙一·21、33)

與禱於二天子各牂(乙二·38、46、39、40)

與禱於三楚先各一牂(乙三·41)

其中,乙三·41 所記與甲三·214 和乙一·17 的神名、用牲完全相同。使得我們很容易懷疑後者的"屯"是否與前者的"各"辭義相當。

在卜筮禱祠類楚簡中,"各"字的使用很頻繁。我們曾經談到:包山楚簡在對一位以上的神祇並列禱祠時,於所用祭品必稱"各"幾件。這大概是強調對於這些神靈各個個體,都分別采用所提到的祭祀。新蔡簡中的"各"亦當如此。由於同批資料中"屯"與"各"用法相同,"屯"是強調各別還是強調全部(即"皆")也就成爲一個問題。將"屯"訓爲"各",無論對新蔡簡、信陽簡抑或《韓非子·外儲説右下》而言,似乎都是合適的。在《鄂君啟節》中,由於也都提到一個以上的對象(三舟,馬、牛、德與二十檐),這樣解釋似也能成立。問題在於,經過"純"字的中介,訓"屯"爲"皆"在傳世古書的訓釋中可以得到支持,而訓爲"各"還没有發現這類例證。

《康樂集》頁 82—83

△按　屯,《説文》訓爲"難",爲後起之義,析形爲"屮木初生",與甲骨文、金文字形也多不合。信陽、包山等簡文"屯"確用作總括詞,訓爲皆。曾毅公謂甲骨文之"屯"爲"左右二骨爲一身",蕭良瓊謂"左右兩塊胛骨",可備一説(參于省吾主編《甲骨文詁林》3318、3320 頁,中華書局 1996 年)。而"屯"和"皆"小有區別,劉雨和朱德熙分別進行了描述。在信陽簡中,"屯"所總括的對象一般比"皆"要多,但在其他材料(如《山海經·北山經》"凡北次三經

之首……其神狀皆馬身而人面者廿神。其祠之,皆用一藻莁瘞之。其十四神狀皆彘身而載玉。其祠之,皆玉,不瘞。其十神狀皆彘身而八足蛇尾。其祠之,皆用一璧瘞之。大凡四十四神,皆用稌糈米祠之,此皆不火食”)中並無這種分別。據《山海經·北山經》“皆彘身而八足蛇尾”和信陽 2·1“屯青黃之豪(璲)”、曾侯乙 6“屯三菓(戈),屯一翼之翩”,“皆”和“屯”似乎並無虛實之別。“屯”與“各”於新蔡楚簡中雖有相近辭例,但並不影響二詞各有側重的語義區別。郭店《緇衣》簡 1 之“屯”,上博《緇衣》簡 1 對應作“划”,可證並無形訛。之利鐘之字,或釋爲“衣”,以爲“初”之訛省。

【屯氏】中國錢幣 1993-2 三孔布

○程紀中、童子玉、馬漢民(1993)　該布爲小型三孔布,通體長 5.5,身寬 2.7 釐米,重 8.17 克,面文作“𡕥”,背文爲“十二朱　十”。(中略)對此幣面文釋讀尚有不同意見,有的先生提出,或可考慮釋爲“毛(尾)□”。

《中國錢幣》1993-2,頁 48

○黃盛璋(1993)　屯氏之名最早見於《漢書·地理志》與《溝洫志》,而皆以爲河名,《漢書·地理志》魏郡館陶下:“河水別出爲屯氏河,東北至章武入海,過郡四,行千五百里。”同書《溝洫志》交代屯氏河的出現和具體經流的四郡:“自塞宣房後,河復北決於館陶,分爲屯氏河,東北經魏郡、清河、信都、渤海入海。”按塞瓠子口,築宣防宮其上,在漢武帝元封二年(前 109 年),決館陶,分出一條屯氏河在此後不久,由於屯氏河比降較大,有利於分洪,使大河下游水流暢通,《溝洫志》緊接着説:“此開通後,館陶東北四五郡雖時小被水害,而兗州以南六郡無水憂。”此後又在屯氏河上分出屯氏別河與張甲河等岔河,屯氏河分洪 70 年,到了“元帝永光五年(前 39 年),河決清河靈鳴犢口,而屯氏河絶”。自此未復,即不再作黃河分水支河,但屯氏河仍有水流,《水經注》稱之爲屯氏河。隋煬帝開永濟渠,自館陶以北,穿唐永濟縣西郭,經臨清、清河、武城之西,即利用屯氏河與屯氏別河及其枝瀆之道,《元和郡縣志》永濟縣下已指出:“此渠蓋屯氏古瀆,隋氏修之,因名永濟。”但是從北周起,曾誤讀“屯氏”爲“毛氏”,並在館陶設置毛州,自此屯氏河即改稱毛氏河,顏師古於上引《漢書·溝洫志》“於館陶分爲屯氏河”下注:“師古曰:屯音大門反,而隋室分析州縣,誤以爲毛氏河,乃置毛州,失之甚矣。”按毛州之置始於北周二年(580年),隋大業初廢,唐武德五年復置,貞觀初廢,毛州並非隋始置,顏特別注出“屯音大門反”,蓋以爲誤在音讀,按“屯”音與“毛”,聲韻皆相差很遠,誤讀

“屯”爲“毛”，只能由於字形，戰國文字“屯”之與“毛”，區別僅在細微之間，北周分析州縣，於館陶設立毛州，必是比附歷史故籍，而當時官吏對於古文書“屯氏”河又不能與“毛”字分辨所致，經北周與唐初兩度在館陶設立毛州，前後共有 30 年之久（580—605 年，622—627 年），既明經官方確定，故館陶的屯氏河，唐代就稱毛河，《元和郡縣志》館陶下：“屯氏河俗名毛河，在縣西三里，夏津縣北。”但北宋時仍名屯氏河，《元豐九域志》記大名府館陶、夏津二縣並有屯氏河，《北道刊誤志》：“屯氏河在館陶縣西三十里。”又用本來的名稱，則“俗稱毛河”乃因毛州而改。所以毛河就是屯氏河，此名一直沿傳下來。（中略）

　　《中國自然地理·歷史自然地理》“黃河”節的編寫者認爲：“屯氏河、鳴犢河、瓠子河是西漢黃河決口時所形成的，見《漢書·溝洫志》，屯氏別河出自屯氏河，張甲河又出自屯氏別河，見《漢書·地理志》，其形成自然當在屯氏河之後。”就有記載而論，皆有根據，楊守敬已有此說，它代表歷史地理界一種正統的看法，除屯氏河外，其餘四河在沒有發現其他記載或證據以外，基本上都可以相信，只有屯氏河不能這樣理解，黃河決口可以沖出一條新河，但一般多沿循低凹之故河道，如果只爲決口處一段，還有可能，而屯氏河過四郡，行千五百里，不利用大河古河道就無此可能。除鄭康成外，酈道元《水經注》亦以沙邱堰北爲禹河九河故道，爲齊桓公所塞，諸河遂亡，唐初徐堅《初學記》卷十六也說：“隋煬帝於衛縣因洪水之入河，立淇門以通河，東北行，得禹河之故道，隋人謂之御河。”這是包括永濟渠所利用之白溝、屯氏河等古河道，籠統稱爲禹河故道，但皆缺乏證據，鄭康成雖親見當時館陶北出屯氏河與《禹貢》所記黃河支流（降水）形勢合，但他只能提出疑問（見《水經注·河水》），無法證實，從而成爲千年未解之謎。“屯氏”三孔幣新品的發現，就爲揭破此謎底提供了鑰匙。

　　以“×氏”爲地名，春秋常見，戰國也多，《漢書·地理志》中還保存不少，皆來自先秦，漢及以後新設立之縣，就不再用“×氏”了。屯氏河與人名無關，只能得名於地名“屯氏”，因而必來自先秦，且以戰國最爲可能，春秋經傳所載地名至豐，只有戰國地名因各國歷史喪失，戰國錢幣、璽印、兵器中地名無記載可考（中略）。現在“屯氏”三孔幣果然被發現了，而且三孔幣又皆爲趙國地方所鑄，而屯氏河主要正是流經趙國境內，地望吻合，此布的價值除古錢本身與古文字外，最大貢獻還在於歷史地理上，它解答了二千年來沒有人能知道的問題：

　　第一，提供今河北省境內趙國有一個失傳的屯氏縣。

第二，確定屯氏河得名於戰國的屯氏縣。

第三，屯氏河確來源於戰國古河，它是趙國境內一條黃河古道，最初有可能爲黃河主道之一段，而後變爲支流，最後與黃河斷絕，成爲故道，漢武帝元封二年河決館陶，又分洪入此故黃河道，成爲另一股主流，下游合黃河主流爲一，於章武入海，到永光五年河決，才第二次與黃河分開，河平元年築堤、堰而徹底隔絕，自行發展，部分尚維持至近、現代，"屯氏"幣的發現，屯氏河的來龍去脈才得以找出一個頭緒。（中略）

屯氏河既是黃河北決館陶分出之河，而北周大象二年又於館陶置毛州，因誤屯氏河爲毛氏河而立名，屯氏必在館陶境內，館陶春秋爲晉邑冠氏，《左傳》哀十五年，"齊伐晉，取冠氏"，杜注："冠氏，晉邑。今陽平館陶縣。"《水經》"淇水又東北過館陶縣北"，注："縣即春秋所謂冠氏也。"戰國屬趙，《元和郡縣志》卷十六館陶下："趙時置館陶於其側，因爲縣名。"戰國未見記載，錢幣、璽印、陶文亦無館陶，但羅振玉舊藏一戈，爲館陶所造："四年館陶命（令）富反，下庫二師王豈，冶禽"（《貞圖》中65），"館"字右旁僅殘存上部，據左旁判斷此字只能是"館"，下庫以趙兵器所見最多，魏僅首都梁有上庫，地方未發現有下庫，所以此戈爲趙館陶所造，如此在館陶境內的屯氏亦必屬趙，這正和"屯氏"三孔布爲趙國所造吻合。

館陶晉名爲冠氏，屯氏就不得爲館陶，而只能與館陶爲鄰接之縣，究在館陶何一方位？首先還得考明屯氏河從哪裏分出大河；《水經注·河水》有幾處提到屯氏河的分水處："（河水）又東北逕元城縣故城西北，而至沙邱堰……縣北有沙邱堰……河之故瀆，自沙邱堰南（楊守敬疏："此南當北之誤"）分屯氏河出焉……水分大河故瀆北出，爲屯氏河，逕館陶縣東……"此外，《太平寰宇記》魏州大名縣下稱："本漢元氏縣地，《水經注》云：'沙邱堰在貴鄉。'按今本無之，應爲脫逸，《通典》云：魏州貴鄉縣有屯氏河，大河故瀆，俗曰王莽河。"《元和郡縣志》卷十六魏州貴鄉縣下"本漢元氏縣地""大河故瀆俗曰王莽河，西去縣三里"，古堰今名堰山，在縣西九里，成帝河決金堤，河堤使者王延世募人塞之，大河故瀆既在貴鄉縣東三里，王延世築堤塞河亦必在縣東河上，故古堰"在縣西九里"，"在"應爲"去"字訛刻，既在貴鄉縣東九里，此堤堰築成，而屯氏河斷，故屯氏河分水應在此堰之北，《水經注》僅記沙邱堰，又附會爲禹築，不提堰山古堰，而《元和志》只記此古堰，不提沙邱堰，唐代當已無沙邱堰之名。此古堰最早應即沙邱堰，而後王延世又依靠它已有基礎條件加以改造利用，否則只用"三十六日河堤成"（《漢書·溝洫志》），就把大河決口堵塞，是不能有這樣快的。

確定堰的所在，還不能等於確定屯氏的位置，沙邱堰僅是屯氏河分流之處，屯氏則爲政治管轄所在，不可能設在分流點，但它應爲屯氏河所經之首縣，所以屯氏河即因它而取名，它必在沙邱堰以北至漢館陶縣之間。這一帶爲歷史上經常氾濫之區，即使發現一處戰國古城，如無遺物銘刻爲證，也不能確定它究竟是否屯氏縣，只有一點可以肯定的是，屯氏必在屯氏古河道上，與漢元城、館陶南北交接爲其鄰縣，作爲歷史地理上的探索，只能提供如上的基點與路線範圍。

《中國錢幣》1993-4，頁 44—48

○何琳儀（1993）　A.“仾”（《中國錢幣》1993·2·48）。或釋“毛（尾）□”。其中釋“毛”旁可信。這類斜筆上增短橫爲飾的“毛”，在戰國文字中司空見慣，（中略）受其影響，“仾”所從“人”旁也增短橫爲飾，參見戰國文字“信、伐”所從“人”旁：

　　　　信　**訫**璽彙4618　　　　　伐　**伐**侯馬306

“仾”從“人”，“毛”聲，字書所無，例可讀“毛”。三孔布銘文中類似布局者，尚有“阿”（2489）、“轅”（2481）等。“仾”是否可讀“毛人”？“人”爲習見地名後綴，諸如“中人、柏人、列人、霍人”等。然而文獻中似未見“毛人”。考慮文獻中“毛城”與“仾”關係密切，故不取“毛人”説。檢《三國志·魏書·武帝紀》：建安九年“武安君尹楷屯毛城，通上黨糧道”。盧弼曰：“毛城在武安縣西。本志卷十六《倉茲傳》注引《魏略》云：令狐邵暫出，到武安毛城中。太祖破鄴，遂圍毛城。又本志卷十七《徐晃傳》別討毛城，即此。”由此可見，毛城是華北平原通往“天下之脊”上黨的咽喉之地。其又名“毛嶺”，顯然與其地貌多山、形勢險峻有關。在河北涉縣西。筆者舊釋三孔布“余亡”爲“余無”或“余吾”，屬上黨郡。戰國末年，趙國仍然一度控制上黨郡。三孔布“仾”的釋讀爲此提供一條重要的佐證。

《古幣叢考》（增訂本）頁 157—159，2002；原載《中國錢幣》1993-4

○郭若愚（1994）　三孔布十二銖幣。1992 年 10 月間，中國錢幣博物館徵集，據說此幣是陝西神木縣出土。（中略）據《三孔布新品》介紹，幣面文字釋爲“封氏”，自右向左讀。背文爲“十二朱”。

按此幣文字應釋爲“屯氏”。小方足布“屯留”之“屯”字和此“屯”有相似之處。《漢書·溝洫志》：“自塞宣房後，河復北決於館陶，分爲屯氏河，東北經魏郡、清河、信都、渤海入海。”《漢書·地理志》魏郡館陶：“河水別出爲屯氏河,東北至章武入海,過郡四,行千五百里。"按古屯氏河流經山東之舊東昌、臨清,河北之舊大名、河間,天津諸府州。今阜城縣之漫河,即屯氏河故瀆。入天津合子牙河入於海。即古漳河之下游也。屯氏河始於河北館陶,屯氏是地名,其地必在館陶附近。

《先秦鑄幣文字考釋和辨偽》頁 30,2001;原載《中國錢幣》1994-2

○何琳儀(1998)　毛,从人(或从弓),毛聲。

趙三孔布毛,讀毛,地名。《三國志·魏志·武帝紀》建安九年:"武安君尹楷屯毛城。"在今河北涉縣西。

《戰國古文字典》頁 328

△按　此三孔布二字作𠂇毛,《戰國文字編》798 頁釋爲"仟",然漏摹左半字形下部橫畫,其形實與是編"仟"字下另收《璽彙》3314 之𠂇有別。右半字形確與"毛"相似,不過《古錢大辭典》56 所收方足小布"屯"字亦如是作;左半字形與"人"旁相去較遠,而略近於"氏",此從黃盛璋釋爲"屯氏"。貨幣文有"茲氏、奇氏、皮氏"等,與此相近。

【屯留】貨系 1677,等

○丁福保(1938)　屯留　屯即純省,《左傳》襄十八年:晉人執孫蒯於純留。
【錢匯】

《竹書紀年集證》烈王六年:韓共侯、趙成侯遷晉桓公於屯留。孫之騄曰,《趙世家》十六年,與韓魏分晉,封晉君以端氏,端氏澤州縣,至肅侯元年,奪晉君端氏,徙處屯留,屯留故城,在潞州長子縣東北。《水經注》:絳水逕屯留西南,入漳涷水,又東逕屯留縣故城北。《竹書紀年》梁惠成王元年,韓共侯、趙成侯遷晉桓公於屯留,《楚策》當屯留之道,注云:屬上黨;《正義》:屯留潞州縣也。

右布面文爲屯留二字。右作屯,左作留,即純留,亦晉地,《春秋》襄十八年《傳》杜注:純留,今屬上黨郡。高士奇曰:純留,春秋時潞子國,赤狄種也。宣十六年晉滅留吁,遂爲晉邑,謂之純留,亦曰余吾。《戰國策》:張儀曰,斷屯留之道。《竹書紀年》梁惠成王十二年,鄭取屯留。漢置屯留縣,屬上黨郡,後因之,今屯留縣東南十里有純留城。【錢略】

右布面文右作屯,左作留,似亦屯留二字。【錢略】

《古錢大辭典》頁 1178—1179,1982

《竹書紀年集證》顯王十年,鄭取屯留尚子。《水經》濁漳水注,漳水東會於梁水,梁水出南梁山,北流逕長子縣故城南,《竹書紀年》曰,梁惠成王十二年,鄭取屯留尚子涅,尚子則長子之異名也。孫之騄曰,屯留故城南,故留子國潞氏之屬,《國名記》:長子,周史辛甲所封邑,今潞之長子縣,《紀年》之尚子也。《魏地形志》,屯留有屯留城,陳逢衡按,《春秋》襄十八年,晉執衛行人石買於長子,執孫蒯於純留。杜注,長子、純留二縣,今皆屬上黨郡,周初長子爲辛甲所封邑,後歸晉。純留,春秋時潞子國,亦赤狄種也。宣十六年,晉人滅留吁,遂爲晉邑,謂之純留,亦曰余吾。迨至三卿分晉之日,諸邑皆分,唯屯留、長子二邑,尚爲晉地,《紀年》於烈王六年,書韓共侯、趙成侯遷晉桓公於屯留,自是晉僅守一邑,而長子歸趙,《趙世家》成侯五年,韓與我長子是也。

《古錢大辭典》頁 2153,1982

○**鄭家相**(1958)　　文曰屯留,見《秦策》,在今山西屯留縣東南十三里,即春秋之吁留純留也。

《中國古代貨幣發展史》頁 98

○**石永士**(1995)　　"屯留",古地名,春秋屬晉,戰國歸韓。《史記·趙世家》:"(趙)肅侯元年(公元前 349 年),奪晉君端氏,徙處屯留。"在今山西屯留東南。

《中國錢幣大辭典·先秦編》頁 274

○**何琳儀**(1996)　　"屯留"(1666)。《趙世家》:"肅侯元年,奪晉君端氏,徙處屯留。"隸《地理志》上黨郡。在今山西屯留,戰國早期屬趙。戰國中期屬韓,見上"涅"條所引。戰國晚期又屬趙,見《秦始皇本紀》:"八年,王弟長安君成蟜將軍擊趙,反,死屯留。"

《古幣叢考》(增訂本)頁 207,2002;原載《古幣叢考》

○**黃錫全**(1998)　　屯留布的國別,有屬韓、趙、魏三種不同意見。如鄭家相主張屬韓,王毓銓主張屬魏。何琳儀主張戰國早期屯留屬趙,中期屬韓,晚期又屬趙。而屯留方足布屬趙。

今按,屯留原爲春秋赤狄留吁地,後爲晉滅(見《左傳》宣公十六年),謂之純留(見《左傳》襄公十八年)。《史記·趙世家》"肅侯元年,奪晉君端氏,徙處屯留",爲晉君所處之地(都)。後爲韓有,見《水經·濁漳水注》引《紀年》云:"梁惠成王十二年(前 359 年),鄭取屯留、尚子。"故《戰國策·秦策一》記張儀欲伐韓而曰"塞轘轅、緱氏之口,當屯留之道"(又見《張儀傳》)。秦始皇三年(前 244 年),"蒙驁攻韓,取十三城"(《秦始皇本紀》),其中當包括屯留。是此時屯留已屬秦,故"八年(前 239 年),王弟長安君成蟜將軍擊趙,反,死屯留"。或以爲此時屯留屬趙,其實非是,前 259 年或者前 247 年屯留已爲秦有

（詳下）。是屯留屬韓在前 359 年至前 244 年，但其閒曾一度屬趙。屯留屬上黨，見《史記·韓世家》，韓桓惠王十年（前 263 年）"秦擊我於太行，我上黨郡守以上黨郡降趙。十四年（前 259 年），秦拔趙上黨，殺馬服子卒四十餘萬於長平……二十六年（前 247 年），秦悉拔我上黨"。是屯留屬趙只不過 4 年左右，鑄幣的可能性不大。小方足布又非秦有，因此，屯留布當爲公元前 359 年至前 244 年（或者 247 年）閒爲韓所鑄。屯留雖與魏近，但未聞屬魏。所以，我們將屯留布列入韓國。

《先秦貨幣研究》頁 127，2001；原載《中國錢幣論文集》3

【屯德】集成 9719 令狐君嗣子壺

○**湯餘惠**（1993）　屯，通純；純德，美德。

《戰國銘文選》頁 1

【屯魯吉康】秦景公石磬

○**王輝、程學華**（1999）　"眉壽無疆、屯魯吉康"一類嘏辭，春秋銘文習見。秦武公及王姬鑄鐘："以受大福，屯魯多釐，大壽萬年，秦公其畯龢在位。""眉壽無疆"即"大壽萬年"。"純魯"指厚福，"吉康"指安寧，這些都是作磬者向上帝及先祖所祈求的。徐中舒師《金文嘏辭釋例》對嘏辭的含義言之已詳，此不贅。

《秦文字集證》頁 119

每

集成 9734 舒盤壺　郭店·語一 34　上博二·子羔 4
上博七·凡甲 15　上博七·吳命 8　侯馬 200:58　陶彙 3·180

○**張政烺**（1979）　（編按：舒盤壺）每，讀爲謀。《說文》"慮難曰謀"，古文从口，每聲，此省口旁。百謀猶百慮，《易·繫辭》："天下同歸而殊途，一致而百慮。"又"人謀鬼謀，百姓與能"，虞注："坎爲謀。"

《古文字研究》1，頁 235

○**張克忠**（1979）　（編按：舒盤壺）每假借爲敏。

《故宮博物院院刊》1979-1，頁 46

○**朱德熙、裘錫圭**（1979）　（編按：舒盤壺）圓壺銘每字跟上引幾種"毅"字古寫相似，有可能也是"毅"字。"毅"在圓壺銘文裏似當讀爲"僚"。"百僚"乃古人恆語。《尚書・皋陶謨》“百僚師之”,《詩・大東》“百僚是試”。

《朱德熙古文字論集》頁 94—95,1995;原載《文物》1979-1

○**李學勤、李零**(1979)　(編按：舒盉壺)“百每”的“每”,寫法同於侯馬盟書二○○：五八,與盟書三五：三悔字所从也很接近。每,讀爲牧,百牧就是群臣。

《考古學報》1979-2,頁 161

○**于豪亮**(1979)　(編按：舒盉壺)“每”讀爲服(同爲之部字),故“全每”即“百服”,百服義爲百官,班殷:“更虢城公服”,《禮記・祭統》引孔悝鼎銘:“纂乃祖服”,師虎殷:“更乃祖考啻官”,師嫠殷:“司乃祖考舊官”。二者涵義相同,知服有官之義。

《考古學報》1979-2,頁 181

○**黃盛璋**(1982)　(編按：舒盉壺)“慈愛百每”,朱、裘釋“殷”,讀“僚”,李、于都釋“每”讀“服”,張釋“每”,《侯馬盟書》參盟者人有“每□”,下也从“女”,但中多一點,乃“母”字,此仍从“女”,不知是否爲一字? 釋“每”結構很近似,但講不通。按《侯馬盟書》“嘉”字上所从“屮”頭,多數作“ ”,而“姓”从“生”,此字下从“女”,上所从爲“生”字頭部,如釋爲“姓”字簡寫,文義正適。下文説:“大去刑罰,以憂厥民之佳(與)不辜”,正是“慈愛百姓”的具體説明,前後相應。姑提出此一説,以供討論。此字如非“姓”,亦必爲“姓”字之假。

《古文字研究》7,頁 80

○**何琳儀**(1984)　(編按：舒盉壺)每,當讀敏。天亡簋“每颺颺王休”,晉姜鼎“每颺乎光剌”,其中“每颺”均讀“敏揚”,是其佐證。《禮記・中庸》“人道敏政”,注:“敏,猶勉也。”敏亦通閔,《釋名・釋言語》:“敏,閔也。”《書・君奭》“予惟用閔于天越民”,傳:“閔,勉也。”

《史學集刊》1984-3,頁 9

○**陳長安**(1985)　(編按：舒盉壺)金文中的每字,《㗗鼎》作“ ”;《杞伯簋》作“ ”;《大豐簋》作“ ”。可知每字中間豎筆的頂端,或向左傾,或向右傾,或者豎直。然而“ ”字中間豎筆之頂端,在向右躬曲處的右下方卻斜書一筆,構成了“亻”頭,與金文每字的頭部不同。儘管是一筆之差,但在分析研究它們的構形時,卻是值得注意的。若把“ ”“ ”二字的構形相比,其構字的主體部分就判然不同。退一步説,即是將“ ”字釋爲每或殷,儘管多方假借,還是文意難通。因此,“ ”字並非每、殷。

該字頭部爲“亻”,乃是“人”字,下部爲“ ”,當是“每”字,“每、母”古通用。該字从人从母,依其字形來看,象一人站在一女子頭上,有欺辱女子之意,當釋爲"侮"字。

《說文》:"侮,傷也。从人,每聲。"《左傳・昭公元年》:"不侮鰥寡。"杜注:"侮,凌也。"《禮記・曲禮》:"禮不踰節,不侵侮,不好狎。"鄭注:"侮,輕慢也。"可見"侮"確有"凌辱""輕慢"之意。又《廣雅・釋詁四》:"侮,婢也。"《方言》卷三:"侮,奴婢賤稱也……秦晉之閒罵奴婢曰侮。"郭璞注:"侮,言爲人所輕弄也。"可知古代秦晉一帶,把處在社會下層被壓迫、被奴役的奴婢,統稱爲"侮",蓋取其爲人所輕弄、凌辱之義。

《中原文物》1985-3,頁 95

○**何直剛**(1990)　(編按:䗴盗壺)《䗴盗壺》三至七行:"昔者先王慈愛百𩼈(姓),竹(篤)兔(勉)亡(無)疆。"同樣的字在紹興戰國墓中亦有發現,作"𩼈"形。各家釋此字爲毃爲僚爲每,讀牧或服,或敏、或歆。意見頗不一致。我曾就中山《䗴盗壺》細審其結構,此字中閒一筆並不連貫,明顯地分爲上下兩個部分。下部从女毫無問題,上部作"𡳾"形,當爲生之異體。生字金文作𡳾形,漢印有的省作𡳾形。其爲生字似無疑問。《說文・女部》:"姓,人所生也……因生以爲姓,从女、生。"《釋文》也説"女生爲姓"。此字从女从生,當爲姓字。《睡虎地秦簡・爲吏之道》有"慈愛萬姓"。《史記・田齊世家》有"附愛百姓"。愛民、愛百姓爲古恆語,故此爲姓無疑。

《文物春秋》1990-3,頁 53

○**湯餘惠**(1993)　(編按:䗴盗壺)百每,當讀爲百民。民、每音近相通,古書"愍"或作"惽、湣",是其證。百民,猶言百姓。《禮記・大傳》:"重社稷故愛百姓。"《云夢秦簡・爲吏之道》:"除害興利,茲(慈)愛萬姓。""慈愛百民"和"慈愛萬姓"含義相同,語例亦相當。

《戰國銘文選》頁 39

○**黄德寬、徐在國**(1998)　(編按:郭店簡)語一 34 有字作𣕌,原書隸作"䓝"。我們認爲此字應釋爲"每"。包山楚簡"緐"字作𥿑、𥿑(《簡帛編》922 頁)等形可證。

《吉林大學古籍整理研究所建所十五周年紀念文集》頁 107

○**袁國華**(1998)　(編按:郭店簡)"每"字見簡本《語叢》一第 34 簡,字形作𣕌。此即"每"字無疑。"每"字,甲骨文《粹》1013 作𣕌;金文昌鼎作𣕌;戰國侯馬盟書作𣕌,䗴盗壺作𣕌,皆可爲證,無庸贅述。

"每"字,《說文》屮部云:"艸盛上出也。"可見"每"字本即有"盛"義,故疑"每"與"緐"通。《說文》糸部"緐"條云:"馬髦也。从糸,每聲。""緐"从"每"

得聲,故“每”可與之通假。段玉裁《説文解字注》糸部云:“緐,引申爲緐多,又俗改其字作繁,俗形行而本形廢,引申之義行而本義廢矣。”“繁”字,《小爾雅‧廣詁》“繁,多也”;《玉篇》糸部“繁,盛也”,故“繁”有“多、盛”之義也。

《語叢》一第33、34、35簡合言禮樂之事云:

禮生於𢆶,樂生於亳。禮齊樂靈則戚,樂緐禮靈則訡。

“樂緐”云云,猶言“禮之盛多”也。

《中國文字》新24,頁145—146

○**湯餘惠**(1999)　　中山圓壺銘云:“昔者,先王旂(慈)恳(愛)百每,竹胄亡(無)彊(疆)。”“每”字原篆作𣎴,其形爲商周古文“每”之省變,説者多釋爲“每”,至當。“百每”一詞,各家解釋不一。今按,“百每”應讀爲“百民”。每、民古音並屬明母字,之真旁對轉,音近互通。《楚辭‧九章》“離慜而長鞠”,《史記‧屈原列傳》引此句,“慜”作“愍”;又,“離慜而不遷兮”,《屈原列傳》引作“湣”,是民聲與每聲相通之證。百民,猶言百姓,古代君王出於政治上的需要,常常以慈愛、愛民相標榜。《禮記‧大傳》:“重社稷故愛百姓。”《左傳‧莊公二十七年》:“夫禮樂慈愛,戰所蓄也。”壺銘説“先王慈愛百民”,與之同出一轍。

《中國古文字研究》1,頁64

○**陳偉**(2000)　(編按:郭店‧語一)34號簡最後一字從“來”形從“女”,原無釋。黃德寬、徐在國先生參照楚簡中的“繁”字,認爲應釋爲“每”。袁國華先生亦釋爲“每”,並引述《説文》繁“從糸每聲”之説,讀爲“繁”。不過上古音中“繁”屬元部並紐,“每”屬之部明紐,只具有旁紐的關係。《説文》段注本“緐”字條作:“從糸、每。”段注云:“各本下有‘聲’字,非也。今刪。每者,艸盛上出,故從糸、每會意。”侯馬盟書中的“弁”字有一種簡化的寫法,形體與“來”形近似。依此,34號簡最後一字可能是從弁從女,屬於“繁”字的另一種寫法。從辭例上看,上句説“禮繁樂零則戚”,下句説“樂繁禮零則謾”,兩句只是調換了“禮、樂”的位置,而針對二者的説明文字並沒有變化。《禮記‧表記》云:“厚於仁者薄於義,親而不尊;厚於義者薄於仁,尊而不親。”與簡文應該屬於同一類句式。這也有助於對“繁”字的判讀。

《郭店楚簡國際學術研討會論文集》頁145

○**李守奎、曲冰、孫偉龍**(2007)　　(編按:上博二‧子羔4)“每㠯學寺”,讀爲“敏以學詩”。

《上海博物館藏戰國楚竹書(一——五)文字編》頁27

△**按** 《説文》:“每,艸盛上出也。从中,母聲。”析形有誤。甲骨文“每”字上象笄飾形,至戰國楚文字則多訛變而近於“來”。好盗壺“百每”可從李學勤、李零讀爲“百牧”,商郊“牧野”之“牧”《説文》作“坶”,“每”从母得聲,《説文》从每得聲之字戰國楚文字往往从母。郭店《語叢一》簡 34 之“每”,學者多讀爲“緐(繁)”,可從。然於字形解釋頗有異同。《説文》分析爲从糸,每聲,段注改形聲爲會意,學者多從之,皆以爲每、緐二字分屬之、元二部,未可相諧。故魏宜輝以爲讀爲“緐(繁)”的“毒”應是“緐”字的一種簡體(《論戰國楚系文字中省體之“緐”字及相關問題》,《古文字研究》28 輯 535—539 頁,中華書局 2010 年)。然新蔡簡干支字“亥”又作“還”(甲三 342-2)、“嬛”(甲三 8+18)、“睘”(乙四 102)等形,“亥”屬之部字,从“睘”之字則多是元部字,可爲之、元相諧之證。上博二《子羔》篇“每”讀爲“敏”,与金文用法相同(郭永秉認爲該句當是“敏以好詩”,見氏著《説〈子羔〉簡 4 的“敏以好詩”》,《出土文獻與古文字研究》1 輯 326—330 頁)。“每”與“緐”的關係正同於“每”與“敏”的關係。上博七《凡物流形》甲之“每”,似可讀爲“謀”,辭云:“坐而思之,每(謀)於千里;起而用之,陳於四海。”上博七《吳命》簡 8 之“先王姑每大熙之邑”,整理者曹錦炎讀“姑每”爲“姑緐”,謂即吳王諸樊(《上海博物館藏戰國楚竹書》[七]323 頁,上海古籍出版社 2008 年)。宋華强則讀“姑每大熙”爲“姑姊大姬”,指陳國建國之君胡公之妻、陳國的始祖母,《左傳·襄公二十五年》有“庸以元女大姬配胡公,而封于陳”(《〈上博(七)·吳命〉“姑姊大姬”小考》,簡帛網 2009 年 1 月 1 日)。辭殘,未能論定。

毒 

陶彙 4·43 睡虎地·秦律 5

【毒言】睡虎地·封診 91

○**睡簡整理小組**(1990) 毒言,口舌有毒,是當時的一種迷信。《論衡·言毒》:“太陽之地,人民促急,促急之人口舌爲毒,故楚、越之人促急捷疾,與人談言,口唾射人,則人脤胎腫而爲創(瘡)。南郡極熱之地,其人祝樹樹枯,唾鳥鳥墜。”

《睡虎地秦墓竹簡》頁 163

○**何琳儀**（1998）　毒,从毋从生,會意不明。

《戰國古文字典》頁 216

△**按**　《説文》:"毒,厚也。害人之艸,往往而生。从中从毒。"徐鍇《繫傳》作"从中,毒聲"。睡簡之"毒",似即以"毒"爲之。

芬　芬

芬　上博三·周易 23

○**濮茅左**（2003）　六五:芬豕之羣,吉　"芬",讀爲"豶",同韻部。

《上海博物館藏戰國楚竹書》(三) 頁 168

△**按**　《説文》:"芬,艸初生其香分布。从中从分,分亦聲。芬,芬或从艸。"此字對應帛書本《周易》作"哭",今本作"豶"。

岕　岕

岕　璽彙 3502

○**丁佛言**（1924）　岕。

《説文古籀補補》卷 1,頁 2

○**羅福頤等**（1981）　岕。

《古璽文編》頁 7

○**何琳儀**（1998）　燕璽岕,讀陸,姓氏。出嬀姓,田完裔孫,齊宣王少子通,封於平原般縣陸鄉,因以爲氏。見《唐書·宰相世系表》。

《戰國古文字典》頁 225

△**按**　《説文》:"岕,菌岕,地蕈,叢生田中。从中,六聲。蕊,籀文岕从三岕。"此字與岕字小篆寫法同,然字實非从六,似是从丌。暫繫於此。

岂

岂　璽彙 3417　　岂　集成 2104 上岂床鼎

岂　璽彙 5348"岂子"合文

○**吳振武**（1983）　3417 岂□私尔·岂(范)□私尔(鉥)。

《古文字學論集》(初編) 頁 515

○**黃盛璋**(1989)　(編按:上呰牀鼎)"上員"員字上从"凵"乃"口"字,秦漢"口、曰、白、自"上可不封口,而以"凵"表示。江陵鳳凰山一六八號漢墓之遣策與漢居延簡中"自言"還如此,詳見拙文(《考古》1977 年 1 期)。"上員"亦爲宮室名,"員"或通"圜"。

《古文字研究》17,頁 17

○**何琳儀**(1992)　戰國文字中从"弓"(𢎥)諧聲者甚多。其中若干字舊或不識,或誤釋。自中山王圓壺"𦥑"被識出之後,以此爲基點,其他銅器、璽印、縑帛文字中的"弓"及从"弓"得聲之字皆可貫通。(中略)

"𡴇"(《璽彙》三四一七)、"𡴇"(《璽彙》五三四八),均應隸定"呰",屬三晉系文字。"呰","柬"之異文。《説文》:"柬,艸木垂華實也。从木、弓。"按,"呰"从"中","柬"从"木"。"中(艸)、木"義近,在偏旁中往往通用,故"呰、柬"實爲一字。璽文"呰"讀"芄",爲古姓氏。"芄"姓見《姓解》引《姓書》。

《古文字研究》19,頁 483—485

○**何琳儀**(1998)　岢,从山,卩聲。𡴗之異文。(中略)

古璽岢,讀節,姓氏。見㔾字 f。

《戰國古文字典》頁 1095

△**按**　作爲姓氏之"呰",可從吳振武讀爲"范"。上呰牀鼎之"呰",末筆分寫,遂致黃盛璋誤認爲从貝。

【呰子】璽彙 5348

△**按**　呰子合文,《古璽文編》附録五七漏描合文符號,"呰"可讀爲"范",姓氏。

岁

𡿜璽彙 2754

○**高智**(1997)　此印中左字作"𡿜"形,《古璽彙編》缺釋,《古璽文編》列入附録。今按此字上从"凵"是古璽及整個戰國文字"中"字的普遍寫法,當是"凵"(艸)之形省,在古文字中由於"中"與"艸"均表示草,意義相通,故古文字中从"艸"之字常常可以省作从"中",如包山楚簡"䓘"作"𦰩"(一六九),"劃"作"𪐴"(二一六),侯馬盟書"茀"作"𡴇"(一:九一)等,均爲其證。下从"𢀖"爲古璽文字中"夕"(月)字的特有的寫法,如:"胗"作"𣎴"(1580)形,

“明”作“⿰日彡”(0961)形,“夜”作“⿻夕火”(2946)形,“聞”作“⿵門口”(1756)形等所從均與此字同,故此字當是從“屮”從“夕”的“芗”字。

《第三屆國際中國古文字學研討會論文集》頁855

○**何琳儀**(1998)　屵,從山,月聲。《集韻》:“屵,山名。或書作肭。”

晉璽屵,人名。

《戰國古文字典》頁912

△**按**　高智釋是。

岢

璽彙3230

○**羅福頤等**(1981)　岢。

《古璽文編》頁233

○**黃錫全**(1986)　古璽有⿱屮可字,《文編》列入山部,隸作岢;顯然,《文編》以爲上從山。究竟岢是什麽字,《文編》没有注明。這方印是:⿰釋岢(《彙編》三二三〇)

按此字下從可是正確的,如蔡太師鼎可作可,侯馬盟書作可(198:3),古璽作可(《彙編》二六三二)、可(《彙編》三二二一)等。上從屮與古璽山作山不同,而是從中。古文字中從屮之字可以省從中,如侯馬盟書弗字作弗。《汗簡》可部録郭顯卿字指訶作⿱屮可,屮乃屮譌,後人誤以爲止句爲苛(見《説文·敘》)。《汗簡》誓作⿰言折,而散盤本作折,屮顯係屮譌。走字作⿱夭止(令鼎),奔字作⿱夭止(中山王鼎),止又譌從中。因此,《汗簡》之⿱屮可,原當作⿱屮可,與古璽形體類同,均應釋爲苛,爲苛(盦志鼎)、苛(《彙編》二二五七)之省。顯卿字指假爲訶,與典籍多借苛爲訶同。

古有苛姓,如《正字通》:“漢苛異。”

《古文字研究》15,頁139

△**按**　當爲“苛”字異體,見屮部“苛”字條。

茆　邳

集成11281宋公差戈　　郭店·六德12

△**按**　“茆”字異寫,屮部重見。宋公差戈“宋公差之所造茆族戈”,“茆”當是

地名。郭店《六德》簡 12 屮與中字連讀爲"草茅",見【中屮】。

苐

侯馬 1:91　　珍秦 147　　集成 11549 十二年邦司寇戈

△按　"苐"字異體,見艸部"苐"字條。

芷

璽彙 1677

○**何琳儀**(1998)　芷,從艸省,疋聲。茝之異文。《集韻》:"芷,艸名。"讀"倉格切",正應歸魚部。

　　燕璽芷,人名。

《戰國古文字典》頁 583

茅

曾侯乙衣箱

○**李守奎**(2003)　茅字異寫。

《楚文字編》頁 34

△按　"茅"字異體,見艸部"茅"字條。

茸

璽彙 3207　　璽彙 3208

○**何琳儀**(1998)　茸,從中(艸之省),耳聲。（中略）

　　古璽茸,讀荗。《詩·邶風·旄丘》"狐裘蒙戎"。《左·僖五年》作"狐裘尨戎"。《爾雅·釋草》"戎葵",釋文戎作荗。是其佐證。荗氏,見《姓苑》。

《戰國古文字典》頁 426

△按　字從中,耳聲。或"茸"字異體,古璽用爲氏名。艸部"茸"字下重見。

崻

崻 璽彙 3242

○何琳儀（1998）　崻，从山，所聲。

　　晉璽崻，疑讀所，姓氏。

《戰國古文字典》頁 470

△按　字當从中，所聲。戰國文字“山”字中豎下部填實或勾廓，又或於豎筆之上增飾筆，與“中”形近而別。

肔

肔 璽彙 0952

○羅福頤等（1981）　肍。

《古璽文編》頁 170

○何琳儀（1998）　肍，从肉，扒聲。

　　晉璽肍，人名。

《戰國古文字典》頁 967

△按　當釋肔，“莌”字異體，見艸部“莌”字條。

剚

 包山 216

○何琳儀（1993）　應釋“剚”。《集韻》：“剚，山連兒。”“長剚”或作“長惻”（207），均爲卜筮用具。

《江漢考古》1993-4，頁 62

○何琳儀（1998）　剚，从山，則聲。《集韻》：“剚，剚为，山大兒。”

　　包山簡“長剚”，亦作“長惥”。

《戰國古文字典》頁 94—95

△按　“蒯”字異體，見艸部“蒯”字條。

齒

包山 169   上博一·緇衣 21

○**李守奎、曲冰、孫偉龍**（2007） 《玉篇·艸部》有"齒"字。今本作"留"。

《上海博物館藏戰國楚竹書（一—五）文字編》頁 35

萊

郭店·尊德 39

△**按** "萊"字異體，見艸部"萊"字條。

蒦

上博四·逸詩·交交 3

○**馬承源**（2004） 佳心是蒦 《詩·小雅·鹿鳴之什·伐木》："伐木許許，釃酒有蒦。"《詩經集傳》："蒦，美貌。"此指心境。

《上海博物館藏戰國楚竹書》（四）頁 176

○**李守奎、曲冰、孫偉龍**（2007） 今本《詩經·小雅·伐木》有"蒦"字，《玉篇·艸部》收錄。

《上海博物館藏戰國楚竹書（一—五）文字編》頁 36

藥

璽彙 1384   郭店·五行 6   上博二·從乙 3

○**羅福頤等**（1981） （編按：璽彙 1384）从中，中與艸通，《說文》：中，或以爲艸字。

《古璽文編》頁 10

△**按** 楚簡"藥"皆讀爲"樂"。璽文"藥"用爲姓氏，亦應讀爲"樂"。疑"藥"即"樂"字增繁，非"藥"字之省。

艸

艸 陶彙3·372　屮 陶彙3·233

茅 郭店·唐虞16"艸茅"合文

【艸茅】郭店·唐虞16

○馮勝君(2000)　"艸(草)茅"一詞,典籍習見,多用來比喻人處於貧賤卑下之位。如《唐虞之道》第16號簡:

舜佢(居)於茅=(艸茅)之中而不憂。

簡文"艸茅"二字原篆作茅,係合文。類似的記載又見於《戰國策·趙策》:"昔者堯見舜于草茅之中,席隴畝而廕庇桑,陰移而授天下。"又《管子·戒》:"是故身在草茅之中而無懾意。"《儀禮·士相見禮》:"在野則曰草茅之臣。"

《古文字研究》22,頁212

△按　古文字中、艸、卉本爲一字異形,多可混用,楚簡"屮茆"即"草茅"(參"屮"字條)。然楚文字多見"卉"字,皆讀爲"草"(詳參"卉"字條),"艸"字未見。《戰國文字編》"艸"字下所收楚系文字,僅信陽楚簡2·13之屮(23頁)一例,《楚文字編》從之,但補充説"此字漫漶,殘形與友字形近"(35頁)。二書所據圖版,均出《信陽楚墓》,查商承祚《戰國楚竹簡匯編》(齊魯書社1995年),此字實作屮(商書編爲簡5),其實就是亦見於信陽簡2·19、2·24的屮,後二形《戰國文字編》及《楚文字編》均收入"友"字下。過去學者對這組字的釋讀雖不一,但多視三形爲一字,當是正確的。李家浩亦釋爲"友"(見《楚簡中的祫衣》,《中國古文字研究》1輯97頁),見卷三"友"字條。

莊 茊 樾 臾

莊 睡虎地·編年5貳　莊 集粹　茊 集粹

樾 郭店·語三9　臾 璽彙1529

△按　莊從艸,秦系文字借爲莊重之"莊",戰國文字土旁或士旁常訛寫作立,故有作茊者。郭店《語叢三》之字與《説文》古文作樾形近,《古璽彙編》1529之字又爲其進一步省簡,後者見於虢季子白盤(《集成》10173),讀"壯"。

茊 蒜

𦬊包山255　　**蒜**包山258

○**劉信芳**（1992）　（編按：包山255）“茜茊之蔓一碹”（255 號簡）。原釋：“茜茊”爲“蓲菰”，引《説文》：“菰，雕菰，一名將。”

　　按“將”屬筆誤，《説文》原作“蔣”。“雕茊”一作“雕胡”。惟“茜”字甚費解，《説文》釋“蓲”，“水邊艸也”，報告作者因之以爲“蓲菰，即生於水中之菰”。

　　其實茊本生於水澤之中。“茜茊”構成一詞，音訛而寫作“雕茊、雕胡”，似不必另將“茜”字求解；若必欲謂“茜茊”爲生於水中之茊，則“雕茊”豈非成了雕鏤之茊？

　　258 號簡又有“茊一笭”，“茊”與“茜茊”之別，僅在於一指莖葉，一指籽實。《廣雅·釋草》：“菰，蔣也，其米謂之彫胡。”由楚簡得之，楚人之食茊，既食其莖葉，又食其米。茊，古書多作“菰”，俗稱茭白，爲禾科植物，莖葉可作爲蔬菜，其成熟種粒可以做飯。

　　楚人以茊爲珍貴食品，《藝文類聚》卷二十四引宋玉《諷賦》：“爲臣炊彫胡之飯，烹露葵之羹。”《大招》：“五穀六仞，設菰梁只。”王逸章句：“茊梁，蔣實，謂雕胡也……茊梁之飯，芬香且柔滑也。”司馬相如《子虛賦》頌揚楚國物產：“其埤濕則生藏莨兼葭，東牆雕胡，蓮藕觚盧。”可見古人對茊米之珍視。

　　　　　　　　　　　　　　　　《江漢考古》1992-3，頁 74

○**湯餘惠**（1993）　（編按：包山255）原釋“茜茊”，注 511 讀爲“蓲茊”，謂“即生於水中之茊”。按古文字單複往往無別，釋“蒜”爲“茊”可信。茊，通菰。張慎儀《方言別録》卷上引《吳郡志》：“菰即茭也，菰首，吳謂之茭白。”是茊即茭白的別名。

　　　　　　　　　　　　　　　《考古與文物》1993-2，頁 77

○**劉信芳**（1997）　（編按：包山255）“茜茊”讀如“雕菰”，字或作“雕胡”，皆一音之轉。《廣雅·釋草》：“菰，蔣也，其米謂之彫胡。”（中略）包山簡 258：“茊二笭。”茊與茜茊之別，在於茊指莖葉，茜茊指籽實。茊俗稱“茭白”，爲禾科植物，莖葉可以作爲蔬菜，其成熟種粒可以做飯。

　　　　　　　　　　　　　　　　《中國文字》新 23，頁 114

○**劉信芳**（2003）　(編按：包山258"𦬠一笰")該字原釋誤作"蓏"。按簡文字形上部從艸，下部從二"个"，與同簡"蓏"字形有別。《史記·貨殖列傳》："竹竿萬个。"《索隱》："箇、个古今字也。"據此知"𦬠"是會意字，讀爲"滿"（二"个"爲偶），《説文》作"㒼"。出土竹笥（標本2:59.2）之籤牌字亦作"𦬠"，該竹笥内盛有蓮藕六節。

《包山楚簡解詁》頁266

○**白於藍**（2004）　《容成氏》簡25、26："𧻳（禹）乃迵（通）蔞與易，東敂（注）之沔（海），於是虖（乎）蓏州訇（始）可尸（處）也。"

　　關於地名"蓏州"，原注釋指出應該是"并州"，並云："'并'與'蓏'簡文寫法相近，或有混淆。"今按，原注釋認爲該地是"并州"是可取的，但對"蓏"字的説解則可商榷。筆者以爲，"蓏"字應釋爲"茾"，即下部所從乃"并"字異構，故可讀爲并。該字原形作𦭼，亦見於包山簡和包山竹籤，過去大都釋爲"蓏"。包山簡174中又有人名用字作𦭼，大都亦釋爲"𤓰"。包山簡遣策（簡258）當中有一段話，原釋文作"蓼二笰、藼二笰、蒮二笰、薑二笰、蓏一笰……"，其中"蓏"字作𦬠，釋爲"蓏"没有問題。但該簡中所謂"蓼"字原形作𦬠，學者們通常亦都認爲當釋爲"蓏"。這樣一來，這條簡文中就出現兩次"蓏"，即"蓏二笰"與"蓏一笰"，既然是同一種物品，量詞又相同，爲何卻要分記兩次，而不直接書寫作"蓏三笰"呢？這是没有道理的。包山簡原釋文中之所以將𦬠字釋爲"蓼"，大概也是朝這方面考慮的。可見，將𦬠釋爲"蓏"是存在問題的。現在，上海簡之𦭼字亦不用爲"蓏"，也説明了這一點。𦭼、𦬠是"茾"字還有一條證據，信陽楚簡2·021有"一瓶食醬"語，其中"瓶"字上部所從與此兩字下部所從完全相同，可參考。典籍中從平聲之字與從并聲之字常可相通，包山簡之"茾"可讀爲苹，《爾雅·釋草》"苹，蘋蕭"，郭注："今江東蘋蒿也，初生亦可食。"《詩·小雅·鹿鳴》"呦呦鹿鳴，食野之苹"，鄭箋："苹，蘋蕭。"孔疏引陸璣曰："菜青白色，莖似箸而輕脆，始生香，可生食，又可烝食。"

《上博館藏戰國楚竹書研究續編》頁491—492

△**按**　劉信芳釋包山258𦬠字爲茾，於形不合；此字與包山255的𦬠寫法一致，後者劉信芳仍釋爲"蓏"（《包山楚簡解詁》259頁）。包山竹籤4之字作𦭼，與此不盡相同。據258簡"𦬠二笰"與"𦬠一笰"分列，可見二者定非一物。楚簡"苽"字作𦭼（上博《孔子詩論》簡18），其中"瓜"形與𦬠所從相同。白於藍認爲𦬠是蓏，可從；𦬠則可能當讀爲"滿"（詳"滿"字條）。《説文》以"蓏"表

瓜果,以"苽"表菱筍。從出土文獻用例與古文字字形來看,瓜果之瓜本作
"瓜",又增艸旁爲"苽";雕苽之苽則作"蓏"。參"苽"字條。

芝

璽彙 3749

△**按**　璽文"芝"字,《古璽文編》及《戰國文字編》圖版有誤,皆將末横右半裁
去。《說文》:"芝,神艸也。从艸从之。"小徐本作"从艸,之聲",是。

莆 莆

曾侯乙 143　　　侯馬 3:14　　　集成 11293 三年蒲子戈　　　近出 1177 十八年莆反令戈

三晉 113　　貨系 1539

○**吳大澂**(1884)　蒲　古蒲字,蒲子幣。

《說文古籀補》卷 1,頁 4

○**陶正剛**(2001)　第一行第四字"莆",也見於方足布作莆(方足布,山西陽高
和襄垣出土的布幣)。莆(晉祁)(注見張頜《古幣文編》)、莆(《古錢大辭典》
460 頁)、莆(甫反一鈁,《古錢大辭典》)。應隸定爲蒲。

《古文字研究》21,頁 194

【莆子】三年蒲子戈,貨系 1539,等
○**丁福保**(1938)　莆即蒲之省,與蒲坂幣篆同,《左傳·莊二十八年》,晉侯使
重耳居蒲,注:今平陽蒲子縣。【錢匯】

　　按《通鑑》秦始皇九年伐魏,取垣蒲,《班志》蒲子與垣縣,皆屬河東郡。
【文字考】

《古錢大辭典》頁 1224,1982

　　右布面文,諸家皆訓爲蒲子二字,蒲,晉邑,《春秋》莊二十八年《傳》杜注,
蒲,今平陽蒲子縣,高士奇曰:"重耳居蒲。"《戰國策》秦伐蒲,《史記·魏世
家》襄王七年,秦降我蒲陽,《秦紀》惠王十年,圍魏蒲,取之。漢置蒲子縣,屬
河東郡,晉屬平陽郡,後周改長壽縣於今隰州治,即今隰州地也。【錢略】

《古錢大辭典》頁 1243,1982

蒲子,《漢志》河東郡縣,應劭曰:故蒲反舊邑,武帝置。師古曰:重耳所居也,應説失之。按,縣既置於武帝,《左傳》但稱蒲,或稱蒲城,不識蒲子之名所自始,古文子與邑相近似,當從梁邑粟邑例,第幣文作𥫣𢀳,甚明晰,非𨙨字也。余以近得長子幣拓本證之,長字作𣎳,加邑旁,正與蒲字去水旁合,古篆增減在斯篆前,係戰國時鑄也。《漢志》長子屬上黨郡,注云:周辛甲所封,長从邑,爲地名,子乃封爵,晉滅之,以爲大夫采地,後僭稱子。其名始見《左氏》襄十八年《傳》,哀廿三年《傳》,晉有長武子,蓋食采長邑者。晉臣有雍子邢侯,皆僭五等封,蒲子當從此例。至《説苑》子路爲蒲令,《新序》晉欲伐衛,畏子路,不敢過蒲。地在今山東蒲臺縣,斷非鑄幣之蒲,余辨露非衛地,亦此意也。【癖談】

　　　　　　　　　　　　　　　　　《古錢大辭典》頁 2165—2166,1982

○**鄭家相**(1943)　　按右布文曰莆子,莆即蒲省,《左傳·莊二十八年》,晉侯使重耳居蒲,杜注:今平陽蒲子縣,是,戰國初屬韓,後入趙。

　　　　　　　　《泉幣》20,頁 29;《中國古代貨幣發展史》頁 101 略同

○**黃盛璋**(1974)　　(編按:三年蒲子戈)戈　　三年蒲子……工帀(師)……　　中國歷史博物館藏;裘錫圭同志摹本

　　北大《古銅兵器展覽會目録》125"三年蒲子令戟",注易縣出土。戈銘多爲銹蝕,但"三年蒲子"仍可辨。蒲子春秋屬晉,即《史記·晉世家》"蒲邊秦,(使)公子重耳居蒲"之蒲,《集解》引杜預曰:"蒲今平陽蒲子縣是也。"《水經注·河水三》:"蒲川水出石樓山,南逕蒲城東,即重耳所奔之處也。又南歷蒲子縣故城西……闞駰曰:蒲城在西北,漢武帝置。"按前者爲漢武帝所置蒲子縣,後者係劉淵南移之蒲子縣,春秋之蒲與後來的蒲子自屬前者。據《隰州志》:"漢蒲子故城在州東北八十里,今爲蒲子村。"其地戰國屬魏。《史記·魏世家》:"(襄王)七年魏盡入上郡於秦,秦降我蒲陽",《正義》:"在隰州隰川縣,蒲邑故城是也。"同書《秦始皇本紀》:九年"攻魏垣、蒲陽",《正義》:"蒲邑故城在隰州隰川縣北四十五里,在蒲水之北,故言蒲陽,即重耳所居邑。"據《正義》所釋,蒲陽即蒲子,蒲陽於公元前 312 年曾一度降秦,但最後入秦應在公元前 238 年。戈應鑄於入秦以前。"莆子"又見於方足及尖足布幣,證明此地確是魏國一個冶鑄中心。

　　　　　　　　　　　　　　　　　　《考古學報》1974-1,頁 30

○**梁曉景**(1995)　　"莆子",古地名,春秋晉地,戰國屬魏。《左傳·僖公四年》:(公元前 656 年)"重耳奔蒲"。在今山西隰縣西北,或説在今山西蒲縣境。1956 年以來山西芮城、祁縣、陽高、襄汾、浮山,北京,河北易縣燕下都遺

址,河南新鄭、洛陽、鄭州等地有出土。

《中國錢幣大辭典·先秦編》頁 232

○**何琳儀**(1996)　“莆子”(1540),讀“蒲子”,見《地理志》河東郡。在今山西隰縣。

《古幣叢考》(增訂本)頁 211,2002;原載《古幣叢考》

○**黃錫全**(1998)　莆子方足布有屬趙屬魏二説,其地都以爲在今山西隰縣或蒲縣境,即蒲陽邑,漢莆子縣地。究其原因,一是“莆子”地處趙魏交接地帶,何時分屬趙魏史無明文。二是尖足布中有莆子,見《辭典》圖 460,尖足布屬趙,而《史記·魏世家》又明記載景湣王“五年,秦拔我垣、蒲陽”。因此,其地的歸屬要根據當時的實際情況而定。

　　莆子,即春秋時之莆,見《左傳》莊公二十八年記驪姬使人言於晉公曰:“曲沃,君之宗也。蒲與二屈,君之疆也。不可以無主。”“晉侯説之。夏,使太子居曲沃,重耳居蒲城,夷吾居曲。”杜注:“蒲,今平陽蒲子縣。二屈,今平陽北屈縣。”莆子屬《地理志》河東郡,班固自注云:“絳,晉武公自曲沃徙此,有鐵官。”應劭以爲“故蒲反舊邑”,而顏師古云“重耳所居也,應説失之”。王先謙《補注》:“戰國魏邑,一曰蒲陽。襄王七年降於秦。復入魏,景湣王時秦拔之,見《魏世家》《始皇紀》《續志》。”《秦始皇本紀》秦始皇九年,“攻魏垣、蒲陽”。《正義》引《括地志》云:“故垣城,漢縣治,本魏王垣也,在絳州垣城縣西北二十里。蒲邑故城在隰州縣北四十五里,在蒲水之北,故曰蒲陽。即晉公子重耳所居邑也。”中國歷史博物館藏有“三年蒲子”銅戈,論者以爲魏器。

　　綜合歷史記載與出土文物,可以初步判定,“蒲子”春秋名蒲或蒲城,屬晉,三家分晉後曾一度屬趙,故有尖足蒲子布,大約戰國中期以後爲魏所有,公元前 312 年曾一度降秦(見《魏世家》襄公九年),但最後屬秦則在公元前 238 年。蒲子布應定爲魏幣。

《先秦貨幣研究》頁 128,2001;原載《中國錢幣論文集》3

○**陶正剛**、**趙滿芳**、**范宏**、**郭紅**、**張玲**(2004)　即蒲子。戰國魏邑,故城在今山西蒲縣西略東村,古稱無意莊。莆子布是魏國貨幣。

《文物世界》2004-1,頁 32

【**莆反**】十八年莆反令戈

○**陶正剛**(2001)　莆反即蒲阪。《史記·魏世家》“哀王十六年(公元前 303 年),秦拔我蒲反、陽晉、封陵”。十七年(公元前 302 年)“秦予我蒲反”。又《史記·秦本紀》“(昭襄王)四年(公元前 303 年)取蒲阪……五年(公元前

302 年)復與魏蒲阪。十七年(公元前 290 年)秦以垣爲蒲阪,皮氏"。又《水經注》:"河水,又南過蒲坂縣西。"説明:蒲阪、蒲坂和莆反都是同一地點。

蒲坂,《左傳》:"晉獻公滅魏以賜畢萬。"服虔注曰:"魏在晉之蒲坂。"《括地志》:"蒲阪故城在蒲州,河東縣南二里,即堯舜所都也。"(第 51 頁)

"河水又南逕陶城西……陶城在蒲坂城北,城即舜所都也,南對蒲津關。汲冢《竹書紀年》,魏襄王七年,秦王來見於蒲坂關"(《水經注》60 頁)。雷學淇《竹書紀年義證》卷四,云:"秦王即秦惠文王也。蒲版,舜舊都,其北有長版,爲邑之險要,故曰蒲版。魏既獻河西之地於秦,因險設關以備秦寇,故曰蒲版關,此魏之界上關也。後其地入秦,改曰臨晉關。

(河水)又南過蒲坂縣西……孟康曰:晉文公以賂秦,秦人還蒲於魏,魏人喜曰:蒲反矣,故曰蒲反也。薛瓚注:《漢書》曰,秦世家以垣爲蒲反。皇甫謐曰:舜所都也,或蒲坂。(《水經注》60 頁)

河東縣,本漢蒲坂縣,屬河東郡,長原一名蒲版,在縣東二里,垣、原古通。(《元和郡縣志·河東道》349 頁)

蒲阪戰國時先屬魏,後屬秦,《史記·魏世家》:"哀王十六年,秦拔我蒲反、陽晉、封陵……十七年,秦予我蒲反。"秦惠王十年魏納(秦)上郡十五縣,《正義》"魏前納陰晉,次納同、丹二州,今納上郡,而盡河西濱洛之地矣"(《史記》206 頁)。到公元前 328 年後,魏爲了抗秦又在黃河東邊地設河東郡。魏昭王六年(公元前 290 年)給秦河東地四百里。秦又在此設河東郡,郡治在臨汾(見楊寬《戰國史·戰國郡表》534 頁)。且"秦出其人,募徙河東,賜爵,赦罪人遷之"(《史記·秦本紀》212 頁)。説明蒲坂在公元前 328 年,魏抗秦在今夏縣安邑建河東郡,蒲坂隨之興旺,同郡治安邑一樣是河東地區冶煉中心地之一,不僅鑄有金屬貨幣,又鑄造武器。到公元前 290 年秦占領魏河東地止,在此段時間内,魏國君主超過十八年紀年的,只有魏襄王,因此十八年蒲反戈的鑄造年代應是魏襄王十八年,公元前 301 年製造的。

《古文字研究》21,頁 194—195

△按　莆反,出土文獻亦作"蒲反",參本部【蒲反】。

【莆昌】

○牛濟普(1989)　鄭州東郊東周村采集到東周"莆昌"印陶(圖:23),鈐印在小型灰色陶豆盤内。莆字下部少有殘缺,但仍可辨出字形爲:𤯌,形近古貨幣文字莆:𤯌、𤯌,昌字作:𣅱,下邊日中缺一橫畫,朱楓《古今待問錄》載昌字作:𣅱,與這個陶文形近。距東周村

23

東 20 里有莆田,"莆昌"爲陶工名,據《宋史》莆姓爲占城國姓。

《中原文物》1989-4,頁 87

荅 荅

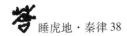
睡虎地·秦律 38

○**睡簡整理小組**(1990)　荅(音答),小豆。

《睡虎地秦墓竹簡》頁 29

藋 藋 藋

貨系 1084　　三晉 56　　先秦編 361　　三晉 56　　璽彙 3734　　璽彙 2267

○**朱德熙**(1947)　藋。

《朱德熙古文字論集》頁 4,1995;原載《新生報》1947-4-28

○**羅福頤等**(1981)　(編按:璽彙 3734、2267 等)藋。

《古璽文編》頁 7

△按　《説文》:"藋,尗之小者。从艸,霍聲。"戰國文字皆从霍聲,又或贅增口旁,無義。貨幣文"藋人",地名,詳下【藋人】;璽文用爲氏名。

【藋人】貨系 1084,三晉 56,等

○**鄭家相**(1958)　文曰藋人,藋、霍古通,即霍人,見襄十年,杜注晉邑。顧棟高曰:"霍本周霍叔處所封,晉獻公滅之,以爲邑,後以賜先且居爲霍伯,今悼以偪陽之罪,不合絶祀,故歸之。天子使周内史選其宗族賢者,令居晉之霍邑,以奉祀,言納諸霍人者,此霍邑,或稱霍人,猶如晉邑謂之柏人也。"今山西平陽府西十六里,有霍城,戰國爲趙地。

《中國古代貨幣發展史》頁 113

○**何琳儀**(1991)　"藋人"(1084),讀"霍人",見《左傳·襄公十年》"使周内史選其族嗣納諸霍人"注:"晉邑。"即《地理志》太原郡"葰人"(參《史記·高祖本紀》正義),在今山西繁峙東南。

《古幣叢考》(增訂本)頁 115,2002;原載《陝西金融·錢幣專輯》16

○**黄錫全**(1993)　藋人　山西省繁峙縣東。

《先秦貨幣研究》頁 352,2001;

原載《第二屆國際中國古文字學研討會論文集》

莠

睡虎地·日甲 63 背壹

────────────────────

△按　《説文》:"莠,禾粟下生莠。从艸,秀聲。讀若酉。"睡虎地簡《日書》甲 63 背一"取丘下之莠",如字讀。

菢 菢 菢

十鐘　璽彙 0952

────────────────────

△按　《璽彙》0952 菢,爲"菢"字異體,中部重見。

冀 冀

曾侯乙 15　　冀曾侯乙 84

────────────────────

○裘錫圭、李家浩(1989)　冀(翼)。

《曾侯乙墓》頁 490

△按　曾侯乙簡"冀",讀爲"翼",指羽狀飾物。"屯一冀之翻"(簡 15),又作"屯一翼之翻"(簡 9)。

蘇 蘇

十鐘　集粹

────────────────────

△按　《説文》:"蘇,桂荏也。从艸,穌聲。"秦印"蘇"用爲姓氏。

葵 葵

葵睡虎地·日乙 65

────────────────────

△按　《説文》:"葵,菜也。从艸,癸聲。"睡簡《日書》乙種 65:"五穀龍日,子麥,丑黍,寅稷,辰麻,申戌叔,壬辰瓜,癸葵。"用其本義。

薑　薑　薑

薑 包山 258　　薑 九店 56・141

○劉彬徽、彭浩、胡雅麗、劉祖信（1991）　（編按：包山 258）薑，讀如薑。

《包山楚簡》頁 61

○白於藍（1999）　即《説文》薑字。從土乃繁化。

《中國文字》新 25，頁 176

○劉信芳（2003）　（編按：包山 258）薑：字又見出土竹笥之籤牌（標本 2:53.2），該竹笥內盛有薑的根莖數十塊。

《包山楚簡解詁》頁 266

△按　《説文》：“薑，禦溼之菜也。從艸，彊聲。”後世作“薑”，楚簡從疆。

莧　莧

莧 上博三・周易 39

△按　《説文》：“莧，莧菜也。從艸，見聲。”上博三《周易》簡 39“莧芡夬夬”，馬王堆帛書《周易》作“莧熬缺缺”，今本《周易》夬卦作“莧陸夬夬”。王弼注：“莧陸，草之柔脆者也。”

芊　芊

芊 信陽 2・1　芊 包山牘 1　芊 上博一・詩論 9　芊 上博五・競建 9

芊 陶彙 6・105　芊 璽彙 2262

○中大楚簡整理小組（1977）　（編按：信陽 2・1）芊。

《戰國楚簡研究》2，頁 24

○劉雨（1986）　（編按：信陽 2・1）莘。

《信陽楚墓》頁 128

○郭若愚（1994）　（編按：信陽 2・1）羊通祥。《説文》：“福也，從示，羊聲。一云善。”（中略）“祥獸”指“鎮墓獸”。信陽一號墓後室出土鎮墓獸一件（1-694），高 128 釐米，頭頂插有兩個殘長 15 釐米的彩繪鹿角。兩耳翹起，頭部似獸，張口吐舌,前肢上舉,兩爪持蛇,作吞食狀。各部髹褐漆並繪有紅、黃相間鱗紋,雕刻精巧,色彩鮮艷。

《戰國楚簡文字編》頁 63

○**商承祚**(1995)　(編按:信陽 2·1)芋。

《戰國楚竹簡匯編》頁 26

○**劉信芳**(1997)　(編按:信陽 2·1)《方言》卷十三:"芋,大也。"

《中國文字》新 22,頁 204

○**何琳儀**(1998)　韓器芋,疑讀于,姓氏。

　　楚璽芋,疑讀于,姓氏。信陽簡、包山牘芋,讀冔。《釋名·釋首飾》:"冔,殷冠名也。冔,幠也。幠之言覆,言以覆首也。"

《戰國古文字典》頁 460

○**馬承源**(2001)　(編按:上博一·詩論 9)"棠棠者芋"即今本《詩·小雅·甫田之什·裳裳者華》原篇名。"裳、棠"通假。"華",《說文》云:"從艸從嚳。"是聲可通。毛亨傳:"裳裳,猶堂堂也。""堂堂"是盛張之辭。《說文》云:"芋,大葉實根駭人,故謂之芋也。從艸,于聲。"段玉裁注云:"凡于聲字,多訓大,芋之爲物,葉大根實,二者皆堪駭人。"而"華"無駭人之理,則"芋"或爲詩句之本義字。

《上海博物館藏戰國楚竹書》(一) 頁 138

○**胡平生**(2002)　(編按:上博一·詩論 9)"芋"當爲"華"之假借字,並非詩句之本義字。芋從於(編按:"於"當"于"之誤排)得聲,上古音爲匣母魚部字。華,朱駿聲《說文通訓定聲》、段玉裁注皆說"嚳亦聲",是"華"從嚳得聲。嚳,《說文》:"艸木華也,從嚳,亐聲。""華",上古音亦爲匣母魚部字。是簡文作"芋"者,乃"華"(今通作"花")字之同音通假。

《上博館藏戰國楚竹書研究》頁 280

○**劉信芳**(2003)　(編按:包山牘 1)繙芋:牘 1 反作"番芋",信陽簡 2-022:"□番芋之□。"望山簡 2-9:"反芋之𦫵軒。"反芋即繙芋。"繙芋結項"簡 272 作"靈光結項",文例可對照。

《包山楚簡解詁》頁 323

○**李守奎、曲冰、孫偉龍**(2007)　(編按:上博簡)皆讀爲"華",疑爲楚之"華"字,與秦系"芋"同形。

《上海博物館藏戰國楚竹書(一—五)文字編》頁 28

△**按**　上博簡諸"芋",依文例確應讀爲"華",如上博一《孔子詩論》簡 9"棠棠

者芌"即今《詩經》篇名"裳裳者華"。"芌"當即"華"之省,與《説文》"大葉,實根駭人,故謂之芌也"之"芌"同形而異字。頗疑陶璽之"芌"即姓氏"華"。楚遣册之"芌"亦讀爲"華",指華彩、花紋。楚簡之"繙芌"或"番芌"與"靈光"並列,可見亦爲服飾之修飾語,讀"芌"爲"華",庶幾亦近。

【芌邑】中原文物 1986-1 圖一:22

○**蔡全法**(1986)　"芌邑"字陶甕:一件,爲泥質灰陶,戰國時器。1984 年 12 月西城 T22 井 9 出土。"芌邑"爲鈐印後再經加工之陰文。(中略)當是以芌爲姓,又以姓命邑,即芌姓之邑。(中略)邑有時又與社通用。社是鄉村基層組織,本來商周時便已存在。但至春秋時,魯、齊、衛、吴、越諸國先後采用了以二十五家爲一社的"書社制度"(即户籍制度)。故《禮記》有"然則十田之田,出車十乘,爲邑四十"之説,亦體現其鄉村基層組織的性質。可見,芌邑當時爲地名,亦有鄉村基層組織的性質。

《中原文物》1986-1,頁 81

蘘　蘘

十鐘

△**按**　《説文》:"蘘荷也,一名葍蒩。从艸,襄聲。"

苶　苶

文物 1984-8 頁 12

○**劉心健、劉自强**(1984)　陰文篆書"荼大夫之璽"。此似戰國官印,"荼"當是地名,對於考證柞城沿革是有價值的。

《文物》1984-8,頁 12

○**牛濟普**(1992)　我認爲此璽並非齊魯官璽,而應是楚系官印。"大夫"合文爲楚系文字特色,璽印印面有"▢"形界格,與"亞將軍璽、大府"同,"之璽"二字又似楚璽"高府之璽"的印文。在蒼山柞城發現楚璽,可能是楚犯齊時戰爭中失落的官璽。

"荼"地在楚境,史載楚有古荼王城,後漢時寫作"荼陵"。

《中原文物》1992-3,頁 95

○賴非（1998）　苹。

△按　賴非釋"苹",是。用爲地名。字所从之平,上下均增飾筆,與平陰劍（《集成》11609）作 𣎆、《璽彙》0313 作 𦎫 等類似,屬典型的齊系文字風格。與其出土地山東省蒼山縣柞城故址吻合。

藍 鹽

𦎫 包山 7　𦎫 新蔡甲三 297　𦎫 考古與文物 2000-1 頁 10

【藍田】

○袁仲一（1987）　藍田,《史記・六國年表》記,秦獻公六年（公元前 379 年）"初縣蒲、藍田"。故城在今陝西省藍田縣西。

○周偉洲（1997）　藍田丞印　《漢書・地理志》京兆尹藍田縣本注:"山出美玉,有虎候山祠,秦孝公置也。"按《史記・秦本紀》孝公十二年（公元前 350 年）"作爲咸陽,築冀闕,秦徙都之。并諸小鄉聚,集爲大縣,縣一令,四十一縣"。此爲秦地方行政制之一大改革,藍田諸縣當置於此時。秦併六國前後,其爲秦内史屬縣,丞爲縣令佐官。

【藍郢】包山 7,新蔡甲三 297,等

○劉彬徽、彭浩、胡雅麗、劉祖信（1991）　（編按:包山 7）藍郢,楚別都之一。《左傳・定公五年》記有藍尹,可能是藍縣之尹,藍郢或許就在藍縣一帶。

○劉彬徽、何浩（1991）　（編按:包山 7）藍郢　簡 7:"齊客陳豫賀王之歲,八月,乙酉之日,王廷於藍郢之遊宫……"藍郢有楚王的遊宫,和菱郢一樣,此處顯然是楚王的駐地之一,或許也是楚國的另一別都所在。以鄀邑爲郢,故稱鄀郢,遷郢於陳城遂有陳郢之名。準此,藍郢自當與春秋時的楚國藍縣有關。《左傳》定公五年載:吳師入郢,楚昭王棄郢而逃,"王之奔隨也,將涉於成臼,藍尹亹涉其帑,不與王舟"。此藍尹即楚國藍縣行政長官。藍、聃音同字通。藍縣原爲姬姓聃（又寫作那、郍）國故地,西周末爲楚所滅,成爲楚地,春秋初置爲楚縣。《左傳》莊公十八年追敘説:"初,楚武王克權,使鬥緡尹之,以叛,圍而殺之。遷權於那處,使閻敖尹之。"杜預注:"那處,楚地。南郡編縣東南有那口城。"據乾隆《大清一統志》卷二六五安陸府古迹"編縣故城"條的記載,魏晉時的南郡編縣故城,在今湖北省鍾祥縣的胡集附近。"編縣東南"的那口則在鍾祥西北境的漢水西岸。這裏正是楚藍縣所在之處。那口—藍邑後又稱爲藍口。《後漢書·郡國志》南郡"編"縣原注:"有藍口聚。"同書《王常傳》説:王常與然丹等"別入南郡藍口,號下江兵"。此藍口即《郡國志》的藍口聚,也就是春秋時期的楚之那口、西周時的聃國故地。後來,西魏、周、隋以至唐初,還曾在此設藍水縣。這一帶,北距宜城縣南楚皇城、東北距津渡要口成臼,都相去不遠。建有楚王遊宮的楚國別都藍郢,看來就在這裏。

《包山楚墓》頁 564—565

○**何琳儀**(1998)　包山簡"藍郢",疑讀"鄢郢"。(中略)"鄢郢"爲楚之別都,在今湖北宜城。

《戰國古文字典》頁 1452

○**劉信芳**(2003)　楚別都之一。參簡 12"栽郢"、62"鄰郢"、165"䢵郢"注。《左傳》定公五年:"王之奔隨也,將涉於成臼,藍尹亹涉其帑。"《漢書·地理志》南郡編縣:"有雲夢官。"《續漢書·郡國志》南郡編縣:"有藍口聚。"劉昭《注》:"《左傳》鬬緡以權叛,楚遷於那處,杜預曰:縣東南有那口城。"事見魯莊公十八年。"那處"《釋文》作"邦處",或作"郍處",是"那口"即"郍口",《石經》"那"亦作"郍"。"郍、藍"一音之轉。《史記·楚世家》記吳師入郢,"昭王亡也至雲夢"。知昭王奔隨,曾經過楚之藍縣。至漢已名爲編縣。《水經注·漳水》:"(漳水)又曲西南,逕編縣南。"漢、晉編縣在今湖北鍾祥縣境。

《包山楚簡解詁》頁 14

△**按**　新出清華簡一《楚居》對楚國諸郢有較爲詳細的記載,其中"鄢郢"(簡14)與"藍郢"(簡15)並列,可見兩者所指非一地。至於楚郢的具體性質及各郢的具體地望,尚難定論。

苣 苣

苣 睡虎地·日甲74背　苣 陶彙5·346　苣 考古1991-5,頁410

○**袁仲一**(1987)　"苣":見於秦苣陽遺址和始皇陵出土的陶罐、陶缽上。苣字寫作莗（編按："莗"爲"苉"字誤排），與《秦始皇本紀》《秦本紀》上關於芷字的寫法相同。芷，即芷陽，故址在今西安市東郊洪慶鄉一帶。此印記僅有一芷字，無市、亭字樣。這是市亭製陶作坊戳記的一種簡化式。

《秦代陶文》頁 57

○**羅福頤**（1987）　《漢書·地理志》，京兆尹屬有霸陵縣。注：故芷陽，文帝更名。莗，同芷。

《秦漢南北朝官印徵存》頁 1

○**林泊**（1991）　"芷"字印文　係單體字，共 8 件。均爲小篆。（中略）草頭下面的"止"字，寫法有正反兩種。

《考古》1991-5，頁 409

△按　林泊氏所述陶文，實莗字。《説文》："莗，蘼也。从艸，臣聲。"

【**莗陽**】

○**袁仲一**（1987）　芷陽工癸、芷陽癸。癸爲陶工名，芷陽爲縣邑名。《史記》記載，昭襄王、莊襄王俱葬芷陽，宣太后葬芷陽驪山。關於芷陽的地望，《水經注·渭水》："霸水逕白鹿原東，即霸川之西故芷陽也。《史記》秦莊襄王葬芷陽者是也。"1983 年陝西省的考古人員在西安市東郊洪慶鄉發現一大型的秦漢遺址，出土帶有芷字的陶片多件。其地正好在霸川之東，驪山之西，與文獻記載的位置相符。

《秦代陶文》頁 50—51

○**王輝**（1990）　"少内"印學者或定爲漢初印，然該印與"莗（編按：原文皆誤排作"苉"，下文徑正之）陽少内"印"少内"二字風格相同，後者羅福頤定爲秦印，前者似不應例外。《漢書·邴吉傳》有"少内嗇夫"，顏師古注："少内，掖庭主府藏之官也。"鄭玄注《周禮·職内》："若今之泉所入謂之少内。"秦簡《金布律》："縣、都官坐效、計以負賞（償）者，已論，嗇夫即以其直（值）錢分負其官長及冗吏而人與參辨券，以效少内，少内以收責之。"《法律答問》："'府中公金錢私貸用之，與盜同法。'可（何）謂'府中'？唯縣少内爲'府中'，其它不爲。"秦簡又屢見"大内"，大内是京師府藏，少内與之相對，當是次一級的府藏，從簡文看，少内當有朝廷與地方兩種，"莗陽少内"即"縣少内"。莗同芷，秦陶文例甚多。《漢書·地理志》："霸陵，故芷陽，文帝更名。"

《文博》1990-5，頁 241

○**王人聰**（1990）　印文莗陽之莗字，原篆作莗，與 1982 年秦芷陽遺址所出陶罐殘片上模印篆文莗字構形及書法風格相同。莗，《説文》云："蘼也，从艸，臣聲。”古音屬之部。茝,從艸,止聲,古音亦屬之部,二字音同,例得相通。《史記·司馬相如列傳》“茝若射干”,張揖云:“茝,白芷也。《本草》云‘一名茝’。”即是其證,故茝陽即是芷陽。《漢書·地理志》:“霸陵,故芷陽,文帝更名。”《補注》:“先謙曰:秦宣太后悼太子葬此,見《秦紀》,亦作茝陽,見《始皇紀》。”《史記·秦始皇本紀》:“莊襄王享國三年,葬茝陽。”是知茝(芷)陽縣爲秦置,屬内史。少内,係掌管金錢出入的財政機構。《周禮·天官冢宰·敘官》“職内”條,鄭注云:“職内,主入也。若今之泉所入謂之少内。”秦漢時期,縣一級地方政府亦設少内之官,秦簡《法律答問》:“府中公金錢私貸用之,與盜同法。何謂府中? 唯縣少内爲府中,其它不爲。”又《金布律》:“縣、都官坐效、計以負賞(償)者,已論,嗇夫即以其直(值)錢分負其官長及冗吏,而人與參辨券,以效少内,少内以收責之。”由以上所引秦簡資料參證,可知此印係秦代茝(芷)陽縣屬下少内之官所用的官印。

　　　　　　《古璽印與古文字論集》頁56,2000;原載《秦漢魏晉南北朝官印研究》

○**周偉洲**(1997)　茝(芷)陽丞印　《漢書·地理志》京兆尹霸陵本注:“故芷陽,文帝更名。”《史記·秦本紀》:昭襄王四十二年(公元前265年)十月,“宣太后薨,葬芷陽酈山”。又上述莊襄王與帝太后合葬之陽陵地亦在茝陽(即芷陽)。是秦内史所屬之陽陵、芷陽兩地鄰近,陽陵在灞水東銅人原一帶,芷陽在洪慶原一帶。丞爲縣令佐官。

　　　　　　　　　　　　　　　　　　《西北大學學報》1997-1,頁34

【茝陽少内】

△**按**　參見上【茝陽】條及卷二【少内】條。

茖

信陽2·28　　上博二·容成1　　新蔡甲三42　　近出1179 十一年佫茖戈

璽彙0045　　郭店·窮達13

○**羅福頤等**(1981)　(編按:璽彙0045)茖。

　　　　　　　　　　　　　　　　　　《古璽文編》頁8

○**蔡運章、楊海欽**(1991)　(編按:十一年佫茖戈)茖,《金文編》所無,其从艸从各,當是茖字,其構形與戰國印文茖字相同,亦可爲證。茖,通作落。《史記·酷吏列傳》:“置伯格長。”《集解》引徐廣曰:“古村落字亦作格。”《後漢書·馬融傳》李賢注:"格與茖古字通。"是其佐證。

《考古》1991-5,頁 414

○劉釗(2005)　（編按:上佫茖戈）"茖"字從"艸""各"聲,"落"字從"艸""洛"聲,而"洛"字又從"各"聲,所以"茖"字可以讀作"落"。

《考古》2005-6,頁 95

△按　傳世古書地名"皋落",出土文獻寫作"佫茖"。

【茖疋是】上博二·容成1

○李零(2002)　茖(赫)疋(胥)是(氏)。

《上海博物館藏戰國楚竹書》(二)頁 250

○李守奎、曲冰、孫偉龍(2007)　"茖疋氏",即"赫胥氏"。

《上海博物館藏戰國楚竹書(一—五)文字編》頁 28

【茖㷱】信陽 2·28

○中大楚簡整理小組(1977)　茖假爲烙,㷱即炭字。（中略）"茖㷱"即燃炭。

《戰國楚簡研究》2,頁 26

○郭若愚(1994)　箁,《説文》:"梧箁也。從竹,各聲。盧各切。"《急就篇》:"笔篅篓筥篆筭籌。"注:"籌一名箁,盛梧器也。亦以爲薰籠,楚人謂之牆居。"

《戰國楚簡文字編》頁 100

莏 莏

秦印

△按　《説文》:"莏,艸也。從艸,述聲。"

蘿 蘿

上博二·容成6

【蘿陵】

○李零(2002)　（編按:辭云"昔堯處於丹府與蘿陵之閒"）丹府與蘿陵　爲堯幼時居住的地方。今本《竹書紀年》、《易·繫辭下》疏引《世紀》《宋書·符瑞志》皆云堯生於丹陵,"丹陵"似是二者的合稱。

《上海博物館藏戰國楚竹書》(二)頁 255

黃 黃 莄

文物 1988-6,頁 89　　包山 85　　包山 109

○**白於藍**（1999）　（編按：包山 85、109）即《説文》黃字。楚簡文字經常加"土"以繁化,如豢字作""（206）,也作""（203）;廄字作""（99）,也作""（曾侯乙墓竹簡 4）。是編 159 頁"夷"字條下所收之字亦均从土旁,亦其例。

《中國文字》新 25,頁 176

【黃里】文物 1988-6 頁 89 黃里貣璽

○**韓自强**（1988）　黃里貣鉨　戰國銅官印。1975 年徵集於阜陽縣插花廟。印體方形,鼻紐。邊長 2.3、通高 1 釐米。白文。

　　此印首字不清,細審似應作"黃"。貣,《説文解字》六下:"貣,從人求物也。"段注云:"代、弋同聲,古無去入之別,求人施人,古無貣貸之分,由貣字或作貸。"戰國璽印中,常可見到以貣爲名者,如《古璽彙編》姓名私璽類中收有宋貣（1408）、事貣（1761）、闖貣（2992）等。此處貣字似亦爲人名。但此印形制與戰國私名印很不相同,倒是與當時的常見官印相近。因此,我們推測此印或許是里一級行政機構爲管理借貸事務專用的璽印。《周禮·地官司徒·泉府》載:"凡民之貸者,與其有司辨而授之。"鄭注云:"貸者謂從官借本賈也。"然而這種借貸官家財物是否由里一級參與經手,尚俟他證。

《文物》1988-6,頁 88

○**黃盛璋**（1993）　黃里是里名,此印是黃里之官印,毫無可疑,印文之"貣"即"借貸"之貸,韓釋正確,但里名之下爲何用"貸"字,作何解釋? 用途爲何?《周禮·地官司徒》所屬有泉府,其職責之一爲"凡民之貸者,與其有司辨而授之,以國服爲之息",鄭注引鄭司農云:"貸者謂從官借本賈也,故有息使民弗利,以其所賈之國所出爲息也。"《周禮》爲晚周儒家托古之作,並非西周古制,有一部分應據當時尚行制度而加以理想化,而鄭司農所云則又據漢代制度爲説,鄭注下文指出:"王莽時民貸以治産業者,但計贏所得受息,無過什一。"可知漢時官府確有貸給民衆以錢而收取利息者。

《文物》1993-6,頁 80

○**韓自强、韓朝**（2002）　包山楚簡 120—123 簡記録一殺人案件（中略）。

　　這起殺人審案實録記載,殺人地點是在下蔡的黃里景不害的客館,景不害案犯也是夷里人。這方"堇里寘璽"是在今阜陽市插花廟鄉發現的,此地離下蔡(今鳳臺縣)只有百華里之遥,堇里璽與包山楚簡合符,二千年的巧合,耐人尋味。

《古文字研究》22,頁 178

○**劉信芳**(2003)　　1975 年安徽阜陽地區博物館在插花廟鄉從農民手中徵集一"堇里寘鉥"(**中略**)。今阜陽市插花廟鄉離下蔡(今鳳臺縣)只有一百華里左右,韓自强先生推斷璽文"堇里"即包山簡所記"堇里",應屬可信。

《包山楚簡解詁》頁 112

【**堇里**】包山 121

△**按**　參見【堇里】條。

【**堇昜**】包山 109,等

○**徐少華**(2001)　　夷陽

　　簡 109:夷陽司馬寅、黄辛、宋□爲夷陽貸越異之黄金七益以翟種。

　　簡 118:夷陽司馬寅、竟伸爲夷陽貸越異之金七益。

　　按簡文"夷"下均从土,當是"夷"字異體。"夷陽"與上述之"陽陵"同見於簡文的貸金文書中,均在"蒿閒"地域,其地還置有數位司馬之官,亦爲戰國中期楚國在淮水上中游地區所設的縣之一。

　　夷陽的地望,簡文整理者認爲"在夷水北",即今湖北省南漳、宜城縣境。今按,此説有誤,"夷陽"爲蒿閒屬邑,一同參與正陽、安陵、陽陵等鄰近諸縣的貸金活動,應在淮水上中游而不可能在江漢地區。我們認爲,簡文之"夷陽",當即漢晉弋陽縣。首先,夷陽與弋陽同在淮水上游地區,地域相同。其次,"夷"古音在喻紐脂部平聲,"弋"爲喻紐職部入聲,二者聲紐一樣,在韻部上有些差異,然檢索文獻,先秦兩漢時,亦有脂部與職部字通假的情況,如"翳",是影紐脂部字,《禮記·月令》之"羅網畢翳",鄭玄注"翳爲弋";《吕氏春秋·季春紀》之"羅網畢翳",今人陳奇猷先生注云:"翳爲弋之同音假字。"若脂部的"翳"與職部之"弋"可"同音假字",則同屬脂部的"夷",與"弋"亦應可以通假,何況兩者聲紐相同。再次,從兩字的形和義來看,《玉篇》説:"弋,繳射也。"《吕氏春秋·季春紀》漢高誘注:"弋,繳射飛鳥也。"夷,《説文》曰:"平也,从大从弓。"然金文、簡文的"夷"字形體似以繩束矢狀,具有射殺之意,與早期注家對"弋"的解釋頗爲相近,《左傳》隱公六年"芟夷蘊崇之",杜預注:"夷,殺也。"亦可説明。

　　分析可見,古夷、弋二字在形、音、義上均較接近,應可通假。簡文之"夷

陽”與文獻之“弋陽”又在地理位置上相合,應是同一地名在古文字和文獻記
載中所出現的不同寫法。

　　漢晉弋陽縣,爲汝南郡所轄,南北朝時改爲定城縣,唐宋時期沿用未變,
元明之際廢入光州,民國初年改光州爲潢川縣,故治即今河南潢川縣所在。
這裏於西周、春秋時爲古黄國之地,公元前 648 年楚成王滅黄後,其地入楚。
黄於春秋中期入楚後,至西漢於其故城東南不遠置弋陽縣,其閒四百餘年,因
文獻失載,情況不明,若包山楚簡所載夷陽即弋陽之説能夠成立,則表明至遲
於戰國中期,楚已於黄國故地設縣,以加强對這一地區的管理,漢晉弋陽縣,
實沿楚之夷(弋)陽縣而來。

《簡帛研究二〇〇一》頁 38—39

○**劉信芳**(2003)　　荎易:“黄”字之訛,應依簡 118 作“鄴”,字讀爲“夷”。《左
傳》昭公九年:“楚公子棄疾遷許於夷,實城父。”杜預《注》:“此時改城父爲
夷,故傳實之。城父縣屬譙郡。”《水經注·淮水》:“淮水又北。夏肥水注之。
水上承沙水於城父縣,右出東南流逕城父縣故城南,王莽之善思也。縣故焦
夷之地。”楊守敬《疏》:“在今亳州東南七十九里。”亳州即今安徽亳縣。疑夷
陽在城父附近。

《包山楚簡解詁》頁 101

△**按**　　包山 109 字形中部“夷”旁訛寫作“夭”,此簡“荎易”包山簡 118 又作
“鄴易”。“荎”當是“黄”字異體,戰國文字多見增無義土旁之例。

薛　辥

吉大 141

△**按**　金文“辥”作▯(薛侯鼎)、▯(薛侯盤),戰國文字有▯(陶彙 3·694)、▯
(璽彙 3603),清華一《楚居》簡 5 作▯,可隸定作“朝”;秦系文字作“薛”,爲
《説文》小篆所本。《説文》:“薛,艸也。从艸,辥聲。”古文“薛”多作“朝”(參
“朝”字條),爲▯增艸旁之異體,“朝”省去辛旁即是“胃”(參“胃”字條)。

【薛丞】

○**周偉洲**(1997)　　《漢書·地理志》魯國本注:“故秦薛郡,高后元年爲魯
國。”下屬縣有“薛”。又《水經注》卷二五《泗水》注魯縣云:“秦始皇二十三年
(公元前 224 年)以爲薛郡,漢高后元年(公元前 187 年)爲魯國。”按封泥“薛

丞之印”與以上縣丞印同,則此“薛丞”當爲薛縣(今山東薛城)之佐官。

《西北大學學報》1997-1,頁 35—36

苦 苫

△按　《説文》:“苦,大苦,苓也。从艸,古聲。”

茅 茮 茅

△按　上博六《用曰》16“茅之以元色,束其有恆形”,“茅”讀爲“務”。又異體作“茅”,从中,中部重見。

○羅福頤等(1981)　（編按:璽彙2249）茅。

《古璽文編》頁 8

○睡簡整理小組(1990)　（編按:睡虎地·日甲55）茅,《詩·小星》:“維參與昴。”《釋文》:“昴,音卯,徐又音茅。”是古代有讀昴爲茅者。西方七宿的第四宿,有七星。

《睡虎地秦墓竹簡》頁 189

△按　上博六《用曰》16“茅之以元色,束其有恆形”,“茅”讀爲“務”。又異體作“茅”,从中,中部重見。

【茅丘】新蔡甲三 378

△按　地名。

【茅蒐狛獵】舒蚉壺

○張政烺(1979)　茅,讀爲苗。

《古文字研究》1,頁 241

○朱德熙、裘錫圭(1979)　“茅”當讀爲“苗”。《左傳·隱公五年》:“春蒐,夏苗,秋獮,冬狩。”《周禮·夏官·大司馬》“中夏……遂以苗田,如蒐之法”,鄭注:“夏田爲苗,擇取不孕任者,若治苗去不秀實者云。”

《朱德熙古文字論集》頁 105,1995;原載《文物》1979-1

○于豪亮(1979)　“茅蒐狛(田)獵”,茅讀爲苗,《周易·泰》“拔茅茹以其彙”,《釋文》:“茅,鄭音苗。”《禮記·士相見禮》“在野則曰草茅之臣。”注:“古文茅作苗。"凡此皆茅讀爲苗之證。

《考古學報》1979-2,頁182

○**徐中舒、伍仕謙**(1979) 茅,同苗,《禮記・士相見禮》:"草茅之臣。"茅,古文作苗。茅,古幽韻,苗,古宵韻,幽宵音近,相通。《爾雅・釋天》"春獵爲蒐,夏獵爲苗";苗、蒐析言有別,通言則皆謂田獵也。

《中國史研究》1979-4,頁93

○**李仲操**(1987) "茅蒐田獵"爲送行時的裝扮。《爾雅・釋草》謂:"茅蒐一名蒨,可以染絳。"在這裏是染成紅臉,扮作田獵的樣子,行走在新的田野裏。此"茅蒐"不應釋爲夏苗、春蒐。因爲夏苗春蒐本爲田獵,其下再加"田獵"則語句重疊。

《中國考古學研究論集》頁344

○**湯餘惠**(1993) 茅蒐狃獵,即苗蒐田獵,四時獵專名。

《戰國銘文選》頁40

菅 菅

官印0086

【菅里】

△**按** 地名。里爲秦行政系統的基層單位。

莞 菅 茪

菉信陽2・23　菣望山2・48　菣包山263

○**李家浩**(1983) (編按:信陽2・23)從(6)"茪"與"寢"連言來看,"茪"當是臥具。上引王存乂《切韻》"完"作"乹",簡文"浣"作"洪",據此,"茪"似當讀爲"莞"。《詩・小雅・斯干》"下莞上簟,乃安斯寢",鄭玄箋:"莞,小蒲之席也。""寢莞"即寢臥用的莞席。(中略)

(編按:望山2・48)(7)的"簀莞"蓋謂床上用的莞席。按古人習慣一般是席地而臥。既然簡文稱床上的莞席爲"簀莞",那麼(6)的"寢莞"就有可能是指鋪在地上寢睡的莞席了。

《著名中年語言學家自選集・李家浩卷》頁207—208,2002;
原載《中國語言學報》1

○朱德熙、裘錫圭、李家浩（1995）　信陽二二三號簡有“一帰（寢）莞”，可知莞爲臥具，疑當讀爲“莞”。“关、完”古音相近，《汗簡》卷下之二引王存乂《切韻》“完”字作𡎹，从“土”“关”聲。《詩‧小雅‧斯干》“下莞上簟”，鄭玄箋：“莞，小蒲之席也。”

　　　　　　　　　　　　　　　　　　　　　《望山楚簡》頁 126

○白於藍（1999）　（編按：包山 263）即《說文》莞字。

　　　　　　　　　　　　　　　　　　《中國文字》新 25，頁 176

【莞席】包山 263

○劉信芳（2003）　《說文》：“莞，艸也，可以作席。”段《注》：“莞之謂管也，凡莖中空者曰管，莞蓋即席子艸，細莖，圓而中空。”《詩‧小雅‧斯干》：“下莞上簟，乃安斯寢。”鄭《箋》：“莞，小蒲之席也。”《周禮‧春官‧司几筵》：“諸侯祭祀席，蒲筵繢純，加莞席紛純。”

　　簡文“二莞席”應是祭祀用席。

　　　　　　　　　　　　　　　《包山楚簡解詁》頁 282—283

△按　《說文》：“莞，艸也，可以作席。从艸，完聲。”“莞”戰國文字多以关爲聲符。楚簡“管”也从关聲，如“鄭之門筦（管）”（清華二《繫年》簡 45）、“筦（管）仲”（上博五《季庚子問於孔子》簡 4）。

藺 藺

　睡虎地‧日乙 175

○張守中（1994）　通吝　酉以東藺　日乙一七五。

　　　　　　　　　　　　　　　　　　《睡虎地秦簡文字編》頁 6

△按　《說文》：“藺，莞屬。从艸，閵聲。”姓氏之“藺”，戰國六國古文寫作“閔”。

蒲 蒲

蒲 考古與文物 1996-5，頁 4　　蒲 睡虎地‧秦律 131

○陳直（1981）　咸里蒲奇陶尊　文四字。長安北鄉出土，西北大學文物陳列室所藏。同時尚有一陶洗，與此同文同範，爲滬估購去，此器字大而寬博，爲武帝時製作。

　　　　　　　　　　　　　　　　　　《摹廬叢著七種》頁 396

【蒲反】睡虎地・編年 5 貳,蒲反丞印,等

○**袁仲一**（1987）　　蒲反,縣名。秦簡《編年記》記昭襄王十八年（公元前 289
年）"攻蒲反"。反字文獻中亦寫作阪或坂。《秦本紀》:"（昭襄王）四年,取蒲
阪……五年,魏王來朝應亭,復與魏蒲阪。""十五年,大良造白起攻魏,取垣,
復予之……十七年……秦以垣爲蒲阪、皮氏。"《正義》:"前秦取蒲阪,復以蒲
阪與魏,魏以爲垣。今又取魏垣,復與之,後秦以爲蒲阪、皮氏。"又説:"蒲阪,
今河東縣也。"《編年記》説昭襄王十八年攻蒲反,説明十七年蒲阪歸秦後旋又
歸魏,故又攻之。看來蒲阪在秦魏之間曾反復爭奪數次。似在昭襄王十八年
以後始爲秦永遠占領,成爲秦的縣邑。故城在今山西永濟縣西。

《秦代陶文》頁 51

○**睡簡整理小組**（1990）　　蒲反,魏地,古書或作蒲阪、蒲坂,今山西永濟西。

《睡虎地秦墓竹簡》頁 8

○**周偉洲**（1997）　　蒲反丞印　《史記・秦本紀》:昭襄王四年（公元前 303
年）,"取蒲阪",五年"復與魏蒲阪"。十七年"秦以垣爲蒲阪、皮氏"。《索隱》
云:"'爲'當爲'易',字訛也。"《漢書・地理志》河東郡有蒲反縣,即蒲阪縣,
當沿秦置。地在今山西永濟西。丞爲縣令佐官。

《西北大學學報》1997-1,頁 35

△**按**　蒲反,出土文獻亦作"莆反",參【莆反】。

𪓐

包山 140 反

【𪓐溁】
○**劉彬徽、彭浩、胡雅麗、劉祖信**（1991）　　𪓐溁,地名。

《包山楚簡》頁 50

貟

孫慰祖論印文稿,頁 72　　　近出 353 貟陽鼎

【貟陽】貟陽鼎
○**周曉**（1995）　　"貟陽"即貟陽宮之謂,《漢書・地理志》鄠條:"有貟陽宮,秦
文王起。"顏師古注:"貟音倍。"此鼎銘第二段中"貟共",亦爲貟陽宮供用之

意。《漢書·宣帝紀》載甘露二年，"冬十二月，行幸萯陽宮屬玉觀"，可知西漢宣帝時萯陽宮的建築仍在使用。《漢書·東方朔傳》中記"萯陽"爲"倍陽"。西漢劉向《説苑·正諫》記載："秦始皇帝太后不謹，幸郎嫪毐。"秦始皇大怒，"取皇太后遷之於萯陽宮"。後有茅焦諫曰，"遷母萯陽宮，有不孝之行"，於是"皇帝立駕千乘萬騎，空左方，自行迎太后萯陽宮，歸於咸陽"。按萯陽宮遺址，當位於今陝西省户縣城北、渭河以南，澇峪河側的美陂。（中略）萯陽宮所在地當在槐里。而鼎銘第六段及有關文獻記載西漢萯陽宮屬鄠縣。鄠縣、槐里漢時同屬右扶風郡，今美陂（萯陽宮遺址所在）與興平市東南（傳槐里故城所在）僅隔渭河，秦時萯陽宮地屬槐里。

《文物》1995-11，頁 76—78

○**王輝、程學華**（1999）　第二段中"萯"字潦草疾淺，爲地名或宮室名，萯即萯陽。《漢書·地理志》右扶風鄠縣條下云："有萯陽宮，秦文王起。"師古曰："萯音倍。"王先謙《補注》："錢坫曰：'《東方朔傳》作倍陽。'……吳卓信曰：'《説苑》秦始皇遷太后於萯陽宮。'先謙曰：'《黄圖》：宮在鄠縣西南二十三里。'"

《秦文字集證》頁 75

【萯陽宮】萯陽宮印

○**孫慰祖**（1999）　萯陽宮印

　　封泥，有界格。上海博物館藏資料。

　　萯陽宮，秦宮名。《漢書·地理志》右扶風下注："有萯陽宮，秦惠王起。"《三輔黄圖》："萯陽宮，秦文王所起，今在鄠縣西南二十三里。"西漢時仍爲行宮，《漢書》見載有：甘露二年，"冬十二月，行幸萯宮，屬玉觀"（《宣帝紀》）。又，元延二年冬，"行幸長楊宮，從胡客大校獵。宿萯陽宮，賜從宮"（《成帝紀》）。

　　此封泥所見印文緊結，筆畫較細，體勢與秦銘刻文字相類，並施加界格，應爲秦代遺物。秦封泥存世可考者稀，《封泥考略》著録"參川尉印"，據地理沿革及文字特徵可確知爲秦物。此"萯陽宮印"乃行宮署印，爲罕見之例。

《孫慰祖論印文稿》頁 72

芺　芺

芺　上博二·子羔 12

○**馬承源**（2002）　芺攺　《爾雅·釋草》："芺，薊，其實荂。"郭璞注："芺與薊莖頭皆有蓊臺,名莕,即其實。"又"鉤芺"注:"大如拇指,中空,莖頭有臺似薊,初生可食。"疑"芺攼"即"芺薊"或"芺鉤"。

《上海博物館藏戰國楚竹書》(二)頁198

○**李學勤**(2004)　后稷母所遊"玄咎"的"咎",讀爲澤。其於冬日所見的芺,是一種類似薊的植物。"攼而薦之","攼"讀爲乾燥的"乾"。

《上博館藏戰國楚竹書研究續編》頁14

○**廖名春**(2004)　簡文的"芺",馬承源和張富海、李學勤先生都讀如本字,引《説文·艸部》"芺,艸也。味苦,江南食以下氣"和《爾雅·釋草》郭璞注"大如拇指,中空,莖頭有臺,似薊,初生可食"爲訓。但這種植物和姜原感生有什麼聯繫? 没有傳世文獻的證明,難以取信。筆者認爲此"芺"字當讀爲蒿。從夭之字與從交之字文獻多通用,而從高之字也可與從交之字通用。《詩·周頌·般》"墮山喬嶽",《玉篇·山部》引"喬"作"高"。《吕氏春秋·期賢》"吾安敢高之",《新序·雜事五》"高"作"驕"。因此"芺"是可以讀爲蒿的。而"蒿"即香蒿,也就是蕭。從蕭之字與從肅之字文獻多通用,而從夭之字也可與從肅之字通用。這是音近義通。《爾雅·釋草》"蕭,荻",郭璞注:"即蒿。"《詩·王風·采葛》"彼采蕭兮,一日不見,如三秋兮",毛傳:"蕭,所以共祭祀。"孔穎達疏引陸璣曰:"今人所謂荻蒿者是也。或云牛尾蒿,似白蒿。白葉,莖粗,科生,多者數十莖。可作燭,有香氣,故祭祀以脂爇之爲香。"《詩·大雅·生民》"誕我祀如何? ……載謀載惟,取蕭祭脂,取羝以軷,載燔載烈",鄭玄箋:"至其時,取蕭草與祭牲之脂爇之於行神之位,馨香既聞,取羝羊之體以祭神,又燔烈其肉爲尸羞焉。"爲什麼呢?《禮記·郊特牲》云:"周人尚臭……蕭合黍稷,臭陽達於牆屋,故既奠,然後焫蕭合馨薌。"周人崇尚香氣,所以祭祀要焚燒香蒿,讓四處香氣彌漫。姜原冬至到南郊圜丘祭天求子,看到了香蒿,就"搴而薦之",拔取以焚燒,讓香氣直達上帝。結果,上帝爲其精誠所動,"乃見人武",現出了巨人的腳印。姜原履之,並祈禱上帝化身的腳印賞賜給她子嗣。簡文姜原"見人武"並"履"之的記載爲文獻所習稱,但"見蒿,搴而薦之"説無載,"祈禱"之語文獻也失載。這些都是彌足珍貴的史料。

《上博館藏戰國楚竹書研究續編》頁28—29

○**張富海**(2004)　"冬見芺,攼而薦之"句,原整理者的斷句和理解均有誤。《説文·艸部》:"芺,艸也。味苦,江南食以下氣。"《爾雅·釋草》:"鉤,芺",郭注:"大如拇指,中空,莖頭有臺,似薊,初生可食。"可見芺是一種草,能長出可以食用的臺,可能跟現在的大蒜差不多。《説文·艸部》又有"蔤"字,云:

"艸也。从艸,要聲。《詩》曰:'四月秀葽。'劉向説,此味苦,苦葽也。"《説文解字繫傳》"芙"字下云:"今苦芙也。"可見"芙"和"葽"所指是同一種草,實爲異體字的關係,《説文》誤分爲二字。總之,芙這種草可以食用,但大概是在夏曆四月的時候才長成。簡文言"冬見芙",是言其神異。

《上博館藏戰國楚竹書研究續編》頁 49

△按 戰國文字"夭"旁上部常寫近於宀。上博二《子羔》簡 12:"冬見芙,攻而薦之。"整理者馬承源原斷句有誤,張富海改斷是,"攻"亦可從張富海讀爲"搴"。將"芙"讀爲"蒿",不符合楚簡用字習慣;張富海、李學勤等認爲簡文以"冬見芙"爲異象,甚確。值得注意的是,包山簡"虋"字或訛寫作"荎"(簡109),而"虋"即"黄"字異體,《子羔》之"芙"也有可能讀爲"黄",《説文》:"黄,艸也。"《詩經·邶風·静女》:"自牧歸黄,洵美且異。"毛傳:"黄,茅之始生也。"作爲古人常用之意象,"黄"似較"芙"更合於簡文語境。

蓨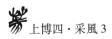

璽彙 2641

○羅福頤等(1981) 蓨。

《古璽文編》頁 8

△按 《説文》:"蓨,苗也。从艸,脩聲。"璽文用爲人名。

葛

上博四·采風 3

【葛人】

○馬承源(2004) 葛人,曲目。

《上海博物館藏戰國楚竹書》(四)頁 167

○季旭昇(2007) 本曲目上爲"牧人",下爲"蠶亡、霝氏",似皆與民生有關。《説文》:"葛,艸。枝枝相值,葉葉相當。从艸,易聲。"以音求之,似可讀爲"場人",《周禮·地官·場人》:"掌國之場圃而樹之果蓏珍異之物,以時斂而藏之。凡祭祀賓客共其果蓏,享亦如之。"當然,也不排除讀爲《陳風·宛丘》"子之湯兮,宛丘之上兮"之"湯人",即"蕩人"。"葛人"下契口處之墨釘並不明顯,也不排除"蔿人韹亡"連讀爲一曲目。

《上海博物館藏戰國楚竹書(四)讀本》頁 18—19

△**按**　曲目"蔿人"含義未詳,季説僅録以備參。

蔓

 上博二・容成 25　　 新蔡甲三 42　　 新蔡零 317

○**李零**(2002)　(編按:上博二・容成 25) 蔓　《禹貢》所無,疑即古易水附近的滱水(又名嘔夷水)。

《上海博物館藏戰國楚竹書》(二)頁 270

△**按**　《容成氏》辭云:"禹乃通蔓與湯,東注之海。"晏昌貴(《上博簡〈容成氏〉九州柬釋》,簡帛研究網 2003 年 4 月 6 日)認爲"蔓"即古書的"漊水","漊水"爲"虖池别流",而"'南易'水與虖池水相合,東流入海",即指簡文"通蔓與易"。

【**蔓茖**】新蔡甲三 42

△**按**　辭云"☒蔓茖受女於楚之歲",前段殘去,含義未詳。受女,邴尚白(《葛陵楚簡研究》,臺灣大學 2007 年博士學位論文)認爲"可能指至楚'逆女',即迎娶的意思"。

【**蔓丘**】新蔡零 317

△**按**　地名。

藟 藟 壨

 上博三・周易 43

△**按**　字從艸,壨聲,即"藟"字繁構。戰國文字往往贅加土旁而無别。上博簡《周易》"藗壨",馬王堆帛書本《周易》作"褐累",今本《周易・困》作"葛藟"。《説文》:"藟,艸也。從艸,畾聲。《詩》曰:莫莫葛藟。一曰:秬鬯也。"

芘 芘

 包山 258　　 包山竹籤 6　　 璽彙 3142　　 集成 2237 王蔑鼎

○**劉彬徽、彭浩、胡雅麗、劉祖信**（1991）　（**編按**：包山 258）⿱艹隼茈，⿱艹隼爲蒦之誤。同墓所出竹笥籤牌上有“⿱艹府茈”，也即本簡的“⿱艹隼茈”。⿱艹隼與⿱艹府讀音相去甚遠，而蒦與⿱艹府音近，故知⿱艹隼乃⿱艹府之訛。蒦又借作鳧。鳧茈，《爾雅·釋草》：“芍，鳧茈。”郭注：“生下田，苗似龍鬚而細，根如指頭，黑色可食。”朱駿聲云：“今聲轉謂之蒲薺，亦謂之葧臍是也。初生亦紫色，老則黑。”鳧茈即葧臍。

《包山楚簡》頁 60

△**按**　包山簡 258 所謂“⿱艹隼”，實爲“⿱艹隽”，所从之“隽”爲“鳧”之異構。故“⿱艹隽茈”得與“⿱艹府茈”（包山竹籤 6）爲異文（參“⿱艹隽”字條）。“⿱艹隽茈”即荸薺，包山 2:52-2號竹笥内盛正是荸薺，與簡文所記相合。《璽彙》3142“茈”用爲人名。王蔑鼎“茈”字，舊多誤釋，下所从之“此”，與包山竹籤 6 之形相似，惟“匕”旁稍訛（參禤健聰《戰國文字釋讀辨疑》［四篇］，《中國文字》新 39 期 147—149 頁，藝文印書館 2013 年）。

萴  崱

包山 216 九店 621·3

○**李家浩**（2000）　（**編按**：九店 621·3）“廁”字原文“厂”旁左側筆畫殘去，此“廁”字所从的“則”和下一〇號、二四號簡的“則”，原文皆寫作《説文》“則”的籀文“鼎刂”。

《九店楚簡》頁 143

○**李守奎**（2003）　崱。

《楚文字編》頁 37

△**按**　字从中，中部重見。包山簡 216“長萴”爲卜筮工具。九店簡 621·3 之字可從李守奎釋，《楚文字編》將簡號誤記爲 621·2。

蒐  𦼮

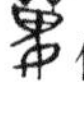侯馬 67:28 睡虎地·雜抄 7 集成 9734 𡢁蛮壺

○**張政烺**（1979）　（**編按**：𡢁蛮壺）𦼮，从茻，嵏聲。从茻與从艸同。嵏旁又見於中山王嚳鼎“社稷”之稷字（凡四見），以爲聲符。《説文》稷从禾畟聲，古文作稅，段玉裁注：“按兕蓋即古文畟字。”《説文》畟“从田儿，从夂”，此似从女者，古文字人在下者（儿）或加夂旁，而夂又常誤似女，如允加夂成夋，而嚳壺“允哉若

言"允作,例正相同。蒐字見《説文》,自許慎以來皆不明其形義,今知是羴之異體,本字當作覒,形近致訛。覒古音疑與謨近,自可讀爲搜。

《古文字研究》1,頁 241

○于豪亮(1979) （編按:舒盉壺）《爾雅·釋天》:"春獵爲蒐,夏獵爲苗,秋獵爲獮,冬獵爲狩。"《左傳·隱公五年》臧僖伯之説同;《公羊傳·桓公四年》:"春曰苗,秋曰蒐,冬曰狩。"無夏獵之名;《穀梁傳·桓公四年》:"春曰田,夏曰苗,秋曰蒐,冬曰狩。"《國語·周語》:"蒐於農隙……獮於既烝,狩於畢時。"諸説不同,但茅(苗)蒐爲田獵之名,則是可以肯定的。

《考古學報》1979-2,頁 182

○睡簡整理小組(1990) （編按:睡虎地·雜抄 7"分甲以爲二甲蒐者,耐"）蒐,以檢閲軍隊力量爲目的的一種田獵活動。

《睡虎地秦墓竹簡》頁 81

○何琳儀(1998) 蒐,从艸(或从芔),覒聲。蒐,從紐幽部;覒,清紐之部。清、從均屬齒音,之、幽旁轉。蒐爲覒之準聲首。《説文》:"𧁾,茅蒐。茹蘆,人血所生,可以染絳。从艸从鬼。"小篆誤覒爲鬼,故許慎據鬼(人血)爲釋。

　　中山王圓壺"茅蒐",讀"苗蒐",田獵。《公羊·桓四年》:"春曰苗,秋曰蒐。"釋文:"蒐作廋,本又作搜。"

《戰國古文字典》頁 234

苞 𦳆

璽彙 5493　𦳆 睡虎地·日甲 56 背叁

○丁佛言(1924) （編按:璽彙 5493）苞。

《説文古籀補補》卷 1,頁 4

△按 《説文》:"苞,艸也。南陽以爲麤履。从艸,包聲。"睡簡《日書》"苞以白茅","苞"讀爲"包"。《左傳·僖公四年》:"爾貢苞茅不入,王祭不共,無以縮酒,寡人是徵。"

艾 𦭖

𦭖 秦印

△按 《説文》:"艾,冰臺也。从艸,乂聲。"

葦 葦

葦 包山 125

△按　《説文》：“葦，艸也。从艸，章聲。”包山簡用爲人名。

芹 芹

芹 曾侯乙 212

○裘錫圭、李家浩（1989）　芹。

《曾侯乙墓》頁 500

△按　《説文》：“芹，楚葵也。从艸，斤聲。”曾侯乙簡用法不詳。李守奎摹寫
作芹（《楚文字編》37 頁）。

芑 芑

 集成 12113 鄂君啟舟節　　　芑 上博二・容成 42

○郭沫若（1958）　（編按：鄂君啟舟節）芑昜或即襄陽。

《文物參考資料》1958-4，頁 4

○黃盛璋（1964）　（編按：鄂君啟舟節）庚芑陽，郭以芑陽當襄陽，譚則訂爲楚邔，
漢之邔縣。按邔確爲楚邑，見於記載，但僅稱之爲邔，不名邔陽；鄢從鄢水得
名，邔則異是，此一帶古代既無邔山，亦無邔水，是邔陽之名無本。邔故城依
志書考訂，其地在宜城北三十里，有古城隄，地名東洋，古城迹猶在（考訂詳另
稿），古漢江航道不應止此，《左傳》文十年：“使爲商公，沿漢溯江將入郢。”商
在漢水支流丹江上流，故知楚航路實在襄陽以上，不能僅至此地而止。倘以
聲韻及地理求之，我以爲芑陽應即棘陽，棘陽之名漢高祖七年已出現，自來自
秦、楚；其城因在淯水支流棘水之陽而得名，淯水爲漢水一大支流，而襄陽往
北又爲楚之北津，航路不能無見。按“芑、棘”上古音不僅同屬之部，又並屬牙
音，依上古音搆擬，“芑”爲 kiəg，棘爲 kiək，差異極微，方音稍變，書寫自可異
形。棘水會淯水之口，《水經注》時代已變稱力口，酈道元説：“棘力聲近，當爲

力口也,又是方俗之音,故字從讀變。"今棘水又變稱溧河,足見此水之名初無定字,隨方音而有不同,"芑"之變"棘",較"棘"之變"力、溧",於音韻尤有徵信。今依古音搆擬方法,則其古今音韻演變軌迹,就可一目了然:

$$kiəg(芑) \rightarrow kiək(棘) \rightarrow liək(力) \rightarrow liək(溧)$$

棘陽北去即爲方城,又與南陽相緊鄰,與下文所述交通恰相銜接,以地理形勢言亦正適合。銘文雖未交代棘水,但"庚肩"之後又示以"庚芑陽",地名兩庚,蓋即所以示航路沿淯水北上,屬於上述用沿流城邑以表示航路歧出之例。

　　　　　　　　　《歷史地理論集》頁 271—272,1982;原載《中華文史論叢》5

○**商承祚**(1965)　(編按:鄂君啟舟節)芑、邘(舟節第五行第六字及第十五字):

兩字偏旁皆從己不從己。考十二地支中的巳,甲骨文金文作早、早、早、早;祀字則從己,兩者形音義皆有別,不能等同混用(甲骨文十二地支之"子"有專形字)。而早、早可通用於子孫之子已見甲骨文,完全以早爲子,實始自周人,但從己之字則始終未變動。以己爲十二地支之巳,是漢以來的事。當日因無巳字,故周人以己爲巳,用爲發端詞或語氣詞。盂鼎"巳,女妹辰有大服",毛公鼎"巳曰"(發語詞);吳王光鑑"往巳"(語氣詞)等,是另一種情況。己、巳兩字在整個使用篆書的時代形音皆未變。如甲骨文金文十天干之己,以及從己聲之杞、異、踓(甲骨文);杞、異、忌、改(金文);楚帛書之紀;信陽竹簡之芑。其從巳聲之祀、改、汜(甲骨文);祀、熙(金文)皆是,兩者區別清楚嚴格。黃氏寫芑從巳不誤,但讀同《説文》"白苗嘉穀"之芑音而轉爲"棘"則非。"己"聲和"巳"聲不能相混,兩字雖同在古韻之部,而"己"爲喉牙,"巳"爲舌齒,段玉裁所謂"雙聲部分以疊韻爲重,字音以雙聲爲重"。故雖同一韻部,而聲母大限不同,不能强合爲一。(中略)

黃文以芑陽爲棘陽,邘爲漢之邘縣,我是難以同意的。

　　　　　　　　　　　　　　　　　《中華文史論叢》6,頁 144、147

○**孫劍鳴**(1982)　(編按:鄂君啟舟節)芑陽　黃以芑陽爲"棘陽",商表示"難以同意",但未指出芑陽究爲何地。郭以爲"或即襄陽",其説可從。

　　　　　　　　　　　　　　　《安徽省考古學會會刊》6,頁 29

○**劉和惠**(1982)　(編按:鄂君啟舟節)"肩、芑陽",黃文認爲即鄀與棘陽,得之。(中略)棘陽北去即爲方城,爲交通要道,由陸路北來入漢,棘陽適當其衝,故在此設關。

　　　　　　　　　　　　　　　　　《考古與文物》1982-5,頁 63

○張中一（1989）　（編按：鄂君啓舟節）"芑昜"是"庚扃"的下一站。"芑昜"之名，用先秦楚地名特點来檢驗當爲泛稱，只是地域概念，没有確切地點。"芑"不是地名，是野生植物名，表示爲荒野的山丘。"昜（陽）"不是"芑昜"詞組的賓語，是主語，即太陽山。（中略）楚人是崇拜太陽的，太陽山在南楚是一座神聖的山，山上長滿野生植物"芑"，因此，又名"芑陽"山。

《求索》1989-3，頁 127

○朱德熙、李家浩（1989）　　　　𣎴　𣆪　𣇀　𣇌　𣇎
　　　　　　　　　　　　　　　p　q　r　s　t

舟節云：

　　自鄂市，逾油（淯），上漢，適𨹛（原文从"厂"从"止"从"𡆥"聲），適 p 陽，逾漢，適邔。

　　p 舊釋"芑"。關於"芑陽"的地望，有襄陽、邔縣、棘陽三説。姑且撇開字形不論，僅就地理的角度考慮，也可以看出這三種説法都難以成立。1972 年日本學者船越昭生指出節文之"鄂"即西鄂（今河南省南陽市北），"𨹛"即《水經注·漢水》的𨹛關（今湖北省鄖縣）。1986 年陳偉《鄂君啓節之"鄂"地探討》又釋出"油"字，並認爲應讀爲"淯"（今白河）。這些意見都十分正確。上録節銘是説鄂君的府商自西鄂開始市買，經淯水，溯漢水而上，到𨹛關。"適 p 陽"之語緊接在"上漢，適𨹛"之後，説明"p 陽"應在鄖縣之西的漢水上游。可見襄陽、邔縣、棘陽諸説都不可從。

　　現在來討論字形。我們認爲 p 不从"巳"而从"云"，這可以從相關的字的比較中證實。q 見於戰國印"q 成君邑大夫俞□"。q 李學勤《戰國題銘概述（中）》（《文物參考資料》1959 年 8 期）認爲从"今"从"云"，釋爲"佘"，甚是。信陽楚簡 2-01 以"二 r 監（鑑）"與"二方監（鑑）"對舉。r 應從裘錫圭同志釋爲"圆"（《説文》：回也，从囗云聲），讀爲"圓"（"云、員"音近古通）。舟節下文説：

　　逾夏，内（入）s，逾江，適彭 u₁，適松陽。

　　s 與 q 及 r 所从相同，殷滌非釋"邼"，讀爲滇水之"滇"，甚是。總之，把 q、r、s 所从的偏旁釋爲"云"，這三個字都能得到合理的解釋。這樣看來，p 所从的偏旁也是"云"字，它跟 q、r、s 的"云"字不同處僅在於前者用輪廓勾出圓周，後者則是填實的圓點。見於戰國印文的"沄"或寫作 t（古璽 274），所从的"云"寫法與 p 同。

　　從字音上考察，由於"云"聲與"旬"聲古音相近，舟節銘"芸陽"可能就是

位於漢水上游的郇陽。《戰國策・楚策一》：

> 楚地西有黔中、巫郡，東有夏州、海陽，南有洞庭、蒼梧，北有汾涇之
> 塞、郇陽。

《漢書・地理志》漢中郡下"郇陽"作"旬陽"。《華陽國志・漢中志》作
"洵陽"。故城在今陝西旬陽縣西北，位於漢水北岸旬河入口處。地理位置與
舟節銘所記正合。

《朱德熙古文字論集》頁 194—195，1995；

原載《紀念陳寅恪先生誕辰百年學術論文集》

○**湯餘惠**(1993) （編按：鄂君啟舟節）芸陽，即溳陽，今湖北鄖縣，地處漢水北岸，
溯漢水而行，經穀可到溳陽。

《戰國銘文選》頁 47

○**趙誠**(2003) （編按：鄂君啟舟節）四版《金文編》0094 新立了一個字頭"苩"，其
下只收了《鄂君啟舟節》銘文裏的一個字形被摹作𦬒，朱德熙、李家浩的《鄂君
啟節考釋》(八篇)將此字摹作𦬒，並指出此字"不從'已'而從'云'，這可以從
相關的字的比較中證實"。（中略）朱、李二位所説極是，已成爲定論。由此可
知，四版《金文編》所釋之苩實誤，當改正。

《二十世紀金文研究述要》頁 373—374

○**劉釗**(2004) 上海博物館藏戰國楚簡《容成氏》簡 42 有"受不述其先王之
道，自爲芸爲於"。相類似的文句亦見於簡 35，作"桀不述其先王之道，自爲
[芸爲於]"。文中"芸"字《上海博物館藏戰國楚竹書》(二)釋文隸定作
"苩"，認爲字從艸從已。筆者認爲此字與鄂君啟節的"芸"字寫法相同，也應
該以釋爲"芸"字爲是。

"芸"字在簡文疑讀爲溷或昏。"芸"從云聲，古音云、溷皆在匣紐文部，昏
在曉紐文部，三者於音可通。"溷"典籍訓爲亂和溷濁，《楚辭・離騷》"世溷
濁而不分兮，好蔽美而嫉妒"，王逸注："溷，亂也。《文選・賈誼〈弔屈原文〉》
'世謂隨、夷爲溷兮，謂跖、蹻爲廉'，顏師古注：'溷，濁也。'""溷"字典籍又通
作"混"或"昏"，皆爲昏亂、溷濁之意。《先秦漢魏晉南北朝詩》卷六曹植《丹
霞蔽日行》謂："紂爲昏亂，虐殘忠正。"文中的"紂爲昏亂"正相當於簡文"受
不述其先王之道，自爲芸爲於"的"爲芸(溷或昏)"。

"於"字在簡文中應該讀爲污或惡。古音於、污、惡皆在影紐魚部，三者於
音可通。"污、惡"二字古代音義皆近，常可相通。"污"或"惡"指邪穢、不廉
潔。《荀子・不苟》："人污而修之者，非案污而修之之謂也，去污而易之以修。

故去亂而非治亂也,去污而非修污也。治之爲名,猶曰君子爲治而不爲亂,爲修而不爲污也。"《呂氏春秋·忠廉》:"若此人也,有勢則必不自私矣,處官則必不爲污矣,將衆則必不撓北矣。"《白虎通》卷三"禮樂":"周室中制象樂何? 殷紂爲惡日久,其惡最甚,斳涉句胎,殘賊天下。"文中的"殷紂爲惡"正相當於簡文"受不述其先王之道,自爲芸爲於"的"爲於(污或惡)"。

　　所以簡文"受不述其先王之道,自爲芸爲於"就應讀爲"受不述其先王之道,自爲涽(昏)爲污(惡)","桀不述其先王之道,自爲[芸爲於]"也應該讀爲"桀不述其先王之道,自爲[涽(昏)爲污(惡)]"。"自爲涽爲污"與《先秦漢魏晉南北朝詩》卷七載鮑照《代放歌行》中的"小人自齷齪"意近,可資比較。

　　　　　　　　　　　　《上博館藏戰國楚竹書研究續編》頁 351—352

○**李守奎、曲冰、孫偉龍**(2007)　　(編按:上博《容成氏》42)簡文中讀爲"改"。

　　　　　　　　《上海博物館藏戰國楚竹書(一—五)文字編》頁 34

△按　鄂君啟舟節"芸"字,過去隸釋不一,自朱德熙、李家浩改釋爲"芸"後,已成定論。然楚文字"云"上半一般作填實而非廓空之形,此"芸"字所從之云與巳旁字形甚近,未易一分涇渭。故上博《容成氏》簡 42 之字亦有不同釋法。新出清華二《繫年》簡 85、86"**芸**公義",整理者指出即《左傳·成公七年》之"郧公鍾儀"(《清華大學藏戰國竹簡》[貳]175 頁,中西書局 2011 年)。故知必爲"芸"字無疑。從字形的同一性來看,則上博《容成氏》簡 42 之字亦應是"芸"。

【芸易】鄂君啟舟節

○**朱德熙、李家浩**(1989)　　見"芸"字條。

薺　薺

薺印典　　**薺**陶彙 9·75　　**薺**上博一·詩論 28

─────────────

○**馬承源**(2001)　　(編按:上博一·詩論 28)牆又薺　《詩》篇名。今本無。

　　　　　　　　　《上海博物館藏戰國楚竹書》(一)頁 158

△按　上博一《孔子詩論》簡 28 之《詩》篇名實爲"牆有薺","牆"字從靣(郭、庸之初文),爿聲。《説文》:"薺,蒺棃也。從艸,齊聲。《詩》曰:牆有薺。"故《孔子詩論》甫一刊布,學者紛紛指出此即《詩經·鄘風》之《牆有茨》。齊、次

音近,多有互通之例。

薑 薑

 珍秦 135　　董 陶彙 6·12

○**何琳儀**(1998)　秦器薑,姓氏。飂叔安之裔董父,事舜,賜姓曰董。見《廣韻》。

《戰國古文字典》頁 367

菿

菿 陶彙 3·708

○**湯餘惠等**(2001)　《説文》:"菿或从炎。"

《戰國文字編》頁 29

蔄 蔄 菰

蔄 包山 258　　蔄 包山竹籤 4　　蔄 上博二·容成 26　　蔄 上博六·平王 1

○**劉彬徽、彭浩、胡雅麗、劉祖信**(1991)　(編按:包山 258)蔄,讀如筍,《説文》:"筍,竹胎也。"

《包山楚簡》頁 60

○**劉信芳**(1992)　(編按:包山簡)258 號簡又有"菰二笶","菰"與"茜菰"之別,僅在於一指莖葉,一指籽實。《廣雅·釋草》:"菰,蔣也,其米謂之彫胡。"由楚簡得之,楚人之食菰,既食其莖葉,又食其米。菰,古書多作"菰",俗稱茭白,爲禾科植物,莖葉可作爲蔬菜,其成熟種粒可以做飯。

《江漢考古》1992-3,頁 74

○**李家浩**(1996)　包山 258 號簡説:

　　(3)蒐芘二笌,菰 f 二笌,菰二笌。　《包山》二〇二·258(中略)

　"菰 f"原文所從"瓜"旁是反寫的。包山簡還有兩個"菰",原文所從"瓜"旁是正寫的:一個見於此簡下文"菰一笌",一個見於 256 號簡"茜(糟)菰之菹"。爲了跟正寫的"菰"字相區別,釋文在"菰"的右下角加拉丁字母 f

作“蓏 f”，以表示是反寫的“蓏”。此簡“蓏 f”與“蓏”同時出現，説明它們不是一個字。“蓏 f”還見於 2:59-2 號、2:418-1 號竹笥所繫的竹籤。“蓏 f 二笮”當是指這兩件竹笥。2:59-1 號竹笥內有藕六節。“瓜、藕”古音都是侯部字。古代文字往往正反無別，頗疑簡文“蓏 f”是一個形聲字，從“瓜”聲，讀爲“藕”。

《簡帛研究》2，頁 6—7

○**劉信芳**（1997）　　包山簡 258：“蓏二笇。”蓏與茜蓏之別，在於蓏指莖葉，茜蓏指籽實。蓏俗稱“茭白”，爲禾科植物，莖葉可以作爲蔬菜，其成熟種粒可以做飯。

《中國文字》新 23，頁 114

○**陳偉**（2003）　（編按：上博二·容成26）“藕州”的“藕”，李零先生釋爲“蓏”。（中略）這種寫法的字曾見於包山 2 號墓第 258 號竹簡以及同墓所出的籤牌（編號 59-2）。其大致結構是“艸”頭之下有兩個並列左向的人形（腹部著圓點或加粗）。在包山簡 174 號簡中，還出現一個去掉“艸”頭的字形。對竹簡上的文字，整理小組分別隸作“蓏”和“𦟻”，並將前一字讀爲“笱”。在包山 255、258 號簡中，另有類似寫法的字，但並列的兩個人形均向右。整理小組釋爲“蓏”。包山簡資料公布後，一些學者將 174 號簡和 258 號簡上述字形改釋爲“瓜”與“蓏”。對此，也有學者持不同見解。李家浩先生認爲：258 號簡與籤牌 59-2 中的這個字所從的“瓜”旁是反寫的，此字與“蓏”同時出現，説明它們不是一個字。籤牌 59-2 所繫的竹笥內有藕六節，“瓜、藕”都是侯部字，因而頗疑這是一個形聲字，從“瓜”聲、讀爲“藕”。李運富先生也指出：在 258 號簡中，此字與整理小組原已釋爲“蓏”的字並存，“若二者同釋，則爲一物重説”。劉信芳先生則將人形左向之字釋爲“蓏”，右向之字隸作“苀”，以爲“二个爲偶”，讀爲“藕”。又説：“出土竹笥籤牌字亦作‘苀’，該竹笥內盛蓮藕六節。”李先生、劉先生注意到竹笥內遺物與籤牌文字以及簡文的對照，是很有意義的。對照竹笥內的遺物，我們懷疑此字“艸”頭之下的部分從二人側立取義，是“耦”的象形字。《左傳》襄公二十九年：“射者三耦……家臣，展瑕、展玉爲一耦；公臣，公巫召伯、仲顏莊叔爲一耦；鄭彭父、黨叔爲一耦。”杜預注：“二人爲耦。”加“艸”頭用作蓮藕之字。

前已談到，藕州之水“蔓與易”蓋即《周禮·夏官·職方氏》所説并州之浸涞、易。因而，李零先生懷疑藕州即《職方》并州，是有道理的。除了李氏提到的并、蓏（本文改釋爲“藕”）二字因形近相混外，還有一種可能性也應納入考慮。并,《説文》:"相從也。"在古文字中,"并"是在"从"(二人相隨狀)的下部附加一二道橫畫,表示二人並立或相連。"耤"的辭義與之相通。因而竹書中的"耤"恐當讀爲"耦",是用一個意義相近的詞指稱《職方》中的并州。

《中國史研究》2003-3,頁 44—45

○**白於藍**(2004)　《容成氏》簡 25、26:"蠤(禹)乃迵(通)蔞與易,東敁(注)之洰(海),於是虖(乎)祈州訋(始)可凥(處)也。"

　　關於地名"祈州",原注釋指出應該是"并州",並云:"'并'與'祈'簡文寫法相近,或有混淆。"今按,原注釋認爲該地是"并州"是可取的,但對"祈"字的説解則可商榷。筆者以爲,"祈"字應釋爲"茀",即下部所从乃"并"字異構,故可讀爲并。該字原形作𦫳,亦見於包山簡和包山竹籤,過去大都釋爲"祈"。包山簡 174 中又有人名用字作𦫳,大都亦釋爲"祇"。包山簡遣策(簡 258)當中有一段話,原釋文作"蘙二笥、蘵二笥、葉二笥、薑二笥、祈一笥……",其中"祈"字作𦫳,釋爲"祈"沒有問題。但該簡中所謂"蘙"字原形作𦫳,學者們通常亦都認爲當釋爲"祈"。這樣一來,這條簡文中就出現兩次"祈",即"祈二笥"與"祈一笥",既然是同一種物品,量詞又相同,爲何卻要分記兩次,而不直接書寫作"祈三笥"呢? 這是沒有道理的。包山簡原釋文中之所以將𦫳字釋爲"蘙",大概也是朝這方面考慮的。可見,將𦫳釋爲"祈"是存在問題的。現在,上海簡之𦫳字亦不用爲"祈",也説明了這一點。𦫳、𦫳是"茀"字還有一條證據,信陽楚簡 2・021 有"一瓶食醬"語,其中"瓶"字上部所从與此兩字下部所从完全相同,可參考。典籍中从平聲之字與从并聲之字常可相通,包山簡之"茀"可讀爲苹,《爾雅・釋草》"苹,藾蕭",郭注:"今江東藾蒿也,初生亦可食。"《詩・小雅・鹿鳴》"呦呦鹿鳴,食野之苹",鄭箋:"苹,藾蕭。"孔疏引陸璣曰:"葉青白色,莖似箸而輕脆,始生香,可生食,又可烝食。"

《上博館藏戰國楚竹書研究續編》頁 491—492

【祈州】上博二・容成 25

○**李零**(2002)　祈州　《書・禹貢》所無,疑即《周禮・夏官・職方氏》所説"其川虖池、嘔夷,其浸淶、易"的"并州"。"并"與"祈"簡文寫法相近,或有混淆。

《上海博物館藏戰國楚竹書》(二)頁 270

○**陳偉**(2003)　見"薄"字條。

○**白於藍**(2004)　見"薄"字條。

△**按**　包山簡 258"𦫳二笥"與"𦫳一笥"分列,𦫳、𦫳定非一字。上博六《平王

與王子木》簡 1 之字可讀爲相遇之“遇”。然則字或可從李家浩説,分析爲從
艸,瓜聲,係“蒲”字異構。《説文》:“蒲,芙蕖根。從艸、水,禹聲。”上博二《容
成氏》“禹乃通蔞與湯,東注之海,於是乎**荊**州始可処也”,“**荊**州”與文獻“并
州”相對,陳偉認爲讀“耦”而與“并”義近,似可從。此“蒲”之用字“蓏”與雕
苽之苽的用字“蓏”(詳“蓏”字條)所從“瓜”旁一正一反,形近而別。

蒴 蒴

陶彙 3·738

△按　《説文》:“蒴,香蒿也。從艸,叞聲。𦿚,蒴或從堅。”

莪 莪

莪上博一·詩論 9　　莪上博一·詩論 26

○**馬承源**(2001)　靖﹦者莪　《詩》篇名。“靖”字下有重文符,爲“靖靖”二
字。“靖”從缶從青,《説文》所無。今本《詩·小雅·南有嘉魚之什》有“菁菁
者莪”,簡文係原篇名。

　　蓼莪　今本《詩·小雅·谷風之什》篇名作《蓼莪》。

　　　　　　　　　　　　　　　　　《上海博物館藏戰國楚竹書》(一)頁 138、156
△按　《説文》:“莪,蘿莪,蒿屬。從艸,我聲。”

蕭 蕭

蕭十鐘

△按　《説文》:“蕭,艾蒿也。從艸,肅聲。”

萩 萩 蘇 蘇

萩香續一 145　　蘇天星觀

○**王人聰**(1996)　璽文第二字,從艸從秋,即萩字。《説文》云:“萩,蕭也,從

艸,秋聲。"萩與秋聲同,由此璽之文義,可知此璽文萩字假借爲秋,"千萩"即係"千秋"。《古璽文編》秋字條下收有秋字之另一異體作 ,《文編》於字下注云:"以文義知爲秋字。"今由文物館所藏此璽,可知 實爲璽文萩字之省體。

《于省吾教授百年誕辰紀念文集》頁 173;
《香港中文大學文物館藏印續集一》頁 169 略同

△按　戰國古文"秋"字常纍增日旁表意,又可省去火旁,遂有天星觀簡之"萩"字。

芍　芍

芍 仰天湖 17

○**史樹青**(1955)　若就是"杜若"的簡稱,《楚辭・九歌・雲中君》:"華采衣兮若英。"注:"若,杜若也,飾以杜若之英以自潔也。"則杜若可以佩帶作衣飾用。

《長沙仰天湖出土楚簡研究》頁 30

△按　此字學者多從史樹青釋爲"若",然楚簡未見從艸、右之"若"字。諸種著録皆不甚清楚,史樹青摹本作 ,下半與一般的"右"旁有別;商承祚摹本作 (《戰國楚竹簡匯編》54 頁,齊魯書社 1995 年),不視下半爲右;郭若愚摹本作 (《戰國楚簡文字編》107 頁,上海書畫出版社 1994 年),下半與商氏摹本近似。細審簡影,字可摹作 ,上半從艸無疑,下半則顯非"右"旁,應是"勺"旁,可參 、 (訋,上博四《昭王毀室》簡 4、7)、 (約,上博五《弟子問》簡 6)等字所從。 即"芍"。《説文》:"芍,鳬茈也。從艸,勺聲。"簡文中似可讀爲"勺",取酒漿之器。簡文云"二蔡鈲(壺),皆有蓋;一□芍(勺)",壺、勺正相對(參禤健聰《戰國文字釋讀辨疑》[四篇],《中國文字》新 39 期 149—151 頁,藝文印書館 2013 年)。

薔　薔

薔 睡虎地・爲吏 15 叁

○**張守中**(1994)　通牆　薔垣　爲一五。

《睡虎地秦簡文字編》頁 6

葛 𦱴　薊蓁蘂

𦱴 新蔡甲三 263

蘂 上博四·采風 1　　蘂 璽彙 2263　　蘂 璽彙 2264　　蘂 上博三·周易 43　　蘂 上博五·季庚 8

○羅福頤等(1981)　　(編按:璽彙 2263、2264)蘂　《説文》所無,《集韻》:蘂,草名。

《古璽文編》頁 12

○黄錫全(1986)　古璽有蘂、蘂二字,《文編》列入正編艸部,釋爲蘂。

《彙編》2263　　　　蘂《彙編》2264

　按古璽有蘂(《彙編》3898)字,《文編》列入索(六·七);金文索作蘂(索角);牆盤蘂,高明先生釋爲絡,即絡;《説文》索字正篆作蘂、索作蘂,均與古璽蘂字所从之糸形近而字實別。此字所从之山即艸。下部蘂之冂内糸旁的丷丷丷乃飾筆,並非是門或門。這與古璽裹字作蘂(《彙編》1692),又作蘂(《彙編》1528),縈字作蘂(《彙編》0927),又作蘂(《彙編》4046)、蘂(《彙編》0926)、蘂(《彙編》2338)等屬同類現象。因此,這個字暫可隸作蘂,不能釋爲蘂。

　檢《汗簡》宀部録華嶽碑羅作蘂,録王庶子碑羅作蘂;网部録華嶽碑羅作蘂,《古文四聲韻·歌韻》録作蘂。古璽羅作蘂;又有蘂(《彙編》0456)、蘂(《彙編》1768),《文編》列入羅。門即网、网省變。如同罟字,古璽作蘂(《彙編》1729)、蘂(《彙編》0708)等。因此,蘂或蘂即蘂省,蘂又其再省。甲骨文有蘂字,《甲骨文編》列入羅。其省變關係應爲:蘂→蘂→蘂蘂→蘂蘂。

　這種省變,類似宄字作蘂(義伯設)、蘂(師望鼎),省作蘂(伯椃設)、蘂(兮甲盤)、蘂(《説文》古文);《説文》网字或作蘂、蘂,古文省作蘂。

　又,《汗簡》艸部録裴光遠集綴蘿作蘂,从艸,从羅省,與上舉古璽形體基本相同。根據上面的分析,璽文應釋爲蘿,假爲羅。第一方印文"蘿逯",即"羅逯"。第二方印文,《彙編》釋爲"蘂瞳",當改釋爲"羅瞳",或者"羅量"。

《古文字研究》15,頁 138—139

○濮茅左(2003)　(編按:上博三·周易 43)"葦",《集韻》:"葦,《博雅》:始也,一曰艸莩甲出也。"或讀爲"萆",《廣韻》:"萆,蔓草有刺。""蘲",即"蕢"字,从三田與从四田同,《包山楚簡》"畾"作"壨",《鄂君啟舟節》"灅"作"灅"。《集韻》:"蘲,盛土籠,或作藟。"或讀爲"蕌",《説文·艸部》:"蕌,艸也。"《集韻》:

"蕳,蔓也。"

《上海博物館藏戰國楚竹書》(三) 頁 195

○**馬承源**(2004)　(編按:上博四・采風1)埜又萊　曲目。"埜",古文"野"。《説文・里部》:"壄,古文野,从里省,从林。"段玉裁注:"壄,亦作埜。""萊",疑"萊"。

《上海博物館藏戰國楚竹書》(四) 頁 165

○**李守奎、曲冰、孫偉龍**(2007)　(編按:上博三・周易43)"蔡蘁",今本《詩經》作"葛蕳","蔡"之下部構形不甚明了。當是以"艸、糸"爲主體構字部件的表意字。

　　(編按:上博四・采風1)《埜(野)又(有)萊》,逸詩篇名。

　　(編按:上博五・季庚8)疑簡文中用爲姓氏。

《上海博物館藏戰國楚竹書(一——五) 文字編》頁 30

○**陳劍**(2007)　《上海博物館藏戰國楚竹書(四)・采風曲目》簡 1 有一個曲目名"埜(野)又(有)▲",其中用"▲"代替的字作如下之形:萊

　　整理者釋爲"萊",與字形不合。董珊先生改隷定作"萦",謂字"从'艸、素(或索)',以音近可讀爲'蔬'"。此説分析字形是有根據的(詳後文),但"蔬"一般當爲人工種植於園圃,説"野有蔬"仍嫌不合。

　　三體石經《春秋》僖公人名"介葛盧"之"葛"字作如下之形:蔥

　　施謝捷先生指出:

　　　　郭店楚墓竹簡《六德》12"中邵"之"邵"作"邵",从"中"作"屮",與石經"葛"古文从"屮"構形相同。作爲表意偏旁的"中、艸"往往通用,如……又"葛"古文所从"爾",從其構形看,與兩周金文裏用爲"素"的"索"字相似,如師克盨作"素",輔師嫠簋作"索",曾侯乙鐘作"索"等,是其例。然从"索"聲字與从"曷"聲字古音分別歸鐸部與月部,韻部相隔,俟考。

　　"爾"形除去下面的雙手形"奴"和"中(艸)"形之後,與簡文萊除去"艸"形作"樂"相比較,其頭部相同。前者中間部分的下端有省略,與古文字常見的"糸"形與"幺"形的交替相類;前者中部筆畫斷裂,左右兩筆又引長下垂(對比《説文》卷四下奴部"爾"字古文"爰":爾)。總的來看,兩者還是很接近的。

　　《上博(三)・周易》簡 43 與今本"葛蕳"之"葛"相當之字作如下之形:葦
　　原注釋釋爲見於《集韻》的"葦",又謂"或讀爲'葎'",不確。又《古璽彙

編》2263、2264(皆晉璽) 有如下兩形: 🔲　　　🔳

張富海先生指出,上引三形“都與此石經古文字形有關係”。“古璽之字用爲姓氏,即‘葛’氏”,研究者或釋作“蘿”,不可信。

排比以上“葛”字諸形,不難看出其演變脈絡:《采風曲目》🔲形下半的頭部省略,中閒部分筆畫斷裂分離而略有變化(對比石經字形中的🔲形),即成古璽🔲、🔲形;古璽兩形下半類似“冂”的外框再省略,即成《上博(三)·周易》簡 43 的🔲形。

葛草蔓生,《説文》卷一下艸部訓“蔓”爲“葛屬”,字書或訓“葛”爲“蔓草”(《玉篇·艸部》),舊注或訓“葛藟”爲“蔓草”“引蔓纏繞之草”。《詩經·鄭風》有《野有蔓草》篇,《采風曲目》之曲目名“野有葛”正與之相近。

前引施謝捷先生之説,已經指出古文“葛”字除去“中(艸)”旁後的部分“與兩周金文裏用爲‘素’的‘索’字相似”。楚竹書“葛”字諸形下半不從雙手形“収”,從字形看近於“素”。研究者多已指出,“素、索”本爲一字分化,所以前引董珊先生説《采風曲目》之字從“素(或索)”。很多研究者都曾指出,古文字中“🔲”形和“🔲”形、“🔲”形的交替多見,如“平、方、彔、央”和“束”字等。就加在“糸”旁或“幺”旁中閒的“🔲”形而言,“🔲”字中部本多作“🔲”形,《上博(四)·柬大王泊旱》簡 6“不敢以君王之身變𤔈(亂)鬼神之常故”之“𤔈”字作🔲,“🔲”形也變作“🔲”類形。金文“索”字或作偏旁的“素”字上端多從“🔲”形,前引師克盨“🔲”字即其例。石經“葛”字字形中的“🔲”,顯然屬於“🔲”類形之變;《采風曲目》🔲形下半的中閒部分,細看圖版正是作“🔲”類形的。所以,將石經和竹書諸“葛”字的下半字形看作“索”或“素”,在字形上確實是極爲有據的。

但問題在於,“葛”字所從的“索”或“素”,如果分析爲聲符,前引施謝捷先生之説也已經指出,其讀音不合。我最初曾經設想,會不會這些字形的下半部分是另外一個與“葛”音近的表意字(所以用作古文“葛”的聲符),其字形意在突出絲形中閒的“🔲”形或“🔲”形,借此來表示與“做繩索的架子”或“做繩索的某種工具”有關的意義呢? 但循此思路,卻始終找不到合適的詞。而且通過上文的分析也可以看出,要在字形上徹底否定從“索”或“素”之説,也相當困難。看來這條路是走不通的。現在換一個角度想,也許這些字形並非形聲字,而是用“索、艸”兩字會意(“索”或變作“素”),從“可爲繩索之草”的角度來表示“葛”,或者説由此來“提示”人們想到“葛”。古書提到葛草用途的,多説提取其皮的纖維織成葛布("絺綌")以製作衣物,但可以看出也有紉其皮而做成繩索的,與"麻"既可織布又可爲繩索相類。如《左傳》宣公八年:"冬,葬敬嬴。旱無麻,始用葛茀。""葛茀"即用葛的皮搓成的引棺的繩索。不過這樣講總感到也很勉强,看來對這個問題還可以進一步研究。

《上博(五)·季康子問於孔子》簡8云:

　　□也。綦戲今語肥也以處邦家之述(術),曰:君子不可以不强,不强則不立。

其中"綦"字原作如下之形:

其上端明从"艸"而非兩"火"形,拙作《談談〈上博(五)〉的竹簡分篇、拼合與編聯問題》因成文倉促,將"綦"字誤作"縈",是很不應該的。簡文"綦"字跟今天"縈"的簡化字"萦"全無關係。《上博(五)》原注釋疑"綦"讀爲"縈","縈"字"有'旋、繞、紆'之意";牛新房先生讀爲"營"或"瞥",訓爲"惑"。恐皆不可信。

對比前舉"葛"字諸形,可知此"綦"字也當釋爲"葛"。它與前舉晉璽兩"葛"字之形的不同之處主要有兩點:第一,此"綦"字少"糸"旁兩邊的四小斜筆;第二,此"綦"字中閒部分的筆畫作兩筆交叉與"宀"形相類,而非兩邊引長下垂的"冂"類形。試對比下引戰國文字"綦"字的不同寫法,這兩種變化都可以看到:

盛君綦簠　　曾侯乙墓漆匴　　《上博(五)·三德》簡14　　《上博(五)·三德》簡15

《古璽彙編》0927　　《古璽彙編》0926　　《古璽彙編》4046　　《古璽彙編》2338

其中《上博(五)·三德》簡15等類字形與《古璽彙編》0926等類字形的關係,跟簡文"綦"字與前舉晉璽兩"葛"字之形的關係完全相同。有區別之處只在於,"綦"字的下面本來就从"糸","糸"旁兩邊所加的四小斜筆是裝飾符號。而"葛"字中"糸"旁兩邊的四小斜筆,本來就是字的筆畫的一部分。不過這也不足爲奇。我們知道,戰國文字中很多寫法相同或相近的形體或字形的一部分,雖然其來源不同,但也常常互相影響而類化或逆向類化,從而產生各種平行的變化。

前引《季康子問於孔子》簡8上殘,其首字爲"也"。在斷句標點時我考慮,"也"字雖然也常用於句中,但更多的是用在句末;"綦"字連下讀爲"綦戲今",後文簡14云"且夫戲今之先人",古書行文中,同一人或連氏稱,或省氏而只稱其名,是很常見的。所以拙文《談談〈上博(五)〉的竹簡分篇、拼合與編聯問題》説:"'綦戲今'當是人名,'綦'是其氏,'戲今'爲其名。"通過上文的簡單考釋可知,此人之氏就是"葛"。"葛戲今"其人似於史無可考。

《中國文字研究》8,頁 68—70

△按　依楚簡諸文例,陳劍將各字讀爲"葛",確實十分圓通。郭永秉、鄔可晶(《說"索"、"剌"》,《出土文獻》3 輯 117 頁,中西書局 2012 年)進而認爲,"蘰"當是"薊"之省,後者所從之"剌"爲"割"之初文,在字中作聲符。楚簡"曷"旁亦字形多變,出土文獻未見從艸曷聲之"葛"字。《詩經》"葛覃"之"葛",上博一《孔子詩論》簡 16 作(從"禺")或(從"禹")。《陶彙》5·458 的,或釋爲"葛",似宜依高明、葛英會釋爲"菖"(參"菖"字條)。

【蘰壨】上博三·周易 43

○李守奎、曲冰、孫偉龍(2007)　"蘰壨",今本《詩經》作"葛藟","蘰"之下部構件不甚明了。當是以"艸、糸"爲主體構字部件的表意字。

《上海博物館藏戰國楚竹書(一—五)文字編》頁 30

○陳劍(2007)　見"葛"字條

【薊丘】新蔡甲三 263

○賈連敏(2003)　薊丘。

《新蔡葛陵楚墓》頁 197

○宋華強(2010)　"薊"字作。殷墟甲骨卜辭有字作:(《合集》24460)、(《合集》24461),又作:(《合集》780),似即簡文所從。

《新蔡葛陵楚簡初探》頁 463

△按　"薊丘"即"葛丘"。

荂 荂 荇

包山 164

○何浩、劉彬徽(1991)　荇君　簡 164:"荇君之加公宋乘。"荇,荂之或體。《說文·艸部》:"荂,從艸,杏聲。荂,或從行同。"陸德明釋文:"荂,本亦作荇。"故荇可寫作荂,通杏。《後漢書·郡國志》南陽郡下:"復陽侯國,有杏聚。"應劭注《漢書·地理志》南陽郡復陽縣:"在桐柏山下復山之陽。"《讀史方輿紀要》卷五十一南陽府"桐柏縣"條說:"復陽城在縣東……元帝元延二年置縣於大復山之陽,因名。"桐柏今屬河南省,鄰接湖北省,境內大復山爲淮河發源地。杏聚之"聚",《廣雅》:"聚,居也。"《音義》:"小於鄉曰聚。"僅《後漢書志》南陽郡三十七縣,就記有宛縣夕陽聚、新野黃郵聚、鄧縣鄾聚等十一處帶有“聚”字的地名。其中的“鄾”,原爲春秋初鄧國的南鄙,後爲楚邑。據此看來,位於今桐柏境内的古杏聚,當是秦漢之前的楚境舊名。荇君的封地可能在此。

《包山楚墓》頁 575

○**徐少華**(1998)　　簡 164:荇君之加公宋末、婁旨。

　　“荇君”,爲戰國中期楚懷王時期楚境内的封君之一,以楚國封君多以封邑作封號的慣例分析,“荇”應是當時的一處楚地或楚邑,與文獻和簡文所載的“陽城君”(《吕氏春秋·上德篇》)、“安陵君”(《戰國策·楚策一》)、“喜(息)君”(簡 54、56)之類相同。

　　“荇”邑所在,何浩、劉彬徽先生認爲即漢南陽郡復陽侯國境内之“杏聚”,在今河南省桐柏縣境内。我們認爲,簡文之“荇”當釋爲“項”,“荇君”應即文獻所載的“項君”。按“荇”古音在陽部匣紐,“項”在東部匣紐,東、陽兩韻屬同類旁轉,古音相近,可以借用。

　　項,爲春秋古國,地在今河南沈丘縣城關一帶。春秋魯僖公十七年(公元前 643 年)爲魯師所滅,其後不久,項地轉屬於楚。《史記·項羽本紀》(卷七)記載:“項籍者,下相人也,字羽……其季父項梁,梁父即楚將項燕……項氏世世爲楚將,封於項,故姓項氏。”則項羽祖先世爲楚將,因受封於項國故地,即以封邑爲氏。由此可見,項於戰國時期爲楚境内一處頗有聲名的封君之一,簡文所載的“荇君”,當是項羽祖先所受封的“項君”。這樣,出土文物與文獻記載相互映證,漢代項縣,當是在楚設項君的基礎上改置而來。

《武漢大學學報》1998-6,頁 103

○**劉信芳**(2003)　　荇君:何浩、劉彬徽認爲“荇”讀爲“杏”,《詩·周南·關雎》:“參差荇菜,左右流之。”《釋文》:“荇,本亦作莕。”《續漢書·郡國志》:“復陽侯國,有杏聚。”其地在今河南桐柏西北處。徐少華認爲“荇”讀爲“項”,項爲春秋古國。其地在今河南沈丘縣城關一帶。(中略)是說重視楚國項氏之封地,亦足以備參考。

《包山楚簡解詁》頁 173

【荇君】包山 164
△**按**　見“莕”字條。

萋 薵

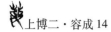上博二·容成 14

○**李零**（2002）　萋　疑讀"鉏"（"鉏"是初母葉部字，"萋"是生母葉部字，讀音相近）。鉏是鏟類的農具。

　　　　　　　　　　　　　　《上海博物館藏戰國楚竹書》（二）頁 261

○**郭永秉**（2008）　從簡文的意思看，舜是在畎畝之中與堯會面，强調的是環境的簡陋，從情理上講恐没有條件坐在"茲"（蓐席、藉席）上談話。陳偉先生曾舉《路史》卷二一"南面而與之言，席龍（壟）堅而蔭翳桑，蔭不移而堯志得"等語來佐證他的斷讀。其實這段話明顯是説二人談話以田壟爲席以樹木爲蔭之義，也是强調二人因陋就簡，恰恰説明把"子"字理解爲當"蓐席"講的"茲"是不可信的。

　　不過，陳偉先生讀"子"爲"茲"，趙建偉先生把"阶而坐之"解釋成"席而坐之"（但他把"阶"讀爲"席"，不可信），大概都是考慮到古人設席而坐的習慣，這對釋讀簡文是很有啓發性的。

　　古人在郊外或田畝中雖並無條件設蓐席，但他們有退而求其次的辦法。這可以用下引古書的例子説明。《左傳·襄公二十六年》："聲子將如晉，遇之（引按，指伍舉）於鄭郊，班荊相與食，而言復故。"杜注："班，布也。布荊坐地，共議歸楚事。"《晏子春秋·諫下》："景公獵休，坐地而食，晏子後至，左右滅葭而席。公不説，曰：'寡人不席而坐地，二三子莫席，而子獨搴草而坐之，何也？'晏子對曰：'臣聞介胄坐陳不席，獄訟不席，尸在堂上不席，三者皆憂也。故不敢以憂侍坐。'公曰：'諾。'令人下席曰：'大夫皆席，寡人亦席矣。'"這是説，在外田獵休息時，齊景公等人皆坐在地上，唯獨晏子拔草爲席而坐，引起景公不悦。《墨子·備梯》記載禽滑釐身處艱苦環境（"手足胼胝"，"役身給使"）時，墨子與他"昧葇坐之"，談守城備梯之法（這與《容成氏》記載堯舜對話的情節很相似）。孫詒讓認爲《備梯》的"昧葇"當讀爲"滅茅"，與《晏子春秋》的"滅葭"意同。其説可信。這幾條材料既説明在外没有條件正式布席，也説明設席而坐對古人的重要性。

　　我認爲，聯繫古人在野外扯草爲席的習慣，以《戰國策》記堯舜"席壟畝"爲根據，《容成氏》的"萋阶而坐之"當與"班荊相與食""滅葭而席""搴草而坐之”“昧菉坐之”相近，應該是説舜停下手中的農活，以草爲席讓堯坐在上面。

從這個思路出發，我認爲“舜於是乎始免蓻幵槈菨𦬁而坐之”可以斷讀爲“舜於是乎始免蓻(笠)，幵(肩?)槈(耨)菨(芟)𦬁(芥)而坐之”。“菨”，葉部精母；“芟”，談部審母二等。从“妾”得聲的“翣、䀞、唼”都是審母二等，與“芟”字相同，談葉二部陽入對轉，因此“菨、芟”二字在音理上可以相通。竹書的“菨”有可能就應讀爲“芟”；至少可以説，“菨”字表示的應是和“芟”音義皆近的一個詞。“𦬁”字，何琳儀先生認爲仍當讀爲“介”。我們認爲可以讀爲古書中當草講的“芥”或當“蔓草”講的“葛”(都是月部見母字)。拙文初稿在武漢大學簡帛研究網上發表後，網名爲“尹遜”的一位先生在簡帛網論壇發表文章指出，古書中有“接草”的説法。《説苑・善説》：

> 遽伯玉使至楚，逢公子晳濮水之上，子晳接草而待曰：“敢問上客將何之?”

孫詒讓《札迻》認爲：

> “接草”義不可通，疑“接”當作“捽”，形近而誤。“捽草”，見《漢書・貢禹傳》。《説文・手部》云：“摵，批也。”“批，捽也。”《晏子春秋・諫下篇》云：“晏子後至，滅葭而席。”“捽草”，猶云“滅葭”矣。(“滅”即“摵”同聲假借字。)

研究者多信從其説。我同意尹遜先生的看法：“‘接草’與《容成氏》中的‘菨𦬁’對比，似可認爲，‘接’與‘菨’當是同一詞的不同書寫形式。”孫詒讓認爲“接”是“捽”的誤字，根據並不充足。《説苑》的“接”字疑也應當從竹書的文例讀爲“芟”(至少是和“芟”音義接近的一個詞)。值得注意的是，《説苑》此則記載公子晳出走的故事正是在楚國發生的，很有可能就是楚國的作品，所以它的用字習慣和《容成氏》接近是非常合理的。

按照我們的理解，這句話的意思是，舜脱下斗笠，肩扛(?)槈，芟草而坐。句中“坐之”的“之”，應和《晏子春秋》《墨子》文例相同，指的就是芟除的草；但也有可能像陳偉先生理解的那樣，“之”指代堯。

《古文字與古文獻論集》頁94—97，2011；原載《語言研究集刊》5

△**按** 郭説可從。

芫 莁

芫_{曾侯乙161}　莁_{上博五·君子10}

○**李守奎、曲冰、孫偉龍**（2007）　（編按：上博五·君子10）芫（玩）。

《上海博物館藏戰國楚竹書（一—五）文字編》頁 918

△**按**　曾侯乙簡“芫”用爲人名。上博簡“芫”字釋讀待考。

蠶 蠹

蠶_{新蔡甲三215}

△**按**　新蔡簡“黏蠶”，又作“黏蠶”（零 104、甲三 115），是卜筮工具名稱。

苽 莁

苽_{上博一·詩論18}　莁_{上博一·詩論19}　莁_{上博三·周易41}

○**馬承源**（2001）　（編按：上博一·詩論19）木苽　即《詩·國風·衛風·木瓜》原篇名。

《上海博物館藏戰國楚竹書》（一）頁 148

○**陳偉武**（2003）　上博簡《孔子詩論》中詩篇名《木苽》，“苽”，傳世本作“瓜”。瓜多屬藤本植物，故字或加“艸”示意。此字後世尚有沿用，如《南齊書·孝義傳·韓靈敏》：“兄弟共種苽半畝，朝采苽子，暮已復生。”

《華學》6，頁 99—100

○**濮茅左**（2003）　（編按：上博三·周易41）苽，瓠瓜。

《上海博物館藏戰國楚竹書》（三）頁 192

△**按**　上博《孔子詩論》《周易》諸“苽”字，對應傳世文獻均作“瓜”。從出土文獻用例與古文字字形來看，瓜果之瓜本作“瓜”，又增艸旁爲“苽”；雕苽之苽則作“蓏”。“苽、蓏”二字承擔的意義與《説文》所記恰相反。參“蓏”字條。

莨 莨

璽彙 2293

○**何琳儀**（1998）　晉璽莨，姓氏。疑讀稂。江西永新多稂姓，爲狼姓所改。見《姓氏考略》。

《戰國古文字典》頁 695

荊 荊

荊陶錄 3・603・3　　荊秦印

△**按**　“荊”本從井聲，上列陶文訛變從“开”。楚文字之“荊”作“䣜”，從田不從艸。參卷十三田部“䣜”字條。

莖 莖

莖集粹

△**按**　《説文》：“莖，枝柱也。從艸，巠聲。”

葉 葉

葉睡虎地・日乙 158　　葉 近出 1203 葉矛　　葉 集成 11294 丞相觸戈

葉上博六・用曰 15

○**王輝**（1990）　（編按：丞相觸戈）此戈之工師葉也可能與三十一年相邦冉戈之雍工師葉，他在昭王十五至十六年任職咸陽，其後又任職雍。

《秦銅器銘文編年集釋》頁 56

○**韓自强、馮耀堂**（1991）　（編按：葉矛）1972 年筆者於臨泉縣城關廢品收購站揀選，現藏該縣博物館。（中略）

葉，春秋時爲楚邑。《左傳・成公十五年》：“楚公子申遷許於葉。”《史記・孟嘗君傳》：“取宛葉以北，以疆（編按：當作“彊”）韓魏。”宛即南陽，戰國晚期,楚、韓曾以南陽爲接界之地。葉爲韓國所有,後來秦攻韓,葉又爲秦所有。此矛銘葉爲秦篆,應爲秦國占領葉後所刻兵器。

《東南文化》1991-2,頁259

○**張守中**(1994)　(編按:睡虎地簡)通世　外鬼父葉爲姓　日乙一五八。

《睡虎地秦簡文字編》頁6

○**周偉洲**(1997)　葉丞之印　《元和郡縣圖志》卷六汝州葉縣云:"本楚之葉縣,春秋楚人遷許於此。其後楚使沈諸梁尹之,僭號稱公,謂之葉公。秦置郡縣,隸於南陽。"地在今河南葉縣南,屬秦南陽郡。

《西北大學學報》1997-1,頁35

△**按**　上博六《用曰》簡15"枳(枝)葉","葉"字所从之"世",形近於"止",金文"世"字或作屮、朮(參容庚《金文編》137頁,中華書局1985年),省點畫而近於"止",與此類似。

薫 𧀄

秦印

△**按**　《説文》:"苕之黄華也。从艸,熏聲。一曰末也。"

英 𦫳

𦫳睡虎地·日甲64正壹　𦭝璽彙2296　𦰳天星觀　𦰳上博四·逸詩·交交1

○**吳振武**(1983)　2296 𦭝齒·薗齒。

《古文字學論集》(初編)頁506

○**張守中**(1994)　(編按:睡虎地簡)通殃　南遇英　日甲六四。

《睡虎地秦簡文字編》頁6

○**何琳儀**(1998)　晉璽英,姓氏。出自偃,皋陶之後,封國於英,子孫以國爲氏。見《姓譜》。

天星觀簡英,莜草。疑特指莜草精粹者。包山簡"央管",讀"英蓍"。《廣雅·釋詁一》:"英,美也。"

《戰國古文字典》頁618

○**馬承源**(2004)　(編按:上博四·逸詩·交交1)若玉若英　形容男女皆可,此指

“君子”。

《上海博物館藏戰國楚竹書》(四)頁 174

△**按**　《璽彙》2296 之字,當從何琳儀釋爲“英”。楚卜筮簡“大英”,又作“大央”(如天卜、新蔡甲一 3 等),爲筮草之名,何謂“疑特指筮草精粹者”,無據。

蘭　蘭

蘭 包山 150　　蘭 包山 150　　蘭 新蔡甲一 12　　蘭 上博七·君乙 9　　蘭 上博七·君甲 9

○**湯餘惠**(1993)　(編按:包山 150)蘭 150　原摹未釋,疑蘭字。古璽爾作𤕩,古陶偏(你)字作𤕩,爾旁寫法相近。《説文》:“蘭,華盛。从艸,爾聲。《詩》曰:‘彼蘭維何。’”

《考古與文物》1993-2,頁 73

○**何琳儀**(1993)　(編按:包山 150)让蘭之客 150

△原篆作蘭,或作蘭 150,从“艸”,“宀”聲。“宀”旁參見鄂君啟節“鄗”作𨛫。△應隸定“蔀”,即藘。《集韻》:“菻,《説文》‘蒿屬,或从虜’。”《左·莊八》:“公孫無知虐於雍廩。”《史記·齊太公世家》“廩”作“林”。典籍“林鐘”,《金文編》6.410—411 作“䔖鐘”。故“让蔀”可讀“上林”,秦苑。《史記·秦始皇紀》:“三十五年,作朝宮渭南上林苑中。”“上林之客”似是秦客。

《江漢考古》1993-4,頁 61

○**何琳儀**(2004)　(編按:新蔡乙四 9)渚沮、漳,及江,上逾取△(乙四:9)

在鄂君啟舟節中,“上”表示逆流而上,“逾”(降)表示順流而下。簡文“上逾”可能表示首先逆流而上,然後順流而下。又甲一:12“將逾取△,還返尚毋有咎”,可與本簡參讀。

“△”,原篆上从“艸”,下从“廩”之初文,應是“菻”的通假字(《説文》“菻,蒿屬”)。鄂君啟舟節銘文中地名“郴”的通假字,原篆左从“邑”,右从“廩”之初文。二者應是一地,即《漢書·地理志》桂陽郡“郴縣”,在今湖南郴州。

《後漢書·南蠻傳》:“吳起相悼王,南并蠻越,遂有洞庭、蒼梧。”據此,本簡内容當與悼王時“南平百越”(《史記·吳起列傳》)有關。

《安徽大學學報》2004-3,頁 9

○**宋華强**(2010)　(編按:新蔡簡)祝禱簡字迹一致,當是一人書寫,而其中“爾、

蒿”並見,分別作:

　　“爾”: 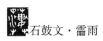乙四 30、32　　甲三 65

　　“蒿”: 乙四 9

　　“蒿”字雖殘,但是從筆勢可以看出下部寫法與“爾”區別明顯,這可以作爲“蒿”非從“爾”的確證。

《新蔡葛陵楚簡初探》頁 69—70

　　“取蒿”疑讀爲“叢林”,“叢”從“取”得聲,音近可通。“蒿”從“艸”,“亩”聲,“亩”是“稟”字初文,古書“林”與“稟”通。金文“林鐘”之“林”常用從“林”從“亩”的雙聲字來表示;鄂君啟舟節中的地名“鄘”當讀爲“郴”,“鄘”從“亩”聲,“郴”從“林”聲。凡此皆可證“蒿”可讀爲“林”。這段簡文或許和《左傳》宣公十二年欒武子稱説楚國先人“若敖、蚡冒篳路藍縷,以啟山林”有關,説的是楚國先輩艱辛立國之事。

《新蔡葛陵楚簡初探》頁 291—292

　　△按　上列諸字有“繭、蒿”二釋。字下半所從與一般“爾”字作者有別而與“亩”近,然郭店《老子》甲簡 30“爾(彌)”字作,與之全同。包山、新蔡諸形限於上下文義,尚難判斷孰是。上博七《君人者何必安哉》(甲、乙)簡 9 云:“桀紂幽厲,戮死於人手,先君靈王乾溪云繭。”季旭昇謂(《上博七芻議》,復旦大學出土文獻與古文字研究中心網 2009 年 1 月 1 日):“疑‘云繭’當讀爲‘云爾’,全句謂:‘桀、紂、幽、厲死於人手,先君靈王(死於)乾谿云繭(爾),君人者何必安(然)哉!’因爲靈王是先君,所以稍爲避諱,上面的桀、紂、幽、厲已經明白地説了‘死於’人手,接着的先君靈王承上省略‘死於’二字,使口氣稍爲和緩些。”可從。故暫將諸字繫於此。關於“爾、亩”相混的討論,可見蘇建洲《也説〈君人者何必安哉〉“先君霝王乾溪云亩(從艸)”》(簡帛網 2009 年 1 月 10 日)、宋華強《清華簡〈皇門〉札記一則》(簡帛網 2011 年 2 月 2 日)、陳劍《清華簡〈皇門〉“爾”字補説》(《出土文獻與古文字研究》4,上海古籍出版社 2011 年)。

葽　萋　蓴

石鼓文·霝雨

　　△按　石鼓文字從䓬,淒聲,或爲“萋”字異體,䓬部重見。

芒 茞

芒 新蔡甲三 363、364　　芒 新蔡零 24、零 338　　芒 上博七・吳命 3　　茞 封成 864

芒 信陽 2・23　　芒 近出 1172 芒陽令戈　　茞 璽彙 0089　　茞 璽彙 2248

○**中大楚簡整理小組**(1977)　(編按:信陽 2・23)芒。

《戰國楚簡研究》2,頁 28

○**羅福頤等**(1981)　(編按:璽彙 0089)芒。

(編按:璽彙 2248)茞。

《古璽文編》頁 9、12

○**吳振武**(1983)　2248 茞鄩・芒鄩(齊)。

《古文字學論集》(初編)頁 505

○**劉雨**(1986)　(編按:信陽 2・23)芒。

《信陽楚墓》頁 130

○**吳振武**(1989)　茞應釋爲"亡智(智)"二字合文。上部匕即"亡"。古璽"亡"字既作匕,又作匕(《古璽文編》297 頁)。匕是匕的進一步演變。這跟古璽中"正"字既作匵,又作匵(同上 33 頁),"止"字既作匕,又作匕(同上 38 頁迢字所從)是同類現象。古璽中有茞氏(《古璽彙編》2248),或作茞(同上 2304),《古璽文編》將前者誤釋爲"茞"(12 頁),將後者列於附錄(368 頁第二欄)。其實茞、茞皆應釋爲"芒"。漢印中有"芒勝之印"(《漢印文字徵》一・一四),可證古有芒氏。古璽中又有茞字(《古璽文字徵》附錄三五),舊亦不識。實際上這個字就是見於《説文・亡部》的"甍"字。這些都是我們釋匕爲"亡"的有力證據。

《古文字研究》17,頁 277

○**郭若愚**(1994)　(編按:信陽 2・23)芹。

《戰國楚簡文字編》頁 94

○**何琳儀**(1998)　《説文》:"芒,草耑也。从艸,亡聲。"

晉璽"蒝芒",地名。疑讀"魏芒",魏國之芒,參盲字 c。晉璽芒,姓氏。伏羲臣有芒氏。見《世本》。

信陽簡"結芒",包山簡或作"結蕪""鹽蔫"。

《戰國古文字典》頁 729

○禤健聰(2010)　　上博《吳命》簡3：

兩君之弗順,敢不芒道以告,吳請成於楚。

此句整理者原在芒、吳下斷句,文義不通,此從魯家亮先生改讀。"芒"字依字形可隸定爲"芒",但實際上是楚簡"喪"字作"芒"(見同篇簡5,上揭例[8])一類寫法的個別訛誤。與前述喪字寫作僕(L)、惠字寫作 (新蔡簡甲三213)類似,書者誤字上部之"↙"爲中,繼而類化作"屮",遂成艸旁,故字不應讀爲"亡"而應釋爲"喪"。同篇簡4"周之孽子"的"孽"字作 ,即楚簡常見的 (上博《天子建州》甲本簡4)等字所從聲符,"胃"亦是類化從艸。

"喪道"一詞,見於《禮記·檀弓下》:"孔子謂爲明器者,知喪道矣。備物而不可用也。""喪道"謂喪禮之義,簡文中亦用此意。外交辭令上極盡委婉曲折之能事,先秦典籍所載比比皆是。吳、楚兩國交惡,吳人以喪自稱,正符合春秋戰國時期各諸侯國外交辭令的表述習慣。

單育辰先生將此句理解爲"敢不以亡(無)道告",是説:"如果兩個君王沒有和順,那麼,我們也只好向您告訴我們將做無道(不合禮宜)的行爲了。"但如前文所述,楚簡的"芒"或"芒"從無用爲有無之"無"的例子,可見"無道"之釋不確。

　　　　　　　　　　　　　　　　　　　　　　《中國文字學報》3,頁134

△按　上博六《吳命》簡3之芒,確應是"喪"字訛體。

【芒社】新蔡零24、零338
○宋華强(2010)　　"芒社"疑與古代句芒之神有關。《禮記·月令》:"(孟春)其帝大皞,其神句芒。"天星觀簡祭禱神靈有"大禍",李零讀爲"大昊",可信。"大昊"即"大皞"。楚人既有大皞之禱,大概也有句芒之祭。《國語·周語上》"昔夏之興也,融降於崇山",韋昭注:"融,祝融。""祝融"可以省稱爲"融",則"句芒"大概也可以省稱爲"芒","芒社"可能是專門祭禱句芒之社。

　　　　　　　　　　　　　　　　　　　　　《新蔡葛陵楚簡初探》頁275

【芒昜】芒陽令戈
○韓自强、馮耀堂(1991)　　芒昜即芒碭邑,當以芒山、碭山而命名。芒山在今碭山縣東南,接河南省永城縣界與碭山相去八里。芒碭原爲宋國之地,春秋時宋國曾置碭邑,戰國時楚亦有碭邑,秦又分別置有碭縣和芒縣。此殘戈屬戰國晚期,刻銘具三晉兵器特點。《史記·宋世家》:"宋王偃立四十七年(前286年),齊湣王(十五年)與魏昭王(十年)、楚頃襄王(十三年)伐宋,殺王偃,遂滅宋而三分其地。"此戈很可能是魏同齊、楚滅宋,瓜分宋地,而領有芒碭之後所鑄造。

○**吳良寶**(2003)　戰國三晉兵器銘文中,"令"之前的城邑名就是該器的鑄造地,目前還找不到兩個鑄造城邑名連稱的旁證。"陽"從"易"得聲,我們認爲戈銘中的"芒易"即芒陽,而非芒縣和碭縣。《殷周金文集成》17・11291 有"十年邙令差戈",11343 有"□年盲令司馬伐戈"等,邙、盲均可讀作芒,《漢書・地理志》沛郡有芒縣,其地在今河南永城縣北。此地戰國時屬於宋國的疆域範圍,不過戰國晚期宋滅於魏,戈的年代已是戰國晚期,所以戈的國別很有可能是魏國。芒陽應在芒縣之南,具體地望待定。

《第四屆國際中國古文字學研討會論文集》頁 171

△**按**　周波(《戰國文字中的"許"縣和"許"氏》,《古文字研究》28 輯 352 頁,中華書局 2010 年)認爲"芒陽""可能就是秦、漢之芒縣,因其地在芒山之南,故魏置縣曰芒陽"。

【芒鄌】新蔡甲三 363、364

△**按**　地名。

茇　茇

茇 上博三・周易 51

△**按**　簡文"日中見茇",對應馬王堆帛書作"日中見茉",今本《周易・豐》作"日中見沫"。

艵　艵

艵 上博二・容成 14　　艵 上博二・容成 15

○**李零**(2002)　艵　疑與"藝"形近混用,音近假爲"刈"("刈、藝"都是疑母月部字)。《國語・齊語》"時雨既至,挾其槍、刈、耨、鎛,以旦暮從事於田野",韋昭注:"刈,鎌也。"即鎌類的農具。

《上海博物館藏戰國楚竹書》(二) 頁 261

○**陳劍**(2003)　(編按:上博二・容成14)"艵"字又見於後文第 15 簡,應分析爲從"艸"從"執"得聲,疑可讀爲"笠"。"執"跟"立"上古韻部都爲緝部,中古都是開口三等字,聲母也有關係,其讀音相近可以相通。"开"讀爲"肩",從何琳儀《滬簡二册選釋》之説。"免笠、肩耨鎛"意謂脱下斗笠、將農具耨鎛扛在肩上。大概堯多次到田野中見舜,舜均未予理會,最後才("始")脱下斗笠、扛耨鎛於肩停止耕作而見堯。(中略)

(編按:上博二·容成15)疑"芙蓺"可讀爲"蒲笠",《國語·齊語》:"令夫農……時雨既至,挾其槍、刈、耨、鏄,以旦暮從事於田野,脱衣就功,首戴茅蒲(《管子·小匡》作'苧蒲'),身衣襏襫,霑體塗足,暴其髮膚,盡其四支之敏,以從事於田野。"韋昭注:"茅蒲,簦笠也。襏襫,蓑薜衣也。茅,或作'萌'。萌,竹萌之皮,所以爲笠也。"

《戰國竹書論集》頁 63、64,2013;

原載《"中研院"成立 75 周年紀念論文集——中國南方文明學術研討會》

△按 《容成氏》辭云:"舜於是乎始免蓺,开耨蔞价而坐之"(簡 14),"禹既已受命,乃卉服、箸箬帽、芙蓺"(簡 15)。陳説可從。

茲 茲

茲 郭店·緇衣 1　　茲 上博三·亙先 2

○李零(2003) (編按:上博三·亙先 2)"茲",疑讀"滋",指滋生。"未或明、未或茲生",似指將明未明、將生未生的混沌狀態。

《上海博物館藏戰國楚竹書》(三)頁 289—290

○李守奎、曲冰、孫偉龍(2007) (編按:上博三·亙先 2)簡文"未或茲生"中,"茲"如字讀。

《上海博物館藏戰國楚竹書(一—五)文字編》頁 31

△按 《説文》:"茲,艸木多益。從艸,絲省聲。"又卷四:"兹,黑也。從二玄。《春秋傳》曰:何故使吾水兹。"商周古文字皆作"丝",《説文》:"丝,微也。從二玄。""茲、兹"皆"丝"字分化,詳見卷四。《亙先》之字當從李守奎讀,故繫於艸部,郭店《緇衣》之字所從亦近於"艸"。石鼓文指示代詞"兹"作茲,上不從艸,應繫卷四。

【茲衣】郭店·緇衣 1

△按 郭店《緇衣》簡 1"茲衣",即《詩經》篇章"緇衣",對應上博一《緇衣》又作"𡥉衣"(簡 1)。

蓁

上博二·容成 31

【蓁林】上博二·容成 31
○**李零**（2002）　蓁林　指草木叢生之地。

《上海博物館藏戰國楚竹書》（二）頁 275

芮

珍秦 97　　陶彙 5·119　　包山 127

△**按**　包山簡 127“芮”，讀爲入或納。包山簡他處此用法均寫作“内”，此字上部墨迹模糊，也可能並無艸旁，就是“内”字。

蒼

陶彙 9·76　　考古與文物 2000-1，頁 10

璽彙 0967　　璽彙 3996

包山 176　　上博四·相邦 3　　郭店·老乙 15　　上博二·容成 22

○**羅福頤等**（1981）　（編按：璽彙 0967 等）《汗簡》倉作，蒼作，與璽文類似。

《古璽文編》頁 9

○**湯餘惠**（1986）　a （《鐵云》90·3）（中略）

按《汗簡》倉字引《古老子》作，又蒼字引《林罕集》作，例 a 當即古文蒼字省體，可隸定爲“蒼”，戰國文字艸旁每省作“屮”。蔽字作，弗字作（矛，《三代》20.41.4）均是。即（帛書）、（陽城陶文）的省訛。

《古文字研究》15，頁 32

○**李零**（1999）　（編按：郭店·老乙 15“躁勝蒼，靜勝然，清靜爲天下定”）“寒”，原作“蒼”，整理者以爲即《説文》訓爲“寒也”的“滄”字。按簡文“寒”多作“倉”或“蒼”，楚文字“寒、倉”字形相近（參看楚帛書“寒氣熱氣”句“寒”字的寫法），疑屬形近混用。今一律改爲“寒”。

《道家文化研究》17，頁 473

○**李零**（2002） （編按：上博二・容成22"冬不敢以蒼辭,夏不敢以昏辭"）蒼　楚簡多用
"蒼、倉"爲"寒",蓋形近混用。如郭店楚簡中之"寒"字即如此作。

《上海博物館藏戰國楚竹書》（二）頁267

△**按**　"蒼"字秦系文字與六國古文寫法有別,前者即爲《説文》正篆所本。
陶、璽及包山簡"蒼",均用爲人名。宜陽右蒼鼎（《集成》1992）、上博四《相邦
之道》簡3"蒼",用爲"倉"。楚文字與傳世文獻"寒"這個詞對應的字寫作
"滄"（或从"倉"之字,包括"蒼"）,或以爲形近混用,或以爲義同換用。詳參
卷十一"滄"字條。郭店《老子》乙簡15的"蒼",今本《老子》四十五章作
"寒";上博二《容成氏》簡22"蒼"與"昏（暑）"對舉,知皆義同於"寒",與楚簡
用字習慣一致。近郭永秉（《從戰國文字所見的類"倉"形"寒"字論古文獻中
表"寒"義的"滄/滄"是轉寫誤釋的産物》,《出土文獻與古文字研究》6,上海
古籍出版社2015年）將義爲"寒"的上述"蒼"或"滄"等字均釋作从"寒"之
字,值得重視,有關問題尚待繼續研究。

萃

　璽彙0293　陶彙6・157

集成11187 郾王職戈　集成11219 郾侯奪戈　集成11304 郾王職戈

○**丁佛言**（1924） （編按：璽彙0293）萃當爲倅之借字,王箓友云《長笛賦》李注引
篋倅字如此,《説文》無倅,當作萃,《夏官・射人》"乘王之倅車",注："戎車之
副也。"

《説文古籀補補》卷1,頁5

○**高田忠周**（1925） （編按：郾王職戈等）《説文》："萃,艸兒。从艸,卒聲。"讀若
頷,轉義。《易・序卦》傳："萃者,聚也。"《左・昭七年傳》"萃淵藪",《孟子》
"拔乎其萃",《詩・墓門》"有鴞萃止",字亦作稡,《爾雅序》"會稡舊説是也"。
其實稡即粹字,用爲萃也。字亦作倅,實以頷爲之。《玉篇》倅下引《周禮・戎
僕》"掌王倅車之政",今本作萃,是也。或云副倅義,聚倅義皆卒字轉義。

《古籀篇》卷78,頁36

○**于省吾**（1934） （編按：郾王職戈等）《周禮・春官・車僕》："掌戎路之萃,廣車
之萃,闕車之萃,苹車之萃,輕車之萃。"注："萃,猶副也。"此五者皆兵車,所謂
五戎也。戎路,王在軍所乘也。《夏官・戎僕》："掌馭戎車,掌王倅車之政。"

注:"倅,副也。"倅、萃古通,嘗見古璽一方,文爲"王之萃車",蓋掌王戎車之副車者,燕兵稱萃鋸者甚多,又有稱萃鐼鉫者。《貞》十一·三二著録一戈銘爲"郾王職作王萃","萃"下省器名,此古兵之常例也。王萃者,戎車之副也。

《雙劍誃吉金圖録》卷下考釋,頁 7

○**羅福頤等**(1981)　(編按:璽彙 0293)萃　與郾王戙戈萃字同。

《古璽文編》頁 9

○**李學勤、鄭紹宗**(1982)　(編按:郾王職戈等)《周禮》載:"車僕掌戎路之萃,廣車之萃,闕車之萃,苹車之萃。"孫詒讓《正義》云:"萃即謂諸車之部隊。"燕國兵器銘文中除冕萃外,還有王萃、巾(?)萃、黃萃等,都是燕王戎車部隊使用的武器。

《古文字研究》7,頁 124

○**沈融**(1994)　(編按:郾王職戈等)萃:有兩種釋法:甲説根據孫詒讓《周禮正義》"萃即謂諸車之部隊",釋戎車部隊;乙説認爲萃借爲卒,通卒。

萃,隊也,原是王安石、王昭禹的説法。孫氏《正義》"萃即謂諸車之部隊"是針對《周禮·春官》"車僕掌☐車之萃"而言的,離開了這個特定的語言環境,則萃與戎車並無必然聯繫,未必不適用於其他部隊或群體。如《周禮·夏官》"諸子掌國子之倅(《燕義》倅亦作卒)",鄭注:"故書,倅爲卒。"《正義》:"此倅當從故書爲卒,而讀爲萃。"可見萃、倅、卒互通。☐車之萃爲戎車部隊,國子之倅則與戎車毫無關係可言。其次,萃是出現頻率很高的有關兵器配屬對象的銘文之一,僅燕下都 23 號遺址一處就出了自銘"☐萃鋸"的青銅戈 19件,占總數 108 件戈(含無銘戈)的 1/6 強。史載燕國有兵員數十萬,車六百乘。若以 30 萬兵員計,戰車兵 1800 人(以每乘 3 人計)不及總兵力的1/160:1/6 與 1/160 之比,未免過於懸殊了。再次,☐萃戈以 BⅡ式"鋸"爲最多。BⅡ式戈外觀簡素,同戰車兵的貴族身份或軍官身份不太相稱,卻與另一種可確定爲步兵戈的 BⅢ式"𣏐鋸、𨥓𨥫鋸"(將於下文述及)同名,形制也十分接近,更多地具備了步兵戈的特徵。綜上所述,我們認爲甲説把燕國兵器銘文"萃"釋爲戎車部隊,是比較牽强的。

乙説"萃借爲卒"可以成立,但流於籠統。萃不能簡單地等同於步卒的卒,而是一個群體概念。萃之从卒,與軍之从車同理,應釋爲步兵部隊。

《考古與文物》1994-3,頁 92—93

△**按**　陶文"萃"用爲人名,燕璽及郾王職戈等之"萃"即戎車部隊。"萃"字从卒(《集成 11219》),亦偶或从衣(《集成》11304),"卒、衣"二字在古文字中

多有相混現象。

苗 苗

十鐘　睡虎地·秦律 144

○**何琳儀**（1998）　（編按：十鐘）秦璽苗,姓氏。楚大夫伯棼之後,子賁皇奔晉,食采於苗,因命氏焉。見《風俗通》。

《戰國古文字典》頁 330

△**按**　《説文》:"苗,艸生於田者。从艸从田。"睡簡《秦律十八種》144"苗"即用如本義。

苛 苛 苛

集成 2794 楚王酓忑鼎　璽彙 2256　望山 1·2　新蔡甲三 329

睡虎地·爲吏 39 叁

璽彙 3230

○**丁佛言**（1924）　（編按：古璽）苛。

《説文古籀補補》卷 1,頁 6

○**羅福頤等**（1981）　（編按：璽彙）苛　與盦忑鼎苛字同。

《古璽文編》頁 9

○**周世榮**（1982）　（編按：璽彙 2258）其 7:釋爲"篚苛"。苛字中的"可"字上加一横,這種寫法也見於《楚王酓忑鼎》與楚器《但勺》。

《湖南考古輯刊》1,頁 96

○**睡簡整理小組**（1990）　（編按：睡虎地·爲吏 39 叁）苛難留民,對百姓留難。《漢書·成帝紀》:"流民欲入函谷、天井、壺口、五阮關者,勿苛留。"

《睡虎地秦墓竹簡》頁 171

○**李零**（1992）　（編按：楚王酓忑鼎）苛臍,苛姓常見於戰國秦漢印;臍,與臍鼎冶師同名,或即一人,這個字應即古書常見人名用字"齊"。例如楚王子嬰齊,器名作嬰次;齊威王因齊,器銘作因齊。此字从月从蚤,與脊應是一字,脊即臍,蚤即齎。平山中山王墓出土奵蚤壺,蚤也應讀爲齊。

《古文字研究》19,頁 146

○**朱德熙、裘錫圭、李家浩**（1995）　（編按：望山 1・2）苛蠰，人名，簡文所見以"苛"爲氏者尚有苛愴（見 11 號、171 號、172 號諸簡）。

《望山楚簡》頁 88

△**按**　《説文》："苛，小艸也。从艸，可聲。"出土戰國楚地文獻多見以"苛"爲氏者。新蔡簡甲三 329"苛"爲地名。"苛"又或省作"岢"，中部重見。

蕪 蕪

蕪包山 263　　**蕪**天星觀

○**何琳儀**（1998）　信陽簡"結芒"，包山簡或作"結蕪""鹽蔦"。

《戰國古文字典》頁 729

○**劉信芳**（1998）　"儲膚"（編按：見包山簡 261）爲聯綿詞，其字簡 263 作"結蕪"，信陽簡 2-023："結芒之純。""芒"从亡得聲，讀與"蕪、膚"通。又簡 267："鹽蔦之純。"鹽从古聲，"蔦"讀如"膚、蕪"，知亦結蕪、儲膚也。又仰天湖簡 7 有"夐竺"，以音讀求之，亦"結蕪"之類。儲膚、結蕪、結芒、鹽蔦、夐竺急讀如"笁"，《説文》："笁，可以糾繩者也。从竹，象形。中象人手所推握也。"《廣雅・釋詁》："軒謂之笁。"軒是紡車。從上釋可知，"儲膚、結蕪"等應是以絲織品（或皮革之類）編織而成，或作衣裳之緣邊，或作車馬上的駕馭部件。

《包山楚簡解詁》頁 278—279

荒 荒

集成 9735 中山王方壺

○**何琳儀**（1998）　中山王方壺荒，見《詩・唐風・蟋蟀》"好樂無荒"，箋："荒，廢也。"

《戰國古文字典》頁 729

蔽 蔽

蔽上博一・緇衣 17

○**陳佩芬**（2001）　蔽　經籍"蔽、敝"通用。《周禮・考工記・弓人》"長其畏

而薄其敝”,鄭玄注:“敝,讀爲蔽塞之蔽。”郭店簡作“幣”。《説文通訓定聲》:“蔽字亦作幣。”今本作“敝”。

《上海博物館藏戰國楚竹書》(一)頁 193

△按　上博一《緇衣》“行則稽其所蔽”,“蔽”今本《緇衣》作“敝”,郭店《緇衣》作“㡀”(簡 33)。關於戰國文字之“㡀”,李家浩(《包山楚簡“蔽”字及其相關之字》,《第三屆國際中國古文字學研討會論文集》,香港中文大學 1997 年)有詳論。

蔡  

睡虎地·編年 33 壹　十鐘

集成 2217 蔡侯鼎　集成 11148 蔡公子加戈

集成 11147 蔡公子果戈　集成 11603 蔡侯産劍

○**郭若愚**(1963)　蔡侯劍的蔡字作,和蔡公子劍相同。但傳世蔡器銘文大都作,魏三字石經古文作,和蔡侯劍顯然有别。我認爲蔡侯劍的蔡字是蔡字的初文;傳世蔡器的蔡字是蔡字的簡化。蔡侯劍和蔡公子兩劍的蔡字是鳥書,經過加工,美術化了,更覺得詭奇難識。蔡字正體應作,簡化則爲,這樣,簡化的迹象是很清楚了。郭沫若先生在周初的“德鼎”上發現溢字是由字簡化爲,因而引申爲易(錫)的事實,可以證明蔡字的簡化是非常合理的。

《三代吉金文存》卷十九第 46 頁後有戈一具,羅振玉名爲“蔡公子果戈”。其蔡字作,和蔡侯劍的蔡字更爲接近了。羅氏釋爲蔡字是正確的。

《江海學刊》1963-2,頁 38

○**容庚**(1964)　胡銘“蔡侯産之用戈”六字,錯金,鳥書者五字。宋李公麟得於壽陽紫金山漢淮南王之故宫。(**中略**)

蔡侯産三字,余初不之識。現據新出蔡侯産劍,可確知之。

《中山大學學報》1964-1,頁 84

○**智龕**(1964)　(**編按**:集成 11145—11147 蔡公子果戈)三戈的蔡字均作,這是蔡字的正體;傳世蔡器銘文大都作,魏三體石經古文蔡作,這是蔡字的簡體。其簡化的形迹是:→→

蔡字作正體的蔡器此外尚有“蔡公子從劍”“蔡侯産劍”“蔡侯産戈”,“蔡

侯申叔劍”。

蔡國的公子見於文獻的:

《春秋》襄公八年“夏,鄭人侵蔡獲公子爕”,《春秋》哀公二年“冬,十有一月,蔡遷於州來。蔡殺其大夫公子駟”。

蔡國的公孫見於文獻的:

《春秋》定公四年“夏,四月庚辰,蔡公孫姓帥師滅沈……”,《春秋》哀公四年“夏,蔡殺其大夫公孫姓、公孫霍”。

蔡國的公子公孫在文獻上沒有名果的,我認爲公子果即是以後的蔡莊侯。《史記・管蔡世家》:

> 二十九年繆侯卒,子莊侯甲午立……三十四年莊侯卒,子文侯申立。

《春秋會要》世系蔡:

> 莊公,名甲午,穆侯子。魯僖公十五年立,在位三十四年。諡曰莊。

文獻記載蔡莊侯名甲午,這是錯誤的,甲午是六十干支之一,春秋時以干支記日,每隔五十九天就要遇到一次。我國在春秋時早已有避諱的習慣,如《春秋左氏》桓六年傳:“公問名於申繻,對曰:‘名有五,有信、有義、有象、有假、有類。以生名爲信,以德名爲義,以類名爲象;取於物爲假,取於父爲類。不以國,不以官,不以山川,不以隱疾,不以畜牲,不以器幣,周人以諱事神。名,終將諱之,故以國則廢名,以官則廢職,以山川則廢主,以畜牲則廢祀,以器幣則廢禮。晉以僖侯廢司徒,宋以武公廢司空,先君獻武廢二山。是以大物不可以命。’”杜注“僖侯名司徒,廢爲中軍;武公名司空,廢爲司城”。《晉語》九亦談到魯廢二山的事:“范獻子聘魯,問具山敖山,魯人以其鄉對。獻子曰:‘不爲縣敖乎?’對曰:‘先君獻武之諱也。’獻子歸,徧戒其所知曰,人不可以不學,吾適魯而名其二諱爲笑焉。”再如《史記・秦始皇本紀》:“二十三年,秦王復召王翦彊起之,使將擊荊。”《正義》:“秦號楚爲荊者,以莊襄王名子楚,諱之,故言荊也。”據此知春秋時魯、晉、宋,以及戰國時的秦都已有了避諱的習慣,因而蔡莊侯名甲午是不可能的。

蔡莊侯應名果,這可從蔡公子果戈的銘文字體上得到證明。甲,今甲盤作田,秄作父甲簋作田,甲盉作田;午,子禾子釜作✦,鄦侯簋作✦,弔聯簠作✦。甲午兩字合書作✦,這和蔡公子果戈的果字比較,是十分相象的。再果的音屬見紐,午屬疑紐,都是深喉音。兩者的發音又如此接近,所以文獻記錄就把蔡莊侯的名“果”,誤書爲“甲午”了。現在由於蔡公子果戈的出現,訂正了這一錯誤。

　　蔡莊侯立於公元前 645 年,卒於公元前 612 年,在位三十四年。按《春秋》宣公十七年“冬十有一月壬午,公弟叔肸卒”,《左傳》“冬,公弟叔肸卒,公母弟也。凡太子之母弟,公在曰公子,不在曰弟。凡稱弟,皆母弟也”。據此知蔡莊侯鑄此戈的年代是公元前 645 年之前,當時他父親繆侯在世。稱公子果,説明他並不是蔡繆侯的大兒子。

《文物》1964-7,頁 33—34

○**李零**(1989)　　蔡侯諸器所見蔡字寫法分兩個類型:

　　　Ⅰ型:〔圖〕蔡昭侯諸器　　　　〔圖〕蔡侯産劍

　　　Ⅱ型:〔圖〕宋代出土蔡侯産戈　　〔圖〕蔡侯産劍

　　Ⅰ型的特點是作正立人形,只在左右兩足中的一足上加兩畫;Ⅱ型也是作正立人形,但在左右兩足上都加兩畫,並有向上和向下的兩手。這裏的三件戈,(2)(3)基本同於Ⅱ型;(1)是Ⅱ型的變體,但還保留着向上、向下兩手的筆意,並附加攴旁,也是蔡字。最近故宫博物院青銅器館展出一件鳥書蔡侯産戈,“蔡”字殘泐,但亦有作〔圖〕的偏旁。這三件戈應當都是蔡器,從器形紋飾判斷,約在春秋晚到戰國早期,應當屬於蔡遷州來之後。

　　蔡遷州來之後凡五代爲楚所滅,這五代是:

　　　　昭侯申(前 518—前 491,在位二八年)

　　　　成侯朔(前 490—前 472,在位一九年)

　　　　聲侯産(前 471—前 457,在位一五年)

　　　　元侯(失名,前 456—前 451,在位六年)

　　　　侯齊(亡國無諡,前 450—前 447,在位四年)

　　五代蔡侯,昭侯申銅器見於 1955 年安徽壽縣發掘蔡昭侯墓,傳世並有蔡侯申戈(《三代》一九·四五·二);聲侯産銅器見於 1958—1959 年安徽淮南蔡家崗發掘蔡聲侯墓(M 二),傳世並有宋代所出蔡侯産戈(《考古》六·一二,傳“壽陽紫金山漢淮南王之故宫”出土);成侯、元侯、侯齊的銅器尚未見到。上述戈銘第二字,對比銅器銘文中的齊字(如齊陳曼匜作〔圖〕)和戰國璽印中的賣字(即賈字,作〔圖〕),有可能是齊字的變體,戈或即侯齊所作。

　　蔡字作〔圖〕,還見於下述各器:

　　(1)蔡公子果戈(三件,《三代》一九·三八·一、一九·四六·二、《文物》1964 年 7 期 33 頁圖一、34 頁圖二)

　　　銘:蔡公子果之用

（2）蔡公子從劍（平凡社《書道全集》〈1965〉第一卷 107）

銘：蔡公子從之甬（用）

（3）蔡□□弔劍（《三代》二〇·四三·二）

銘：蔡□□弔之用

（4）蔡䈞戈（《山彪鎮與琉璃閣》圖版貳肆：一、二五頁附摹本，河南汲縣山彪鎮 M 一出土）

銘：蔡䈞鑄戈（正）、䈞（背）

另外，傳 1935 年壽縣出土的鳥書子䪪戈（《錄遺》五六七）字體同於上述三戈，有可能也是蔡器。

《古文字研究》17，頁 284—285

○**張亞初**（1989）　袞字省略一條腿，就是朿字。也就是説，蔡字之朿是由袞字通過變形造字法孳乳出來的新字。从艸从祭的蔡字則是它的後起形聲字。袞有穗（穌禾切）和催兩種音讀。在古代典籍中，袞、蔡二字相通。《尚書·大傳》"秋伯之樂舞蔡俶"，注云"蔡猶袞也"，就是二字通用的例證。《説文》"蔡，艸也"，艸下似有奪文。"丯，艸蔡也"，丯即割，割訓蔡草，可見蔡字本義是芟草。割草與以草編製袞衣，義亦相通。由此可知，袞與蔡形、音、義都相近。原因就在於蔡字是由袞字省變而來。它們的淵源關係是十分清楚的。舊説之所以不得要領，就是因爲不明了這種親緣關係。

《慶祝蘇秉琦考古五十五年論文集》頁 341

○**睡簡整理小組**（1990）　（**編按**：睡虎地·編年 33 壹"卅三年，攻蔡、中陽"）蔡，當即上蔡，魏地，今河南上蔡西南。

（**編按**：睡虎地·日甲 69 背"藏於垣內中糞蔡下"）蔡，《説文》："艸也。"

《睡虎地秦墓竹簡》頁 8、220

○**張守中**（1994）　（**編按**：睡虎地簡）通祭　以蔡上上群神鄉之　日甲三。

《睡虎地秦簡文字編》頁 6

○**李零**（1995）　蔡字在古文字中是象人形鉗其足，如《金文編》0080 所録下述各字：

（1）朿叔鐘、朿蔡侯申鐘；

（2）朿九祀衛鼎；

（3）䪪蔡公子果戈、䪪戈（**編按**：原文字形缺，應作䪪）

這個字，過去是據《正始石經》蔡字的古文（作朿）而認出。由於《石經》此字與希相似,故舊多隸定爲希,很少有人懷疑。但希是脂部字,蔡是祭部字,古音並不相近,隸定爲希並不合適。現在與古文字對照,我們可以看出,《正始石經》的字形是有訛誤的,其正確寫法是作人形而鉗其左足、右足或雙足。古人以刑具加頸叫鉗,加足叫釱。釱字從大得聲,而蔡是清母月部字,大是定母月部字,兩個字的讀音也相近。所以我們認爲這個字應即釱字的初文。

《國學研究》3,頁 270

○**董楚平**(1996)　"其一"左行首字作▉,容庚先生最早著録此器,一開始就釋爲蔡,可謂卓識,但從者不多,歧解頗繁。1980 年安徽霍山縣出土一件蔡昭侯戈,銘六字:"蔡侯▉之用戈",著録於《文物》1986 年第 3 期第 45 頁圖五和圖六;《殷周金文集成》17·11142。此戈蔡字作▉,與其一左行首字相同,爲容庚先生的卓識提供了鐵證。中國歷史博物館近年展出一件《蔡賏戈》,以往未著録,最近始著於《殷周金文集成》17·11163,稱"蔡賏戈",銘六字:

蔡賏

玄翏(以上在援)

之用(以上在胡)

字數、款式、語詞,皆與本文其一相同,蔡字作▉,也與本文其一相同。《三代吉金文存》20·43·5 所録之"𣏾字劍",左行首字也相同,作▉,銘文六字,可釋爲

蔡侯□

叔之用

1983 年湖北隨州擂鼓墩第 13 號戰國中期墓出土兩件銅戈,發掘簡報載《江漢考古》1984 年第 3 期。當時未發現銘文,經去銹處理,發現其中一件胡部銘二字,拓本載黃錫全《湖北出土商周文字輯證》圖版肆貳·八五,摹本載該書第 12 頁,稱"夫用戈"。所謂"夫"字,與霍山出土的《蔡侯▉戈》之蔡字相同;拓本第二字不顯,據摹本,與《蔡仲戈六》"用"字相同。此戈也是蔡器,可稱"蔡用戈"。(拓本:▉▉;摹本:▉▉。)

六件中,其四唯一錯金,字體高度美術化,筆畫增飾甚繁,蔡字也比其他各件複雜,作▉,蔡之本字只占左半,右半增飾攴旁,而且攴旁頂部又增飾丫。丫是蔡國鳥篆書常用增飾符號,詳見下文。左半筆畫也與其他各戈的蔡字略異,即省去上部的指狀、下部的毛狀筆畫,而於上部增加弧形橫筆和一點,致使容先生在《鳥書考》裏釋此字爲"敊"。左半釋夫,説明其基本構形仍與蔡字

相同。更重要的是,此字下面一字與其他各戈蔡字下面之字相同,此字很特殊,爲别處所未見,必爲人名,而且後面都是"玄鏐之用",當是一人同銘之器,故可定"㲋"爲蔡字。《殷周金文集成》17・11136釋爲蔡,甚確。

《考古》1996-8,頁73

○**何琳儀、黄德寬**(1999)　唐蘭曾將此字隸定爲"夫",忠實原篆,相當可靠。本文則據戰國文字隸定爲"夵"(下文用△號表示),與唐氏隸定基本相同,似更便於書寫。

　　唐蘭早年釋△爲"彪"字之籀文(大徐本作古文)。檢"彪"字古字旁(大徐本作籀文),已見戰國文字,形則尚未發現,以之與△比較差距甚遠。不過唐氏以爲△從"大",則非常正確。尤其唐氏晚年改釋(戬33.9)、(鐵251.1)爲"蔡",又釋後者爲"衰",殊堪注目。唐氏所釋甲骨文二形是否爲一字,尚難斷定,不過筆者認爲△可能就是"衰"字的省簡。本文試圖利用新出包山楚簡和傳抄古文資料探索"衰"與△二字的關係。

　　△的構形,可分解爲從"大"從倒"毛"。從倒"毛"可由《説文》"尾,微也。從到毛,在尸後。古人或飾系尾,西南夷亦然"(8下1)得到印證。"大"象人形,△的人形雙脛有"毛"倒垂,或在右脛,或在左脛。晚周文字多承襲前者,並拖長右脛作、。侯馬盟書"恢"作(367),右脛右上省一倒毛,遂演變成傳抄古文。蔡子鼎"恢"作,與侯馬盟書形體尤近,不過倒"毛"左右不同而已。智龕曾指出:

　　　　三戈的"蔡"字均作,這是"蔡"字的正體。傳世蔡器銘文大都作,
　　　魏三體石經古文"蔡"作,這是"蔡"字的變體。其簡化的形迹是→
　　　→。

正確地推溯△的初形,非常可信。

最近筆者發現楚文字中有一類△字作(璽彙0309)、(包山163),下肢已與上肢脱節。而在上肢和下肢之間加一横筆,更是前所未見:

　　　包山202　　　　　　　包山203

這類"入"旁中間加横筆的現象在晚周楚系文字習見,例如:

　　　鄂君啟車節　　　　　大府鎬　　　　　　吳王光鑑

　　　鄂君啟舟節　　　　　鄂君啟舟節　　　　包山65

如果將上揭包山簡△字與傳抄古文"衰"字相互比較:

　　　包山203　　　　　　集韻平聲脂六衰

不難看出,前者左脛有倒"毛",後者雙脛均有倒"毛"。這與智盨文中指出△亦可雙脛有倒"毛",恰可構成平行的"單複無別"關係。以上是筆者懷疑"衰"、△實乃一字分化的主要依據。

《東南文化》1999-5,頁 106

△**按**　蔡國之"蔡",六國古文字形承商周金文,爲會意字。後世皆寫作"蔡",爲假借。暫繫於此。或體作█者,與金文"夫(鏽)呂(鋁)"之"夫"或作█(《集成》11138)者形近,後者以往或被誤釋爲"蔡"。黃錫全(《"夫鋁"戈銘新考》,《故宮學術季刊》13 卷 1 期 177—179 頁,1995 年)有考辨。《説文》:"蔡,艸也。从艸,祭聲。"睡簡《日書》甲 69 背"蔡"字即用其本義。

菜　█

█ 上博三·周易 21　　█ 上博一·詩論 17

○**何琳儀**(2002)　（編按:上博一·詩論17）菜(采)萬(葛)之愛婦。（十七）

"菜",上從艸,中從爪,下從木。其中木旁中閒豎筆收縮,頗似從土旁。類似現象可參見"藝、樹"等字所從木旁。所以《考釋》隸定爲"菜",可以信從。

"萬"所從禹,疑"禼"之省簡,即少一弧筆。如果這一推測不誤,"萬"可直接讀"葛"。參見上文第十六簡。

還有一種可能,"萬"讀若葛。二字均屬牙音,但"萬"屬魚部,"葛"屬月部。關於魚部與月部相通,曾侯乙墓出土編鐘樂律名"割先"讀"姑洗",是其例證。這一現象已有學者做過討論,茲不贅述。

簡文"菜萬"應讀"采葛",即《詩·王風·采葛》,詩云:"彼采葛兮,一日不見,如三月兮。彼采蕭兮,一日不見,如三秋兮。彼采艾兮,一日不見,如三歲兮。"其詩義與簡文"愛婦"可謂密合無閒。《詩》序:"采葛,懼讒也。"《詩集傳》以爲"淫奔",均不如簡文更爲接近詩之本義。

《上博館藏戰國楚竹書研究》頁 251

○**李守奎**(2002)　（編按:上博一·詩論17）"█"字下部與楚文字"倉"有近同之處。包山楚簡"蒼"字作"█"(一七九),天星觀簡"愴"字有"█"形。把"█"看作"蒼"的省形從字形上能説得過去,但略顯迂曲。我們懷疑"█"爲"采"的壞字,在沒有其它佐證的情況下,馬承源先生釋"菜"是可取的。

若以上推論不誤,"██"當是"██"的誤書,當讀爲"采葛",即《國風·王風》中的《采葛》。

《上博館藏戰國楚竹書研究》頁 344—345

○**許全勝**（2002）　（**編按**：上博一·詩論 17）“菜萬”即“采葛”。

《上博館藏戰國楚竹書研究》頁 367

○**濮茅左**（2003）　（**編按**：上博三·周易 21“勿藥又菜”）“菜”，《説文·艸部》：“草之可食者。从艸，采聲。”意有疾不一定用藥攻治，不忘用菜也可治愈。《象》曰：“‘無妄之藥’，不可試也。”

《上海博物館藏戰國楚竹書》（三）頁 166

△**按**　上博一《孔子詩論》簡 17“菜萬”，即今本《詩經》“采葛”。所从“采”旁中竪未下穿，收縮筆畫的類似現象楚簡屢見。上博三《周易》簡 21“勿藥有菜”，整理者濮茅左認爲“藥、菜”皆當如字讀；張新俊則認爲“菜”爲“喜”之同音假借字（《説饎》，簡帛研究網 2004 年 4 月 29 日）。楚簡“樂”通寫作**藥**，从不作“藥”，故《周易》此處“藥”字似不能讀爲“樂”，若是，則“菜”當如字讀。

【菜萬】上博一·詩論 17

△**按**　讀爲“采葛”，見“菜”字條。

蒿　

新蔡甲三 418

【蒿丘】

△**按**　地名。《説文》：“蒿，艸多葉皃。从艸，而聲。沛城父有楊蒿亭。”

薄　

十鐘

△**按**　《説文》：“薄，林薄也。一曰：蠶薄。从艸，溥聲。”

苑　

睡虎地·秦律 190　　　故宫 429

△**按**　《説文》：“苑，所以養禽獸也。从艸，夗聲。”睡簡《秦律十八種》190“苑

嗇夫”即苑囿的嗇夫，“苑”如字讀。

菑 𡇌

陶彙 3·687　　陶彙 3·689

△按　《古陶文彙編》3·689“臨菑”，地名。

茀 𦬣 弗

珍秦 129　　考古与文物 2000-1，頁 12　　集成 11549 十二年邦司寇矛

△按　《説文》：“茀，道多艸不可行。从艸，弗聲。”字从屮，屮部重見。

芳 𦱷

九店 56·44　　郭店·窮達 13

【芳糧】九店 56·44

○周鳳五（2001）　其次説“芳糧”，李家浩以爲是祭祀武夷的物品。按，“芳糧”應當就是屈原《離騷》“巫咸將夕降兮，懷椒糈而要之”的“椒糈”。王逸《章句》：

> 椒，香物，所以降神；糈，精米，所以享神。言巫咸將夕從天上來下，願懷椒糈要之，使占兹吉凶也。

王逸説得很清楚，“椒糈”是加椒調製的精米，取其芬芳精潔，用以召請鬼神。（中略）則《告武夷》的“芳糧”，顧名思義，就是以香料調製，用以召請或祭祀鬼神的芬芳米糧。

《史語所集刊》72 本 4 分，頁 950—951

△按　周釋可從。

藥 欒

印典　　璽彙 1508　　上博三·周易 21

△按　上博三《周易》簡 21"勿藥有菜",整理者濮茅左認爲"藥、菜"皆當如字讀;張新俊則認爲"菜"爲"喜"之同音假借字(《說饎》,簡帛研究網 2004 年 4 月 29 日)。楚簡"樂"或寫作"𣡕",然從不作"藥",故《周易》此處"藥"字似不能讀爲"樂",當如字讀。

蘪　蘪　藍

蘪 上博一·緇衣 12　　蘪 郭店·緇衣 21　　蘪 郭店·性自 13

○**荆門市博物館**(1998)　(編按:郭店·緇衣 21"此以大臣不可不敬,民之蘪也")藍,"蘪"字。楚簡文字中的"絕"多作𢇍、𢆶。《說文》:"朝會束茅表位曰蘪。"於簡文中則有表徵之意。今本作"表"。

《郭店楚墓竹簡》頁 134

○**陳佩芬**(2001)　(編按:上博一·緇衣 12"不可不敬也,民之藍也")藍　楚簡文字"絕"作"𤔪"或"𢇍"。《說文》:"朝會束茅表位曰蘪。"《國語·晉語八》:"置茅蘪,設望表。"郭店簡作"藍",今本作"表"。

《上海博物館藏戰國楚竹書》(一)頁 187

○**濮茅左**(2001)　(編按:上博一·性情 7"宜也者,群善之藍也")藍,即"蘪"字,《國語·晉語八》"置茅蘪",《說文通訓定聲》"字亦作蕝","字亦以纂爲之",有集聚義。

《上海博物館藏戰國楚竹書》(一)頁 230

○**劉釗**(2003)　(編按:郭店·緇衣 21)"蘪"字《說文》謂:"朝會束茅表位曰蘪。""表、蘪"義近,疑"蘪"在簡文中同義換讀爲"表"。

(編按:郭店·性自 13"義也者,群善之蘪也")"蘪"字《說文》訓爲"朝會束茅表位爲蘪"。可見"蘪"有"表"意。

《郭店楚簡校釋》頁 59、95

△按　楚簡"絕"作"𤔪"或"𢇍",故知"藍"即"蘪"字古文。《說文》:"蘪,朝會束茅表位曰蘪。從艸,絕聲。《春秋國語》曰:致茅蘪表坐。"郭店、上博《緇衣》簡"蘪",對應今本作"表",郭店《性自命出》及上博《性情論》"蘪",亦義同於"表"。今本《緇衣》另一處"民之表"的"表",郭店、上博二本則作"藥"。

茸 茸

茸 上博四·曹沫 48

○**李零**（2004）茸　讀"輯"。

《上海博物館藏戰國楚竹書》（四）頁 275

○**禤健聰**（2006）　《説文》："兄，長也。从儿从口。"又："祝，祭主贊詞者。从示从人、口。一曰：从兑省。《易》曰：兑爲口爲巫。"又："茸，聶語也，从口从耳，《詩》曰：茸茸幡幡。"又："揖，攘也。从手，茸聲。一曰：手著胸曰揖。"

楚簡有从"茸"之字作 茸（郭店《魯穆公問子思》簡 2）、茸（郭店《緇衣》簡 34）。與此形近的字形，又見於上博《曹沫之陳》，分別作：

　　茸 簡 16：上下和且～　　　茸 簡 48：不和則不～

李零先生隸定爲"茸"，又疑爲"茸"。徐在國先生認爲此即"茸"字，爲"揖"之初文，並推斷甲骨文、金文中舊釋爲"祝"和"兄（睨）"的 茸、茸、茸 等字均爲"茸"。陳斯鵬學兄則釋上揭《曹沫之陳》諸字爲"兄"讀爲"恭"，以爲甲金的舊讀不可改，並指郭店簡的"茸"字其下所从乃"耳"之訛，《説文》"从口从耳"的説解本不誤。

相關的字形還見於新蔡簡，字作 茸（乙四 145），共 3 處文例，分別是：

　　（1）～其太牢。乙四 128

　　（2）禱乘良馬。乙四 139

　　（3）～其哉牛之禱。乙四 145

上列諸字無論是全釋爲"茸"或全釋爲"兄"都有問題。甲骨文、金文的例子若改釋爲"茸"，無法做出令人滿意的解釋；《曹沫之陳》的二字若釋"兄"讀"恭"，也遠遜於釋"茸"讀"輯"。郭店簡不同篇次的"茸"字均作同一形體，則訛寫之説，便難成立。

關於"兄、祝"二字。姚孝遂先生曾指出：

　　論者多以爲卜辭"兄、祝"同字，這完全是一種誤解。茸 下部从 彳、茸 下部从 乚，形體是有別的，其用法也截然不同……

　　西周金文"兄"字猶作 茸，《禽鼎》"祝"字猶作 茸 从 茸，《長由盉》則作 茸，从 彳，偏旁已混，只是以从"示"與否作爲區别形式。

又説：

　　　　實則凡卜辭祝字之省示者作🉐或🉐，象人跪形，亦有象人立形作🉐者，突
出手掌形以區別於"兄"字，金文則以🉐爲兄，已混。

姚先生的分析是可信的，主要有三點：一是"兄、祝"並不同字，二是"祝"字所
從有二體，三是西周金文開始"兄、祝"二字有混。這是釐清"兄、祝、𦐊"三字
關係的關鍵。

　　我們認爲三字既有區別，又不能截然分開。其關係如下：

　　（1）"祝"字所從有二體，或作跪形若🉐，或象以手著胸若🉐，跪拜也是祝，揖
手也是祝，不同的取義角度表達同一個詞。

　　（2）"祝"與"兄"本來字形區別明顯。西周金文以後才出現偏旁訛混的
情況，故"兄"有作🉐、🉐者。

　　（3）"祝"字或作🉐，🉐即"𦐊"，換言之，"祝"的其中一體乃從"𦐊"。

　　總之，"祝"字本來有二體作🉐或🉐，西周金文以後與"兄"出現偏旁訛混的
情況，又"祝"分化出"揖"（🉐），故"祝"增"示"旁爲區別標志；但"祝、揖"既同
源，則仍有混用，如新蔡簡的🉐。因此，甲骨文之🉐仍應釋爲"祝"。金文之🉐、🉐
等字，乃形混於"祝"而來，仍應釋爲"兄"。上揭上博、郭店楚簡諸字，則應隸
定爲"𦐊"，釋爲"揖"；上揭新蔡簡的🉐，也應隸定爲"𦐊"，但在簡文中讀
"祝"，上博《內禮》簡8"行祝於五祀"，《儀禮·既夕禮》有"乃行禱於五祀"，
祝、禱義近，故簡文"祝"與"禱"搭配。

　　《説文》釋"祝"，不言從"兄"，而謂"從人、口"或"從兌省"，可見不以
"兄、祝"爲一字。又《説文》釋"𦐊"爲"從口從耳"，乃據訛變之形立説，"𦐊"
實即"揖"之初文，訓"手著胸曰揖"是。

　　　　《許慎文化研究——首屆許慎文化國際研討會論文集》頁315—316

○陳斯鵬（2007）　（編按：上博四·曹沫16）兄，原作🉐，與金文習見的🉐極相近似，
彼字一般釋"兄"而讀作"貺"，據此疑簡文此字亦可釋爲"兄"。此字在簡33
作🉐，下部訛變爲"見"，又簡48有益"屮"旁作🉐者，則可隸釋爲"芜"。三者在
簡文中都記錄同一個詞，竊以爲可讀爲"恭"，爲恭順之義。

　　《李釋》以🉐爲"𦐊"，謂是"厭"字所從，讀爲"輯"，訓"和"。同時又説此
字也可能就是古"𦐊"字。徐在國先生則詳論簡文🉐與金文🉐爲人作揖之形，
當釋"𦐊"，爲"揖"之初文。今按，讀"輯"在文義上固然是很好的，但此釋至
少有如下幾個困難：第一，《李釋》和徐先生也都是認爲🉐和🉐爲一字，如果它
們是"𦐊"，那麼金文"𪩘"字🉐、🉐二體互作的現象將難以解釋。第二，楚簡中

明確从“聑”的字，如郭店《魯穆公問子思》2 的🗛，和《緇衣》34 的🗛，所从“聑”與🗛尚有相當的差別；而且與其説此二“聑”象人作揖形，遠不如《説文》之分析爲“从口从耳”可信，楚簡“耳”或作🗛（郭店《唐虞之道》26）、🗛（《語叢四》2），“聑”下所从與之幾無別，不過借用“口”形底橫而已。第三，金文🗛釋“兄”讀“貺”作賞賜義，甚合文例，且“貺”正是先秦常用的表賞賜義的詞，若釋“聑”則尚未有令人滿意的解釋。有此三難，在沒有其他證據之前，🗛恐仍以釋“兄”較爲合理。

《簡帛文獻與文學考論》頁 105

○**沈培**（2007）　　我們再來看上博簡《曹沫之陳》中的一個難字。此字出現在下面的簡文當中：

　　（35）上下和且🗛，繲紀於大國，大國親之。（簡 16）

　　（36）使人：不親則不敦，不和則不🗛，不義則不服。（簡 33）

　　（37）不罕則不恆，不和則不🗛。（簡 48）

　　其中第三例上面从艸，下面所从的偏旁跟例（35）的🗛字是相同的。《曹沫之陳》整理者李零先生釋“🗛”爲“冐”，認爲是“厭”字所从，讀爲“輯”，訓爲“和”；但同時又説“此字也可能就是古‘聑’字”。

　　徐在國先生不同意將此字釋爲“冐”，而同意並認定此字就是“聑”字。他進而把甲骨文中的🗛和🗛、金文中的🗛都釋爲“聑”，認爲字形象人拱手行禮形，是“揖”字的初文；此字在《曹沫之陳》中讀爲“輯”，在甲金文中則讀爲“益”。高佑仁先生也認爲，從文例及字形上來看把《曹沫之陳》的“🗛”釋爲“聑”應可成立。同意釋爲“聑”的還有一些學者。

　　陳斯鵬先生認爲，“🗛”與金文習見的“🗛”極相近似，彼字一般釋“兄”而讀作“貺”，據此，他懷疑簡文此字亦可釋爲“兄”，讀爲“恭”，爲恭順之義。他對徐在國先生釋此字爲“聑”的看法進行了辯駁，提出三點理由認爲難以成立：（中略）應當説陳斯鵬先生的觀察是敏鋭的，對於釋“聑”一説在字形上不合理之處的分析也較爲可信。確實，他所説的在楚簡中看到的兩個从“聑”的字，其“口”旁下面的偏旁，與其説跟“🗛”形下面的人形相似，不如説跟“耳”旁更接近。因此，目前得到確認的从“聑”之字的寫法，跟甲金文中的“🗛”存在一定的距離。但是，陳説也有可疑之處。如果按照金文“🗛”的用法，把它看作“兄”字並讀爲“恭”，以此來説解簡文，意思固然並無不通；但是，《曹沫之陳》簡 8“恭儉”的“恭”作🗛，乃以“共”爲“恭”。這對他的説法是不利的。

另外，陳文没有提及上文所述新蔡簡的"祝"字跟《曹沫之陳》此字的關係，或許是認爲它們之間根本没有關係而未提。如果真是這樣的話，這是不應該的。就時代來説，新蔡簡與上博簡是很接近的。把上博簡的"𠧪"等字跟西周時代的"𠧟"字進行比較，這固然很好，但畢竟它們時代的差距比較遠。我們爲什麽要放着時代很接近的資料而不管呢？這樣做，很可能就喪失了一個正確釋讀此字的機會。

最近，禤健聰先生比較全面地分析了古文字中"兄、祝、畀"三字的關係。他不同意徐在國先生把甲金文的"𠧟"釋爲"畀"，認爲"甲骨文、金文的例子若改釋爲'畀'，無法做出令人滿意的解釋"；也不同意陳斯鵬先生讀爲"恭"的説法，認爲"《曹沫之陳》的二字若釋'兄'讀'恭'，也遠遜於釋'畀'讀'輯'"。同時，他注意到了新蔡簡的"𥛠"跟甲金文中的"𠧟"以及《曹沫之陳》的"𠧪"在字形上的一致性。

可以説，禤先生這些看法都是有道理的。他説簡文此字讀爲"輯"在意思上比較合適，大概也代表了一般人的看法。可以説，正是因爲這個原因，不少人都信從釋"畀"之説。但是，禤文一方面堅持《曹沫之陳》的"𠧪"應釋爲"畀"讀爲"輯"，另一方面也認爲新蔡簡的"𥛠"應釋爲"祝"。由此追溯到甲骨文裏的"𠧟"，他認爲此字既是"畀"（揖）字又是"祝"字。他同意姚孝遂先生的意見，認爲甲骨文裏"祝"字可有𠧟、𥛠兩種寫法，還對"祝"和"揖"都可以寫成"𠧟"進行了解釋：

> "祝"字所從有二體，或作跪形若𥛠，或象以手著胸若𠧟，跪拜也是祝，揖手也是祝，不同的取義角度表達同一個詞。

禤文的這些看法則存在一些問題。我們前面已經論證，在殷墟甲骨文和西周金文裏，"祝"字是没有寫成"𠧟"形的。禤文從姚孝遂先生説認爲甲骨文裏有以"𠧟"爲"祝"的例子，其實是不存在的。此其一。其次，説"𠧟"爲"揖"，乃"象以手著胸"。這是采用了《説文》對"揖"的解釋：

> 揖，攘也。从手，畀聲。一曰：手著胸曰揖。

不過，禤先生的理解恐怕是有問題的。"𠧟"果真是"手著胸"的"揖"嗎？這裏有必要簡單介紹一下什麽是"手著胸曰揖"。這個問題在段《注》裏説得很清楚：

> （揖，攘也。）攘，汲古閣改作"讓"，誤。此與下文"攘，推也"相聯爲文。鄭《禮》注云："推手曰揖。"凡拱其手使前曰揖，凡推手小下之爲土揖，推手小舉之爲天揖，推手平之爲時揖也。成十六年："敢肅使者。"則

若今人之長揖。（从手咠聲。）伊入切。八部。（一曰手箸匈曰揖。）此別一義。上言揖以爲讓，謂手遠於胸。此手箸於胸曰揖者，箸，直略切。《禮》經有“揖”有“厭”。厭，一涉切。推手曰揖，引手曰厭。推者，推之遠胸。引者，引之箸胸。如《鄉飲酒》：“主人揖先入。”此用推手也。“賓厭衆賓。”此用引手也，謙若不敢前也。今文“厭”皆作“揖”，則今文《禮》有“揖”無“厭”。許君於《禮》或從古文，或從今文。此手箸胸曰揖，蓋於此從今文，不從古文。是以統謂之“揖”爾。推手、引手隨宜而用，今人謙讓亦兼有此二者。《周禮》疏、《儀禮》疏“厭”或作“擪”，訛字不可從。

今人對於“手著胸曰揖”的解釋也可以參考，下面僅選録兩家的説法：

揖，拱手爲禮。揖，拱手而向外伸；厭，拱手向內，在胸前。

拱手引附胸前叫揖。

由此可見，“揖”必拱手，所謂“手著胸”是先作拱手形而後收回到胸前，跟拱手而向外推的另一種“揖”不過是運動的方向不同而已。“𡗗”的字形既無拱手形，也難以説是“著胸”形。徐在國先生説“𡗗”字形象人拱手行禮形，與字形不合。如果把“𡗗”看成“著胸”形，那麼像前面所説的“老、考、長”等字作𦮼、𦮼、（編按：最後一形有誤，當是排版誤植）等形就無法得到合理的解釋了。因此，“𡗗”不可能是“揖”字的象形初文。

我們認爲，《曹沫之陳》這三個字其實就是“祝”字和从“祝”之字。其中例（35）的“𥏪”和例（37）艸頭下面的偏旁，跟新蔡簡的“𥏪”一樣，都是從甲骨文的“𡗗”變來的，即原來的跽跪形變成了立人形，其覆手形也因爲筆勢的原因而儘量向裏收捲。至於例（36）的“𥏪”（編按：字形有誤，當是排版誤植）字，字形有所訛變，變得跟戰國簡中的“見”字基本上是一樣的。這個訛變的字形可以看作是甲骨文跽跪形的𡗗直接訛變而來，也可以看作是從“𥏪”這樣的立人形“祝”字訛變而來的。

上面我們已經論證，新蔡簡的“𥏪”是“祝”字。《曹沫之陳》裏的“祝”用的顯然不是“祝告”義。結合語音和古書相關材料，我們認爲《曹沫之陳》這三個字都應當讀爲“篤”。

“祝”是章母覺部字，“篤”是端母覺部字，二者讀音很近。《論語·先進》“孔子曰：‘論篤是與，君子者乎？色莊者乎？’”其中的“篤”字，定州竹簡本作“祝”。這是“祝”通“篤”的一個直接證據。

下面主要從用法上來看簡文讀爲“篤”是否合適。

例（35）簡文説“和且篤”，反映“和”與“篤”關係密切。這在古書中也有反映。“和篤”一詞就常見於古書。我們利用《文淵閣四庫全書》電子版進行檢索,就看到不少這樣的例子,如"晉周暢性仁惠和篤"(《廣博物志》)、"其人好慈和篤"(《真誥》)、"如琴瑟之和篤"(《南陽集》)、"爲和篤慈愛之孝"(《釋文紀》)等等。更可注意的是,"篤"和"和"有時同時出現在表示人與人之間的關係的話裏:

（38）父子篤,兄弟睦,夫婦和,家之肥也。(《禮記・禮運》)

（39）禮義以爲紀,以正君臣,以篤父子,以睦兄弟,以和夫婦。(同上)

古書中這種表示人與人之間親密關係的"篤"字用法是很常見的,除了表示親人之間的關係外,常用於表達朋友之間的關係,例如:

（40）君子篤于親,則民興於仁。(《論語・泰伯》)

（41）朋友不篤,非孝也。(《吕氏春秋・孝行》)

（42）不任於上則輕議,不篤於友則好誹。(《晏子春秋・内篇問下》)

（43）苟事親未孝,交友未篤,是所未得,惡能善之矣?(《吕氏春秋・務本》)

（44）俸禄所供,被及親戚,是骨肉益親也;雖有公事,而兼以弔死問疾,是朋友益篤也。(《孔子家語・子路初見》)

例（35）的"上下和且篤",猶如說"上下和"且"上下篤","上下篤"的説法跟"父子篤、朋友篤"的説法是一致的。這種"篤"字,古書常訓爲"厚"。這到底是什麼意思呢?通過梳理"篤"的確切含義,更可以證明我們把簡文的"祝"讀爲"篤"是很合適的。(中略)

有時候,如果没有必要强調"篤"與"親"的區别,"篤"就可以用"親"來替代。上引（39）"以正君臣,以篤父子",在《禮記・聘義》裏有意思相近的説法,作"以正君臣,以親父子"。例（44）在《説苑・政理》裏有相似的表達,對應於"朋友益篤"的話作"朋友益親"。因此,簡文"不和則不篤"也可以簡單理解成"不和則不親","和、親"關係之密切,這是大家都知道的。"和親"本身就是一個常用詞,古書裏"和"與"親"常同時出現,這裏略舉二例:

（48）人主仁而境内和矣,故其士民莫弗親也。(《新書・道術》)

（49）是以君子之行,周而不比,和而不同,以救過爲正,以匡惡爲忠。經曰:"將順其美,匡救其惡,則上下和睦,能相親也。"(《全後漢文・辯和同論》)

《曹沫之陳》簡18—19講到"不和於邦,不可以出舍。不和於舍,不可以出陣。不和於陣,不可以戰",陳劍先生最早指出這跟《吴子》裏的一段話相近:

（50）吴子曰:昔之圖國家者,必先教百姓而親萬民。有四不和:不和於

國,不可以出軍;不和於軍,不可以出陳;不和於陳,不可以進戰;不和於戰,不可以決勝。(《吳子·圖國》)

可以注意的是,《吳子》這段話的"四不和"前面説"必先教百姓而親萬民",顯然是爲了預防"四不和"的爲政手段。從這裏也可以看出"親萬民"與"和"的關係。這跟簡文所説的"不和則不篤"所反映的"親"與"和"的關係是相類的。

還有一個古書注解值得注意:

(51)《國語·周語》"言惠必及和"韋昭注:"惠,愛也。和,睦也。言致和睦,乃爲親愛也。"

韋昭注所述"言致和睦,乃爲親愛",不正是"不和則不篤"的正面的意義嗎?

上面所引例(36)簡文,説的是君上在用人的時候要注意的情況。所謂"不親則不敦",應當理解成"上(或君)不親於下(或民)則下(或民)不敦於上(或君)","不和則不篤"和"不義則不服"可依此類推。(中略)

通過以上論證,我們認爲上博簡《曹沫之陳》的三個字都當讀爲"篤"。如此看來,戰國簡的"𧴓"、"𧴖"等字,雖然看起來跟西周金文中的"𧴓"同形,但是卻不能按照西周金文的用法來釋讀它們,應該把它們看作是從殷墟甲骨文中的"𧴖"形變來的,即由跽跪的人形變成了直立的人形。戰國時代的"祝"字還存在不存在"𧴖"這種字形,我們將在今後新發表的材料中多加注意。

《簡帛》2,頁 19—28

○李守奎、曲冰、孫偉龍(2007) 讀爲"輯"。

《上海博物館藏戰國楚竹書(一—五)文字編》頁 32

△按 𧶩字所從,與楚簡𠂤(郭店《魯穆公問子思》簡 2,讀"揖")、𦤦(郭店《緇衣》簡 34,今本作"緝")二字所從形體甚近。𠂤、𦤦之釋讀論者多無異議,然二字左旁下半與耳旁形體並不接近,《説文》析"耳"爲"从口从耳",似是據後世訛變字形立説。然則𧶩仍可繫於"茸"字下,至於"耳"字構形來源如何,尚俟後考。

蓋 蓋

𧃰睡虎地·秦律 10　𧃰郭店·窮達 3

○**睡簡整理小組**(1990)　(編按:睡虎地·秦律 10"勿用,復以薦蓋") 薦蓋,墊蓋,均動詞。

《睡虎地秦墓竹簡》頁 21

茝 茝

茝 睡虎地·日甲 66 背貳

○**睡簡整理小組**（1990）　茝，即茜草，見帛書《五十二病方》。

《睡虎地秦墓竹簡》頁 218

○**劉樂賢**（1994）　《五十二病方》二五一行：“茝者，荊名曰盧茹。”盧茹即茹盧，是茜的別名。

《睡虎地秦簡日書研究》頁 244

○**魏德勝**（2001）　《說文》：“茝，刷也。”王筠《句讀》：“即荔根可作刷之刷，乃縛草所作之器。”“茝”，是用草編製成的刷子。《廣雅》其字從“竹”。典籍中未見有用例。《睡簡》中有 2 例：

（31）人恆亡赤子，是水亡傷取之，乃爲灰室而牢之，縣（懸）以茝，則得矣；刊之以茝則死，享（烹）而食之，不害矣。（《日書》甲 214）

整理小組注：“茝，即茜草，見帛書《五十二病方》。”似與《睡簡》不合。《日書》的這個例子是說，有人家總是生了孩子就死了，這是因爲家中有“水亡傷”這種怪物在作怪，要在家中地上鋪灰來限制怪物的活動，懸掛刷子，就能抓住這個怪物，再用刷子猛打怪物，就能把它打死，把它燒來吃了，就不會再作怪了。如果把“茝”解釋爲一種藥草，“縣（懸）以茝”似乎可通，而刊之以“茝”則難以理解了。

《中國語文》2001-4，頁 376

△**按**　魏說可信。

若 若

若 集粹　若 睡虎地·答問 36　若 陶彙 5·98

○**睡簡整理小組**（1990）　（編按：睡虎地·日甲 48）《說文》：“楚謂竹皮曰箬。”

《睡虎地秦墓竹簡》頁 219

○**張守中**（1994）　（編按：睡虎地簡）通箬　以若便轂之　日甲四八背。

《睡虎地秦簡文字編》頁 7

○**劉樂賢**（1994）　（編按：睡虎地·日甲 48）鄭剛云：“若，你也。便，糞。”其說亦通。

《睡虎地秦簡日書研究》頁 247

○**何琳儀**（1998）　若，甲骨文作🐾（甲二〇五），象人跽以雙手順髮之形。《爾雅·釋言》：“若，順也。”金文作🐾（盂鼎），跽形不顯；或作🐾（毛公鼎），加口爲飾。戰國文字承襲金文。或加丶、二爲飾。或首髮與雙手分離，上似从中。或从二中，遂訛變爲从艸。《説文》👑承金文，籀文👑承戰國文字，👑承秦文字，許慎誤析叒、若爲二篆。《説文》：“👑，日初出東方湯谷，所登榑桑，叒木也。象形。👑，籀文。”“👑，擇菜也。从艸、右。右，手也。一曰，杜若，香艸。”或釋商周文字叒（✕）爲“擇菜也”之若，實不可據。

　　　　　　　　　　　　　　　　　　　　　　《戰國古文字典》頁 563

○**王輝**（2001）　若思（《秦印輯》37，《伏廬》101 頁）

　　長沙馬王堆帛書《五十二病方》“若有堅血”若字同。《病方》一般認爲是秦人作品。西周金文作“🐾”（毛公鼎），戰國中山王鼎作“🐾”，皆不同。

　　《正字通》：“若，姓。漢下邳相若章……”

《四川大學考古專業創建四十周年暨馮驥教授百年誕辰紀念文集》頁 303、307

△**按**　“若”本象人跽以雙手順髮之形，後世訛變。《説文》：“若，擇菜也。从艸、右。右，手也。一曰：杜若，香艸。”即秦系文字之“若”。又《説文》“叒”字籀文作“👑”，即六國古文之“若”。後者詳見卷六“叒”字條。

莜 𦮃

𦮃 璽彙 2289

○**羅福頤等**（1981）　莜。

　　　　　　　　　　　　　　　　　　　　　　　　　　《古璽文編》頁 10

○**何琳儀**（1998）　晉璽莜，讀攸，姓氏。召公後有攸氏。見《路史》。

　　　　　　　　　　　　　　　　　　　　　　《戰國古文字典》頁 208

菙 𦭳

集成 10478 中山兆域圖

【菙棺】

○**朱德熙、裘錫圭**（1979）　“菙棺”當讀爲“椑棺”，《禮記·檀弓上》“君即位而爲椑”，鄭注：“謂杝棺親尸者。椑，堅著之言也。”

　　　　　　　　　《朱德熙古文字論集》頁 96，1995；原載《文物》1979-1

○**張克忠**（1979）　《説文》：“葷，雨衣，一曰衰衣，从艸，卑聲。一曰葷蔮，似烏韭。”則葷桓（棺）爲葷桓（棺），來源於遠古以草裹屍，後世以木代草，寫作椑。《禮記・檀弓》：“君即位而爲椑。”鄭注：“椑謂杝棺，親尸者，椑堅著之意。”據此，知中桓（棺）爲槨，而墓室名外桓（棺）。

《故宮博物院院刊》1979-1，頁 48

○**徐中舒、伍仕謙**（1979）　葷、牌並从卑聲。卑，低下也。中桓兩柱居中且高，有似於樓，牌樓名稱當由於此。

《中國史研究》1979-4，頁 96

○**何琳儀**（1998）　兆域圖葷，讀裨。《廣雅・釋詁》：“裨，短也。”

《戰國古文字典》頁 772

葚 葚

葚 郭店・語四 26

○**何琳儀**（2000）　柢。

《文物研究》12，頁 204

○**劉釗**（2000）　“葚”从“是”聲，應讀作“媞”。《説文》：“媞，諦也。一曰妍黠也。一曰江淮之閒謂母曰媞。”此處“媞”即讀作“江淮之閒謂母曰媞”之“媞”。“三呱一媞”或“三弧一媞”意爲三個男兒一個母親，即簡文前文所謂“三雄一雌”。

《郭店楚簡國際學術研討會論文集》頁 82

○**林素清**（2000）　三華一柢：華，簡文原从缶从夸，整理者疑讀作壺；柢，簡文原从艸从是，整理者疑借作提。按，“三壺一提”費解，當讀作“三華一柢”。華，古音匣紐魚部；夸，溪紐魚部，二字可通。柢，端紐脂部；是，禪紐支部，亦可通假。《説文解字》：“柢，木根也。”這裏是説，治理國家其實不像舉起一百二十斤重物那般困難，只要把握住原則，好比一雌帶三雄，一樹開衆花，都是自然而且容易的事。

《郭店楚簡國際學術研討會論文集》頁 394

○**李零**（2002）　“三雄一雌”，大概是説一個女人可以頂三個男人。

“三銙一鍉”，大概是説“三銙”的容量才頂得上“一鍉”。“銙”，裘按讀“壺”；“鍉”，裘按讀“提”。按《集韻》有“題”字，是一種“汲器”，大概是壺罐一類器物；“鍉”，原從艸從是，從文義看，應是器物名，這裏疑讀爲“錕”（見《玉篇》，古書亦从瓦作，或用“題”字代之）。後者與甌、甌同類。甌是一種粗陋的陶盆，可以用來喂豬狗（見《淮南子·説林》和《説苑·反質》），可見並不是太小的盆子。甌是它的方言異名，甌是其形體較大者（見《方言》卷五）。

“一王母保三殹兒”，大概是説一個祖母可以管三個小孩。按劉釗先生和林素清先生都指出，“殹兒”即《説文》《釋文》等書的“嬰婗”，是嬰兒的意思（劉氏《讀郭店楚簡字詞札記》、林氏《郭店楚簡〈語叢四〉箋釋》）。整個這段話的意思是説，別看男人在外面比女人強，但女主内而男主外，在管理家務事上，一個女人卻頂得上三個男人，這就像一個破陶盆也能裝下三罐子水，一個老奶奶也能管三個小孫子，道理是一樣的。

《郭店楚簡校讀記》（增訂本）頁 50

△按　張崇禮（《郭店楚簡〈語叢四〉解詁一則》，簡帛網 2007 年 4 月 7 日）指出此字即《淮南子·泰族》“甌甌有堤”、《淮南子·詮言》“瓶甌有堤”之“堤”或“堤”，指瓶類的底座。《説文》：“堤，艸也。从艸，是聲。”張涌泉（《讀〈説文〉段注札記五則》，《中國文字學報》2 輯，商務印書館 2008 年）指出“艸”字下脱“桉”或“安”字，“‘堤’釋‘草案’，大約就是承槃（有足）之屬”。

○丁佛言（1924）　（編按：古璽）翏。

《説文古籀補補》卷 1，頁 6

○中大楚簡整理小組（1977）　第一字殘，當與第 79、80 簡的第一字相同。依第 80 簡作翏，或釋爲翏。《漢印文字徵》卷一翏作翏，卷六鄒字作翏翏，卷十騶作翏翏翏。漢印中，翏、鄒、騶均爲姓氏。史書寫作鄒或騶。

翏，下簡作翏，同爲翏字。漢印鄒作翏。

《戰國楚簡研究》3，頁 4、28

○陳偉武（1995）　《陶彙》3.434：“東酷里匋翏。”末字係陶工名，《文字徵》不録。今按，當即翏字。《古璽彙編》0234 翏字作翏，0570 作翏，以第二體最近於陶文翏。

《中山大學學報》1995-1，頁 126

【芻稾】睡虎地・日甲 76 背

○**劉樂賢**（1994）　芻稾是喂牲口的草,習見於睡虎地秦簡法律文書中。

《睡虎地秦簡日書研究》頁 272

薪 薪 薪

薪 睡虎地・秦律 88　　薪 近出 1193 七年上郡守閒戈

薪 上博四・逸詩・多薪 1

○**何琳儀**（1998）　秦戈"鬼薪",見《史記・秦始皇本紀》"輕者爲鬼薪",集解
引如淳曰,律説鬼薪作三歲。

《戰國古文字典》頁 1162

○**陳偉武**（2003）　薪:字從"斤"從"木","辛"聲,當是"薪"之專字。楚簡及其
他古文字中"新"字常見。作"薪"則僅見於楚地出土文字資料。"薪"本指柴
薪,故於"新"字上益以"木"旁。《詩經》中"薪"字既表柴薪義,又表取薪義。

《華學》6,頁 102

○**李守奎、曲冰、孫偉龍**（2007）　(編按:上博四・逸詩・多薪)"薪"從木從斤,辛聲。
當即"薪"之本字。簡文中讀"薪"。

《上海博物館藏戰國楚竹書(一—五)文字編》頁 32

△**按**　上博四《逸詩・多薪》簡 1"薪",表柴薪本義。楚簡"薪"通常表示新舊
之"新",詳見卷十四斤部"新"字條。

薗 薗

薗 睡虎地・封診 36

○**睡簡整理小組**（1990）　(編按:睡虎地・封診 36"有失伍及薗不來者")薗(音矢),讀
爲遲。

《睡虎地秦墓竹簡》頁 154

△**按**　《説文》:"薗,糞也。從艸,胃省。"

折 折　斲 斲 斲 檔

折 睡虎地・答問 75　　折 睡虎地・秦律 127　　薪 近出 61 王孫誥鐘

（圖版）楚帛書　　（圖版）上博二·從甲 7　　（圖版）上博六·競公 7　　（圖版）新蔡甲一 7　　（圖版）璽彙 4299

（圖版）郭店·緇衣 26　　（圖版）上博五·弟子 23　　（圖版）上博七·武王 3

（圖版）郭店·性自 59

○嚴一萍（1967）　（編按：楚帛書）即《説文》艸部斯之籀文。篆文作折。

《中國文字》26，頁 32

○饒宗頤（1985）　（編按：楚帛書）折即折，《説文》：“折，籀文作𣂞。”形同此。《齊侯壺》云：“折于大𤔲（司）命。”字作𣂞，而讀爲誓。此處讀爲誓，義訓告。《周書·世俘解》：“用小牲羊犬豕于百神水土于誓社。”

《楚帛書》頁 83

○何琳儀（1986）　（編按：楚帛書）“折”，毀折牲體。

《江漢考古》1986-2，頁 85

○睡簡整理小組（1990）　（編按：睡虎地·日甲 13“折衣常”）折，讀爲裚，即制字。

《睡虎地秦墓竹簡》頁 182

○劉樂賢（1994）　（編按：睡虎地·日甲 13）此簡之“折衣常（裳）”，在“衣篇”中作“裚衣”（二六正貳）。銀雀山漢簡中制字作折、裚，證明整理小組之説正確。

《睡虎地秦簡日書研究》頁 27

○朱德熙、裘錫圭、李家浩（1995）　（編按：望山 1·112）楚王中無與“哲王”相當的王號。考釋［二四］指出楚王號多有用兩個字的。此王號原來可能作“□哲王”。“肅哲”爲楚常用語（楚器王孫誥鐘云“肅折［哲］臧武”，王孫遺者鐘云“肅哲聖武”），疑簡文“哲”上所缺之字即“肅”字，“肅哲王”即悼王之子肅王。不過這只是一種猜測，能否成立，待考。

《望山楚簡》頁 100

○劉信芳（1996）　（編按：楚帛書）折，讀如“製”。秦簡《日書》七四二：“秀日利以起大事，大祭吉，冠、製車、折衣常、服帶，吉。”“折衣裳”即“製衣裳”。帛書“毀、折”相對爲文，知“折”爲“制”之借。

《中國文字》新 21，頁 103

○何琳儀（1998）　晉璽“折上”，讀“惁上”。見惁字 c。中山王鼎“折㓨”，讀“惁哉”。《説文》：“惁，敬也。从心，折聲。”

　　睡虎地簡“折齒”，見《左·哀六》“女忘君之爲孺子牛而折其齒乎”。《史記·鄒陽傳》“范睢摺脅折齒於魏”。睡虎地簡“折脊”，見《論衡·效力》“故力不任强引,則有變惡折脊之禍"。

《戰國古文字典》頁 927—928

○**顏世鉉**(1999)　(編按:郭店・緇衣 26)簡文"折以型",今本《緇衣》《吕刑》均作"制以刑",《墨子・尚同中》引《吕刑》文作"折則刑"。折,《郭簡》隸作"折",釋爲"制"。復按,《説文》:"𣂝,斷也。从斤斷艸,譚長説……折,篆文𣂝从手。""制,裁也,从刀、未,未,物成有滋味,可裁斷。"折字即訓"斷"義,與"制"義相通,古字"制"與"折"通用,《論語・顏淵》:"子曰:'片言可以折獄者,其由也與?'"唐陸德明《經典釋文》引鄭玄注云:"《魯》讀'折'爲'制',今從《古》。"可知古文本作"折",清陳鱣《論語古訓》引臧在東之説云:"鄭以'折'訓爲斷,義益明,是以從《古》。"簡文可直接釋"折"。《易・豐卦・象傳》:"君子以折獄致刑。"折,意爲裁斷。

《張以仁先生七秩壽慶論文集》頁 384—385

○**陳偉武**(1999)　筆者懷疑《汗簡》所録《尚書》斷字古文作𣂝另有淵源,新出郭店楚簡有字作𣂝(《緇衣》26),整理者釋作"折"而讀爲"制",其實當即"斷"之古文寫法,簡文稱"斷以型(刑)","斷"亦"制"也。

《愈愚齋磨牙集》頁 331,2014;原載《第二屆國際清代學術研討會論文集》

○**何琳儀**(2000)　(編按:郭店・緇衣 26)𣂝(制)以莝(刑)。《緇衣》26。

"𣂝"原篆作𣂝,《釋文》釋"折",讀"制"。按,"𣂝"疑古璽"劀"之異文,也即《説文》"劃"之"或體"(參黄錫全《利用汗簡考釋古文字》,載《古文字研究》第十五輯)。今本《書・吕刑》"𣂝"作"制",乃一音之轉。衆所周知,"顓"爲"專"之異文,詳高亨《古字通假會典》199—200。而"顓"與"制"也可通假。《禮記・王制》"凡制五刑",《孔子家語・刑政》引"制"作"顓"。《莊子・在宥》"釿鋸制焉",《太平御覽》763 引"制"作"顓"。是其佐證。

《文物研究》12,頁 198

○**李家浩**(2000)　(編按:九店 56・20)"製"从"制"聲。古代"制、折"二字形、音、義極爲接近(參看裘錫圭《説字小記》,《北京師院學報》[社會科學版]1988 年 2 期 10、11 頁),故秦漢文字"製"多寫作"裻"(《秦漢魏晉篆隸字形表》604 頁),从"折"聲。此處"折衣裳"和下文"折布虡"之"折",皆應當讀爲"製"。

《九店楚簡》頁 72

○**李守奎**(2003)　(編按:郭店・緇衣 26)斬　劃之或體剚與斷之古文劃形、音、義俱近,當是一字之異。

《楚文字編》頁 538

○**王子今**(2003)　(**編按**:睡虎地·日甲)“䂸”字原有之義是裁、斷。《管子·大匡》:“䂸領而刎頸者不絶。”尹知章注:“䂸,謂掣斷之也。”戴望《校正》:“丁云:䂸,折之俗字。《説文》:‘折,斷也。’”又睡虎地秦墓竹簡《爲吏之道》:“三曰擅䂸割。”“䂸”也可解爲“裁”。如此,則“折衣、䂸衣”似乎以釋爲“裁衣”更爲妥當。銀雀山漢簡中“制”字作“折”之例爲“人乘威而制勝者”,“制”字作“䂸”之例爲“分之以奇數,䂸之以五行”,後者“䂸”字,其實也可作“裁”“斷”解。此“折衣常”,《日書》乙種之“䂸衣常”(一二九),九店楚簡作“折衣𧝏”。李家浩説,“‘𧝏’當是‘裳’字繁體。”(**中略**)有關“裁衣”宜忌的規定多見於睡虎地秦簡《日書》,而陳夢家先生在整理武威漢簡時即已經有所涉及,是較早關注這一社會生活現象並且進行初步研究的學者。

《睡虎地秦簡〈日書〉甲種疏證》頁45—47

△**按**　《説文》:“斮,斷也。从斤斷艸。譚長説。斲,籀文折,从艸在仌中,仌寒故折。折,篆文折从手。”甲骨文“折”字本以斤斷木會意,斷木之形訛變爲上下兩中,即《説文》小篆所本,見於睡虎地簡等秦系文字。六國古文復於二中之閒增二横以示斷折之意,即《説文》籀文之“斲”,許慎以“仌寒故折”釋之,已不得其解。楚文字又見以日旁易二横而作“𣃔”者,或以爲“誓”字或體,不確。如上博五《弟子問》簡23“不𣃔其枳”即“不折其枝”。郭店《性自命出》簡59“㭓”,復減斤旁而增木旁,爲出土文獻所僅見。“製”古文字多寫作“䂸”,从折聲,故又常可以“折”爲制、製。郭店《緇衣》簡26“𣃔以刑”讀“制以刑”。望山簡1·112之“□折王”,或爲“悊折王”,後者見於清華一《楚居》簡16,即楚悼王。

卉 艸

上博二·子羔5　楚帛書　上博五·三德1　上博七·凡甲13

○**李守奎、曲冰、孫偉龍**(2007)　楚文字中“屮、艸、卉”並爲“艸”字。今作“草”。

《上海博物館藏戰國楚竹書(一—五)文字編》頁33

△**按**　楚簡“卉”字習見,皆用爲“艸(草)”,楚簡未見“艸”字,“卉”是記録“草”這個詞的楚系用字。

【卉木】楚帛書,上博二·容成16

○**饒宗頤**(1958)　卉木即艸木。《禹貢》“島夷卉服”,鄭注:“衣草服。”卉與艸同義。

《長沙出土戰國繒書新釋》頁 24

○**商承祚**(1964)　　卉爲草之總名,《文選・吳都賦》(卷五)"卉木臥蔓",劉曰:"卉,百草總名,楚人語也。"以是知楚人名草木曰"卉木",亦猶今人謂花草曰"花卉",卉就是草。

《文物》1964-9,頁 12

○**嚴一萍**(1967)　　卉　《説文》:"草之總名。"《方言》:"卉,草也。東越揚州之閒曰卉。"《爾雅・釋艸》:"卉,草。"郭注:"百草總名。"《書・禹貢》正義引舍人注:"凡百草一名卉。"《詩・出車》:"卉木萋萋。"《文選・吳都賦》:"卉木臥蔓。"劉逵注:"卉,百草總名,楚人語也。"

《中國文字》26,頁 10

○**陳邦懷**(1981)　　《詩・小雅・出車》"春日遲遲,卉木萋萋",毛傳:"卉,草也。"是知"卉木"爲古代通語,不獨楚語然。

《古文字研究》5,頁 235

○**李學勤**(1982)　　"卉木亡常",或讀"卉"爲"艸",不確。《詩・出車》:"卉木萋萋。"傳云:"卉,草也。"可知"卉木"是古人習語。所謂"卉木亡常",指草木非時而生,即後世説的草木之妖。

《湖南考古輯刊》1,頁 68

○**饒宗頤**(1985)　　卉木,《吳都賦》"卉木臥蔓",劉逵注:"卉,百草總名,楚人語也。"

《楚帛書》頁 40

○**高明**(1985)　　"卉木",當讀爲"草木",《詩經・小雅・出車》"春日遲遲,卉木萋萋",毛傳:"卉,草也。"《文選・吳都賦》"卉木臥蔓",劉淵林注:"卉,百草總名,楚人語也。"(中略)"卉木亡尚"即謂不生長草木。

《古文字研究》12,頁 384

○**李零**(1985)　　卉,也就是艸,《説文》別艸、屮、芔爲三字(草、卉、莽),但根據較早的文字材料,這三個字本來卻是同源的,只是繁簡不同,後來才漸漸分化開來。《方言》:"卉、莽,草也。東越、揚州之閒曰卉,南楚曰莽。"《文選》卷五左太沖《吳都賦》"卉木臥蔓",劉良注:"卉,百草總名,楚人語也。"皆楚人用卉爲草之證(東越、揚州亦楚地)。

《長沙子彈庫戰國楚帛書研究》頁 52

○**何琳儀**(1986)　　"卉木",《文選・吳都賦》"卉木臥蔓",注:"卉,百草總名,楚人語也。”

《江漢考古》1986-1,頁 52

○**劉信芳**（1996）　卉木　《詩·小雅·出車》:“卉木萋萋。”毛傳:“卉,草也。”

《中國文字》新 21,頁 85

○**李零**（2002）　卉木,即“草木”。

《上海博物館藏戰國楚竹書》（二）頁 262

【卉茅】上博二·子羔 5

○**馬承源**（2002）　卉茅　即草茅,指田野。

《上海博物館藏戰國楚竹書》（二）頁 189

【卉備】上博二·容成 15

○**李零**（2002）　卉備　即“卉服”,草服。

《上海博物館藏戰國楚竹書》（二）頁 261

芃　芃

芃 璽彙 0677

芃 璽彙 2294“芃蒜”合文

【芃蒜】璽彙 2294

○**羅福頤等**（1981）　芃益。

《古璽彙編》頁 225

○**羅福頤等**（1981）　芃嗌。

《古璽文編》頁 364

○**吳振武**（1998）　《璽彙》“姓名私璽”類 2294 號璽璽文如次（陽文）:

右側姓氏字《璽彙》釋爲“芃益”,《璽文》釋爲“芃嗌”（合文,364 頁）。按如據《説文》“嗌”下所收籀文及解説,《璽文》的釋法似更準確一些。

“芃嗌”疑當讀作“鳩夷”。“芃、鳩”並從“九”聲,例可通假。古書中“鳩”字多跟“九”或從“九”得聲的字相通假（看高亨《古字通假會典》729—731 頁“九字聲系”,齊魯書社 1989 年）,故“芃”字亦可讀作“鳩”。上古“嗌、夷”二字讀音相去亦不遠。從“益”得聲的“溢”古通“洪”,如:《尚

書·禹貢》"導沇水,東流爲濟,入於河,溢爲滎"之"溢",《史記·夏本紀》作
"泆";《莊子·天地》"數如泆湯"之"泆",《釋文》謂"本或作溢"。而"泆"古
又與"夷"通,如見於《莊子·達生》中的神獸"泆陽",《國語·周語上》等多作
"夷羊"。據此,"嗌"讀作"夷"是有可能的。

　　"鳩夷"是古姓氏。陳士元《姓觿》(平聲二十六尤)"鳩夷"氏條下謂:
"《路史》云,宋公族之後。"《希姓録》(上平聲四支)謂:"鳩夷氏,微子之後。"

　　此璽從風格上看,當屬三晉系。

《出土文獻研究》3,頁 82—83

芥 𦬊

芥 睡虎地·秦律 126　　𦬊 秦駰玉版　　𦼫 珍秦 89

○**張守中**(1994)　(編按:睡虎地簡)芥　秦一二六　通介　及不芥車。

《睡虎地秦簡文字編》頁 8

【芥圭】秦駰玉版

○**連劭名**(2000)　"芥",讀爲"介",《詩經·崧高》云:"賜爾介圭,以作爾寶。"
鄭箋:圭長尺二寸謂之介,非諸侯之圭,故以爲寶。諸侯之瑞圭自九寸而下。

《中國歷史博物館館刊》2000-1,頁 52

○**曾憲通、楊澤生、蕭毅**(2001)　"芥圭",即介圭。《書·顧命》:"太保承介
圭。"孔安國傳:"大圭尺二寸,天子守之。"《詩·大雅·崧高》:"錫爾介圭,以
作爾寶。"鄭玄箋:"圭長尺二寸謂之介,非諸侯之圭。"

《考古與文物》2001-1,頁 52

○**王輝**(2001)　"芥"讀爲介。《左傳·昭公二十五年》:"季氏介其雞。"《釋
文》:"介又作芥。"馬王堆帛書《老子》甲本《德經》:"是以聖右介而不以責於
人,故有德司介。"乙本作:"是以耺(聖)人執左芥而不以責於人,故又(有)德
司芥。"介、芥王弼本皆作契。介字又作玠。《説文》:"玠,大圭也。从玉,介
聲。《周書》曰:'稱奉介圭。'"段玉裁注:"《考工記》:'天子鎮圭,諸侯命圭。'
戴先生(輝按即戴震)曰:'二者皆謂之介圭。'《爾雅》:'圭大尺二寸爲玠。'據
鎮圭言也。《詩》:'錫爾介圭,以作爾寶。'據命圭言也。介者,大也。《禮
器》:'大圭不琢。'以素爲貴,亦謂此也。"

《考古學報》2001-2,頁 150

蔥

蔥（圖）睡虎地・秦律 179

△**按**　所從即金文"恩"字。《説文》："蔥,菜也。從艸,恩聲。"辭云"給之韭蔥",用如本義。

莎

莎（圖）睡虎地・日甲 65 背壹

【莎蒂】

○**睡簡整理小組**（1990）　蒂字當讀爲茇,草根。莎茇即莎草的根。

《睡虎地秦墓竹簡》頁 217

△**按**　辭云:"人妻妾若朋友死,其鬼歸之者,以莎蒂、牡棘柄,熱以待之,則不來矣。"

董

董（圖）郭店・老甲 33　　董（圖）郭店・窮達 13

【董愈】郭店・窮達 13

○**劉釗**（2000）　《窮達以時》説:無茖董愈坖山石不爲……

　　按"坖"字從土缶聲,疑爲"寶"字異構。此句簡文確切文意尚不清楚,但據上下文推測,應有將"玉"和"山石"進行比較的意思,所以簡文"董愈"無疑應讀作"瑾瑜"。《説文》:"瑾,瑾瑜,美玉也。"《左傳・宣公十五年》:"瑾瑜匿瑕。"《山海經・西山經》:"瑾瑜之玉爲良。"

《郭店楚簡國際學術研討會論文集》頁 91

○**劉樂賢**（2000）　《窮達以時》第 12、13 兩簡的首尾皆殘,之閒的文字,根據《荀子・宥坐》等書的相關記載,大致可以補出如下一句"[芝蘭生於深林,非以無人]嗅而不芳"。"芳"後尚存"無茖董愈坖山石不爲"九字,頗難解讀,整理者亦未加標點。（中略）"董愈"當讀"瑾瑜",分言、連言皆指美玉。其前面的"茖"從"各"聲,可讀爲"璐"。《説文解字・玉部》:"璐,玉也。"《玉篇・玉部》:"璐,美玉也。"接連使用了三個表示美玉的字,説明這句話可能是以美玉爲議題。從簡文看,前句講芝蘭,此句講美玉,文意正好相接。如果這一思路不誤,則本句最前面的“無”字恐非本字,似應讀爲“璑”。《説文解字・玉部》:“璑,三采玉也。”璑雖只是次等之玉,質地較“璐、瑾、瑜”等差,但畢竟是玉而不是石,故能與“璐、瑾、瑜”並列。《廣雅・釋地》講到各種玉名時,就將“璑”與“瑾、瑜、璐”等收在一塊。因此,簡文的“璑璐瑾瑜”實際上就是玉或美玉的代名詞。

前面“芝蘭”一句,説生長於深林之中的芝蘭,不會因無人品聞而不再芳香。此句與之相接,文意理應相銜,句式也當大致相近。從這一角度考慮,似可將簡文補釋爲“無(璑)茖(璐)堇(瑾)愈(瑜)坴山石,不爲[無人佩而不美]”。其大意似是説:埋没於山石閒的美玉,不會因無人佩帶而不再美麗。

　　　　　　　　　　　　　　　　　　　　　　　　　《古文字研究》22,頁 205

△按　郭店《老子》甲簡 33“骨溺堇秣而捉固”,今本《老子》作“骨弱筋柔而握固”,“堇”讀爲“筋”。郭店《窮達以時》簡 13“堇”讀爲“瑾”。

葦　葦

葦 睡虎地・日甲 39 背叁　　葦 上博四・逸詩・多薪 1　　葦 望山 2・48　　葦 上博四・采風 3

○何琳儀(1998)　望山簡葦,讀筆。《字彙》:“筆,竹名。”
　　　　　　　　　　　　　　　　　　　　　　　　　《戰國古文字典》頁 1177

○馬承源(2004)　(編按:上博四・逸詩・多薪 1)“葦葦”,植物,根叢生,亦名“蒹葭”。
　　　　　　　　　　　　　　　　　　　　《上海博物館藏戰國楚竹書》(四)頁 178

○李守奎、曲冰、孫偉龍(2007)　(編按:上博四・采風 3)此字“韋”旁下部訛變。
　　　　　　　　　　　　　《上海博物館藏戰國楚竹書(一—五)文字編》頁 33

【葦园】望山 2・48

○朱德熙、裘錫圭、李家浩(1995)　“葦园”疑是葦編的盛物圓器。長沙五里牌竹簡有“革园”。或疑“葦园”當讀爲“韋园”,猶言“革园”,指皮革製成的盛物圓器。
　　　　　　　　　　　　　　　　　　　　　　　　　《望山楚簡》頁 126

○劉信芳(1998)　望 2・48:“二葦园,二敭筝。”“葦园”謂熟牛革(韋)所製之“园”。
　　　　　　　　　　　　　　　　　　　　　　　　　《簡帛研究》3,頁 39

△按　《説文》：“葦，大葭也。從艸，韋聲。”上博四《采風曲目》簡 1“牆上生之葦”爲曲目，睡簡《日書》甲 39 反“擊以葦”，“葦”皆用爲本義。

葭 葭

蒙　近二 1230 廿四年葭明戈

【葭明】

〇**王輝、程學華**（1999）　葭明爲戈之置用地。《漢書·地理志》廣漢郡有“葭明”縣，王先謙《漢書補注》曰：“秦破趙，多遷其民於此，見《貨殖傳》。後漢因，續《志》作‘葭萌’，劉注：‘《華陽國志》：……蜀王弟葭萌所封，爲苴侯，故遂名城爲葭萌。’”葭明本蜀地，蜀亡入秦。《史記·貨殖列傳》：“秦破趙……諸遷虜少有餘財，爭與吏，求近處，處葭萌。”

《秦文字集證》頁 61

萊 萊 蓶

蓶　上博三·周易 51

〇**濮茅左**（2003）　蓶，亦“萊”字，讀爲“來”。

《上海博物館藏戰國楚竹書》（三）頁 206

△按　《説文》：“萊，蔓華也。從艸，來聲。”楚文字來去之“來”常增止旁足義，此字從艸，逨聲，應即“萊”字異體。上博三《周易》“蓶章”之“蓶”，對應馬王堆帛書本及今本《周易》豐卦均作“來”。

荔 荔

荔　睡虎地·秦律 4

〇**睡簡整理小組**（1990）　荔，疑讀爲甲，《釋名·釋天》：“甲，孚甲也，萬物解孚甲而生也。”即植物發芽時所戴的種皮。取生甲，采取剛出芽的植物。

《睡虎地秦墓竹簡》頁 20

△按　《説文》：“荔，艸也，似蒲而小，根可作刷。從艸，劦聲。”睡虎地簡《秦律》簡 4 辭云“取生荔、麕鞴轂”，“荔”或可如字讀。

蒙 蕭

 上博 38　　十鐘　　集成 9735 中山王方壺　　近出 1085 蒙戈　　近出 1086 蒙戈

○張政烺（1979）　（編按：中山王方壺）《國語·晉語六》“閒蒙甲胄”，注：“蒙，被
也，被介在甲胄之閒。”

《古文字研究》1，頁 218

○馬　倫（1983）　（編按：蒙戈）蒙。

《考古》1983-9，頁 849

○韓自強、馮耀堂（1991）　（編按：蒙戈）蒙是地名。春秋戰國以蒙爲地名的有魯國
蒙邑，《左傳·哀公十七年》：“公會齊侯盟于蒙。”杜《注》：“蒙在東莞蒙陰縣西故蒙
陰城也。”還有宋國的蒙澤，賈逵曰：“蒙澤，宋澤名，杜預曰宋地，梁國有蒙縣。”蒙
縣漢置，故城在今河南商丘縣東北 22 里。公元前 286 年，齊湣王同魏、楚伐宋，殺
宋王偃，滅宋，三分宋地。蒙地可能此時爲楚有，故鑄此蒙字器物。

或曰，此字所从的虎頭不應當作裝飾筆畫看待，字當釋爲蘆，借爲蘧。
《莊子·天運》“仁義，先王之蘧廬也”，《注》：“蘧廬，傳舍也。”傳舍是供應驛
傳車馬及飲食、休憩的機構。蘧廬遍置交通要道，所以才會有較多的蘧廬兵
器以及飯食器傳世。

《東南文化》1991-2，頁 258

○何琳儀（1998）　（編按：蒙戈）蘴戈蘴，地名，疑讀蒙。《詩·邶風·旄邱》“狐
裘蒙戎”，《莊子·應帝王》作“紛而封戎”。《禮記·檀弓》上“還葬縣棺而
封”，注：“封《春秋傳》作堋。”而匌爲鳳之古文。凡此可證蒙、封、朋、凡音近可
通。《左·哀十七》：“公會齊侯，盟于蒙。”在今山東蒙陰西南。

《戰國古文字典》頁 1424

△按　蒙戈“蒙”字有裝飾性筆畫，並非从鳳，“蒙”應爲地名。蒙戈凡兩見：其
一山東沂水縣揀選，其二安徽臨泉縣揀選。從文字風格及發現地看，“蒙”似
以爲宋地近是。

曹 蕭 蕭

集成 11341 四年咎奴蕭令戈

○**湯餘惠**（1986）　曹　《説文》作🔣（从艸，曹聲），四年咎奴戈作🔣，从艸，曹省聲。略去一東旁。

《古文字研究》15，頁 10

○**何琳儀**（1998）　魏兵曹，讀曹。官曹。

《戰國古文字典》頁 232

△**按**　戈銘“咎奴曹命（令）”，“命（令）”前通常爲地名，何琳儀以爲“官曹”，可疑。“咎奴曹令”或當指咎奴所屬曹地之令。

苣 芑

🔣信陽 1·24　　🔣上博三·周易 41

○**中大楚簡整理小組**（1977）　（編按：信陽簡 1·24）苣，《説文》：“白苗嘉穀。”

《戰國楚簡研究》2，頁 11

○**何琳儀**（1998）　信陽簡苣，見《詩·大雅·文王有聲》“豐水有芑”，傳：“芑，草也。”

《戰國古文字典》頁 29

○**李零**（2002）　“芝蘭”，原作“苣萊”。

《揖芬集》頁 314

○**濮茅左**（2003）　（編按：上博三·周易 41）“芑”，《爾雅·釋草》“芑，白苗”，郭璞注：“芑，今之白粱粟。”《爾雅翼》：“芑有菜、草、粟之別。”芑菜似苦萊，莖青白色，摘其葉有白汁，脆可生食亦可蒸食。亦通“杞”，木名，《山海經·東山經》“其下多荊芑”，以爲杞，枸杞。

《上海博物館藏戰國楚竹書》（三）頁 192

△**按**　信陽簡“猶苣萊與”，“苣”與“萊（蘭）”並舉，李零讀“苣”爲“芝”，可備一説。上博三《周易》簡 41“以苣囊苽”，今本《周易·姤》作“以杞包瓜”。

茆 茆

🔣集成 11281 宋公差戈　　🔣郭店·六德 12

△**按**　字从中，見“茆”字條。

蒿 蒿 薹

集成 9710 曾姬無卹壺　 上博三·周易 2　 包山 211　 璽彙 1374

集成 9734 舒盤壺　 璽彙 0283

○**張政烺**（1979）　（編按：舒盤壺）薹，從艸，亶聲，讀爲槁，《周禮》作薨。《周禮·庖人》：“掌共六畜、六獸、六禽，辨其名物。凡其死生鮮薨之物，以共王之膳。”鄭衆注：“鮮，謂生肉。薨，謂乾肉。”

《古文字研究》1，頁 243

○**吳振武**（1983）　0283 薹竺竿鉢·薹垂竿鉢。

《古文字學論集》（初編）頁 491

○**劉彬徽、彭浩、胡雅麗、劉祖信**（1991）　（編按：包山 211）蒿，借作郊，郊祭。

《包山楚簡》頁 55

○**李零**（1993）　（編按：包山簡）a.××祷（翌禱、與禱、賽禱）××（神祖名，種類很多），××（祭物，種類很多）饋之（或“郊之”，或“享祭”，或“郊祭之”）。

《中國方術考》（修訂本）頁 277，2001；原載《中國典籍與文化論叢》1

○**朱德熙、裘錫圭、李家浩**（1995）　包山二號墓卜筮類簡有與此文例相同的文字，例如二四三號簡“舉禱東陵連囂冡一西（酒）飤（食），蒿之”；二一一號等簡“賽禱東陵連囂冡冡西（酒）飤（食），蒿之”。將望山一一七號簡文字與包山二四三號、二一一號等簡文字對照，“飤”下殘文似可定爲“蒿”字。《左傳》僖公二六年“公使展禽犒師”，孔穎達疏：“犒者，以酒食餉饋軍師之名也。服虔云‘以師枯槁，故饋之飲食’。”《公羊傳》莊公四年《經》“王二月，夫人姜氏饗齊侯於祝丘”，何休注：“牛酒曰犒，加飯羹曰饗。”《淮南子·氾論》“鄭賈人弦高……乃矯鄭伯之命犒以十二牛”，高誘注：“酒肉曰享，牛羊曰犒。”疑古代以酒食饋鬼神亦可曰犒，簡文“蒿”字當讀爲“犒”。

《望山楚簡》頁 105

○**吳郁芳**（1996）　《包山楚簡》的卜禱簡文在記録奠祭“酒飤”時，常常連言“蒿之”。如：

　　簡 211：賽禱……酒飤，蒿之。

　　簡 227：舉禱……酒飤，蒿之。

　　簡 243：舉禱……酒飤，蒿之。

　　《包山楚簡》考釋409謂："蒿，借作郊，郊祭。"郊祭在古代是國之大典，而《包山楚簡》中所有的祭祀都只是楚大夫昭佗的家祭記錄，其賽禱、舉禱時以"酒飤，蒿之"的對象也只是其死去的親屬，顯然"蒿之"與"郊祭"兩不相涉。

　　拙見以爲蒿即蒿草，其根曰"藁本"，古人用作香料。古時奠祭之酒醴必求芬芳，鬼神聞到了酒香也就歆享了"酒飤"。人們習用香草浸酒或濾酒，如《論衡·異虛篇》曰："夫暢草可以熾釀，芳香暢達者，將祭灌暢降神。"楚人也習以香草熾釀，如楚地產的香茅就曾是用來縮酒的貢品。蒿草的根、葉都是泡酒的香料，如《荀子·大略》謂："蘭茝藁本，漸於蜜醴……漸於香酒。"《楚辭·大招》謂："吳酸蒿蔞，不沾薄只。"藁本、蒿蔞應當就是蒿草的根、葉。據此可見，《包山楚簡》中奠祭鬼神時的"酒飤，蒿之"，是指用蒿草泡酒使之芳香。

《考古與文物》1996-2，頁76

○**李家浩**（2001）　　在包山卜筮祭禱簡裏，"蒿祭之"僅見於225號簡。225號簡屬於祭禱簡，（中略）"蒿之"，見於卜筮簡211、227、243號。（中略）

　　在確定簡文的"蒿"是否像李零所說的那樣讀爲"郊"之前，先要弄清楚跟"蒿祭之、蒿之"處在同樣語法位置上的"饋之"之義。"饋之"在望山一號楚墓卜筮祭禱簡或作"饋祭之"。《望山楚簡》考釋說：

　　　　《書·酒誥》"爾尚克羞饋祀"，簡文"饋祭"即《酒誥》"饋祀"。《文
　　　　選·祭顏光祿文》"敬陳奠饋"，李善注引《蒼頡篇》曰："饋，祭名也。"《戰
　　　　國策·中山策》"飲食餔餽"，高誘注："吳謂食爲餽，祭鬼亦爲餽。古文通
　　　　用，讀與饋同。"

　　據此，"饋祭之、饋之"，即向鬼神進獻食物的祭祀。既然"蒿祭之、蒿之"與"饋祭之、饋之"處在同樣語法位置，它們的意思應該相同或相近。李零把"蒿祭之、蒿之"讀爲"郊祭之、郊之"，無疑是錯誤的。衆所同知，郊祭是祭天，在祭典裏最爲重要。從這一點來說，簡文的"蒿祭之、蒿之"也不可能讀爲"郊祭之、郊之"。

　　"蒿之"還見於望山一號楚墓卜筮祭禱簡。我們在《望山楚簡》中曾對"蒿之"進行過考釋，現在抄寫在這裏，供大家參考：

　　　　《左傳》僖公二六年"公使展禽犒師"，孔穎達疏："犒者，以酒食餉饋
　　　　軍師之名也。服虔云'以師枯槁，故饋之飲食'。"《公羊傳》莊公四年
　　　　《經》"王二月，夫人姜氏饗齊侯於祝丘"，何休注："牛酒曰犒，加飯羹曰
　　　　饗。"《淮南子·氾論》"鄭賈人弦高……乃矯鄭伯之命犒以十二牛"，高
　　　　誘注："酒肉曰享，牛羊曰犒。"疑古代以酒食饋鬼神亦可曰犒，簡文"蒿"

字當讀爲"犒"。

《簡帛研究二〇〇一》頁 30—31

○濮茅左（2003）　（編按：上博三·周易 2）"萵"，讀爲"郊"，《周禮·地官·載師》"以宅田、士田、賈田任近郊之地"，鄭玄注："郊或爲萵。"又引杜子春云："'萵'讀爲'郊'。"《象》曰："'需于郊'，不犯難行也。"

《上海博物館藏戰國楚竹書》（三）頁 139

○劉信芳（2003）　（編按：包山簡）萵：祭祀禮儀名，又見簡 227、243，簡 225 作"萵祭"。整理小組注："借作郊，郊祭。"似不可信。《禮記·祭儀》："衆生必死，死必歸土，此之謂鬼。骨肉斃於下陰爲野土，其氣發揚於上爲昭明，焄蒿悽愴，此百物之精也，神之著也。"鄭玄《注》："焄謂香臭也，蒿謂氣烝出貌也。"簡文"萵祭"僅用於"殤"及"無後者"（參簡 225、227），以氣烝出，使神有所憑依，此所謂"萵祭"。

《包山楚簡解詁》頁 227—228

○范常喜（2006）　"萵之"也作"萵祭之"，目前主要見於《包山楚簡》和《望山楚簡》中。（中略）

按：郊祭多用於祭天，吳郁芳先生已經提到這一點，所以釋爲"郊祭"恐不足信。包山 225 號簡所記祭品中未有"酒飮"，但也用了"萵"，可見"萵之"即"蒿草泡酒使之芳香"的說法可能也不夠準確。《望山楚簡》整理者認爲當讀如"犒"，但文獻中"犒"多用於軍隊，用於祭祀則相當罕見。劉信芳先生認爲"萵祭"中的"萵"，其義當同於《禮記·祭義》中所説的"焄蒿"之"蒿"。不過須要指出的是，對於"焄蒿悽愴"一句，我同劉先生的理解可能有些不同。此句疏云：

> 焄蒿悽愴，此百物之精也者，焄謂香臭也，言百物之氣或香或臭。蒿謂烝出貌，言此香臭烝而上出，其氣蒿然也，悽愴者，謂此等之氣，人聞之情有悽有愴。百物之精也者，人氣揚於上爲昭明，百物之精氣爲焄蒿悽愴，人與百物共同，但情識爲多，故特謂之神，此經論人，亦因人神言百物也。神之著也者，人氣發揚於上爲昭明，是人神之顯著。

由疏可知，這段文字只是解釋何爲"鬼神"，鄭注"蒿謂氣烝出貌"中的"氣"指的當是"骨肉斃於下陰爲野土，其氣發揚於上爲昭明"中的"氣"，即"鬼氣"。"蒿"是用來形容這種"氣"的，而非"蒿"義爲"氣烝"。而其中的"著"是"顯著"的意思，也不能理解爲"憑依"。由此看來，劉先生用此來解釋簡文中的"萵祭之"也欠妥當。所以對"萵之、萵祭之"還得另作他解。（中略）

　　雖然周人用於"芬芳之祭"的柴草大都不可知其所屬,但有一種卻有較爲明確的記載,這就是"香蒿"。

　　《周禮·天官·甸師》:祭祀共蕭茅。鄭注:蕭,香蒿也。

　　《禮記·郊特牲》:蕭合黍稷,臭陽達于牆屋。故既奠,然後焫蕭合膻薌。鄭注:蕭,薌蒿也,染以脂,含黍稷燒之。

　　《詩·大雅·生民》:載謀載惟,取蕭祭脂,取羝以軷,載燔載烈。毛傳:取蕭合黍稷,臭達牆屋,先奠而後蕭,合馨香也……傅火曰燔,貫之加於火曰烈。鄭箋:……烈之言爛也……取蕭草與祭牲之脂爇之於行神之位,馨香既聞,取羝羊之體以祭神,又燔烈其肉爲尸羞焉。孔疏:蕭,香蒿也。爇,燒也。言宗廟之祭,以香蒿合黍稷,欲使臭氣通達於牆屋,故記酌於尸,已奠之,而後燒此香蒿,以合其馨香之氣,使神歆饗之,故此亦用蕭,取其馨香也。

　　此種燃蒿以祭的方法至後世也仍有延續。(中略)

　　此外,從戰國楚簡中還可以看到,當時楚人對祭祀時所用的祭品,同周人一樣也十分講究味道的香濃。如《九店楚簡》簡43—44:(中略)據李家浩先生研究,此篇内容是巫祝爲因兵死鬼作祟而生病的病人,向管理兵死之神武夷祝告,希望武夷能讓病人之魂歸來,飲食如故的禱詞。其中所説向武夷所獻的祭品中就有"芳糧",可見楚人對祭品氣味的講究。

　　而且,古漢語中"名詞+之"用如動詞的例子也比較多見,如:

　　《左傳·成公二年》:從左右,皆肘之,使立於後。

　　《公羊傳·僖公十四年》:然則孰城之? 桓公城之。曷爲不言桓公城之? 不與諸侯專封也。

　　《史記·秦始皇本紀》:今上皆重法繩之,臣恐天下不安。

　　由此我認爲,楚祭禱簡中"蒿之、蒿祭之"中的"蒿"當如字讀,義爲燃蒿草以祭祀。不過其具體内涵是否同於文獻中所説的"染以脂,含黍稷以燒之"就不好説了。從簡文實際來看,"蒿之、蒿祭之"同"饋之、饋祭之"相平行,所以有可能也是一種較爲獨立的專門燃蒿以祭的祭祀方式。而且包山楚簡中的"蒿之"只用於"殤"及"無後者",這可能正是後世"蒿枝"多用來"驅鬼除穢"的源頭。

《中國歷史文物》2006-5,頁67—69

○李守奎、曲冰、孫偉龍(2007)　(編按:上博簡)皆讀爲"郊",疑即楚之"郊"字。

《上海博物館藏戰國楚竹書(一—五)文字編》頁34

△**按** 《説文》：“蒿，菣也。从艸，高聲。”戰國文字常有贅加無義土旁之例，故“薹”即“蒿”之異體。“蒿”在楚文字中常讀爲“郊”，如上博二《容成氏》簡 53 之“殷蒿（郊）”，上博四《柬大王泊旱》簡 15 之“四蒿（郊）”；上博三《周易》簡 2“蒿”，今本《周易・需》亦作“郊”。而包山等簡用爲祭祀名稱之“蒿”則似可從范常喜解爲“燃蒿之祭”。䢹邍壺“以取鮮薹”之“薹”，張政烺釋爲“薧”，解爲乾肉，是。

【蒿閈】曾姬無卹壺

○**楊樹達**（1959） 余疑蒿當讀爲稾。《説文》七篇上禾部云：“稾，稈也。”“稈，禾莖也。”《周禮・夏官・序官稾人》注引鄭司農云：“箭榦謂之稾。”《考工記・矢人》云“以其笴厚爲之羽深”，鄭注云：“笴讀爲稾，謂矢榦。”蓋稾爲禾莖，箭榦亦莖也，故稾引申有箭榦之義也。閈疑當讀爲榦。《釋名・釋兵》云：“矢，其體曰榦，言挺榦也。”《周禮》注先後二鄭皆訓稾爲矢榦，知稾榦義同，故此銘假蒿閈爲稾榦而以二字爲連文，蒿與稾聲類同，閈榦爲同音字，故得相通假也。

《積微居金文説》（增訂本）頁 195

○**黃盛璋**（1989） 蒿閈即蒿里，指死者所居之世界或地方，即一般俗稱之陰閈。蒿里爲漢代通語，顔師古謂死人里，一説在泰山下，指墓地，而漢樂府有《蒿里曲》，乃挽歌，墓生蓬蒿，故蒿里指死人之居，此稱爲蒿閈，是指死者世界。

《出土文獻研究續集》頁 114

○**馬承源等**（1990） 蒿閈 讀爲告簡。蒿、告古音通；閈爲閒之古文，讀爲簡，即簡册之簡。言望祭祝告之於簡書。

《商周青銅器銘文選》4，頁 454

○**李家浩**（1990） “蒿閈”二字頗費解。有人認爲讀爲“稿榦”，即箭榦，也有人認爲是地名，皆不可信。從這兩個字綴於地名“漾陵”之後來看，疑應當讀爲“郊閒”。《周禮・地官・載師》“以宅田、士田、賈田任近郊之地”，鄭玄注：“故書……‘郊’或爲‘蒿’……杜子春云‘蒿’讀爲‘郊’。”《古文四聲韻》卷二肴韻“郊”字下引《古孝經》作“蒿”。馬王堆漢墓帛書《老子》甲本卷後佚書《明君》有一段講齊、燕交戰的文字，説“戰于邦蒿，齊人不勝”，帛書整理小組注：“蒿疑讀爲郊。”此是“蒿、郊”二字可以通用的例子。《詩・衛風・考盤》“考盤在澗”之“澗”，陸德明《釋文》引《韓詩》作“干”。《史記・匈奴傳》“漢使馬邑下人聶翁壹奸蘭出物與匈奴交”之“奸蘭”，《漢書・匈奴傳》作“閈闌”。《莊子·列禦寇》“不離苞苴以竿牘”之“竿牘”，朱駿聲《説文通訓定聲》“竿”字下注認爲即“簡牘”。“澗、簡”皆从“閒”聲，“閈、奸、竿”皆从“干”聲。此是“閒、閈”二字可以通用的例子。所以壺銘“蒿閒”可以讀爲“郊閈”。楚人稱“里”爲“閈”。《楚辭·招魂》“去君之恆幹，何爲四方些”，王逸注：“或曰‘去君之恆閈’。閈，里也。楚人名里曰閈也。”《廣雅·釋宫》也説：“閈，里也。”“里謂之閈，故里門亦謂之閈。”《漢書·敘傳》“縮自同閈，鎮我北疆”，顔師古注引應劭曰：“盧綰與高祖同里，楚名里門爲閈。”據此，“郊閈”即“郊里”的意思。《周禮·地官·縣師》“縣師掌邦國、都鄙、稍甸、郊里之地域”，鄭玄注：“郊里，郊所居也。”賈公彦疏：“謂六鄉民布在國中，外至遠郊，故有居在郊者也。”

《文史》33，頁 13

○**張光遠**（1991）　“蒿閒”通“告簡”。

《故宫文物月刊》9-4，頁 17

○**李零**（1992）　安兹、漾陵、蒿閒，應是並列的地名，皆無可考。

《古文字研究》19，頁 143

○**湯餘惠**（1993）　從簡文看，鄩郍確係地名。“郍”同“邢”，字左爲閒字的省寫，不省之形作𨵿，見於戰國楚器曾姬無卹壺，《説文》古文稍訛作𨵿。鄩郍爲楚地，與《左傳》的“敖鄩”恐非一事，不得於滎陽以北求之。我以爲簡文“鄩郍”，大概就是魯壺的“蒿閒”，壺銘云：“聖趄之夫人曾姬無卹，𡧍安兹漾陵蒿閒之無駆。”後半句頗費解，説者紛紜。我的看法，“安”當解爲“自安於夫鍾”之“安”（《左·文十一年》），居止之義。漾陵、蒿閒、無駆皆地名，其中漾陵又見於他簡，無駆大約是蒿閒下屬之邑里，而蒿閒則似當從屬於漾陵，確切地理位置有待進一步考證。

《考古與文物》1993-2，頁 71—72

○**李零**（1994）　“漾陵”與“蒿閒”見於安徽壽縣出土的曾姬無卹壺（後者又見楚官印），“正陽”見於湖南常德德山 26 號墓出土的正陽鼎，而且簡文“蓼”在今河南固始一帶，正陽在今安徽壽縣一帶，皆文獻可考，可用於推知蒿閒當在淮水和淮水支流（汝、潁水）一帶，這對地理考證很有幫助。

《王玉哲先生八十壽辰紀念文集》頁 98

○**連劭名**（1996）　“蒿閒”，饒宗頤先生認爲即“蒿里”，又作“高里”或“耗里”，《説文》云：“薨，死人里也。”吳榮曾先生指出：蒿里是從山名“高里”演化來的，《漢書·武帝紀》：“太初元年十二月禪高里。”顔注引伏儼曰：“山名，在泰山下。”泰山、蒿里的神秘意義應起源於戰國,與當時齊國流行神仙思想有關。古人有“泰山治鬼”的説法,《曾姬壺》銘文中出現“蒿閒”,顯然是來自齊國的影響。

《南方文物》1996-1,頁 113

○崔恆昇(1998)　蒿當爲地名。《穀梁傳》桓公十五年“公會齊于蒿”,《公羊傳》作“鄗”,《左傳》作艾,蓋蒿與艾同物,鄗與蒿同音通假。艾,《辭源》以爲故地在今山東蒙陰縣北,《中國歷史地名辭典》以爲在今沂源縣西南,《春秋左傳注》以爲在新泰西北約五十里。三説雖然各異,但其地望不出三縣境界。“閒”,劉節以爲从門从外會意,即閒之別體,非是。《説文・門部》:“閒,隙也,从門从月。𨳝,古文閒。”(《玉篇》、徐鍇本同)段玉裁作閒,从外是也。中山王兆域圖作“𨳔”,或作“𨳑”,而誤作閒。閒俗作間,蒿間即蒿邑之閒。

《安徽出土金文訂補》頁 73

○劉信芳(1998)　“鄗郲”讀如“蒿閒”,或釋爲地名,引《左傳》哀公四年“晉師在敖鄗之閒”以實之,非是。“蒿閒”應指墓區,包括陵寢、管理人員居住區及耕作區。包簡 115 又記“爲鄗郲貸邺異之鎵金一百益二益四兩”,從貸金之數額看,楚王陵之“蒿閒”相當於縣制。(中略)

　　戰國時稱墓地爲“蒿閒、蒿陵”,應源自西周祭祖之“蒿宮”。西周議政之“蒿宮”發展爲戰國之王宮,而祭祖之“蒿宮”發展爲戰國“蒿閒”建置。戰國之王陵管理已相當於縣制,設有大夫從事管理,設有門禁官以及關市管理的職官。漢代的“蒿里”乃墓地管理人員的居住區,又作爲死所的隱諱語。

《中國文字》新 24,頁 116、118

○李零(1999)　現在據包山楚簡,我們已知“蒿閒”是包括許多楚縣在内的地區名,位置在淮水和淮水支流一帶,“漾陵”的位置也在那一帶(見拙作《包山楚簡研究》文書類,收入《王玉哲先生八十壽辰紀念文集》,南開大學出版社 1994 年),只有“安兹”一詞還有待證明。如果我們以“虗”字與“安”字連讀,而以“兹”爲指示代詞,則應該讀爲“撫”的也是“虗”字。因爲從上述辭例看,“虗”字是从虍得聲而不从壬聲,讀爲“鎮”是不可能的。就目前的認識看,我們還是把“虗”讀爲“撫”,作謂語動詞,而以“安兹、漾陵、蒿閒”爲並列地名更好。

《出土文獻研究》5,頁 145

○陳直(2000)　“蒿閒之無㕌”者,謂“蒿里”之閒,以無郵葬處最佳,無出其右也。(中略)

　　余近日研究本壺銘文,見安徽宿縣出土《許者俞鉦盉》(見《文物》1964 年 7 期)叙爲“蒿君”所贈,“蒿閒之無鴋”,亦可解作在蒿國境内葬地之無匹者。許今在安徽宿縣境内,蒿國當亦距離不遠,同爲楚之屬國。

《讀金日札》頁 92

○**黄德寬**(2002)　　關於“蒿閒”,劉體智認爲與草竊伏莽同意。楊樹達讀爲“槀榦”,義爲箭杆。《商周青銅器銘文選》讀爲“告簡”,言望祭祝告之於簡書。崔恆昇認爲“蒿”是地名,“蒿閒”指蒿邑之閒。李家浩讀爲“郊閒”,義爲郊里。李零據包山楚簡認爲“蒿閒”是包括許多楚縣在内的地區名,位置在淮水和淮水支流一帶。劉信芳認爲“‘蒿閒’應指墓區,包括陵寢、管理人員居住區及耕作區”。同時他也認爲包山 103 號、115 號簡中的“鄗郷”應讀爲“蒿閒”。以上諸説中,劉説可從。

　　“蒿閒”義爲墓區,“宅”字當與墓葬有關。《廣雅·釋地》:“宅,葬地也。”《儀禮·士喪禮》:“筮宅,冢人營之。”鄭玄注:“宅,葬居也。”《孝經·喪親》:“卜其宅兆而安措之。”邢昺注:“宅,墓穴也。”

《古文字研究》23,頁 104

△**按**　　如“蒿閒”與包山簡 103 等之“鄗郷”爲一事,則“蒿閒”似不能理解爲墓區。“蒿”在楚文字中既常用爲“郊”,則“蒿閒”或應如李家浩讀爲“郊閒”,義爲郊里。

【薹坴】璽彙 0283

○**吳振武**(1983)　　0283 薹坴竽鉩·薹垂竽鉩。

《古文字學論集》(初編)頁 491

○**黄盛璋**(1984)　　“蒿□夋鉩”(《古璽彙編》0283)

　　印文左半一二兩字筆畫間有殘損和不清,故《彙編》缺釋爲“□□竽鉩”,此印“鉩”字所從“金”旁,與竽字上從“竹”頭,皆爲楚文字特徵,第一字上從草頭,下似從“高”,下部模糊,大致是“蒿”字,尚待確定,第二字確爲“夋”(坴)字之殘損,只要識出楚文字(坴)的規律,此字即迎刃而解。

《安徽史學》1984-1,頁 45

○**鄭超**(1986)　　蒿陵竽璽(《古璽彙編》0283)

　　“蒿陵”《古璽彙編》原缺釋,吳振武釋出,當是地名。此印也許是蒿陵的封君所屬芋尹所用。

《文物研究》2,頁 89

○**何琳儀**(1989)　　壔(高)夋(陵)(○二八三),即高陸,湖北鍾祥。

《戰國文字通論》頁 143

○**劉信芳**（1998）　"蒿陵"很難釋爲地名，楚地名無"蒿陵"。釋"陵"爲"陸"，乃釋字之誤。"蒿陵"應與"蒿閒、蒿里"相類，乃陵墓之地。"竿"乃門禁官名，字又作"仟"，我曾經討論過這一問題。"蒿陵竿"乃墓地守衛官員。

《中國文字》新 24，頁 117

△**按**　"蓽垈"即"蒿陵"，疑爲地名，具體地望不詳。

蘬　蘬

蘬秦代印風 213

─────────────

△**按**　《説文》："蘬，薺實也。从艸，歸聲。"

葆　葆

葆睡虎地·秦律 89

─────────────

【葆子】睡虎地·秦律 135
○**睡簡整理小組**（1990）　葆，通保。葆子疑即任子，《漢書·哀帝紀》："除任子令。"注："應劭曰:任子令者，《漢儀注》:吏二千石以上，視事滿三年，得任同產若子一人爲郎……師古曰:任者，保也。"

《睡虎地秦墓竹簡》頁 52

△**按**　辭云:"葆子以上居贖刑以上到贖死，居於官府，皆勿將司。"

【葆繕】睡虎地·秦律 89
○**睡簡整理小組**（1990）　葆繕，維修。參邪，不齊正。

《睡虎地秦墓竹簡》頁 41

△**按**　辭云:"傳車、大車輪，葆繕參邪，可殹。"

蕃　蕃

蕃睡虎地·秦律 127

─────────────

○**睡簡整理小組**（1990）　藩，車的隱蔽，《周禮·巾車》注:"今時小車藩，漆席以爲之。"蓋，車傘。

《睡虎地秦墓竹簡》頁 49

○**張守中**（1994）　通藩　車蕃。

《睡虎地秦簡文字編》頁 8

△**按**　睡虎地簡辭云：“及不芥（介）車，車蕃蓋强折列（裂），其主車牛者及吏、官長皆有罪。”“蕃”讀“藩”是。

茸　　茸

△**按**　《説文》：“茸，艸茸茸兒。从艸，聰省聲。”古璽省體作“茸”，中部重見。

叢　叢　叢

△**按**　《説文》：“叢，艸叢生兒。从艸，叢聲。”陶、印此字从羕，不从叢。

草　草　菒

○**强運開**（1935）　《説文》草，大篆本从舛，乍菒。（中略）草，篆乍草，下从甲，不从十，此篆乍菒，从十。金文古甲字多乍十，是亦从甲也。

《説文古籀三補》卷 1，頁 6

○**强運開**（1935）　薛、趙釋作莽，郭、楊均釋莽，鄭作莫，潘云未詳，張德容云：“按此當是籀文草字。《説文》艸部總識云：左文五十三，重二。大篆从舛。可知籀文草作菒也。又按草之古文作卓，正亦不必以中早字省甲爲疑。”運開按，《周禮·大司徒》：“其植物宜早物。”岳本與《釋文》俱作早，別本或作皁。鄭注云：“皁物，柞栗之屬。”今世閒謂柞實爲皁斗。阮文達公《周禮》校勘記云：“皁者，草之俗字。”《説文》草下云：“草斗，櫟實也。一曰象斗，从艸，早聲。”段注云：“木部栩，柔也。其皁一曰樣。又曰：柔，栩也。又：樣，栩實也。按此言櫟者，即栩也。陸機云：‘栩，今柞櫟也。’”又注云：“《周禮·大司徒》‘其植物宜早物'。叚借早晚字爲之，籀文作萒。"是萒即草字，草即早卓字也。觀下文備列栗與柞棫諸木，即《周禮》所謂早物也。斷萒爲草斗字，可以無疑。又按，草篆作草，下從甲，此篆作萒，從十，十即古甲字，見於金文者甚多，即弟二鼓丞彼淖淵之淖作淖，其右旁之卓字亦省甲爲十，並可爲證。

《石鼓釋文》己鼓，頁 4—5

△按　《説文》："草，草斗，櫟實也。一曰：象斗子。從艸，早聲。"草木之草商周古文字作"艸"，戰國楚文字作"卉"，秦系文字借"草"爲之。石鼓文從䒰不從艸。"早"字《説文》小篆從甲，實爲後人類推致誤，此與"戒"字《説文》小篆作戒性質類似。

蒛　蒛

蒛 璽彙 0549

△按　《説文》："蒛，麻蒸也。從艸，取聲。一曰：蓐也。"璽文用作人名。

蓄　蓄

蓄 上博六·用曰 8

△按　《説文》："蓄，積也。從艸，畜聲。"《用曰》辭殘，用法未詳。

萅　萅　菁　苗　旾

萅 睡虎地·日乙 252　萅 集粹

萅 上博六·用曰 10　萅 新蔡甲三 179　萅 包山 240　萅 曾侯乙 1

萅 集成 10008 欒書缶　萅 包山 203

萅 楚帛書　萅 郭店·六德 25

萅 集成 2397 壽春鼎　旾 郭店·語三 20　旾 郭店·語一 40

旾 璽彙 0005　旾 集成 11385 五年鄭令戈　旾 集成 11691 十五年相邦春平侯鈹

○嚴一萍（1967）　春　汗簡作旾。鄭珍箋正曰："石經春秋古文作旾，旾蓋旾之變，省艸，此形郭氏所改，與《説文》蠹下古文所从䒤形合。"按《説文》："春，从日从艸，屯聲。"蔡侯殘鐘之與《説文》同。繒書之則省艸而於下加丿，猶古文風所从之凡加丿作，蓋皆訛變。

《中國文字》26，頁8

○**黄茂琳**（1973）　（編按：五年鄭令戈）郝文表中24號"五年戈"與27號"八年戈"右庫工師都是高，郝同志没有識出，隸寫爲"旾"字。其實，此字从日，屯聲，明顯是"春"字，傳世有"春成侯鍾"（《貞松堂吉金圖》中40），"春"字舊亦不識，釋爲"旻"或"导"，其實也是从日屯聲之"春"字，與兩戈銘之"春"字同一寫法。由春平侯督造的趙國兵器中"春"字寫法不一，但仔細分析，其結構都是从日，屯聲，只是所从之"屯"變幻不一，容易造成錯誤的認識。其中如"四年春平相邦劍"（《貞松》12・22・1）和新近遼寧莊河出土的"四年相邦春平侯劍"（本刊本期361頁）等，"春"字从日屯聲比較明顯，此兩戈銘"春"字結構基本一致，所以此字是"春"是可以肯定的。春爲古姓，《風俗通》以春氏爲楚相春申君黄歇之後，張澍則據春居以爲在黄歇之前。戈銘中的工師春高顯然是韓國人，《風俗通》以"春"氏爲春申君之後，看來是臆測，不足爲據的。

《考古》1973-6，頁379

○**睡簡整理小組**（1990）　（編按：睡虎地・日乙252）春，疑讀爲偆，《説文》："富也。"

《睡虎地秦墓竹簡》頁254

○**林清源**（2002）　（編按：欒書缶）春秋戰國時期的"春"字，一般均从"日"旁作""（蔡侯龖殘鐘）、""（十七年春平侯劍），缶銘則是从"月"旁作""形。這種"日"旁、"月"旁義近互用的現象，也見於其他楚國出土文獻。譬如，楚簡"歲"字既可从"月"旁作""形（包山簡2.141），又可从"日"旁作""形（望山簡2.1）。然而，在晉國文字資料中，"日"旁、"月"旁義符互用的例證，迄今爲止尚未發現。

《史語所集刊》73本1分，頁18

【旾平侯】集成11688—11691，等

○**李學勤**（1959）　這七件兵器中有"冶尹"，同於前引司馬朱矛，而有别於趙魏題銘，所以最可能是韓器。如果這一推論成立，則二相的名氏可以考定。建躬君三年矛和八年劍所記職名相同，而與春平侯五年矛不同，這説明他們不同王世。按韓襄王相南公揭、公仲、公叔，任職年次均與題銘不合。釐王、桓惠王均相張平，王安相韓玘。王安在位共九年，所以建躬君宜是韓玘，春平侯宜是張平。

《文物》1959-8，頁60

○**黄盛璋**(1974)　　由相邦春平侯監造的兵器和由相邦建信君監造的兵器,格式完全一致,肯定是趙國兵器。春平侯見於《戰國策·趙策四》:

> 秦召春平侯,因留之。世鈞爲之謂文信侯曰:"春平侯者,趙王之所甚愛也……故君不如遣春平侯,而留平都侯。春平侯者,言行於趙王,必厚割趙以事君,而贖平都侯。"文信侯曰:"善!"因與接意而遣之。

《史記·趙世家》於悼襄王二年後也有這一段,基本上是根據上引《趙策》而稍加更改,但"春平侯"作"春平君",按《戰國策·韓策》"建信君輕韓熙",下文緊接即改稱爲"建信侯",可見戰國時代"君、侯"可以通稱。漢初劉邦之弟劉交爲文信君,而兄劉喜則是宜信侯,這也是戰國晚期君相當於侯的一個證據。春平君又見劉向《列女傳·趙悼倡后》:

> 倡后者,邯鄲之倡……悼襄王以其美而娶之……初悼襄王后生子嘉,爲太子。倡后既入爲姬,生子遷……陰譖后及太子於王……王遂廢嘉而立遷。黜后而立倡姬爲后。及悼襄王薨,遷立爲幽閔王,倡后淫佚不正,通於春平君,多受秦賂,而使王誅其良將武安君李牧……頌曰……淫亂春平……

劉向領校秘書多見古籍,這一條比《史記》《戰國策》都各有些異同,應另有根據。此春平侯和悼襄王二年秦所遣歸者自是一人,《史記·六國年表》恰於此年列"太子從質秦歸",《史記·趙世家》集解引"徐廣曰:按《年表》云'太子從質秦歸'",暗示春平君即自質秦歸的太子,只是未明説出,《史記正義》才據此斷定"按太子即春平君",據《列女傳》春平君肯定不是太子嘉。《史記·趙世家》記悼襄王只有九年,王遷只有八年,《年表》同。如據《列女傳》,王遷即位不能超過九歲,而司馬遷卻説:"遷素無行,信讒,故誅其良將李牧,用郭開,豈不謬哉。"年齡似乎不合。《戰國策·趙策》"文信侯出走,與(此字應爲衍文)司空馬之趙,趙以爲守相",下文即記秦攻趙,司空馬説趙王,並與趙王問答,此趙王就是趙王遷。秦始皇命文信侯徙蜀,正當王遷的元年,秦攻趙在王遷三年。書中所記趙王不可能只有十一歲,應已成人,所以悼襄王在位年數不止九年,可能是十九。出土之春平侯監造兵器至少已有十五年與十七年;同時,建信君與春平侯監造的兵器各有三年和八年,建信君已確考爲孝成王相邦,春平侯監造兵器的年代有三種可能:(一)悼襄王在位不止九年,今本《史記》之九年乃是十九年之誤脱或被後代改動,如此春平侯就是悼襄王相邦,較建信君晚一個王世。(二)春平侯是惠文王相邦,較建信君早一個王世。(三)春平侯十五年與十七年監造兵器屬孝成王,而元年至八年監造兵器屬悼

襄王。按八年建信君劍與十五年、十七年春平侯劍都有大攻尹韓耑,如采取
第(三)種說法,大攻尹韓耑在銘刻中前後恰可銜接,第(一)(二)種說法皆相
隔過遠,比較起來,以第(三)種爲較合。據《史記・趙世家》,孝成王十五年與
十八年相國爲廉頗,但據《廉頗傳》,廉頗實爲假相國,同時戰國相邦決不止一
個,秦就有左、右相,而秦設相邦爲時很晚,乃是仿效三晉制度。《趙世家》又
記孝成王"十七年假相大將武襄君(樂乘)攻燕","十八年延陵鈞率師從相國
信平君(廉頗)助魏攻燕",而十五年相國就是廉頗,這也證明趙國相邦或假相
並不止一個。廉頗與樂乘都是大將,這幾年都將兵在外對戰,國内不可能没
有掌政的相邦,春平侯與掌軍的假相或相邦廉頗或樂乘可以不矛盾。

《考古學報》1974-1,頁 22—23

○**張琰**(1983)　　春平侯見於《戰國策・趙策四》。(中略)吳師道注曰:"徐廣引
《年表》云,太子從質秦歸。《正義》云,太子即春平君也。"此事亦見於《史
記・趙世家》悼襄王二年,春平侯作春平君。由此可知,春平侯在悼襄王二年
以太子的身份歸於質秦。因此,我們不禁要問:如果春平侯在孝成王十五年
時已位居相邦要職的話,怎麼可能在孝成王的兒子時反作爲人質入秦呢? 而
且據《史記・趙世家》的記載,孝成王十五年、十八年爲相的是廉頗。由此可
斷定,春平侯在孝成王時絕對任相邦的可能(編按:原句如此)。

　　關於春平侯的事迹,又見於劉向《列女傳・趙悼倡后》。(中略)倡后之通春
平侯,於悼襄王死後,可見王遷時春平侯已居高位。王遷八年,秦滅趙。所以
春平侯任相邦的時間,其上限不能早於悼襄王二年,其下限不能晚於王遷八
年。只能在悼襄王、王遷兩個王世。

　　上節我們討論了建信君所監造的兵器應屬悼襄王時,而且春平侯器與建
信君器,兩者在器形、銘文字體、監造制度方面均相同,因此,它們的時代,無
疑是相銜接的。另外,春平侯器有元年、二年,這元年、二年絕不可能是悼襄
王年號(見上述)。所以,根據以上幾方面分析,春平侯器應屬王遷時期。

　　據《史記・趙世家》記載,悼襄王只有九年,王遷只有八年(《年表》同),而
在傳世的春平侯器中,其紀年卻有十五年、十七年者,根據上面的討論,我們認
爲,在春平侯所監造的兵器中,紀年有超過九年以上的,其銘文有僞刻之嫌。

《古文字論集》1,頁 57—58

○**黃盛璋**(1991)　　至於春平侯有兩條記載可以考定他的絕對王世,其一是
《戰國策・趙策四》(中略)。《史記・趙世家》繫此事於孝成王子悼襄王二年
(前 243 年),春平侯改作春平君,其餘基本根據上引《趙策四》,文字稍有簡

化,據此可定春平侯仕於悼襄王爲相邦,元年、二年、三年、四年、八年相邦春平侯監造的兵器都是悼襄王紀年;其二是劉向《列女傳·趙悼倡后》(中略)。如此春平侯於悼襄王死後又仕於趙王遷,悼襄王只有九年,王遷只有八年,但春平侯監造兵器有十五年,而以十七年尤爲多見,其背後曾出現"大攻尹韓崇",年代前後相接,據此兩條可以決定十五年與十七年相邦春平侯監造兵器之紀年爲趙孝成王十五年與十七年,建信君相邦在先,春平侯相邦在後,但他倆人在趙孝成王時曾同事一王,所以八年建信君與十五年、十七年春平侯監造兵器都有"大攻尹韓崇",這樣安排完全合理,全無矛盾,彼此相接而不衝突,與文獻記載也完全吻合,符合史實。(中略)

張琰同志《關於三晉兵器若干問題》(《古文字論集》一),主要就是針對拙文建信君與春平君監造兵器年代與銘文提出商榷,他的主要論點是:春平侯任相邦時間,其上限不能早於悼襄王二年,其下限不能晚於王遷八年,只能在悼襄王與王遷兩個王世,這兩個論點的根據恰恰就是利用拙文上文所引《戰國策·趙策四》與《列女傳·趙悼倡后》,但《趙策四》只能證明春平侯曾於趙悼襄王二年爲秦所召,是趙之重臣,但他並不能證明在此以前的春平侯,更不能證明春平侯任趙相邦上限是悼襄王二年,《趙策四》與《史記·趙世家》都只記載秦於此時召春平侯,何曾證明春平侯相邦即始於此時?以前春平侯的任何活動、行事、官職都毫未關涉,亦無記載可考,如何能把沒有記載的事作爲定年的根據呢?如此張文定悼襄王二年爲春平侯相邦的時間上限,毫無證據,純屬誤考。

《考古》1991-1,頁60

○**李學勤**(1993) 齊思和先生30年代作《戰國宰相表》(收入《中國史探研》),認爲孝成王十五年至二十一年廉頗始終爲相,實與史事不合。孝成王十七年曾以春平侯爲相,銘文是最好的證明,可補史籍之缺。

《戰國策·趙策四》:"秦召春平侯,因留之,世鈞爲之謂文信侯(呂不韋)曰:'春平侯者,趙王之所甚愛也,而郎中甚妒之,故相與謀曰:春平侯入秦,秦必留之。故謀而入之秦。今君留之,是空絕趙,而郎中之計中也。故君不如遣春平侯而留平都侯。春平侯者言行於趙王,必厚割趙以事君而贖平都侯。'文信侯曰:'善。'因與接意而遣之。"此章《史記·趙世家》列於趙悼襄王二年(公元前243年),《集解》:"徐廣曰:《年表》云太子從質秦歸。"《正義》於是説"太子即春平君也"。金正煒爲《戰國策》作《補釋》,引《列女傳》趙王遷時悼襄王后通於春平侯,多受秦賂,使王殺良將李牧,反駁了《正義》的誤解(見諸祖耿《戰國策集注匯考》)。

　　從兵器銘文可以進一步證明,春平侯不是悼襄王太子,而是一名大臣。由銘文紀年知道,他在孝成王十五、十七年,悼襄王元年至四年,還有八年,都在相邦之位。《列女傳》又表明,他到王遷時仍很有勢力,可謂趙國末世的重要人物。

　　　　　　　　　　　　　　　《四海尋珍》頁96,1998;原載《文物天地》1993-3

○陶正剛(2001)　　關於春平侯的記載,在《史記·趙世家》和《戰國策·趙策》都有一段内容基本相同的記載。(中略)黄盛璋先生在《試論三晉兵器的國別和年代及其相關問題》一文中詳細進行考證,認爲春平侯生活在趙孝成王到悼襄王時期,將春平侯監造的十五、十七年兵器屬悼襄王時期,是可信的。所以四年春平侯劍的製造年代應是趙悼襄王四年(公元前241年)製造。

　　　　　　　　　　　　　　　　　　　　　　《古文字研究》21,頁193

【旾頤眜各】楚帛書

○饒宗頤(1985)　　春夏秋冬他書有作春秋冬夏者,如《墨子》《管子》是。此處四時諸字皆从日。帛書釜司𡨄,即司冬。敦煌本《尚書釋文》"中冬"下注云:"古作昗,古文作𡨄也。"冬字从日,與帛書合。《汗簡》日部,春作旾,冬作𡨄,並出石經。

　　　　　　　　　　　　　　　　　　　　　　　　《楚帛書》頁38

○何琳儀(1986)　　"春夏秋冬",原篆作"旾、𦰩、眜、𡨄",均以日爲形符,分別以屯、夏、禾(秋省形)、冬爲音符。甲骨文只有春秋二季,帛書則四季連文,殊堪注目。

　　　　　　　　　　　　　　　　　　　　　　《江漢考古》1986-1,頁52

△按　《説文》:"萅,推也。从艸从日,艸春時生也,屯聲。"爲多形形聲字。戰國文字常省形旁艸,偶或省形旁日,形聲結構尚存。樂書缶日旁訛變作月旁,日、月於時閒義爲義近形符,可换用,楚文字春、夏、秋、冬俱从日,或因以爲"春"所从之日亦表時閒義,故有换用作"月"。秦系文字艸旁與屯旁訛變移位,即隸書"春"字寫法之來源。

芺　荓

芺 信陽2·29　　　荓 包山119　　　荓 上博二·容成15　　　荓 上博六·慎子5

○劉信芳(1997)　　信陽簡二·五:"竹器,十芺,屯赤綿之帓。"按"芺"讀如"簠",《説文》:"簠,黍稷圜器也,从竹、皿,甫聲。医,古文簠,从匚夫。"《周禮・地官・舍人》：“凡祭祀，共簠簋，實之陳之。”鄭玄注：“方曰簠，圓曰簋，盛黍稷稻粱器。”簡文“芺”謂方形竹筥。

【芺蓻】上博二・容成 15

○陳劍（2003） 从“夫”聲之字與从“甫”聲之字常常相通，例見高亨、董治安《古字通假會典》（齊魯書社 1989 年）第 916—920 頁各條。疑“芺蓻”可讀爲“蒲笠”，《國語・齊語》：“令夫農……時雨既至，挾其槍、刈、耨、鎛，以旦暮從事於田野。脫衣就功，首戴茅蒲（《管子・小匡》作‘苧蒲’），身衣襏襫，霑體塗足，暴其髮膚，盡其四支之敏，以從事於田野。”韋昭注：“茅蒲，簦笠也。襏襫，蓑薜衣也。茅，或作‘萌’。萌，竹萌之皮，所以爲笠也。”

原載《“中研院”成立 75 周年紀念論文集—中國南方文明學術研討會》
△按 《説文》新附：“芺，芙蓉也。从艸，夫聲。”信陽 2・29“芺”，信陽 2・5、2・6 作“笶”（劉信芳指 2・5 之“芺”實作“笶”），學者均認爲當讀爲“簠”，可從。包山 119 之地名“芺”，可能也就是包山 124 等之“笶”。“艸、竹”爲義近形符，常可通作（參卷五“笶”字條）。上博二《容成氏》簡 23、15“禹既已受命，乃卉服、箸箬帽、芺蓻”之“芺蓻”，當從陳劍讀爲“蒲笠”。“芺”類似的用法亦見上博六《慎子曰恭儉》簡 5，簡文“茅芺”，何有祖（《〈慎子曰恭儉〉札記》，簡帛網 2007 年 7 月 5 日）指出即“茅蒲”。

蓀 蓀

秦印

△按 《説文》新附：“蓀，香艸也。从艸，孫聲。”

藏 藏 藏

藏 上博三・周易 40 ⬛璽彙 3637

○濮茅左（2003） （編按：上博三・周易 38）“藏”，即“藏”字。音與“壯”通，或讀爲“壯”。

△按　《説文》新附:"藏,匿也。"徐鉉按云:"《漢書》通用臧字。从艸,後人所加。"今見楚簡《周易》"藏"字,知古已有之,然對應帛書本及傳世本皆作"壯",故其本義未必是藏匿。《集韻》唐韻:"藏,艸名。似薍。"楚簡"贊"(仰天湖簡 12)、"寶"(九店簡 56・50)等从貝或从宀之字,當爲收藏、隱匿之"藏"的專字。又,諸字並不从臧,而是从戕,朱德熙認爲即臧否之"臧"本字(《戰國文字研究》[六種],《朱德熙古文字論集》35 頁,中華書局 1995 年)。

芏

仰天湖 5　　 仰天湖 27

【芏緒】仰天湖 27

○饒宗頤(1957)　簡 27"五芏緒";簡 5"柜齒又芏□"。《爾雅・釋艸》"芏,夫王"。郭注:"芏草生海邊,似莞藺,今南方越人采以爲席。"《釋文》:"夫,孫音符,莞名。今南人以此草作席,呼爲芏,音杜。"郝懿行疏:"今燈草蓆即芏草席。"緒,《類篇》云:"織文緻密也。"《周禮・司几筵》"凡喪事設葦席,右素几。共柏席(鄭司農云:迫地之席),用萑。"此當是以芏草織成有文理之席,以之送葬。

　　　　　　　　　　　　　　　　　　　　　　《金匱論古綜合刊》1,頁 66

○中大楚簡整理小組(1977)　《爾雅・釋草》:"芏,夫王。"又名"莥芏",其莖扁而柔軟,可織席。芏莖細長,高者在兩公尺以上,現廣東高要一帶,農民仍稱此種草爲芏,多種植,以供織席之用。緒字又見三十二簡。《類篇》卷十三:"緒,几隱切,織文緻密。"簡文之緒,當是一種細密的織品名。五芏緒,就是五張用芏草編織得很細密的席子。

　　　　　　　　　　　　　　　　　　　　　　《戰國楚簡研究》4,頁 3

○郭若愚(1986)　芏,《廣韻》:"他魯切,音土,草名。"《爾雅・釋草》:"芏,夫王。"注:"芏草生海邊,似莞藺,今南方越人采以爲席。"緒,《集韻》:"几隱切,音謹。"《類篇》:"織文緻密。""芏緒"爲緻密之芏席。

　　　　　　　　　　　　　　　　　　　　　　《上海博物館集刊》3,頁 28

○劉信芳(1997)　"芏"是席草之名(參"芏襄"),"芏緒"似是覆芏席之巾,或以芏草編織,用以覆器物,未能遽定也。

　　　　　　　　　　　　　　　　　　　　　　《中國文字》新 23,頁 104

【芝壤】仰天湖 5

○**郭若愚**（1986）　芝，芝草，見《爾雅・釋草》。壤，《説文》：“柔土也。”引申之爲地之通稱，如“天壤、霄壤”。此謂以芝草鋪楄，或編成蓐，以使骸骨穩定。

《上海博物館集刊》3，頁 28

○**劉信芳**（1997）　“襄”讀如“囊”。“芝囊”是用以盛齒梳之囊，用芝草編織而成。

《中國文字》新 23，頁 104

茇

　上博二・從乙 3　上博六・鄭壽 1　陶彙 3・908　集成 10899 是郚戈

○**丁佛言**（1924）　(編按:陶彙 3・908) 苺　古匋从民，非从女，古民、母爲一字。

《説文古籀補補》卷 1，頁 4

○**高明、葛英會**（1991）　(編按:陶彙 3・908) 此即苺字，古女、母通作。

《古陶文字徵》頁 202

○**楊澤生**（1997）　《陶徵》202 頁還收録一個從“艸”從“女”的字：

　　F 　《古陶》3.908

該書以“古女、母通作”釋爲“苺”。按“茇”應該從“艸”，“女”聲，以上面所説的“恕、怒”二字古文皆作“忞”例之，此字可能是“茹”或“荙”的異體。“茹”字見於《説文》，“荙”字見於《集韻》，後者比前者時代晚，所以 F 是“茹”字的異體要比是“荙”字的異體可能性較大。

《中國文字》新 22，頁 252

○**何琳儀**（1998）　(編按:陶彙 3・908) 茇，从艸，女聲。疑茹之省文。《説文》：“茹，飤馬也。从艸，如聲。”

齊陶茇，人名。

《戰國古文字典》頁 561

○**張光裕**（2002）　(編按:上博二・從乙 3) 茇則勦　“茇”，或作“荙”，此省“心”，即“怒”。郭店簡所見“怒”字除作“荙”外，亦書作“忞”。《集韻》去御：“怒，《説文》恚也。古作忞、悠。”

《上海博物館藏戰國楚竹書》（二）頁 235

○**李守奎、曲冰、孫偉龍**（2007）　　（編按：上博二·從乙3）簡文“荙則勝”，讀作“怒則勝”。

　　　　　　　　　　　　　　《上海博物館藏戰國楚竹書（一—五）文字編》頁 32

△**按**　上博六《平王問鄭壽》簡 1“懼鬼神以爲荙”，“荙”亦讀爲“怒”。“怒”楚文字更常寫作“忞、蒠”，後者似可分析爲从心，荙聲（參卷十心部“怒”字條）。是鄱戈之字當用爲地名，齊陶文用爲人名。

茀

茀 睡虎地·日甲 65 背壹　　茀 上博三·周易 51　　茀 上博三·周易 51

○**睡簡整理小組**（1990）　　（編按：睡虎地·日甲 65 背壹—66 背壹“以莎茀、牡棘柄，燕以待之”）茀字當讀爲茇，草根。莎茇即莎草的根。

　　　　　　　　　　　　　　　　　　　　　　　《睡虎地秦墓竹簡》頁 217

○**濮茅左**（2003）　　（編按：上博三·周易 51）“茀”，一作“沛”，幡幔，或作“旆”。

　　　　　　　　　　　　　　　　　《上海博物館藏戰國楚竹書》（三）頁 205

△**按**　《廣韻》物韻：“茀，草木盛也。”上博三《周易》簡 51 九三“豐其茀”及上六“豐其茀”對應馬王堆帛書《周易》分別作“豐其蔀、豐其屋”，今本《周易》豐卦分別作“豐其沛、豐其屋”。

芕　狱

芕 郭店·老乙 10　　蒝 楚帛書　　芕 上博四·柬大 19　　芺 上博五·三德 11

芺 上博六·莊王 7　　芺 上博六·鄭壽 4　　芕 郭店·性自 22　　芺 上博五·鬼神 2

萩 上博一·性情 14　　芺 上博三·周易 42

狱 上博五·競建 8

○**饒宗頤**（1968）　　（編按：楚帛書）芕字从艸从尢，《説文》：“尢，異也。”此爲繁形。《莊子·徐無鬼》：“夫子，物之尤也。”爲邦芕，訓爲“邦之異”亦通。

　　　　　　　　　　　　　　　　　　　　　　《史語所集刊》40 本上，頁 23

○**曾憲通**（1981）　　（編按：楚帛書）笑。

　　　　　　　　　　　　　　　　　　　　　　　　《古文字研究》5，頁 310

○陳夢家（1984）　　（編按:楚帛書）芠。

○李零（1985）　　（編按:楚帛書）芠,此字不見於一般字書,唯《集韻》收爲疑字的古文,今據釋爲疑,《詩・大雅・桑柔》:"靡所止疑。"傳:"疑,定也。"或讀爲疑惑之疑,亦通。

○高明（1985）　　（編按:楚帛書）⿱⿰艹⿱犬字疑爲艾字之繁,當隸定爲"伐",《爾雅・釋詁》:"艾,養也。"《詩經・小雅・小旻》"或肅或艾",毛傳:"艾,治也。"

○何琳儀（1986）　　（編按:楚帛書）"芠",原篆作"⿱艹犬"。嚴釋"光",饒釋"尤",曾憲通《楚月名初探》（《古文字研究》5輯）釋"笑",陳夢家《戰國楚帛書考》（《考古學報》1984年2月）釋"芠"。按,"⿱艹犬"下從犬。楚簡"犬"旁皆作"⿰"形,陶文作"⿰"（《古匋文香録》附30）,是其確證。《康熙字典》引《集韻》"疑"古文作"芠"。檢今本《集韻》無"芠"。復檢《古文四聲韻》（舊或稱《集韻》）引崔希裕《纂古》"凝"作"獘",知《字典》"芠"實乃"獘"（"薿"之訛變）之誤寫,而與"疑"無涉。帛書"芠"應是"莽"之省。古文字二"屮"與四"屮"每通用。"莽"讀若"芒",《淮南子・精神訓》"芒冥收藏",又"芒然仿佯",注並云:"芒讀王莽之莽。"《方言》十三:"芒,滅也。"其義近"亡"。《史記・范睢傳》"亡其言",索隱:"亡猶輕蔑也。"

○李學勤（1987）　　（編按:楚帛書）"笑"字原從"艸",從曾憲通同志釋。

○朱德熙（1992）　　（編按:楚帛書）帛書C12云:曰余。不可以乍（作）大事。少（小）旱。其□□龍其□取（娶）女爲邦芠。

　　我們要討論的是最後一個字。此字從艸從犬,犬字的寫法與望山一號墓竹簡"白犬"的犬字相同:⿰（119號簡）

　　從字形上看,這個字應該釋作笑字。秦漢簡帛文字的笑字都從艸從犬,如:

　　⿱艹犬馬王堆帛書《老子》乙本178下　　⿱艹犬又《縱橫家書》271

　　可是釋笑無法讀通帛書文字。我們認爲帛書此字是莽字的異體。從艸與從茻相通,金文從茻的⿰字或寫作從艸就是例子。莽字《廣韻》有"莫補切"一讀,先秦時期也常與魚部字叶韻,例如《離騷》:

　　汩余若將不及兮,恐年歲之不我與。朝搴阰之木蘭兮,夕攬洲之宿莽。
日月忽其不淹兮,春與秋其代序。

　　與莽字相叶的與和序都是魚部字。《莊子·則陽》"君爲政焉勿鹵莽,治
民焉勿滅裂"。鹵、莽疊韻,滅、裂疊韻。可見鹵莽的莽也讀如魚部字。根據
這一點,我們認爲帛書莽字當讀爲墓。"邦墓"見於《周禮·墓大夫》:

　　掌凡邦墓之地域,爲之圖,令國民族葬,而掌其禁令,正其位,掌其度
數,使皆有私地域。凡爭墓地者,聽其獄訟,帥其屬而巡墓厲,居其中之室
以守之。

《朱德熙古文字論集》頁 206—207,1995;原載《古文字研究》19

○**曾憲通**(1993)　　(編按:楚帛書)芺　曾侯乙編鐘銘文獸字犬旁作,可證。此
字當從艸從犬,即今之笑字。笑在先秦至兩漢有芺、笑兩種寫法,楚帛書作,
秦簡、馬王堆帛書《老子》作,《縱橫家書》作,臨沂漢墓竹書《孫子》佚文
作,皆從艸從犬。戰國至秦漢從艸從竹往往易混,如楚簡笑又作芺,笑又作
芺,秦漢隸書更加竹、艸不分。據《唐韻》所引,《說文》當有從竹從犬的笑字,
《玉篇》同,唐以前字書皆如是作,至《九經字樣》才據楊承慶《字統》將笑、笑
二體並列。唐以後則爲從竹從夭之笑字所專。帛文"爲邦芺"乃戰國恆語,
《戰國策·韓策》:"恃楚之虛名,輕絕強秦之敵,必爲天下笑矣。""爲天下笑"
與"爲邦芺"同意。

《長沙楚帛書文字編》頁 44—45

○**劉信芳**(1996)　　(編按:楚帛書)芺　該字或隸作"光",或"尤",或"芃",皆誤。
何琳儀先生云:"帛書'芺'應是'莽'之省,古文字二'屮'與四'屮'每通用。"
其說是。然又云:"莽讀若芒。"則失之。按《離騷》:"汩余若將不及兮,恐年
歲之不吾與。朝搴阰之木蘭兮,夕攬州之宿莽。日月忽其不淹兮,春與秋其代
序。""莽"與"與、序"韻,知楚人讀"莽"之音在魚部也。《說文》茻部云:莫,"從
日在茻中,茻亦聲"。又:莽,"從犬、茻,茻亦聲"。段注謂"莽","古音讀如模"。
此亦可證"莽"之古音在魚部。帛書"芺"應讀如"嫫",《荀子·賦篇》:"嫫母力
父,是之喜也。"楊倞注:"嫫母,醜女,黄帝時人。"《漢書·古今人表》作"悔母",
謂爲"黄帝妃"。"娶女爲邦芺"者,娶女爲邦之醜女也;若楚人信奉嫫母爲黄帝
妃之傳說,則似可理解爲娶女爲邦之賢妻,惟是說尚有待進一步證明。

《中國文字》新 21,頁 101

○**曾憲通**(1999)　　(編按:楚帛書)帛書丙篇:"取(娶)女,爲邦笑。"笑字作,從
艸從犬,爲秦漢簡帛笑字形體之所本,筆者嘗有考辨。朱德熙先生以芺爲

“莽”之省而讀爲“墓”。釋笑釋莽，論者依違不一。今按，郭店楚簡《老子》乙組云：“下士昏（聞）道，大笑之；弗大笑，不足以爲道。”二“笑”字皆從艸從犬，與楚帛書所見相同，而馬王堆帛書乙本及傳世諸本此處均作“笑”，可證帛書此文確爲“笑”字。

　　《文字編》前謂帛文“爲邦笑”乃戰國恆語，僅舉《韓策》爲證，以“爲天下笑”與“爲邦笑”同意。今檢諸子書，知“爲邦笑”雖非戰國恆語，而被動句式“爲……笑”之證頗多，試補述之。《莊子・徐無鬼》：“吾恐其爲天下笑。”又《盜跖》：“然卒爲天下笑。”《荀子・强國》：“必爲天下大笑。”《韓非子・十過》：“則滅高名爲人笑之始也。”又：“爲天下笑。”又：“而滅高名，爲天下笑者，何也？”又：“爲諸侯笑。”又《姦劫弑臣》：“無爲人笑。”又《外儲説右下》：“故身死爲戮，而爲天下笑。”又《難勢》：“使臧獲御之則爲人笑。”又：“或爲笑（編按：“笑”前《難勢》原文有“人”字）。”又《説疑》：“爲天下笑。”又《五蠹》：“必爲鯀、禹笑矣。”又：“必爲湯武笑矣。”又：“必爲新聖笑矣。”又：“而身爲宋國笑。”有了大量的傳世文獻相印證，知帛文“爲邦笑”當可論定，而釋茮爲“莽”之省而讀爲“墓”則稍嫌迂遠。更有進者，歷來“笑”字形義分析未有確解，今得楚帛書茮字之助，知此體乃“笑”字目前所見最早之古文字形體，故而頗疑“笑”字本從犬，從艸得聲。何以從犬雖不易質言，後人不明艸爲聲符，復因古文字偏旁從艸從竹義近每互作，卒至易艸爲竹作義符，訛犬爲夭作聲符。

《中國古文字研究》1，頁93—94

○**濮茅左**（2001）　（編按：上博一・性情13）茮，讀爲“笑”。《説文》：“笑，喜也。”後世作“笑”，簡文從艸，從艸、從竹同義，屬植物類。今本《周易・萃》“一握爲笑”，上博簡《周易・萃》“笑”作“茮”。

《上海博物館藏戰國楚竹書》（一）頁239

○**李守奎**（2003）　茮　皆讀笑。當即楚之笑字。與《玉篇》艸部之莢不是同一個字。

《楚文字編》頁279

○**陳佩芬**（2005）　（編按：上博五・競建8）“狄”，從兆從犬，字形未見，疑讀爲“笑”。《廣韻》：“笑，亦作咲。”在此作“譏笑、嘲笑”解。

《上海博物館藏戰國楚竹書》（五）頁175

○**曹錦炎**（2005）　（編按：上博五・鬼神2）“茮”，即“笑”字。《老子》四十一章“下士聞道，大笑之。不笑不足以爲道”，郭店楚簡本“笑”作“茮”，可證。但“茮”與“笑”的關係，是異構還是其他原因，則有待研究。《墨子・所染》：“夏

桀……殷紂……属王……幽王……此四王者所染不當,故國殘身死,爲天下
僇。”“僇”,耻辱;“笑”,耻笑。“爲天下僇”與簡文“爲天下笑”意同。

　　　　　　　　　　　　　《上海博物館藏戰國楚竹書》(五)頁 315—316

○**李守奎、曲冰、孫偉龍**(2007)　(編按:上博五·競建 8)狨　狀　按:《爾雅·釋
畜》:“絶有力,狨。”簡文中讀“笑”。又,古文字“哭”與“笑”皆从犬,此字也可
能是“笑”字異體。

　　　　　　　　　《上海博物館藏戰國楚竹書(一—五)文字編》頁 463

△**按**　戰國秦漢文字“笑”記寫作“芺”,不从“竹”。上博五《競建内之》8“外之爲
諸侯狀”,“狀”讀爲“笑”,應爲“笑”字異體。“狀”从“兆”得聲,據此可知,曾憲通
“‘笑’字本从犬,从艸得聲”之説可從。卷五竹部重見。“狀”另見卷十犬部。

芹

望山 2·48

○**李家浩**(1983)　(編按:望山 2·48)(7)的“芹”字从“艸”从“片”。《老子·道
經》二十七章“善數者不用籌策”之“策”,馬王堆漢墓帛書《老子》甲本作
“筴”,乙本作“笄”,“析”“束”古音相近,故帛書“策”或作“筴”。戰國中山王
壺銘文“筴”字作“箣”,从“竹”从“斦”。“斦”見於《玉篇》《集韻》,即“析”字
古文。帛書“笄”所从“片”即“斦”之省。據此,簡文“芹”即“薪”字。裘錫圭
先生認爲簡文“薪”應讀爲“簀”。“簀”从“責”聲,而“責”亦从“束”聲。《方
言》五:“牀,齊魯之間謂之簀,陳楚之間或謂之第。”“簀”“第”一音之轉。
1975 年江陵鳳凰山 167 號漢墓出土的遣册記有隨葬的木俑,其中二簡云:

　　責侍女子二人,繡衣,大婢。《文物》1976 年 10 期圖版叁·7

　　槓大婢四人。《文物》1976 年 10 期圖版肆·12

　　對照墓内出土的木俑,簡文所指當是兩個繡衣袖手和四個手托被褥的女
俑。由此看來,這二簡的“責”和“槓”都應當讀爲“簀”。“簀侍女子”和“簀大
婢”蓋指室内收拾牀鋪的女奴。鳳凰山 167 號漢墓位於楚國故都紀南城内,
其時代屬西漢前期,距楚國滅亡不久,簡文把牀稱簀,應是沿襲楚人舊習。
(7)的“簀莞”蓋謂牀上用的莞席。

　　　　　　　　《著名中年語言學家自選集·李家浩卷》頁 207—208,2002;
　　　　　　　　　　　　　　　　　　　　　原載《中國語言學報》1

○**朱德熙、裘錫圭、李家浩**（1995）　"荚"上一字从"艸""朩"聲。馬王堆帛書《老子》乙本"籌策"之"策"作"朩"，甲本作"箖"，故知"朩"即"木"字之半，爲"析"字異體。《說文》"片"字亦从半"木"，古代一字兩用的情況頗多，不足爲異。漢隸"析"字或作"枌"，尚存以"朩"爲"析"之意。"析、束"音近，故"策"或作"朩"。此簡"朩"字疑當讀爲"簀"。"責"亦从"束"得聲。簀莞蓋謂牀簀所用之莞席。仰天湖八號簡有"朩枙"，疑亦當讀爲"簀虡"，指牀簀所用之几。

《望山楚簡》頁126

△**按**　"芌"與"箖、朩"或一字異體，詳竹部"策"字條。

荅

璽彙3676

○**吳振武**（1983）　3676 荅荅壽・公荅壽。

《古文字學論集》（初編）頁518

胥

胥上博七・吳命4

【胥子】上博七・吳命4

○**復旦研究生讀書會**（2010）　前一字原圖作胥，我們認爲當隸定爲"胥"。此字聲符即楚簡中常見的"請"等字所从聲符（讀書會上還有學者指出，此字或許即是"薛"之省，戰國文字"薛"大多即从"月"得聲）。第二字是個殘字，殘畫作，當是"子"字之上半。我們將之讀爲"孼子"。"孼子"即庶出之子。吳是姬姓國，其先王泰伯是周古公亶父之子，因此可能被稱爲"周之孼子"。

《出土文獻與古文字研究》3，頁266

△**按**　辭云"汝周之胥子▢"，"胥"釋"薛"讀"孼"可從。金文"薛"字作（薛侯鼎，《集成》2377）、（薛侯盤，《集成》10133），清華一《楚居》簡5作，可隸定作"朝"；增"艸"旁則成"蓹"（參"蓹"字條），省去"辛"旁即是"胥"。

⿱艹六

上博三·周易 39

○**濮茅左**(2003) “⿱艹六”,同“𡴂”,《說文》屮部:“𡴂,菌𡴂地蕈,叢生田中,从屮,六聲。”徐鍇曰:“从屮者,象三菌叢生也。《易·夬》卦曰‘莧陸夬夬’,陸即𡴂也,與莧皆爲柔脆之物,坴字从此。”

《上海博物館藏戰國楚竹書》(三)頁 189

○**李守奎、曲冰、孫偉龍**(2007) “莧⿱艹六”,今本作“莧陸”。

《上海博物館藏戰國楚竹書(一—五)文字編》頁 34

△**按** 字从艸,六聲。馬王堆帛書《周易》作“熱”。

芯

集粹

△**按** 《集韻》侵韻:“芯,草名。”

茉

璽彙 2297

△**按** 字从艸,末聲,然與後世茉莉之“茉”無關,璽文用爲人名。

若

信陽 2·19

○**何琳儀**(1998) 若,从艸,石聲。疑蓆之省文。《說文》:“蓆,廣多也。从艸,席聲。”

信陽簡若,讀蓆或席。《正字通》:“蓆,薦席之席,亦作席。”席亦从石得聲。詳見席字。《古文四聲韻》入聲十七席作,亦从艸。

《戰國古文字典》頁 549

△按　楚簡筵席之席多作"笷"，"若"即"笷"字或體，艸、竹義近偏旁換用。
參卷五竹部"笷"及卷七巾部"席"條。

苫

璽彙 2304

○何琳儀（1986）　籃　《璽》2304 附 2　<image placeholder>169"<image placeholder>"（中略）

　　"苫"非"苫蓿"之"苫"（西漢外來語），乃古文"籃"之省，讀"藍"，爲姓
氏。《璽》1081 <image placeholder>疑亦讀"籃"。

《古文字研究》15，頁 111、129

△按　古文"籃"字，其下所從之"目"，徐在國（《試説〈説文〉藍字古文》，《古
文字研究》26 輯 496—498 頁）認爲實"甘"旁訛變，若是，則"籃"本不從目，則
此"苫"並非"藍"字，然字亦實與後世苫蓿之"苫"無關。

芪　萩

包山竹籤 19　　　曾侯乙 212　　　包山 258

○李家浩（1996）　包山 258 號簡説：

　　（3）蔆茈二筲，蕀 f 二筲，萩二筲。《包山》二〇二・258

　　此簡文記的是隨葬的食物。"萩"這種食物在 2∶191-3 號、2∶202-2 號竹
笥所繫的竹籤上作"芪"。前者從"枳"聲，後者從"只"聲，它們當是同一個字
的異體。爲了便於比較，現在把這三個字的字形揭示於下：

　　《包山》圖版二〇二・258　　　　<image placeholder>《包山》圖版四七・2
　　《包山》圖版四六・19

　　其所從"只"旁的寫法與 E2 相近。（中略）

　　根據以上所説，（3）的"蔆茈、蕀 f"是兩種水生植物。那麼位於其後的
"萩"也應該是水生植物。據 2∶191-3 號、2∶202-2 號竹笥所繫竹籤文字，這
兩件竹笥當是簡文所記載的"萩二筲"。2∶202-2 號竹笥内盛的都是菱角，2∶
191-1 號竹笥内也盛有菱角。菱角也是水生植物，與蔆茈、藕同類。簡文所記
的"萩"和籤文所記的"芪"顯然是指竹笥内盛的菱角。楚人把菱角叫做
"芰"。《國語・楚語上》"屈到嗜芰"，賈逵注："陵，芰也。楚人謂陵（陵）爲

芰。"《説文》艸部:"薐,芰也。从艸,凌聲。楚謂之芰。"以上文所引馬王堆漢墓帛書"枝"作"枳"和《説文》"胑"字重文作"肢"例之,包山竹簡的"蒩"和竹籤的"芰",無疑是"芰"字的異體,與後世出現的草名"芰茣"之"芰",當非一字。於此可證,我們把 E 釋爲"只"是合理的。

《簡帛研究》2,頁 6—7

○**何琳儀**(1998)　蒩,从艸,枳聲。疑枳之繁文。

包山簡蒩,水果。《周禮·考工記》:"橘踰淮北而爲枳。"

《戰國古文字典》頁 747

○**劉信芳**(2003)　李家浩謂字讀如"芰"(《信陽楚簡中的"柿枳"》,《簡帛研究》第 2 輯,法律出版社 1996 年),其説是。《國語·楚語上》:"屈到嗜芰。"韋昭《注》:"芰,菱也。"該墓出土盛有菱角之竹笥二件(標本 2:91.3(編按:2:91.3 當爲 2:191.3)、2:202.2),竹笥所繫籤牌上均書有一"芰"字。

《包山楚簡解詁》頁 266

△**按**　典籍从"支"之字楚文字多从"只",故"芰"即"芰"字楚文字寫法。異體作"蒩",从枳,"枳"即"枝"楚系寫法。

苒

秦印

○**强運開**(1935)　古鉥苒騷。《説文》所無,《集韻》:"音冉,艸盛皃。"《篇海》:"荏染,猶侵尋也。"亦作荏苒。按,《文選·潘岳〈悼亡詩〉》"荏苒春秋謝",或作荏冉,苒冉蓋同字。冉本人姓,孔門有冉求冉伯牛,此从艸,殆即冉之借字。

《説文古籀三補》卷 1,頁 7

△**按**　《廣韻》琰韻亦云"苒,草盛貌"。印文用爲姓氏。

苲

苲曾侯乙 65　　苲曾侯乙 71

○**劉信芳**(2006)　就質地言,有革鞼(簾)、篿(簟)鞼(簾)、苲鞼(簾)、紫錦之鞼(簾)之別。苲,讀爲"笮",則簡文篿只有革質、竹質、絲質三類。

《簡帛》1,頁 9

○**李天虹**（2006）　在曾侯乙墓竹簡裏，䎙有一例和“輨”同記。71 號簡云：

　　　苴䎙、苴輨，紫裏，貂笸之毯。

　　據楚簡文例，可以肯定“紫裏，貂笸之毯”是描述“苴䎙”的文字，54 號簡
描述“革䎙”的文字爲“貂定之毯”，65 號簡描述“苴䎙”的文字爲“紫裏，紫
錦之純，紫繢之歓”，70 號簡描述“□䎙”的文字爲“紫裏，貂毯”可證。這裏
的關鍵是“苴輨”究竟是描述“苴䎙”的，還是單獨的一個物品。（中略）結合其
他楚簡資料看，“苴輨”不像是描述席子的文字。楚簡中同時記録兩個以上
的同類物品時，常常在描述性文字的前面冠以“屯、皆”這樣的總括詞；但也
有將總括詞省略的時候，如信陽 2-13 號簡的“二紡冠，帛裏，組繼”，包山
262 號簡的“二筵席，錦純”等。從構形看，“輨”應該從“旻”爲聲，而楚簡中
讀作“筵”的字也常常從“旻”聲，如上舉望山簡的“偄”，另外還有信陽簡的
“篹”等。所以“輨”很可能也是讀作“筵”。因爲是車席，所以字也可以從
“車”。

《古文字研究》26，頁 304

△**按**　《玉篇》：“苴，草名。”論者多以爲䎙、輨等是席子一類的物品，則“苴”
當是編織席子之草，具體所指不詳。

芿

　　𦬓 货系 2478　　芿 珍秦 1

○**鄭家相**（1958）　右布面文上苑，背文十二朱，僅見小者，應有大者。

《中國古代貨幣發展史》頁 146

○**裘錫圭**（1978）　據《漢書·地理志》，太原郡有上艾縣。其地在今山西省平
定縣東南，戰國時在趙國疆域内。上引幣文“芿”顯然是從“艸”“外”聲之字。
“外、艾”都是疑母祭部字，古音極近。《國語·晉語七》“國君好艾，大夫殆；
好内，適子殆”，韋注：“‘艾’當爲‘外’，聲相似誤也。”三孔布的上芿應該就是
《地理志》的上艾。

《古文字論集》頁 434，1992；原載《北京大學學報》1978-2

○**曹錦炎**（1984）　芿（p.8）

　　《文編》釋爲“苑”（編按：《先秦貨幣文編》8 頁）。此字從艸從外，隸定應作
“芿”。近年河北平山出土的中山王方壺，“簡策”之簡作䇷，安徽壽縣朱家集

出土的曾姬無卹壺，“閒”字作閒，《説文》閒字的古文也作閒。古文字從艸之字可以寫作從竹，如芥字，信陽楚簡作莽；範字，陶文作範，均其例。所以“莽”字應該是“簡”的異體。幣文“上簡”爲地名，古有簡河，爲九河之一，在今河北東光之南、山東德縣之北。“上簡”得名，或與簡河有關。

《中國錢幣》1984-2，頁 67

○**何琳儀**（1998）　　莽，從艸，外聲。疑蔄之異文。《詩·鄭風·溱洧》“士與女方秉蕑兮”，傳：“蕑，蘭也。”

趙器“上莽”，讀“上艾”（參蒈字），地名。

《戰國古文字典》頁 914

○**郭若愚**（2001）　　三孔布十二銖幣。《説文》：“閒（古閑切）。隙也，從門從月，閒古文閒。”《説文》：“簡，牒也，從竹，閒聲。”《石鼓文》作𥳑，《中山王壺》作莽。於此知莽爲簡字之省體，古文字從“艸”與從“竹”可通。此幣文字可釋爲“上蕑”。自右向左讀。按山西平陸縣西五十里有“閒田”，今名閒原，“上蕑”即“上閒”。三孔布上地名往往有上下之分。“上閒”即在其地。

《先秦鑄幣文字考釋和辨僞》頁 27

○**湯餘惠等**（2001）　　同蕑。

《戰國文字編》頁 41

△**按**　　中山王方壺“簡”寫作“莽”，以此例之，則此字釋“蕑”是。璽文、貨幣文“上莽”爲地名，裘錫圭認爲即《漢書·地理志》之太原郡上艾縣。

茟

仰天湖 14

○**史樹青**（1955）　　此簡之茟字，當是華字。

《長沙仰天湖出土楚簡研究》頁 28

○**中大楚簡整理小組**（1977）　　茟茐字不識，從文義看，當是一種草類，可用以編織器物。

《戰國楚簡研究》4，頁 11

○**何琳儀**（1993）　　“茟”，疑“蓶”之省簡。《廣韻》：“蓶，好皃。又木苗出。”仰天湖簡茟14，簡文已殘，文意不詳。

《第二屆國際中國古文字學研討會論文集》頁 254

○**郭若愚**（1994） 芋。

《戰國楚簡文字編》頁 120

苙

璽彙 2069

○**何琳儀**（1998） 苙，從艸，立聲。《方言》三：“苙，圂也。”《集韻》：“苙，畜欄也。”

晉璽苙，人名。

《戰國古文字典》頁 1385

茪

睡虎地・秦律 131

○**睡簡整理小組**（1990） 茪，疑讀爲菅（音尖），一種柔韌可製繩索的草。

《睡虎地秦墓竹簡》頁 51

△**按** 睡簡《秦律十八種》131—132 辭云：“其縣山之多茪者，以茪纏書，毋茪者以蒲、藺以枲蔺之。”

苣 莁

集成 2301 巨苣鼎 璽彙 2279

○**羅福頤等**（1981） （編按：璽彙 2279）苣

《古璽文編》頁 12

○**李零**（1986） “巨莁”，地名，不詳，孫百明先生釋巨蒼。莁，原銘作，從艸從丞，丞即《說文》古文互，與蒼字寫法不同。

《古文字研究》13，頁 385

○**何琳儀**（1998） 苣，從艸，互聲。

晉璽苣，讀恆，姓氏，見恆字 c。

巨苣鼎“巨苣”，地名。

《戰國古文字典》頁 136

茊

近二 862 郘駒壺　　　近二 862 郘駒壺

○何琳儀（1998）　茊,從艸,缶聲。

南州壺茊,地名。

《戰國古文字典》頁 247

○李立芳（2000）　右行第三字"茊",從"艸"從"缶",陳老師隸爲茊,釋爲萄之古文。

《古陶字彙》中缶字寫作:(5.376)、(5.370)

與"茊"下部同形,因此,當隸爲"茊"字。《戰國古文字典》247 頁茊字條下收本器銘文曰:"南州壺:南州茊里郘駒。"釋云:"茊,從艸,缶聲。南州壺茊,地名。"（中略）

左行四字"茊坴編駒",第一字"茊"與右行第三字同爲茊字。（中略）

"茊坴"即"茊夌",亦即"茊陵",《說文》謂"大阜"。陳老師曰:"亦即茊陵。茊里背阜爲村聚,故又稱茊陵。"

《古文字研究》22,頁 108—109

【茊坴】

○李立芳（2000）　見"茊"字條。

苜

珍秦 104

△按　古璽有"笡"字（《璽彙》0156、0314）,與"苜"或爲一字異體。參卷五"笡"字條。

芲

郭店·老甲 25

○荆門市博物館（1998）　芲（兆）。

《郭店楚墓竹簡》頁 112

△按　簡文云:"其未茪也,易謀也。"讀爲"兆"是。

茪　茵

包山 255　璽彙 3995　璽彙 2126

○**羅福頤等**(1981)　(編按:璽彙 2126)茵。

《古璽文編》頁 14

○**吳振武**(1983)　3995 東□・東□茪。

《古文字學論集》(初編)頁 520

○**劉彬徽、彭浩、胡雅麗、劉祖信**(1991)　(編按:包山 255)茪虇,讀如蔥菹。《説文》:"蔥,菜也。"字又作葱。

《包山楚簡》頁 59

○**白於藍**(1999)　戰國印文中有一字作:(《古璽彙編》3995)

此字亦見於包山楚簡,作:(225)

按:此字從艸兇聲,即《説文》葲字異構,兇、夒古本一字。故葲或可從兇聲作。《説文》稷字籀文形體作"",正從兇聲。古璽此葲字在印文中用作人名。包山簡之葲字出現在"葲蔽(菹)二砝(缶)"的辭句當中。葲乃草名。《宋書・謝靈運傳》:"蓼蕺葲薺,菲菲蘇蕫。"《正字通》艸部:"葲,小藍曰葲。"菹指腌菜。《説文》艸部:"菹,酢菜也。"徐鍇《繫傳》:"以米粒和酢以漬菜也。""葲菹二缶"當指兩缶用葲草製作而成的腌菜。

古璽中又有一人名用字作:(《古璽彙編》2126)

此字從艸凶聲,古凶、兇二字音近可通,故此字可能亦是葲之異構。

《考古與文物》1999-3,頁 86

○**劉信芳**(2003)　茪:即《説文》"蔥"字。

《包山楚簡解詁》頁 259

○**裘錫圭**(2008)　楚文字中還有一個從"艸""兇"聲之字,其"兇"旁下部也有兩種寫法。

包山楚簡遣策部分簡 255 所記物品中有如下一項:虇二砝

原整理者釋第一字爲"茪",讀"茪砝(編按:"砝"爲"虇"誤植)"爲"蔥(葱)菹",讀"砝"爲"缶",十分正確。"蔥"從"兇"聲與"聰"從"兇"聲是同類的現象。此字"兇"旁下爲"卩"形。白於藍、何琳儀二先生皆釋"茪"爲"葲",不可信。

何先生大概由於看到薆不能作食用之菹,讀"薆"爲訓草名之"蕿",但蕿恐亦非作菹之物。

馬王堆西漢早期墓竹簡亦有"芫"字("兇"字下部作立人形)。一號墓遣策簡150所記爲:"芫種五斗,布囊一。"原整理者考釋説:"芫,疑當讀爲蔥。夑從兇聲,而夑與恩音近相通。"其説甚是。三號墓遣策簡129所記爲:"山芫苴(菹)一培。"整理者謂"'山芫'似指'山菘'或'山蔥'",當以後説爲是。此二墓竹簡以"芫"爲"蔥",也許就是由於楚文字的影響。

古璽有以"芫"爲人名者,"兇"旁下部作"✔":東◼(野?)◼

此璽爲白文,當是楚印。此"芫"字自然也應釋"蔥"而不能釋"薆"。戰國時人以"蔥"爲名,見於《戰國策》者,有趙蔥(《趙策四‧秦使王翦攻趙章》)、龐蔥(《魏策二‧龐蔥與太子質於邯鄲章》)。古璽人名又有"刾茵",何琳儀先生定此璽屬三晉系,以"茵"爲"芫之省文"。此"茵"字疑亦當釋"蔥"。

　　　　　　　　　　　　　　　　　《出土文獻與古文字研究》2,頁6—7

△**按**　諸字所從之兇、凶,裘錫圭認爲即金文"恩"之省變,與"**夑**"之古體"兇"並非一事。故另立字頭於此,不繫於"薆"字條下。

【芫蘆】包山255

○**劉彬徽、彭浩、胡雅麗、劉祖信**(1991)　芫蘆,讀如蔥菹。《説文》:"蔥,菜也。"字又作葱。菹,《説文》:"酢菜也。"《周禮‧天官‧醢人》"七菹",注:"韭、菁、茆、葵、芹、菭、笋,凡醢醬所和細切爲齏,全物若牒爲菹。"

　　　　　　　　　　　　　　　　　　　　　　　《包山楚簡》頁59

菖

![菖 包山40] ![菖 天星觀]
　包山40　　　天星觀

○**湯餘惠**(1993)　菖40　菑‧菖(著)　此字下從旨,156簡詣字從旨作◼,265簡缶字作◼,可參驗。菖即著字古文,見《玉篇》。簡文"菖陵"爲地名,地望待考。

　　　　　　　　　　　　　　　　　《考古與文物》1993-2,頁69

○**何琳儀**(1998)　菖,從艸,旨聲。蓍之異文。《玉篇》:"菖,古文蓍。"

　　天星觀簡菖,讀蓍。《説文》:"蓍,蒿屬,生千歲三百莖,《易》以爲數。天子蓍九尺,諸侯七尺,大夫五尺,士三尺。從艸,耆聲。"又《康熙字典》:"蓍,古文菅。”與楚簡正可印證。包山簡“菅陵”，讀“辰陵”，亦作“夷陵”，地名。《易·恆》“振恆凶”，《説文》引振作揱，是其佐證。《左·宣十一》“楚子、陳侯、鄭伯盟于辰陵”，《穀梁》作“夷陵”。在今河南西華西北。又《漢書·地理志》南郡“夷陵”，在今湖北宜昌。

《戰國古文字典》頁 1290

△按　“菅”或作“管”（包山 201），易从竹，皆即“菁”之異構。

【菅陸】包山 40

△按　“菅陸（陵）”當爲地名，見“菅”字條。

蒁

璽彙 0089

○羅福頤等（1981）　蒁。

《古璽文編》頁 14

○吳振武（1983）　0089 蒁芒左司工·蒁（巍）芒左司工。

《古文字學論集》（初編）頁 488

○林素清（1990）　（編按：《古璽文編》）一·七下蒁字，應可釋成巍。《汗簡》中之一魏字作迷，徐中舒等因而以匞爲魏字簡體，故蒁字不妨隸定爲巍。

《金祥恆教授逝世周年紀念論文集》頁 100

○何琳儀（1998）　蒁，从艸，匞聲。疑萎之異文。《説文》：“萎，食牛也。从艸，委聲。”

　　晉璽“蒁芒”，地名。

《戰國古文字典》頁 1170

△按　字从匞得聲，中山王鼎“匞”讀爲“委”。釋“巍”可從。

葿

葿璽彙 2265

○羅福頤等（1981）　葿　《説文》所無，《集韻》：“葿，葿母，藥草。”

《古璽文編》頁 12

○**何琳儀**（1998）　　莧，从艸，貝聲。《集韻》：“莧，莧母，藥草。”

晉璽莧，讀貝，姓氏。出清河貝丘，蓋以地爲氏。今吳越多此姓，見《姓氏考略》。

《戰國古文字典》頁 948

莒

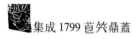 集成 1799 莒𥂖鼎蓋

【莒𥂖】

○**何琳儀**（1992）　　第二字《金文編》隸定“莒”（**編按**：原文“莒”誤排爲“莨”，“皀”誤排爲“皂”，下文徑改），新版《金文編》僅存原篆收入“附録”（1169），李孝定云“其形與契文臺字略似”。其中容庚最初的隸定是正確的，但未能分析其音義，實際上仍是不識之字。按，“莒”从“艸”从“皀”。“皀”在戰國文“食、簋、即、卿”等字偏旁中習見，例不備舉。《説文》：“皀，穀之馨香也，象嘉穀在裏中之形。匕，所以扱之。或説皀，一粒也……又讀若香。”據近代學者研究，“皀”爲飯器“簋”的象形。許慎分析“皀”的形體支離破碎，殊不可據。不過其讀“皀”爲“香”，確不可移。段玉裁云：“許書中卿、鄉字从皀聲，讀若香之證也。”頗有見地。“卿”與“鄉”爲古今字，本从“卯”从“皀”會意（二人於簋旁就食），而“皀”也是“鄉”的音符，所謂“會意兼形聲字”。或雖然承認“鄉”是會意字，但是否認“皀”是“鄉”的音符，則忽視了會意字往往有“聲化”的趨勢，即“以主動爲形，受動爲聲”。“皀”的名稱用“簋”字表示（“皀”从“殳”會意），“皀”的馨香以“香”音讀之，二者並不矛盾。“莒”既然是從“艸”从“皀”得聲的形聲字，據《説文》所載古音，自應讀“香”。“莒”，字書未見，其實就是“薌”字，見《説文新附》“薌，穀氣也，从艸，鄉聲”。鈕樹玉云：“按，《曲禮》黍曰薌合，梁曰薌其。鄭康成注《周禮·大祝》引此文薌並作香。又《説文》皀訓穀之馨香，讀若香，亦與薌義合。”以形言之，“皀”增“艸”爲“莒”爲“薌”表示穀物；以音言之，“皀、鄉、香”雙聲疊韻；以義言之，“皀、薌”均爲穀馨香。所以“皀、莒、薌”實乃一字之分化。另外，“皀”讀若“香”還有兩條重要的旁證：

一、天亡簋（《三代》9.13.2）“惟朕有慶，每揚王休于尊皀”。其中“尊皀”合文，“皀”省簋之底座，舊誤讀“尊簋”。按，當讀“尊饗”，見《後漢書·

鮑昱傳》"尊饗國老,宴會諸儒",有以尊酒宴饗之義。"皀"與"慶"均屬陽部,正入韻;若讀"簋"屬幽部,則失韻。"皀"承上文"王饗大宜"爲義,亦承"饗"省簡。

二、中改鼎(《集成》2228)"中改皀鼎"。"皀"省底座,這類省簡亦見戰國璽文、陶文"簋"字偏旁。"皀鼎"即"臄鼎"。《儀禮·公食大夫禮》"臄以東",注"牛曰肜,羊曰臐,豕曰膮,皆香美之名也。古文臄作香"。是其確證。"臄鼎",見《周禮·考工記·匠人》"闈門容小扃三個",注"小扃,臄鼎之扃,長二尺,參個六尺"。

至於甲骨文"皀"讀"饗"亦可通,詳另文。

以上例證説明,"皀"字確如《説文》所載"讀若香",在古文字中讀"饗"或"肜"。值得注意的是,金文習見的"簋"字都從"皀"從"殳",並不作"皀"(戚姬簋疑漏刻"殳")。這表明"皀"與"簋"的界限分明,與"鄉"的關係則十分密切。"皀"的讀音也就昭然若揭了。總之,"皀"象"簋"形,所盛食物味美,故讀若"香";分化爲"苞、薌"表示穀物之香,分化爲"臄"表示牲肉之香。後世均以"香"字爲之。

第三字應隸定"笄",見《信陽》2.021、《璽彙》3108 等。《汗簡》上 2.21"箕"作"笄"。

綜上分析,器銘後二字可隸定"苞笄",讀"薌箕",即典籍之"薌萁"或"香萁"。

檢《禮記·曲禮》下"凡祭宗廟之禮……黍曰薌合,粱曰薌萁",《釋文》"萁字又作箕"。《太平御覽》卷八四二百穀部六引《禮記》作"箕"。凡此與本銘"笄"從"竹"十分吻合,亦可證《禮記》"薌萁"本應作"薌箕"。作"萁"者乃緣"薌"從"艸"而誤。關於"薌箕"的釋讀,歷來衆説紛紜。(中略)

爲了正確釋讀"薌萁",字形必須以出土銘文爲準,字義必須按駢句規律分析。"黍曰薌合,粱曰薌萁"無疑是一組對偶句式。"黍"和"粱"對文,文獻習見。前者指大黄米,後者指精良的小米。程瑶田云:"《内則》言飯有粱,又有黄粱。是粱者白粱也。今北方猶呼粟米之純白者曰粱米。"參照孔穎達、程瑶田之説,《禮記》之"粱"似指白小米而言。"香萁爲飯,雜以粳菰,散如細蟻,麗似凝膚"。雖屬文人涉筆成趣之辭,然與上述推測頗爲吻合。這是探索"薌合"和"薌萁"蘊義的基點。孔穎達《正義》:"夫穀秫者曰黍,秫既軟而相合,氣息又香,故曰薌合也。"陳澔《集説》:"黍熟則黏聚不散,氣息又香,故曰薌合。"由此可見,"薌合"是指香氣而言。由"薌萁"與"薌合"

對文,可知"箕"也應與"合"義相承。檢《説文》"箕,所以簸者也"。簸箕形狀內狹外廣,故由"箕"所組成的詞彙多有向外舒展之義,如"箕踞、箕張"等。"薌其"似也指香氣向外舒展,這與"薌合"指香氣向内聚合恰好對應。黃米內涵馨香和小米外溢馨香,古人分別以"薌合"和"薌箕"形容,用辭考究,頗爲貼切。(中略)

　　周代銘文"用盛稻粱",屢見不鮮。戰國銘文則有"粱"的異名"薌其",且可與戰國文獻《禮記》相互印證。

《農業考古》1992-1,頁 167—169

茀

集粹　陶彙 3 · 1374

○**高明、葛英會**(1991)　茀　《説文》所無,《玉篇》作茀,《集韻》茀與茀同。

《古陶文字徵》頁 201

莆

集成 2307 右莆公鼎　　新蔡甲三 355

【莆官】集成 2307 右莆公鼎
△按　銘文云"右廩宮莆官和鼎","莆官"當爲職官名。
【莆泉】新蔡甲三 355
△按　地名。

菱　墢

湖南 1

△按　《集韻》蒸韻:"菠,《説文》:'芰也。'或作菱。""墢"從垄,"垄"爲"夌"楚系寫法,故"墢"應是"菱"之異體。

【菳邿】

○**李家浩**(1984)　《湖南省文物圖録》圖版五十九著録如下一枚三合印：

這是由三塊組合成的圓印,現僅存三分之二,另外三分之一缺失。此印右下一字當是"鈢"字的殘文。"鈢"左一字當是"菳"字,長沙戰國帛書"山陵"和鄂君啟節"襄陵"等"陵"字所从"夌"旁與此偏旁相同可證。

這枚三合印舊釋讀爲"邿菳(菱)□璽"。按戰國方印四個字上下左右排列的,通常是從右行由上到下,然後轉向左行由上到下讀。也有從左向右讀的。但圓印的讀法卻很特別,如下録一枚楚國圓形官印：

此印即從左邊的"郢"字開始,順時針方向讀爲"郢閒愧(?)大夫鈢"。(中略)上録三合印與"郢閒愧(?)大夫鈢"同是楚國圓形印,因此這枚印應從"菳"字開始順時針方向釋寫爲:菳邿□鈢(璽)。

"菳邿"當是地名。"邿"下所缺之字可能是官名,如"五渚正鈢"之"正"之類的字。也有可能是"之"字。

楚國有地名叫"菱夫"。《戰國策·秦策三》：

> 伍子胥橐載而出昭關,夜行而晝伏,至於菱夫,無以餌其口,坐行蒲服,乞食於吳市,卒興吳國,闔閭爲霸。

這裏記的是春秋時期伍子胥從楚國逃到吳國的情況,當時"菱夫"尚屬吳國。到了戰國時期楚威王滅越,"盡取故吳地至浙江",其地遂爲楚所有。"菳邿□璽"是戰國時楚印,印文"菳邿"當是《秦策》的"菱夫"。"菱夫"是地名,故印文"邿"从"邑"。

上引《戰國策·秦策三》的一段文字,是用《四部叢刊》影印元至正十五年鮑彪校注吳師道補正本,姚宏校正續注本"菱夫"作"菱水",《史記·范雎傳》作"陵水"。鮑本作"菱夫",與楚印合,可見鮑本是有所本的。

《范雎傳》"陵水"之"陵"當是"菱夫"之"菱"的異文。可能"菱夫"在"陵水"邊上,故《戰國策》作"菱夫",《史記》作"陵水"。《史記·范雎傳》司馬貞索隱:"劉氏云:'陵水,即栗水也。'按:陵、栗聲相近,故惑也。"栗水即溧水。如劉氏説不誤,則"菱夫"應在今江蘇溧陽縣境内。

據目前所知,戰國印裏由兩塊以上組合而成的,有"大廐(廄)"二合印,"京"字三合印,"跙"字三合印,加上"菳邿"三合印共四枚。"大廐(廄)"二合印是管理楚王馬廄官署所用的印,與"菳邿"三合印都是官印。"京"字三合印和"跙"字三合印因僅存三分之一字,不能斷定是官印還是私印。以"市亭"印文和"戻亭、斛(?)亭"陶文的"亭"以"京"字爲之來看,"京"字三合印的"京"也可能用爲"亭",此印即某市亭官署所用的印。既然"菱邦"三合印、"京"字三合印都是官印,那麼形制相同的"跙"字三合印大概也是官印。《周禮·地官·司市》:"凡通貨賄,以璽節出入之。"此把"璽"稱爲"璽節"。"大廐"二合印和"菱邦"三合印等,都是官印,必須由兩塊或三塊相合後才能鈐用,這是否如符節一樣具有合符節的作用呢? 這個問題有待進一步研究。

《著名中年語言學家自選集·李家浩卷》頁 130—134,2002;
原載《江漢考古》1984-2

萄

○**李學勤**(1992)　　"疆"字簡上原从草字頭,筆畫減省。畔疆就是百畝的田界。"終"訓爲畢,終畔疆指田界已經劃定。

《綴古集》頁 153,1998;原載《中國文物報》1992-3-22

○**劉樂賢**(1996)　　從現有楚文字資料看,萄字所从並非匋字。睡虎地日書中與之相對應的爲濡、窓、窻三字,李零先生説當與窓字通假,其説可信。按:此字亦見於包山楚簡第 151 號簡,簡文與田制有關,疑讀爲畹。睡虎地乙種的表格中又作窓,與窻、罄也是音近通假關係。

《華學》2,頁 64

○**劉信芳**(1997)　　萄　簡文作"萄"(簡 17)、"萄"(簡 21)、"萄"(簡 22),未見於字書。秦簡作"濡"或"窓",由窓、濡互文,知濡讀如"奧","萄"字讀音應與"奧、窓"相近。

《第三屆國際中國古文字學研討會論文集》頁 519

○**陳松長**(1997)　　此字在九店簡中反復出現,整理者釋爲"萄"。對此,劉樂賢兄已提出過異議。(中略)

樂賢兄所説不無道理,但他雖説該字"所从並非匋字",但其隸定字型時,仍隸定爲"萄",其實這也是不太準確的。細檢九店簡中同時出現的該字,共計 13 次,且每字均比較清楚,雖是同一個字,其筆畫的長短仍略有差別,其中那一横帶彎豎筆比較明顯的僅有 4 字,即第 15 簡、第 17 簡、第 21 簡和第 22 簡,而稍帶彎筆收尾,或乾脆没彎筆的則有 9 個字,例如第 23 簡上就寫作"𦯧"形,由是可知,該字的字形似乎亦不應隸作"蒿"。也許是有鑒於此,包山楚簡第 151 號簡上的這個字在隸定時,乾脆就隸作"畕"字,確實,包山楚簡中的這個字,其彎畫並不明顯,但將此字隸定作"畕"顯然並没解決問題。(中略)曾有人將包山楚簡中的"𦯧"字徑釋爲"苗",並稱其爲"从草从畕省",而且將其列在"畕"這個字條之下,視爲"畕"字之異構。

　　現在看來,將此字釋爲"从草从畕省"的"苗"字,恐怕是比較合理的。首先,在包山簡中,(中略)所謂"畔苗(畕)",猶言田界也。其次,在九店簡中,作爲日名,亦可與睡虎地秦簡中的"宛"字相通。語音上,"宛"與"畹"通,同屬影母元韻字,苗(畕)是見母陽韻字,元、陽二韻的主要元音相同,例可通轉。語義上,畹,《説文》田部:"田三十畝也。"畕,《説文》田部:"界也,从畕,三其畫也。""畕,比田也,从二田。"可見,二字均與田以及田地的範圍多少有關,因此,二字互見,且用之於不同的地域,這是完全可以成立的。

　　　　　　　　　　《第三屆國際中國古文字學研討會論文集》頁 549—550

○李零(1999)　"菀",原釋"蒿"。此字下半所从並非甸字,而是一個从田从宛的字(劉樂賢 A 引予説)。這種寫法的"宛"字,其貌似於勹的偏旁可能是由金文"𡩟"字所从的🦅演變(金文"原"字的古體含有這個部分,其形體演變可爲旁證),故釋爲"菀"。

　　　　　　　　　　　　　　　　　《考古學報》1999-2,頁 143

○李家浩(2000)　此字原文作𦯧,从"艸"从"甸"。按古文字从"勹"旁之字作如下諸形:𩰀(甸)、𩰡(䰞)、𩰟(朋,《金文編》649、651、661 頁)、𦯧(郇,《包山楚簡》圖版七八・一七二)。"甸"所从"𠃌"與上録諸字"勹"旁相似,故將𦯧字隸定作"荀"。(中略)應當分析爲从"艸"从"甸"聲。此建除名,秦簡《日書》楚除乙種作"宛、宠",甲種圖版照片文字不甚清楚,釋文作"濡"。"宛",《説文》以爲"宛"字的或體,《玉篇》以爲冤枉之"冤"的本字,《集韻》以爲"怨"字的或體。"宠"字不見於字書,顯然是"宛"字的異體。上古音"宛、安"都是影母元部字,故从"宛"聲的"宛"可以寫作从"安"聲的"宠"。"濡"與"宛"的讀音相隔甚遠。(中略)"澳、宛"二字的古音都屬元部。疑秦簡"濡"是"澳"字的誤釋。(中略)"荀、宛、澳"當是一聲之轉。"荀"字還見於包山楚墓竹簡一五一號:"左馭番戍飤(食)田於邘或(域)齰邑,城田一索畔(?)荀。"其義當與田有關。

　　　　　　　　　　　　　　　　　《九店楚簡》頁 66—67

○**劉信芳**（2003）　　蓎：李學勤釋爲“疆”（同上引）。字又見九店簡《日書》17、20、23、24 等，學者或釋爲“苑”（李零説）。按睡虎地秦簡《日書》與之相應的字作“濡”（簡 731）、“宛”（簡 909），知該字應讀爲“壖”或“惌”，“城下田也，一曰：㬸，邻地”（《説文》），蓋謂城外，河旁、宫廟外沿邊隙地也（參段注）。“索畔壖”者，番戍之食田與國有壖地相畔。

《包山楚簡解詁》頁 156

○**何琳儀**（2003）　　學術界一般都認爲 囱、囵 乃“邍”字省文，即“原”字，十分正確。我們懷疑 蓎 所从的 囱 即戰國楚文字“备”。囱 字或作 囵，與上引“邍”字作 㻛 或作 㻚 相類。此外，古文字 夕 旁或作 久 旁。（中略）蓎 字應分析爲从“艸”，“备”聲。“备”爲“原”字異文，故“蓎”爲“蒝”之異文。“蒝”字見《説文》“蒝，艸木形。从艸，原聲”。《集韻》“蒝，一説，莖葉而曰蒝”。（中略）

　　首先談九店楚簡中的“蒝”字。九店楚簡“蒝”是建除名。秦簡《日書》中與之相應的建除名作“惌、宛”。“蒝、惌、宛”（宛字或體）古音相近可通。（中略）

　　其次討論包山楚簡中“蒝”字的用法。包山 151 簡文爲：

　　左馭番戍飤（食）田於邘彧（域）骼邑，城田一索畔蒝。

　　簡文“蒝”字當从李零之説讀“㬸”。

《楚文化研究論集》5，頁 347—348

○**馮勝君**（2004）　　古文字中還有一種用作偏旁且形體變化得比較劇烈的“夗”字，我們也在此一併討論。《孔子詩論》20、21 號簡《宛丘》之“宛”寫作 囵 形，字又見於九店及包山楚簡，从艸，寫作 蓎、夢（九店 56 號墓 22 號簡、包山楚墓 151 號簡）。蓎 所从之 囵 董珊先生認爲與“邍”字上部所从字有關，很正確。徐在國先生將這一形體分析爲“从艸从田夗聲”，則更加準確。由於董、徐二先生都没有對他們的説法詳細論證，今試做補充如下。金文中“邍”字寫作：

　　　　　㻛《金文編》104 頁　　　　　㻚《晉國奇珍》82 頁

　　還有一種寫法是：

　　　　　㻚《金文編》105 頁　　　　　㻚《晉國奇珍》84 頁

　　第一種寫法的“邍”从 囱，而 囱 所从的 夗 應該釋爲“夗”。《集成》4197 號簋銘中器主的名字作如下形體：昭　夗

　　第一個形體 昭 所从的 夗 正是我們前面討論過的“夗”字，其異體所从的 夗 無疑也應該釋爲“夗”。這種形體的“夗”正與 囱 所从的 夗 形相近。其實在

甲骨文中就已經有寫作ᢆ形(《屯南》2551 號)的"夗"字了。所以將ᢆ所從之ᢆ釋爲"夗"也是有充分的字形根據的。

後一種寫法的"邍"字所從之"备"作ᢆ、ᢆ形，其所從的ᢆ、ᢆ也是"夗"字的變形。甲骨文中北方名寫作：ᢆ(ᢆ)《合集》14294

陳邦懷釋爲"夗"，十分正確。類似的"夗"字形體在金文中寫作：

ᢆ戉嗣鼎"餓"所从，《集成》2708 號

"夗"字寫作ᢆ的這種形體，是很容易類化爲"勹"字的，如ᢆ所從之ᢆ。所以金文中"邍"字所從的"备"，其實都是從田夗聲的"畹"字。

我們再回過頭來看楚簡中ᢆ、ᢆ所從的ᢆ、ᢆ，無疑是來源於我們前面所討論的金文中ᢆ、ᢆ形所從的"夗"的。特別是九店楚簡中的ᢆ，秦簡《日書》楚除乙種作"惋"，更是將ᢆ、ᢆ所從釋爲"夗"的有力證據。所以楚簡中的ᢆ、ᢆ等形體也應該分析爲從田夗聲，隸定作"畹"，釋爲"畹"。

如此看來，"邍"本從"夗"聲(邍，疑紐元部；夗，匣紐元部，二字古音極近)，"象"當是纍加的聲符(象，透紐元部。古音中舌頭與喉牙通轉的現象很多，如同樣從肙得聲的捐、絹、娟就分別屬於喻紐、見紐和影紐)。

古文字中作爲偏旁的"夗"寫作ᢆ、ᢆ形，與我們前面討論的上博《緇衣》"夗"字作ᢆ、ᢆ形差別較大，可能是因爲同一個古文字在分別用作獨體偏旁時，其形體演變方向和速度往往會有較大不同，這一現象已經爲古文字學者所熟知，毋庸贅述。

《古文字研究》25，頁 283—284

△按　此字下半所從作ᢆ，李家浩、白於藍、施謝捷、陳劍等皆認爲與《説文》邍字所從之"备"在字形上有距離，陳劍(《"邍"字補釋》，《古文字研究》27 輯132 頁，中華書局 2008 年)謂諸字"用法自成一套，都不跟'原'發生關係。同樣是上博竹書，《上博(三)·周易》簡 9 比卦的ᢆ形對應於今本'原筮'之'原'，與《孔子詩論》對應於今本'宛'的兩例字形、辭例均有別，可見確實應將它們徹底分開"。故此字形體如何分析，尚待研究。

菴

陶彙 9·33

○**高明、葛英會**(1991)　《説文》所無，《玉篇》："菴，蓇蒿也。"

《古陶文字徵》頁 204

萃

萃璽彙 2259

○**吳振武**（1983）　2259 萃坨・萃坨。

《古文字學論集》（初編）頁 505

○**何琳儀**（1998）　萃，从艸，卒聲。疑埶之省文。《説文》：“埶，艸木不生也。从艸，執聲。”

晉璽萃，讀執，姓氏。祖己七世孫遷於摯，後有摯氏及執氏。見《姓源》。

《戰國古文字典》頁 1382

△**按**　此字當从卒，故隸定作萃。《璽彙》1790 有从萃的“瘁”字，亦作人名。“萃”與“埶”未必有關。

若

若上博二・容成 15　若包山 70

○**李零**（2002）　（編按：上博二・容成 15）蓄若冒　即“箬箬帽”。按《説文》竹部：“箬，竹箬也。”“箬，楚謂竹皮曰箬。”箬箬帽即今之竹笠。

《上海博物館藏戰國楚竹書》（二）頁 261

△**按**　上博二《容成氏》簡 23、15 辭例爲“禹既已受命，乃卉服、箬若帽、芺埶”，“若”讀爲“箬”是。戰國文字艸旁與竹旁時有換用，如地名“鄀”清華一《楚居》既寫作“若”（簡 4），又作“箬”（簡 7）。“若”或即“箬”異體，卷五竹部重見。

菓

菓曾侯乙 214

△**按**　用法不詳。

菓

曾侯乙 62

○**裘錫圭、李家浩**（1989）　“菓”，或寫作“果”。簡文所記的戟幾乎都加上“二果”或“三果”的説明，結合出土實物來看，“二果”“三果”是指戟有二個或三個戈頭。“果”與“戈”古音相近。大概當時人爲了區别於一般的戈，把戟上的戈稱爲“果”。

《曾侯乙墓》頁 505

○**何琳儀**（1998）　菓，从艸，果聲。果之繁文。《集韻》：“果，《説文》木實也。或作菓。”

隨縣簡菓，多戈頭之戈，讀畍。《廣雅·釋詁》三：“畍，擊也。”

《戰國古文字典》頁 847

△**按**　辭云“一戟二菓”，“菓”讀“戈”是。

莒

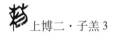陶彙 5·458

○**高明、葛英會**（1991）　莒　《説文》所無，《玉篇》：“莒，莒蒲也。”

《古陶文字徵》頁 203

○**湯餘惠等**（2001）　葛。

《戰國文字編》頁 30

△**按**　戰國古文“曷”旁構型複雜，未有作此形者，楚簡讀爲“葛”的字並不从“曷”，參“葛”字條。

莉

莉　上博二·子羔 3

【莉民】上博二·子羔 3

○**馬承源**（2002）　童土之莉民　言“童土”辭接上簡。《漢書·匈奴傳下》“莉庶亡干戈之役”，顏師古注：“莉，古黎字。”《集韻》：“黎，或作莉。”“莉民”即“黎民”，古字通用。《史記·惠景閒侯者年表》“利倉”，《漢書·高惠高后文功臣表》作“黎朱蒼”。“莉”字取其聲符，讀作“黎”。

《上海博物館藏戰國楚竹書》（二）頁 187

茊

茊 信陽 2·27

○ **中大楚簡整理小組**（1977）　茊。

　　　　　　　　　　　　　　　　　　　　《戰國楚簡研究》2，頁 27

○ **劉雨**（1986）　茊。

　　　　　　　　　　　　　　　　　　　　《信陽楚墓》頁 130

○ **郭若愚**（1994）　茊，同埘，亦作蒳。《篇海》：“藥草。”

　　　　　　　　　　　　　　　　　　　　《戰國楚簡文字編》頁 98

○ **商承祚**（1995）　“茊”從艸，坿聲，（中略）坿、附相通。（中略）《説文》：“附，附婁，小土山也。”據《廣雅·釋丘》知附有小義，是茊可釋爲小。

　　　　　　　　　　　　　　　　　　　　《戰國楚竹簡匯編》頁 31

△ **按**　辭殘，用法不詳。

萬

萬 上博一·詩論 16

△ **按**　“萬”字省寫，在簡文中用爲“葛”。詳見“萬”字條。

荅

珍秦 64　　　集粹　　　陶彙 9·87　　　陶彙 5·350

○ **高明、葛英會**（1991）　《説文》所無，《玉篇》：“荅，草名。”

　　　　　　　　　　　　　　　　　　　　《古陶文字徵》頁 203

○ **何琳儀**（1998）　荅，从艸，咎聲。《玉篇》：“荅，草名。其實似瓜，食之治瘧。”

　　　秦陶荅，讀咎，姓氏。見咎字。

　　　　　　　　　　　　　　　　　　　　《戰國古文字典》頁 180

茶

璽彙 2260

○**羅福頤等**（1981）　茶。

《古璽文編》頁 13

○**陳漢平**（1989）　古璽文有字作（2260：△疢），爲姓氏字，《文編》隸定爲茶而無說。《大玉篇》收有茶字，說爲俗策字，當有所本。傳說策姓爲上古人策疆之後。

《屠龍絕緒》頁 290

○**何琳儀**（1998）　晉璽茶，讀宗，姓氏。

《戰國古文字典》頁 278

萓

璽彙 5513

○**劉釗**（1990）　《文編》附録二第 6 欄有字作"萓"，按字從艸從宀從多，應釋爲蓼。蓼字見於《字彙補》。

《考古與文物》1990-2，頁 46

○**何琳儀**（1998）　萓，從艸，宜聲。《玉篇》："萓，萓男草。"

秦璽萓，吉語，或人名。

《戰國古文字典》頁 860

蒩

蒩 包山竹籤 6　　　蒩 包山竹籤 17

○**李守奎**（2003）　蒩　蒐字異寫。

《楚文字編》頁 44

【蒩此】

○**何琳儀**（1998）　蒩，從艸，符聲。苻之繁文。見苻字。

包山木籤"蒩此"，讀"符訾"，或"梟此"。《爾雅·釋艸》："苟，梟此。"《後漢書·劉玄傳》注："梟此作符訾。"

《戰國古文字典》頁 393

△按　包山簡 258 作"萑芘",與此詞皆讀爲"荸薺"。參"萑"字條。

幕

信陽 2・21

○**中大楚簡整理小組**(1977)　幕从艸,爲草帚,腐朽無存,與箕相爲用。

《戰國楚簡研究》2,頁 28

○**劉雨**(1986)　幕(帚)。

《信陽楚墓》頁 130

○**郭若愚**(1994)　幕,同篲。《集韻》:"止酉切,音帚。箕篲也。"或作帚。《説文》:"糞也。"《玉篇》:"掃除糞穢也。"《禮記・曲禮》:"凡爲長者糞之禮,必加帚於箕上。"

《戰國楚簡文字編》頁 91

荳

璽彙 0277

○**吳振武**(1983)　0277 荳丘事鉨・荳丘事鉨。

《古文字學論集》(初編)頁 491

【荳丘】璽彙 0277

△按　地名。

某

睡虎地・日甲 25 背貳

△按　辭云"爾必以某月日死","某"讀爲"某"。

範

陶彙 3・859　　璽彙 2286

○**顧廷龍**(1936)　範,吳大澂云:"《説文》艸部有范字,無範字。車部:範,範

較也。从車，笵省聲，讀與犯同。此从艸，可補《説文》之缺。"

《古匋文香録》卷 14，頁 1

△按　璽文借"䡲、輡、㠩、郮、枆"等字爲"范"，古文字自有"範"字，"範"毋庸笵省聲。

萡

天星觀

△按　辭例不詳，此據《楚系簡帛文字編》移録。

萯

包山 258

△按　"苄"字異體，見"苄"字條。

蒟

包山竹籤 4

○何琳儀（1998）　蒟，从艸，枸聲。疑枸之繁文。見枸字。

　　包山木籤蒟，讀枸，橘類。

《戰國古文字典》頁 343

葱

包山竹籤 20

○何琳儀（1998）　葱，从艸，柲聲。（《説文》："柲，欑也。从木，必聲。"）疑苾之繁文。《説文》："苾，馨香也。从艸，必聲。"

　　包山簡葱，讀蔤。《玉篇》："蕟，同蔤。"《説文》："蔤，扶渠本，从艸，密聲。"《爾雅・釋草》："荷，芙渠，其本蔤。"注："蔤，莖下白蒻在泥中者。"蔤（蕟）可食。《集韻》："蕟，菜名。"

《戰國古文字典》頁 1102

△**按**　所指不詳。

萰

信陽 1 · 24　包山 86　璽彙 2255　璽彙 2278

○**中大楚簡整理小組**(1977)　(編按:信陽 1 · 24)萰即蘭省門,"香艸也"。通觀文意,乃以香艸嘉穀爲喻,以美化君子。

《戰國楚簡研究》2,頁 11

○**羅福頤等**(1981)　(編按:璽彙 2255)《說文》所無,《玉篇》:萰,白薟也。《廣韻》:草名。

《古璽文編》頁 14

○**劉雨**(1986)　(編按:信陽 1 · 24)蘭。

《信陽楚墓》頁 125

○**何琳儀**(1998)　(編按:璽彙 2278)蔏,從艸,蜀聲。《集韻》:"蔏,蔏葵,艸名。"
　　楚璽蔏,人名。

《戰國古文字典》頁 379

《爾雅·釋草》:"萰,菟荄。"《玉篇》:"萰,白薟也。"
c 晉璽萰,讀蘭,姓氏,鄭穆公名蘭,支庶以王父名爲氏。見《通志·氏族略》。
d 包山簡萰,見 c。

《戰國古文字典》頁 1000

○**白於藍**(1999)　即《說文》蘭字。闌從柬聲,故蘭亦可從柬聲作。(從林澐師說。)

《中國文字》新 25,頁 176

△**按**　"萰"爲"蘭"字戰國文字寫法。上博八《蘭賦》"萰"字作,所從"柬"旁上半與下部脱離移位,置於艸旁之上,《璽彙》2278 之字疑即此類寫法之省變。

莶

郭店 · 語四 10

【莶醩】
○**荆門市博物館**(1998)　莶(醯)醩(盡)。

《郭店楚墓竹簡》頁 217

○**李零**（1999）　醯醯。

《道家文化研究》17,頁 478

○**林素清**（2000）　密,簡文从艸从土,必聲,讀作密。閟,簡文从西,有聲,字又見於《窮達以時》,讀作“頷顱”的顱。有,古音匣紐之部;閟,疑紐職部,可通。密閟,封閉阻隔。

《郭店楚簡國際學術研討會論文集》頁 392

○**劉信芳**（2001）　“莖”字應讀爲“魲”,“酭”字應讀爲“鮪”,車徹（轍）之魲、鮪猶《莊子・外物》車轍之鮒魚。蓋車徹（轍）之魚,不可見到江湖之水,比喻聞見不廣之匹婦愚夫,對於其鄉之小人、君子均缺乏瞭解。

《簡帛研究二〇〇一》頁 205

○**陳偉**（2003）　“莖酭”疑讀作“鮒鰌”。鮒是一種小魚。《易・井》“井谷射鮒”,虞翻注:“鮒,小鮮也。”鰌,通作“鰍”,通常指泥鰍。車轍中往往有一些積水,並可能會有小魚類存活。《莊子・外物》記有一則寓言説:“周昨來,有中道而呼者,周顧視車轍,中有鮒魚焉。周問之曰:‘鮒魚來,子何爲者耶?’對曰:‘我,東海之波臣也。君豈有斗升之水而活我哉。’周曰:‘諾,我且南游吳越之王,激西江之水而迎子,可乎?’鮒魚忿然作色曰:‘吾失我常與,我無所處。我得斗升之水然活耳。君乃言此,曾不如早索我於枯魚之肆。’”簡文意境與之相通。

《郭店竹書別釋》頁 235—236

○**劉釗**（2005）　“莖酭”疑讀作“蔽翳”。古音“必”在幫紐質部,“蔽”在幫紐月部,韻部相同,聲爲旁轉（**編按**:當是聲母相同,韻部旁轉）。古音“有”在影紐之部,“翳”在影紐脂部,但從“殹”得聲的“醫”則在影紐之部,所以從“有”聲的“酭”可以讀爲“翳”。《爾雅・釋言》二:“纛,翳也。”郭注:“舞者所以自蔽翳。”又“莖酭”讀作“蔽晦”亦通。“車蓋之蔽翳,不見江湖之水”意爲在車上因爲車蓋的遮擋,看不到車外的江湖。比喻一個人因受周圍事物的遮蔽而目光短淺,所見不遠。

《郭店楚簡校釋》頁 228

○**顧史考**（2006）　依筆者之見,或該讀爲“鯢鰍”。“莖”字聲符“必”字聲系屬質部,有明（“宓”）、幫（“必”）、並（“佖”）等脣音聲母,而“鯢”字爲疑母支部字,其聲母爲鼻音,與邊音明母爲鄰紐,韻母元音（-e）則與質部元音（-et）相同,可通轉。“麋”之通“彌、靡”,“甮”之通“弭”（皆明母支部）,均爲“鯢”字可與明紐字通假之證。《莊子・雜篇・庚桑楚》:“夫尋常之溝,巨魚無所還其體,而鯤鰍爲之制。"是亦以居處溝中積水爲鯤鰍之特徵。又如《莊子·外物》:"夫揭竿累,趣灌瀆,守鯢鮒,其於得大魚難矣。"可見"鯢"與"鮒"本爲同一類小魚。

《簡帛》1,頁 68

△按　清華三《赤鵠之集湯之屋》簡 13 有𡎚字,整理者讀爲"發",又疑字本从"弋"下增土之"叔"(《清華大學藏戰國竹簡》叁 170 頁,中西書局 2012 年)。劉樂賢進而讀爲當挖掘義講的"埱"。據此,有學者指出,郭店簡此字當可隸定爲"𦵮",从艸,埱(埱)聲,簡文云"車轍之𦵮酤,不見江湖之水","𦵮酤"當讀"鮒鰌"。可從。

蒴

蒴 睡虎地·秦律 132

○**睡簡整理小組**(1990)　蒴,緘束,參看《廣雅·釋器》。

《睡虎地秦墓竹簡》頁 51

○**張守中**(1994)　通緘　毋荓者以蒲藺以枲蒴之

《睡虎地秦簡文字編》頁 9

䕙

䕙 上博一·性情 16

【䕙女】

○**濮茅左**(2001)　䕙女,即"喟焉",與"喟爾、喟然"同。《楚辭·懷沙》:"永歎喟兮。"王琦注:"喟,歎聲。"《呂氏春秋·慎勢》:"簡公喟焉太息。"《禮記·禮運》:"出遊於觀之上,喟然而歎。"簡文本句意爲長我孝心之所思,令人感而歎。

《上海博物館藏戰國楚竹書》(一)頁 243

△按　上博一《性情論》簡 16"䕙女(如)",郭店《性自命出》簡 26 作"菁女(如)",參【菁女】。

薈

艸 郭店·性自26　　璽彙2299

○**吳振武**（1983）　2299 □·薈□。

《古文字學論集》（初編）頁506

○**何琳儀**（1998）　薈，從艸，胃聲。寠之異文。《集韻》：“薈，寠。《説文》艸木寠孛之寠。或作薈。”

　　楚璽薈，讀謂，姓氏。見《姓苑》。包山簡薈，見《廣韻》“薈，草名”。

《戰國古文字典》頁1221

【薈女】郭店·性自26

○**劉釗**（2000）　《性自命出》説：“羕（詠）思而動心，薈如也。”

　　按“薈”字從艸胃聲，應讀作“喟”。《説文》：“喟，大息也。”《論語·子罕》：“顏淵喟然歎曰：‘仰之彌高，鑽之彌堅，瞻之在前，忽焉在後。’”何晏注：“喟然，歎聲也。”清王引之《經傳釋詞》卷七：“如，猶然也。如、然，語之轉。”所以簡文“薈（喟）如”也就是“喟然”。

《郭店楚簡國際學術研討會論文集》頁91

○**沈培**（2003）　要討論的是“薈女（如）”應當怎麼理解。

　　原釋文對“薈”字沒有解釋。李零指出此字見於《玉篇》《集韻》和馬王堆帛書《周易》乾卦初六，讀法待考。劉昕嵐對李零的説法進行了補充，並據馬王堆漢墓帛書整理小組的意見，“薈”在帛書中當讀爲“彙”，認爲簡文此處“薈如”一詞，或可讀爲“彙如”。她認爲此處“彙”疑作“茂盛”解，“彙如”爲茂盛貌。在疏解文義時，劉昕嵐把“羕思而動心，薈如也”解釋爲：“《韶》《夏》《舞》《武》之樂，以音聲吟詠其心緒情感，因此便觸動人心，使人情志茂盛生發。”似乎“薈如也”是“使人情志茂盛生發”之義。這種解釋難免有增字解經之嫌，因此，學者當中很少有同意這一看法的。（中略）上博《性情論》16號簡相應之字作“蒝”。濮茅左認爲“蒝女，即‘喟焉’，與‘喟爾、喟然’同”。

　　把“薈女”讀爲“喟然”，確實是有道理的。簡文説“動心”，又説“喟然”，“喟然”是説明“動心”的，這可以跟古書相對照。《漢書·王貢兩龔鮑傳》有這樣的話：“論議通古今，喟然動衆心。”

　　“喟然”可以看成狀態形容詞，在上引古書中作狀語，在簡文中則是一個小句,都是用來說明"動心"的程度的。濮茅左曾認爲"根據語句分析,在'葸女(如)也'之後,可能脱漏'斯歎'二字"。這種看法顯然不正確。

　　郭店簡和上博簡跟"喟"相通的"葺、葸"二字皆从艸,這種用字習慣可以跟古書中"芔"字通"喟"類比。《通雅》卷八說:

　　　　噴然、芔然,即喟然。《史·上林賦》"喟然興道而遷義",《漢書》作"芔然"。芔即卉,與喟聲通。《晏子春秋·雜上》"退朝而乘,噴然而歎",喟同。

　　　　　　　　　　　　《第四屆國際中國古文字學研討會論文集》頁 219—220

△按　郭店《性自命出》簡 26"葺女(如)",上博一《性情論》簡 16 作"葸女(如)",參【葸女】。

葲

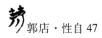郭店·性自 47

○陳偉(1999)　有其爲人之泉(从艸,愿)如也,弗父(从木,補)不足　性自命出 47—48

　　泉(从艸),似當讀爲"愿",謹慎的意思。古書"補"與"不足"往往連言,如《老子》七七章"天之道損有餘而補不足",《國語·越語上》"去民之所惡,補民之不足"。因疑父(从木)應讀爲"補"。然其與"愿如"的關係似不易看出。

　　　　　　　　　　　　　　　　　　　　　　《武漢大學學報》1999-5,頁 31

菖

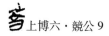上博六·競公 9

△按　辭云"番涅藏菖",何有祖(《上博六〈景公瘧〉初探》,簡帛網 2007 年 7 月 11 日)讀爲"番(播)涅(盈)藏菖(篤)",可從。

蒂

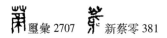璽彙 2707　　　新蔡零 381

○羅福頤等(1981)　(編按:璽彙 2707)蒂。

　　　　　　　　　　　　　　　　　　　　　　　　　　《古璽文編》頁 11

○**何琳儀**（1998）　（編按：璽彙2707）蒂，从艸，帝聲。蒂之異文。《正字通》："蒂，小篆作蒂。"《説文》："蒂，瓜當也。从艸，帶聲。"

　　晉璽蒂，姓氏。見鄩字c。

《戰國古文字典》頁749

蓉

包山268

【蓉經】

○**劉信芳**（1997）　包山簡二六八："集組之蓉經。"按"蓉經"讀如"絡銜"，謂馬絡頭。《釋名·釋車》："勒，絡也，絡其頭而引之也。"《説文》："勒，馬頭落銜也。"落銜即絡銜。段注："此云落銜者，謂落其頭而銜其口，可控制也。"《莊子·秋水》："落馬首，穿牛鼻。"知典籍"絡"多作"落"。"銜"字从行从金，是個會意字，金亦聲。與"經"古讀極近。簡文書"落銜"作"蓉經"，知楚地方言讀"銜"如"經"。"經"古音在青部，"銜"古音在侵部（經與金同爲見紐字），至今江陵一帶方言仍讀"青"若"侵"，讀"請"若"寢"，是青、侵不分之故也。

《中國文字》新22，頁173;《包山楚簡解詁》頁295—296略同

葈　蘇

曾侯乙66　　天星觀

○**陳偉等**（2009）　（編按：曾侯乙66）葈，整理者釋出"艸"頭。今按：據紅外影像，字从"艸"从"臼"从"林"，當釋爲"葈"。《正字通》艸部："俗枲字。"《説文》："枲，麻也……籀文枲从林从辝。"天星觀簡有"葈絡"（滕壬生1995，66頁）。

《楚地出土戰國簡册》（十四種）頁357

【葈紳】曾侯乙66

△**按**　應指麻製的衣帶。

薍

包山 267

○**何琳儀**（1998）　信陽簡“結芒”，包山簡或作“結蕥、鹽薍”。

《戰國古文字典》頁 729

○**劉信芳**（1998）　鯺膚（**編按：**見包山簡 261）爲聯綿詞，其字簡 263 作“結蕥”，信陽簡 2-023：“結芒之純。”“芒”從亡得聲，讀與“蕥、膚”通。又簡 267：“鹽薍之純。”鹽從古聲，“薍”讀如“膚、蕥”，知亦結蕥、鯺膚也。又仰天湖簡 7 有“廈竺”，以音讀求之，亦“結蕥”之類。鯺膚、結蕥、結芒、鹽薍、廈竺急讀如“笠”，《説文》：“笠，可以糾繩者也。從竹，象形。中象人手所推握也。”《廣雅·釋詁》：“軒謂之笠。”軒是紡車。從上釋可知，“鯺膚、結蕥”等應是以絲織品（或皮革之類）編織而成，或作衣裳之緣邊，或作車馬上的駕馭部件。

《包山楚簡解詁》頁 278—279

栽

集成 12111 鄂君啟車節　　集成 10373 鄖客問量　　望山 1·1　　包山 12

包山 220　　天星觀　　天星觀

包山 218　　望山 1·7　　包山 221

包山 131　　包山 206

○**劉信芳**（1987）　“栽”就是甲骨卜辭的“毕”。（**中略**）

　　楚國的政治制度、風俗習慣、郊祀儀禮並不盡同於中原各國，這樣，楚國就完全有可能根據自己國家“毕”儀的特殊内容而將“毕”寫作“栽”。

　　昭固墓竹簡與鄂君啟節之“栽”字上部爲“艸”，其中包涵了燒柴草祭天的内容，這就是楚國郊儀與中原不盡相同而在文字上的反映。

　　楚先祖重、黎、吳回等都擔任過“火正”，之後，鬻熊又擔任過文王的火師。周原甲骨文 H11：4：“其微，楚□厥夋，師氏舟夋。”夋，通作“燎”。《説文》：“尞，柴祭天也。”可見楚的先祖擔任的“火正”爲主持柴祭儀式的職官。“守燎”又見於《國語·晉語》：“昔成王盟諸侯於歧陽，楚爲荆蠻，置茅蕝，設望表,與鮮卑守燎,故不與盟。""守燎"即掌柴祭。楚的先祖既世襲柴祭職官,那麽,柴祭爲楚國郊儀的重要内容應該是没有什麽疑問的。這樣,楚人就完全有可能將與"牪、戌"等類似的儀式寫作從"艸"的"𦳋",其讀音亦應與"柴"相同。

《江漢考古》1987-1,頁 78、80

○何琳儀(1998)　(編按:包山 131、206 等)㮨,从木,𦳋省聲。疑𦳋之繁文。
　　楚簡㮨,見𦳋字 d。

《戰國古文字典》頁 201

○張桂光(1998)　𦳋(鄂君啟節),諸家或釋茷,或釋哉,或隸作茷而讀爲哉。本人認爲是𦳋字異體。銘云:"王處於茷郢之游宫。"《金文編》謂"惡固墓楚簡茷郢又作𦳋郢",茷與𦳋的關係似有通假字與異體字兩種可能,而從構字原理看,在𦳋種行爲上,艸與木是可以通用的,釋爲𦳋字異體,正合道理。至於左下所增人旁,既是附形足義,又有使字形平衡的作用,這在兩周文字中也是常見現象,因此,字當徑釋爲𦳋。

《胡厚宣先生紀念文集》頁 217

△按　經過學者多番討論及新出土文獻的佐證(詳下【𦳋郢】),字釋爲"𦳋",當可定論。然此字下半所從形體變化繁多,情況複雜。若按字形簡繁排列,楚系"𦳋"字可舉其要如下:

　　㮨 包山 218　　𦳋 上博·三德 3　　𦳋 包山 131　　𦳋 天星觀　　𦳋 望山 1·6　　𦳋 包山 221

左下多從人,或於人旁兩側加飾筆而成介,偶寫作從木(包山簡 131),左上變化甚多,皆"卡"旁之變體。

【𦳋郢】

○郭沫若(1958)　茷郢當即楚都,茷殆是頌美之辭。郢即今之湖北江陵縣。

《文物參考資料》1958-4,頁 4

○殷滌非、羅長銘(1958)　茷,從戈得聲,當是𦳋字,𦳋是版築的意思。《左傳》有楚囊瓦城郢的記載,楚地名郢者不一處,長銘認爲𦳋郢可能就是江陵的郢。滌非以爲這字可釋茷。

《文物參考資料》1958-4,頁 9

○中大楚簡整理小組(1977)　"𦳋郢"其他各簡作"𦳋郢"或"茷郢",可證㮨、茷、𦳋爲同音字,均應讀如哉。《爾雅·釋詁》:"初、哉、首、基……始也。""𦳋郢"即"始郢、初郢、首郢"之意。據古史和地志記載,楚國以何地爲都,即稱該地爲"郢"。

○**黄盛璋**(1984)　"栽"即"栽郢"之"栽",簡文禱辭多以"栁聞王於栽郢之歲(歲)"開首,而鄂君啟節開首也有"王居於栽郢之游宫"。"栽"字寫法雖有數種,但皆从"戈"聲無疑,"栽郢"即爲紀郢無疑("栽、紀"古音皆在之部)。當時楚都正在紀南城之郢,紀南城因在紀山之南而得名,則栽陵當在紀南城附近,此簡文中栽陵君與北子同禱,而北子諸器曾出土於江陵西之萬城,時代甚早,屬西周早期,如此栽陵有可能爲紀南城最早之名,楚遷都於此後,改名爲郢,而原名即埋廢,後代僅能於紀南城之名中追其蹤迹。栽陵應即紀陵。

○**李零**(1986)　"菨郢",屢見於湖北江陵出土楚簡,應指戰國晚期楚都紀南城,即紀郢(以在紀山之南而得名)。菨字从艸菨聲,下所从見於信陽楚簡,凡兩例,一作"……虖菨不智也夫",一作"……天下又(有)菨",應即語氣詞"哉"。"菨"字下从"彳"可能不是人字,而是糸旁的省體(楚簡糸旁往往省作彡),與下文"緂"字同。古代从戈得聲的字多屬精母之部,與"紀"讀音非常接近(後者屬見母之部)。而下文"緂"字實際上也就是緂字,與織、紾、紀等字可以相互通假。

○**周世榮**(1987)　菨郢之稱又見"鄂君啟節":"王尻(居)於菨郢之游宫。"菨字或釋爲"茂"。"茂"爲贊語;也有人讀"菨"爲哉。《爾雅‧釋詁》:"初、哉、首……始也。"菨爲開始之意,"菨郢"當指楚國最初的郢都。據《史記‧楚世家》記載:楚文王熊貲元年(公元前 689 年)"始都郢",杜預說:"國都於郢,今南郡江陵縣北紀南城是也。"説明"菨郢"當是楚人的故都。

○**劉信芳**(1987)　只有將"燊"理解爲與"屶、戒"類似的柴祭儀式,有關"燊郢"的一系列問題才能得到完滿解答。所謂"燊郢"就是在郢都附近舉行柴祭的處所,在這兒建有楚王的游宫。祭祀等活動或具有一定的周期,或與重大的軍事行動有關,所以昭固墓竹簡和"鄂君啟節"用"燊郢"以紀年。(**中略**)

"燊"之類的郊祀既有一定的時間周期,當然就可以用來紀年。甲骨卜辭之"屶"絶大多數都與年月相聯繫。古時又有以大事紀年的。(**中略**)

"鄂君啟節""大司馬邵鶔敗晉币(師)於襄陵之歲(歲)"即以大事紀年。昭固墓竹簡"燊郢之歲"即以郊祀紀年。這二者往往重疊,如取得重大軍事勝利以後即舉行柴祭的儀式。“鄂君啟節”的紀年就是這種兼而有之的年份。
（中略）

由上引四例可以看出，曹國在都城郊築有小城，這種小城在周稱“郊鄁”，
在鄭稱“郊保”，在楚稱“郊郢”。楚凡都城皆稱郢，所以郢都的郊邑也被稱爲
“郊郢”。上文分析的“𣓕郢”就是在郢都之郊舉行“𣓕”儀也就是柴祭的地方，
所以“𣓕郢”就是“郊郢”。（中略）

與“𣓕陵君”類似的封號在頃襄王時有“鄢陵君、壽陵君、陽陵君”。鄢陵、
壽陵、陽陵都和楚國所遷都城有關，那麼，可以推斷，“𣓕陵君”就是主管郊郢
的柴祭儀禮及其告廟宗祖的職官封號。

“𣓕陵尹”在史書裏被記爲“郊尹”。

例二八，《左傳》昭公十三年：“王奪鬭韋龜中犨，又奪成然邑，而使爲
郊尹。”

這實際上從另一個側面證明了“𣓕郢”就是楚的“郊郢”。（中略）

“𣓕郢”在郢都之郊，古時舉行郊天的儀式在南郊，那麼，“𣓕郢”也必然在
郢都以南。

古時近郊離都城五十里。古時以三百步爲里，近代以三百六十步爲里。
今一里爲 500 米，古時一里大約爲 417 米。那麼，古時五十里約相當今天的
四十里。也就是說，“𣓕郢”應當位於古郢都以南五十里（合今四十里）的
地方。

現在我們可以根據上列數據作進一步的推斷。

《江漢考古》1986 年第 1 期載有《江陵陰湘城的調查與探索》一文，該文
據吳人引漳水灌郢的記載，認爲只有紀南城西北約四十里的陰湘城才有可能
被漳水所灌，從而推論古郢都就是陰湘城。

這條結論具有相當的參考價值。紀南城遺址在陰湘城東南約四十里處，
正是陰湘城南郊所在。楚文王當年都郢應該是陰湘城，在南郊建有“𣓕郢、游
宮”之類的郊祀柴祭設施，並在這兒設有“𣓕陵尹”（“𣓕陵君”乃“𣓕陵尹”封
號）的職官掌管具體事宜。這一片政治、軍事活動區域就是《左傳》所稱的“郊
郢”，而“𣓕陵尹”就是《左傳》所稱的“郊尹”。以後，這一片區域的建設逐漸
完善，至吳入郢以後，楚國的都城南移，並在這兒建起了城牆。

建在這一片地區的城邑最初究竟被稱作什麼？只有“鄂君啟節”與昭固
墓竹簡的“𣓕郢”能當其名。在以後的記載中有被稱爲“南郢”的，見定公四年
《公羊傳》和《穀梁傳》；有被稱爲“紀郢”的，見《水經注》，至於被稱爲紀南城，

則是以後的事情。

○**何琳儀**（1988） "某問王於郢之歲"，是楚文字資料中特殊的紀年法。"郢"前之字通常有兩種類型：

 天星觀簡　　　　　　　 天星觀簡

 鄂君啟節

此字的釋讀頗爲紛如，已有"茂、莪、莪、菽、葳"等多種隸定，其中最後一種隸定是正確的。下面試補充説明之。

檢漢代文字"叔"作下列各形：

 馬王堆簡　　　　　　　 《印徵》3.17

以之與天星觀簡比照，顯然有相同偏旁""，即"尗"字。由此可見，"、"上部所從雖似"止"而實非"止"。《韻學集成》"茮與茮同"，尚保存"尗"作"尗"這一變體。

其實六國文字也有"尗"字，但爲舊所不識，例如：

敢謁後（淑）賢者《中山》100

陽州邰右（督）司馬《璽彙》0046

周（尗）《璽彙》3022

肖（尗）《璽彙》0921

以上諸"尗"的上部也均演變爲從"止"，如無漢代文字比照，則頗難辨識。《璽文》附六九"尗"或作""形，其下從四點。（中略）可知兩點或四點本是裝飾筆畫，故多寡不一，並無實際意義。上揭楚文字""或作""，顯然省減了裝飾筆畫。至於""與""的關係，可以參看下列秦漢文字"叔"的正體：

 睡虎地簡　　　 帛書老子　　　 漢石經

因此，鄂君啟節此字所從""亦應釋"尗"。

古文字從"戈"與從"戉"每多通用，故"莪、莪"應隸定爲"葳"。《集韻》："葳，艸也。"應該説明的是，戰國秦石刻詛楚文""（戚）與""（叔）共見，而所從"尗"形體迥異。前者延續使用到漢代，當另有形體來源。

"葳"，新出包山竹簡或作"菽"，則以"木"旁置換"尗"的下半部。"酉"本作""形，銅量銘文則作""形，亦以"木"旁置換"酉"的中間筆畫（包山簡作""），可以與"菽"類比。古文字中"木"旁與"艸"旁義近，往往可以疊加,這應是"蒇"又作"菽"的原因。

"戚"與"高"音近,《書・盤庚》中"保后胥戚",漢石經"戚"作"高",是其證。"高"與"郊"典籍每多通用,如《禮記・月令》"高禖",即《詩・大雅・生民》傳之"郊禖"。《左傳》文公三年"取王官及郊",《史記・秦本紀》"郊"作"鄗"。《戰國縱橫家書》一六"邯鄲之鄗"即"邯鄲之郊"。總之,"蒇郢"以音求之,當讀"郊郢"。

《左傳》桓公十一年:"鄖人軍於蒲騷,將與隨、絞、州、蓼伐楚師。莫敖患之。鬬廉曰,鄖人軍其郊必不誡,且日虞四邑之至也。君次於郊郢以御四邑,我以銳師宵加於鄖。"杜注:"郊郢,楚地。"顧棟高云:"今安陸府治鍾祥縣郢州故城是其地也,前代置郢州,蓋以楚郊郢故。按,府治旁控石城,下臨漢水,蓋險固地。當時四國,隨在隨州,蓼在固始,州在監利,絞在鄖陽,遼遠不能遽集。而此居中扼要,故欲據之以離其黨羽,因以伐鄖之孤軍耳。"

鄂君啟節"蒇郢"和"郢"同文互見,可證"蒇郢"是有別於江陵"郢"的另一地名。如以《左傳》"郊郢"當之,頗爲吻合。

鄂君啟節銘"蒇郢之游宮",是楚懷王扈蹕之處,楚王經常在"蒇郢"接見商鞅等外國使臣(天星觀簡),長沙所出銅量又記楚王於"蒇郢"接見"邢客"。凡此説明,在戰國時代,"郊郢"確爲楚國十分重要的城邑。

《江漢考古》1988-4,頁 97—98

○**李零**(1988)　蒇(紀)郢。

《江漢考古》1988-4,頁 102

○**黃盛璋**(1988)　栽郢之"栽"有"茂、栽"兩釋,字形皆近似,因而皆未能定奪,今按其字從艸,戈聲,隸定爲栽字無疑,江陵望山楚簡亦多有"王於栽郢之歲",結構皆同(中略)。"艸"爲形符,"戈"爲聲符,極爲明確,楚簡其字而作"栽",字亦見於信陽楚簡:

1.□虐栽,不智也夬! 周公曰:戔人剛㥁,天迋於型(刑)

"栽"即虛詞之"哉",故其字與戈同聲,而非"茂"字,可以確定。

栽郢之栽,究取何義? 殷滌非、羅長銘先生以栽爲版築之意,中山大學古文字研究室又以《爾雅》栽有始義,釋"栽郢"爲"始郢、初郢、首郢"之意,均未得其解。按郢爲楚國都之專稱,而國都所在之地名,常冠於郢字之前,以爲區别,如鄀稱鄀郢,陳稱陳郢,"栽郢"亦必同例,栽即栽郢所在原來之地名,而栽郢又爲楚王所居之地,即紀南城,而紀南之得名,因在紀山之南,其地原名,至少必包含有"紀"字,"栽"與"紀"古音皆在之部,故栽郢即紀郢,楚之初都原在丹陽,紀南城之郢出於後遷,記載有武王、文王兩説,皆在春秋初期,但據今考古勘查、發掘所見,只能到春秋晚期,楚都遷此以前,其地並不稱郢,必有原名,紀南城之名最早見於魏晉六朝記載,不知是否原名抑爲後人所名。而望山一號墓楚簡曾見有栽陵君之名:

13 簡,☐遇[禱]栽陵君肥豻酉(酒)食,栽陵君即一號墓主昭固之先君,栽陵即紀陵,則亦當在紀南城附近。

《安徽史學》1988-2,頁 19

○**黄錫全**(1991)　　根據目前的材料,"萩郢"之"萩"大致可分下列幾式:

A 萩　　　B 救　　　C 萩 萩　　　D 萩 萩

E 萩 萩　　F 萩 萩　　G 萩 萩　　H 萩 萩

先秦古文字材料中還未發現茂字。《説文》茂字正篆作茂,从艸,戊聲。古文字中的戊與上列諸式偏旁不同,因此,釋"茂"一説不可從。欒書缶的"我"字作萩,上部萩的確與上列諸式所从之萩形類同,但這只是一個特例,乃由古我字訛變,而且下部也不相同。故萩與莪字没有關係。鄂君啟節栽作萩、萩,"萩"作萩,二字有别,彳顯非糸省。楚簡糸旁有作彳者,但未見省作亻。故此字不能釋作栽或萩。上列諸形所从之萩、萩、萩等確與楚國文字"歲"作萩、萩、萩、萩等所从之萩形類似,但不能認爲救就是萩省,從而將萩等釋爲蔵。這是因爲:从月或日的歲是楚文字的特殊寫法,从萩省,增月日爲義符,如變从亻或彳、小則無義可尋;萩與萩是經常出現在同一句話中的兩個不同的字,二者絶不相混;如將 H、E 式釋爲蔵則更令人費解。因此,萩不能釋爲蔵。

楚文字中从戈旁的字,如載作載(鄂君啟節)、萩(楚簡),哉作萩(楚帛書)等,从屮,不从止。信陽楚簡戔作萩,从人,戈聲,見於漢印作萩、萩,與"萩"所从之亻或小,省作彳是有區别的,而且古文字中尚未見到屮與止、萩與萩的互作之例。"萩"是一個整體(詳下),既不能分析爲从止从人(否則就成"先"了),也不能不顧其異體及其變化。因此,萩、萩等形不能隸定爲"栽"。G 式萩也不是栽字,而是萩形省去艸,以木旁置換萩的下部。這與何文提到的楚文字"酉"作萩、萩,或變作萩類似,也與侯馬盟書复、復本作萩、萩,或變作萩、萩(增彳省幺),疲字作瘝、瘝,增从心省變作瘝、瘝等類似。阜陽漢簡《蒼頡篇》機作萩(《説文》正篆作機),與萩構形類同,我們絶不能因爲88、屮可通(如中山王鼎茲和哉作萩)而將萩釋爲栽,也不能因爲丝與止音近,又認爲萩就是萩,否則,金文的萩(幾)都可以釋爲栽或戔了。F 式萩,乃是疊加義符而成,可以看成是〇形增木變換，或者是〇形增从艸作。（中略）望山楚簡“〇陵君”之〇也不是栽字，其形上部與 H 式同，乃〇形變體（詳後）。D 式从〇、〇，更能説明它不可能是栽字。甲骨文的〇、〇及金文的〇、〇與我們討論的“〇”字没有多大關係，二者不是一字，不能混爲一談。儘管古文字中从〇或〇形的字有變从〇、〇或〇者，但不能撇開下部所从的〇、〇、〇而只談〇，況且〇、〇是否一定是“戈”也還有疑問。因此，釋“栽”一説，疑點太多，也難以成立。

金文叔字作〇（克鼎）、〇（師毇段），詛楚文作〇，秦漢簡牘、漢印从未之字則變作下列之形：

叔　〇雲夢秦簡　　　〇馬王堆 M1 簡　　　〇帛書老子甲後　　　〇〇〇漢印

枺　〇雲夢秦簡　　　〇滿城漢墓銅鐙　　　〇漢印

尗　〇馬王堆 M1 簡

何文據秦漢文字未形考訂戰國文字未作

〇中山王墓刻石　　　〇〇〇〇〇古璽

等，顯然，〇、〇、〇、〇等所从之“〇”與上列未形類同，乃由〇形演變，上部訛从〇。古从戉之字每从戈作，（中略）金文戚字已作〇（戚姬段），可變作〇、〇、〇、〇等。將〇、〇、〇等隸作栽，釋爲戚，顯然比上述諸説合理。其演變關係可表示爲〇→〇→〇→〇→〇。

我們在何文所列二式的基礎上又增列幾式，經反復比較，所增幾式均爲“蔽”字的異體和省作，除上面在分析“釋栽”時談到的理由外，對於 H、E 兩式還須要進行具體分析。

古文字中的〇每每訛作〇或〇，而〇、〇又每作〇、〇。（中略）“未”至戰國秦漢時已訛从“〇”，因此，“〇”也可訛變作〇、〇。至於 E 式〇、〇，乃是〇形借用了上部〇，其左旁我們可以視之爲从〇、〇或〇、〇，（中略）我們還可以將舊所不識之下列古璽

璽彙 1104	2901	2223	3872	3947
璽文附録 60	附録 84	附録 8	附録 61	附録 61

中的〇、〇、〇、〇等釋爲未、郝、刾。幾者之間的區別，主要是〇形中間增加一筆或兩筆，這與古璽敬字作〇〇〇〇（璽文 9・3）等類似。未、郝可通叔，古有叔姓。

　　總之,就"萩"字的形體演變的實際情況分析,前列諸式應當釋爲"蒇"。"蒇郢"之蒇乃地名專字,與"陳郢、鄀郢"同義。"敖陵"應釋爲"蒇陵"。

　　蒇從艸,戚聲,與高、郊音近可通是沒有問題的,故何文認爲"蒇郢"即《左傳》桓公十一年所記之"郊郢",並從顧棟高說,"安陸府治鍾祥縣郢州故城是其地"。今按,魯桓公十一年乃公元前 701 年,爲楚武王四十年,鄂君啟節所記"大司馬昭陽敗晉師於襄陵之蒇,王居於蒇郢之游宫",爲公元前 323 年事,乃楚懷王六年,如"蒇郢"即"郊郢",説明"蒇郢"在武王時即已存在,延續時間長達四百年左右。可是,在今鍾祥縣一帶,我們還沒有發現曾經是楚在此經營幾百年的大型城址及其墓葬群。杜預於"郊郢"下只注"楚城",未注明詳細地點,説明杜氏對此地所指已模糊不清。顧氏之説乃屬推測之辭。屈瑕"次於郊郢,以御四邑",正好説明"郊郢"非一般"城邑",其地一直是個懸案。據有關文獻記載,楚從丹陽遷出後,有"武王徙郢(如《世本》)"和"文王都郢(如《史記》)"兩説,根據上述情況,應以"武王徙郢"爲是,那麼,"郊郢"則是有別於武王"郢"的另一地點。

　　前引諸家之説,不論對"萩"字如何釋讀,但多數同志認爲"萩郢"指的應是今之江陵城北紀南城遺址這一點當是符合實際情況的。戚與郊可通無疑,郊、紀古音更近。郊屬見母宵部,紀屬見母之部,不僅雙聲,之、宵也可旁轉。如喬字,《説文》正篆作喬,"從夭,從高省"。其實,夭、高皆聲。喬君鉦喬字作喬,從止,酓忎鼎作喬,從尤。止、尤屬之部,夭、高、喬屬宵部。《説文》"杚,東楚謂橋曰杚"。杚屬之部,橋屬宵部。因此,"郊郢"也就是"紀郢",古本作"蒇郢"。紀南城遺址可能就是在"郊郢"的基礎上不斷擴建而成,以至成爲楚之國都。從紀南城的規模及其四周星羅棋布的楚墓群來看,這一帶曾是楚國政治、經濟活動的中心,湖北境内還沒有發現第二處具備如此規模的城址,它與齊之臨淄、燕之下都相比並無遜色,根據考古發掘情況,我們説它是戰國時期楚國較大的一座都城當無問題。鄂君舟節終點之"郢"指的也應是紀南城,即"蒇(紀)郢"。

《楚文化研究論集》2,頁 315—321

○**朱德熙、裘錫圭、李家浩**(1995)　　"裁郢"之名亦見於鄂君啟節與 1978 年江陵天星觀一號楚墓出土竹簡。"郢"上一字天星觀簡多作"萩",所从之"朱"與漢印"叔"字左旁極爲相似,故暫時隸定爲"裁"。本墓五號、七號簡有"裁郢",八號簡有"戴郢",皆應是"裁郢"的異文。"裁郢"疑指江陵之郢。

《望山楚簡》頁 86

○**何琳儀**（1999）　筆者曾據江永、顧棟高等清人的説法，認爲《左傳》"郊郢"在今湖北鍾祥。其實"郊郢"據沈欽韓《左傳地名補注》"在其所都之郊，故曰郊郢"的解釋，也可能指楚都紀南城城郊的"郢"。即《漢書·地理志》南郡"郢，楚別邑故郢"。在今湖北江陵東北。此"郢"據《史記索隱》《括地志》所載爲楚平王所建。在今江陵城内的"渚宮"大概就是戰國楚文字資料中習見的"葴郢之游宮"。換言之，"葴郢"即"郊郢"，相當於紀南城以南的廣大郊野。至於《古璽彙編》0101"江陵"只能證明戰國晚期設江陵縣，不能證明戰國晚期以前這片廣大郊野不稱"郊郢"。驗之《左傳·桓公十一年》"君次於郊郢以御四邑"，莫敖率楚師駐扎於紀南城之郊以御四國聯軍，也是可能的。

《安徽史學》1999-4，頁 15

○**劉信芳**（2003）　葴郢：楚簡習見，亦見於鄂君啓節、長沙銅量，楚別都之一，參簡 7"藍尹"注。楚有地名曰"葴"，簡 166"葴陵之偏司敗"，176"葴泚君"，194"葴尹求之人"，俱其例。"葴"字何琳儀《長沙銅量銘文考釋》（《江漢考古》1988 年第 4 期），黃錫全《葴郢辨析》（《楚文化研究論集》第二輯，湖北人民出版社 1991 年）並隸定爲"葴"，這一意見是正確的。現在我們稍作改進，將該字隸定爲"栽"，這樣更合於原簡字形，也便於分析有關問題。"栽"字從艸從戈，從叔省聲（亦可認爲"栽"爲"叔"之異構），讀爲"湫"，如《春秋》文公九年"楚子使椒來聘"，《穀梁傳》作"萩"，《釋文》或作"菽"；（中略）春秋時楚有地名"湫"，《左傳》莊公十九年："（楚文王）敗黃師於踖陵，還及湫，有疾，夏六月庚申，卒。"杜預《注》："南郡鄀縣東南有湫城。"《續漢書·郡國志》南郡："鄀，侯國。"劉昭《注》以爲地即《左傳》之湫。《水經注·沔水》："逕襄陽鄀縣界西南，逕湫城東南。"熊會貞《參疏》以爲《左傳》之湫，"即此《注》所指之城"。按漢鄀縣在今湖北宜城境内，楚曾遷郢於鄀，《左傳》定公六年："於是乎遷郢於鄀。"應是遷鄀境之湫城。知春秋之"湫"，即戰國之"葴郢"矣。今湖北宜城縣東南 7.5 公里處有"楚皇城"遺址，參簡 19 注，該遺址應即戰國時"葴郢"舊址。

《包山楚簡解詁》頁 18

△**按**　學者以"栽（葴）郢"地在今江陵城北紀南城遺址，當是。然"栽（葴）"之爲名與文獻何字對應，似未能論定。

萼

包山 125

○**劉彬徽、彭浩、胡雅麗、劉祖信**（1991）　萼，簡文作萼，甹即甹，讀如聘。《爾雅·釋言》:"聘,問也。"《禮記·曲禮》:"諸侯使大夫問於諸侯曰聘。"

《包山楚簡》頁 48

雈

包山 258

【雈茈】包山 258
○**劉彬徽、彭浩、胡雅麗、劉祖信**（1991）　雈茈,雈爲蒦之誤。同墓所出竹笥籤牌上有"蒿茈",也即本簡的"雈茈"。雈與蒿讀音相去甚遠,而蒦與蒿音近,故知雈乃蒿之訛。蒦又借作鳧。鳧茈,《爾雅·釋草》:"芍,鳧茈。"郭注:"生下田,苗似龍須而細,根如指頭,黑色可食。"朱駿聲云:"今聲轉謂之蒲齊,亦謂之荸臍是也。初生亦紫色,老則黑。"鳧茈即荸臍。

《包山楚簡》頁 60

○**李家浩**（1996）　"藋茈"之"藋",原文寫作从"艸"从"隹"从"几"。"几"的左側一畫與"隹"的左側一豎公用,右側一畫的中間加有一點。這種筆畫公用和加點的情況,在戰國文字中常見。金文"鳧"所從"鳥"旁作"隹"。於此可見,簡文此字應該釋爲"藋"。《包山》釋爲"雈",謂是"蒦"字之誤,非是。《玉篇》艸部:"藋,音符,藋茈。"藋茈即荸薺,字或作"藋茈、符甞"。《後漢書·劉玄傳》"王莽末,南方飢饉,人庶群入野澤,掘藋茈而食之",李賢注:"藋茈,《續漢書》作'符甞'。"包山 2:52-2 號、2:188-1 號竹笥所繫竹籤藋茈作"符茈、苻茈"。"鳧、藋、符、苻"都是並母侯部字,"茈、甞"都从"此"得聲,故可通用。2:52-2 號竹笥內盛的是荸薺,與簡文所記相合。

《簡帛研究》2,頁 6

○**劉信芳**（1997）　包山簡二五八:"蒦茈二笸。"同出二件竹笥之籤牌（標本二:五二·二、二:一八八·一）俱作"蒿茈",竹笥內盛有荸薺。《爾雅·釋草》

作"梟芘","蔱、蒚、梟"一音之轉。

《中國文字》新 23，頁 118

○**劉信芳**（2003）　蔱芘：出土二件竹笥之籤牌（標本 2：52.2、2：188.1）俱作"苻芘"，竹笥内盛有荺薺。《爾雅・釋草》作"梟芘"，"蔱、苻、梟"一音之轉。李家浩將"蔱"字直接隸定爲"梟"（《信陽楚簡中的"柿枳"》，《簡帛研究》第二輯），亦言之成理。

《包山楚簡解詁》頁 265

△**按**　李家浩説可從。"蔱"包山竹籤 6 又作"苻"，參"苻"字條。

蒦

 集成 4668 蒦圆窑里豆　 璽彙 2301　 陶彙 3・126

○**朱德熙**（1947）　（編按：璽彙 2301）蒦。

《朱德熙古文字論集》頁 4，1995；原載《新生報》1947-4-28

○**羅福頤等**（1981）　（編按：璽彙 2301）《説文》所無，《集韻》："蒦，草名。"

《古璽文編》頁 14

○**何琳儀**（1998）　蒦，從艸，隻聲。《集韻》："蒦，草名。"

　　a 齊璽蒦，讀獲，姓氏。宋大夫尹獲之後。見《廣韻》。齊陶"蒦圆"，讀"畫陽"，地名。《臨淄縣志》："澅水發源於縣西南十里……《孟子・公孫丑篇》孟子去齊，宿於畫。趙注，畫，齊西南邑也。劉熙注曰，畫音獲。齊西南近邑，因澅得名。"在今山東臨淄西。

　　c 晉璽蒦，讀獲，姓氏，見 a。

《戰國古文字典》頁 443

【蒦圆】蒦圆窑里豆

○**孫敬明**（1986）　由《史記》《縣志》及其所徵引材料證明，《管子》中的瓊水即漢代之澅水，瓊或澅亦即戰國陶文中"蒦陽"之"蒦"，"蒦陽邑"即"畫陽邑"。瓊、蒦、畫、澅古音相近。如文獻不誤，則它們的關係即春秋之瓊變爲戰國之蒦再變爲漢代之畫。瓊水自城西而東流，其北曰陽，置邑故名"蒦陽邑"。漢之"畫陽邑"亦由戰國之"蒦陽邑"演變而來，其位於今臨淄城西十餘里。

《古文字研究》14，頁 233

荼

荼 楚帛書

○**李學勤**（1960） 《爾雅》十二月之“荼”則是“荼”的誤文。

《文物》1960-7，頁 68

○**饒宗頤**（1965） 十二月涂，繒書作荼。

《大陸雜志》30-1，頁 4

○**饒宗頤**（1985） 荼爲十二月月名，《爾雅》作涂。古本《爾雅》作荼。（《周禮·哲蔟氏》注云：“從姌至荼。”）阮氏校勘記引，一作除。帛書作荼，從土、荼；敍乃荼之異寫，增攴旁。

荼字原作荼，從荼下益土。《爾雅·釋天》：十二月之名爲“涂”。《周禮·秋官》：“哲蔟氏掌覆夭鳥之巢，以方書……十有二月之號。”鄭注：“月謂從姌至荼。”繒書同此。但增土旁。阮元《爾雅校勘記》：“十二月爲‘除’。閩監、毛本除作涂。”

帛書作荼，《爾雅》及賈疏皆作涂，古本作荼。《玉燭》作塗，引李巡云：“陰氣尚微，故曰塗。塗，微也。郝疏訓荼爲舒，謂陽雖微，氣漸舒也。”

《楚帛書》頁 85、103、116

○**劉信芳**（1994） 帛書十二月的標識文字爲“荼司冬”，其神祇圖在帛書諸圖中，最近人形。李學勤先生描繪云：“人形正立，面有紅色周緣，獸耳，口吐歧舌。”

按：古代司冬季、司北方之神一説爲“玄冥”，一説爲“禺彊”，一説爲“罔象”。訓詁學家有訓“禺彊”字“玄冥”者，而“罔象”與“禺彊”讀音相去未遠，故諸説似無原則區別。帛書司冬之神“荼”從余得聲，與“禺”音近，可視爲與“禺彊”一説同源。依五行學説，北方屬水，其色黑，而帛書於西北隅所繪之樹正爲黑色，是北方、冬季、水神的標志。

《莊子·大宗師》：“禺彊得之，立乎北極。”釋文：禺，“音虞”。“虞、余”古讀極近，本文前已引有例證。《山海經·大荒北經》：“有神，人面鳥身，珥兩青蛇，踐兩赤蛇，名曰禺彊。”《海外北經》：“北方禺彊，人面鳥身，珥兩青蛇，踐兩青蛇。”郭璞注：“字玄冥，水神也。”

關於北方司神之神像，後世多有述及者。《廣雅·釋天》：“水神謂之罔

(罔)象。”《法苑珠林·六道篇》引《夏鼎志》云：“罔象如三歲兒，赤目、黑色、大耳、長臂、赤爪，索縛則可得食。”此説在一定程度上可視爲帛書“荼”之神像的圖解，該神祇圖明顯突出了“大耳、長臂”。

帛書司冬之神與其餘三季各神共同構成完整的體系，由此諸神體系反證帛書司冬之神，那麼，釋“荼”爲禺彊應無多大疑問。

《中華文史論叢》53，頁96—97

○**楊寬**（1997）　帛書十二月“荼司冬”的神像，人體正面站立，巨頭方面，大耳，頭頂有並列的兩條長羽毛，口吐歧舌向左右分布成直線，兩手握拳向左右張開，上身穿著黑色短袖，露出下臂，即所謂“□墨（黑）榦”。當即能使巨鰲的北海之神禺彊。“禺”字像巨頭的動物之形。“荼”字從“余”聲，與“禺”音近通用。《山海經》的《海外北經》和《大荒北經》都説：“北方禺彊人面鳥身，珥兩青蛇，踐兩青蛇。”“鳥身”當爲“黑身”之誤（舊注引一本作“北方禺彊黑身手足”，《莊子·大宗師篇》釋文引此亦作“黑身手足”）。“珥兩青蛇”和“踐兩青蛇”表示其威武而能除害。《莊子·大宗師篇》釋文引崔譔和《列子·湯問篇》張湛注引《大荒經》都云：“北海之神名曰禺彊，靈龜爲之使。”所謂“靈龜”即指巨鰲。

《文學遺産》1997-4，頁8

○**王志平**（1998）　我們認爲十二月之“荼”殆讀爲“除”。方以智《通雅》卷一二《天文》云：“李石引十二月得丙日橘滌。智按：《爾雅》作‘十二月爲涂’，注‘涂音徒’，愚謂當音除。蓋謂歲將除也。故李石竟作橘滌。又按《通鑑》‘修堂涂’，亦音除，即今滌州。此可證也。”《詩·小雅·小明》：“昔我往矣，日月方除。”鄭箋：“四月爲除。”馬瑞辰《毛詩傳箋通釋》卷二一云：“除即《爾雅》‘十二月爲涂’之涂。戴震曰：‘《廣韻》：涂，直魚切。與除同音通用。’方以智曰：‘謂歲將除也。’是也。”

我們認爲，與其説“荼”爲歲除，不如説“荼”爲斗除。歲星歷十二歲而爲一周，北斗亦歷十二辰而爲一周。《淮南子·天文訓》云：“北斗之神有雌雄，十一月建於子，月（從）[徙]一辰。雄，左行；雌，右行。五月合午謀刑，十一月合子謀德。”斗建左行則始子終亥，斗建右行則始子終丑。若以右行之北斗雌神而言，十一月（子月）爲斗建之月，而十二月（丑月）爲斗除之月。建除家所言之建除，殆亦源於北斗之建除。《淮南子·天文訓》云“寅爲建，卯爲除”，原理與此類似。北斗右行，建寅則除卯，月建固然如此，而建除家用以擇日，沿襲的是北斗右行時的月建原理。

　　總之,我們認爲十二月之"荃"殆讀爲"除",指斗除。北斗右行,則建子除丑,適與十二月相當。我們認爲這正是"荃"月的天文學意義。

蓑

蓑 郭店·語四 22　　蓑 上博二·容成 32

○**何琳儀、黃德寬**(1999)　　新出郭店楚簡《語叢四》22 有蓑字,無疑是"蓑"之初文。舊說"衰"是"蓑"之初文,得此反證,不攻自破。"衰"應是"襐"之初文。

《東南文化》1999-5,頁 108

○**李零**(2002)　　(編按:上博二·容成 32)"蓑"讀爲"衰",或即"衰"字。

《上海博物館藏戰國楚竹書》(二)頁 275

△**按**　"衰"《說文》小篆作衰:"艸雨衣。秦謂之草。从衣,象形。襐,古文衰。"學者一般認爲"衰"爲"蓑"之初文,則"蓑"爲"衰"增形符艸之纍增字。"衰"見卷八衣部。"蓑"簡文中均讀爲"衰"。

蔆　茷

蔆 包山 153　　茷 包山 154

○**何浩、劉彬徽**(1991)　　(編按:包山 154)茷君　茷即蔆,是前引簡 154 中五個地名中的一個地名。據簡文所記,蔆在鄀及新大廄啻薹之田以東、郪的東北、鄝陽的東南。鄀、郪已經考定,鄝陽地望亦可考。鄝通蓼,即與六同一年爲楚所滅之蓼。(中略)蓼陽當在蓼縣北境的今霍丘境内。由此看來,蔆地應在故蓼國、漢蓼縣的東南。度其位置,大約在今皖西安豐塘水庫以南偏東的水網地區。水網地區盛産菱。《玉篇》艸部:"蔆,同薐,亦作菱。"《說文》艸部:"薐,芰也。从草,凌聲(編按:當爲"从艸,淩聲")。楚謂之芰,秦謂薢茩。"蔆君之蔆,當是以産菱而得名。蔆通陵。在安豐塘水庫的東北,秦漢時有陰陵縣。《水經注·淮水》:"淮水又北逕莫邪山西,山南有陰陵縣故城。"《括地志》卷七"濠州":"陰陵故城,在濠州定遠縣西北六十里。"李兆洛《歷代地理考釋》說:"陰陵,西漢縣,九江郡……今安徽鳳陽府定遠縣西北六十五里。"故地在今定遠西北的古城集（可能是秦漢縣治所在），靠近長豐縣。這個陰陵雖然在六之東北，但也在蓼之東北，與簡文所示方位不完全相符。簡文中的陵應在秦漢陰陵的西南。然地名往往移動、沿襲。頗疑戰國時楚之陰陵原在今安豐塘東南，是秦漢時才北移至定遠、長豐閒的。然仍未超出淮南的範圍。在淮北，楚地有一陽陵。或者，在陰陵、陽陵之閒另有一處名“陵”之地。《左傳》昭公十二年載：“楚子狩於州來，次於潁尾，使蕩侯、鄱子、司馬督、囂尹午、陵尹喜帥師圍徐以懼吳。”杜注：“五子，楚大夫。”楚縣尹相當大夫一級，故對《左傳》文公十四年的楚廬縣縣尹及宣公十一年的“縣公”，杜注皆謂“楚縣大夫”。昭公十二年的“陵尹”當即陵縣之尹，即陵縣大夫。陵縣地望，從無注釋。就上引昭十二年楚師“圍徐以懼吳”的活動地區來説，是在蓼之東北的淮、潁一帶，陵尹喜帥師參戰，看來陵縣距淮北戰場不會太遠。此陵縣既以“陵”爲名，與作爲地名的陵君之“陵”顯爲同一地區。

《包山楚墓》頁 573—574

○**湯餘惠**（1993）　艿 154　原隸爲茨，可從。注 290：“簡文作茨，右旁所从之𡿨即夊，《陳逆簠》冰字作𡿨。茨，讀作陵。”今按此簡可與 153 簡對看，“東與～君執疆”，153 簡作“東與陵君𦀇疆”。茨，應是陵的省體，西周金文陵字多从夊聲，作𨺅、𨺅，省掉略如人形的部分，即是阰。陵、茨爲一字之異，皆陵字。陵同菠（菱），字見《玉篇》，簡文假借爲陵。

《考古與文物》1993-2,頁 74

○**何琳儀**（1998）　茨，从艸从阜（陵之省簡），夊聲。疑陵之異文。（中略）或説，茨以夊聲置換夌聲。

《戰國古文字典》頁 156

○**劉信芳**（2003）　陵君：簡 154 作“茨君”，楚國封君。《左傳》昭公十二年：“楚子狩於州來，次於潁尾，使蕩侯、潘子、司馬督、囂尹午、陵尹喜帥師圍徐以懼吳。”陵尹即陵地之尹，陵君封地應在陵。《漢書・地理志》九江郡有陰陵縣，其地在六安東。應即戰國楚陵縣所在。

《包山楚簡解詁》頁 159

△**按**　“茨”爲“陵”之異體。郭店《尊德義》簡 14“陵”字異體作𨺅，亦以“夊”爲聲。《説文》無“陵”字，戰國文字“夌、陵”常混用，故“陵（茨）”或可視爲“菠”字異體。

【**陵君**】包山 153

○**何浩、劉彬徽**（1991）　　見“菠”字條。

○劉信芳（2003）　見“薐”字條。

【陜君】包山 154

△按　即“薐君”，見【薐君】。

蘆

上博一·詩論 23

○馬承源（2001）　兔盧　今本《詩經·國風·周南》篇名作《兔罝》。

《上海博物館藏戰國楚竹書》（一）頁 153

△按　“且”旁戰國楚文字多寫作“盧”或“虘”，故“蘆、蘆”應相當於傳世文獻“罝”字。另參“蘆”字條。

藃

藃 璽彙 3454

○何琳儀（1998）　藃，从艸，虓聲。

晉璽“藃堨”，地名。

《戰國古文字典》頁 288

菣

菣上博四·曹沫 13　　菣上博四·曹沫 22　　菣上博四·曹沫 64

【菣蔑】

○李零（2004）　菣（曹）穢（沫）。

《上海博物館藏戰國楚竹書》（四）頁 285

△按　簡文中用爲姓氏“曹”，“菣蔑”即傳世文獻之“曹沫、曹劌”。

蕒

蕒上博三·周易 12

○濮茅左（2003）　“蕒”，从艸，貨聲，讀爲“撝、化”，音通，如“貨”古文作

"賜"。《漢上易傳》引子夏曰:"撝謙,化謙也,言上下化其謙也。"引京房曰:
"上下皆通曰撝謙是也。"指揮之閒皆用謙之道,而無有不利。《象》曰:"'无
不利,撝謙',不違則也。"

《上海博物館藏戰國楚竹書》(三)頁 154

△按　與帛書本、今本《周易》對應之字分別爲"譌、撝"。

莝

璽彙 2679

○**羅福頤等**(1981)　莝。

《古璽文編》頁 13

○**劉釗**(1990)　《文編》一・七第 6 欄有字作"",《文編》釋作莝,列於艸
部。按字从艸从土从采,應隸作莝,釋作菜。戰國文字常常增加土旁以爲繁
飾,如陵字作""(《文編》十四・四第 9 欄),阿字作""(《文編》十四・五
第 7 欄),防字作""(《文編》十四・五第 8 欄),陳字作""(《文編》十四・
五第 9 欄),中山王壺蒿字作""等皆其證。古璽用作姓氏的采字也加土旁作
""(《文編》三・九第 9 欄),由此可以證明""字所从的土旁也是一種繁
化,故""字可釋爲"菜",菜字見於《説文》艸部。

《考古與文物》1990-2,頁 46

蒦

上博六・競公 8

○**濮茅左**(2007)　山替吏蒦守之　"替",亦"林"字。"蒦",从艸,奐聲,讀爲
"奐"。"奐",即《説文》古文"衡"。《説文》角部:"衡,牛觸,橫大木其角。从
角从大,行聲。《詩》曰:'設其楅衡。'户庚切。奐,古文衡如此。"《春秋左
傳・昭公二十年》:"山林之木,衡鹿守之。"孔穎達疏曰:"《周禮》司徒之屬,
有林衡之官,掌巡林麓之禁。鄭玄云:'衡,平也。平林麓之大小及所生者。
竹木生平地曰林,山足曰麓。'此置衡鹿之官,守山林之木,是其宜也。"

《上海博物館藏戰國楚竹書》(六)頁 181

蓻

璽彙 2281　　璽彙 2282

○**羅福頤等**（1981）　（編按：璽彙 2281）蓻。

《古璽文編》頁 11

○**何琳儀**（1998）　蓻，從艸，朔聲。

戰國文字蓻，讀莘，姓氏。莘國，姒姓，夏禹之後，武王母太姒即此國之女。見《太平寰宇記》。

《戰國古文字典》頁 1159

△按　“蓻”即金文“辥”字作（薛侯鼎，《集成》2377）、（薛侯盤，《集成》10133），清華一《楚居》簡 5 作等“朔”增艸旁而成。又省“辛”作“胬”（參“胬”字條），皆六國古文“薛”之用字。

菜　萬

上博一·詩論 16　　上博一·詩論 16

○**馬承源**（2001）　蓋茖　篇名。“蓋”字據下文也可寫作“茖”，第十七簡之《菜茖》也寫作從艸從禽，和第一字從艸從喬不完全相同，但應是同一個字。

《上海博物館藏戰國楚竹書》（一）頁 145

○**何琳儀**（2002）　菜（采）萬（葛）之愛婦。（十七）

“菜”，上從艸，中從爪，下從木。其中木旁中間豎筆收縮，頗似從土旁。類似現象可參見“藝、樹”等字所從木旁。所以《考釋》隸定爲“菜”，可以信從。

“萬”所從禹，疑“禼”之省簡，即少一弧筆。如果這一推測不誤，“萬”可直接讀“葛”。參見上文第十六簡。

還有一種可能，“萬”讀若葛。二字均屬牙音，但“萬”屬魚部，“葛”屬月部。關於魚部與月部相通，曾侯乙墓出土編鐘樂律名“割先”讀“姑洗”，是其例證。這一現象已有學者做過討論，茲不贅述。

簡文“菜萬”應讀“采葛”，即《詩·王風·采葛》，詩云：“彼采葛兮，一日不見，如三月兮。彼采蕭兮，一日不見，如三秋兮。彼采艾兮，一日不見，如三歲兮。"其詩義與簡文"爱婦"可謂密合無閒。《詩》序："采葛,懼讒也。"《詩集傳》以爲"淫奔",均不如簡文更爲接近詩之本義。

《上博館藏戰國楚竹書研究》頁 251

○**李守奎**(2002)　第十七簡有"茊茲"二字,原釋隸作"菜茲",認爲是"《詩》篇名,今本《毛詩》未載"。

"茲"字又見於第十六簡,原釋隸作"荨",認爲與"茲"是一字。我們在《〈戰國楚竹書·孔子詩論·邦風〉釋文訂補》一文中討論過這兩個字,只是未能展開。

"茲"與"茲"從字形上看,一個是"萬",一個是"萬"(即"薯"),二字都見於《玉篇》的艸部。但在第十六簡,從辭例上看,顯然是當做同一個字使用的。這就有兩種可能:一是二者本是一字,"茲"是"茲"的省形或訛變之形;二是原本兩字,因二字字形相近,使用者混訛筆誤。在第十六簡的釋讀中,拙文認爲混訛的可能性大,故釋"茲䊵"爲"萬䊵"而讀爲"禹籲",義爲禹被諷誦。董蓮池先生指出,"薯䊵"應讀爲"葛覃",是《國風·周南》中的篇名。拙文讀"薯䊵"爲"禹籲"是考慮到"䊵"的聲讀和詩評的内容的緣故。不論"茲、茲"同字異形,還是"萬、薯"形近互混,"茲"都可以用同"薯",讀爲"葛"。"害、曷"古音均是匣紐月部,異文之例不勝枚舉。

"茊"字下部與楚文字"倉"有近同之處。包山楚簡"蒼"字作"蒼"(一七九),天星觀簡"愴"字有"倉"形。把"茊"看作"蒼"的省形從字形上能説得過去,但略顯迂曲。我們懷疑"茊"爲"采"的壞字,在没有其他佐證的情況下,馬承源先生釋"菜"是可取的。

若以上推論不誤,"茊茲"當是"菜茲"的誤書,當讀爲"采葛",即《國風·王風》中的《采葛》。

《上博館藏戰國楚竹書研究》頁 344—345

○**許全勝**(2002)　兩簡皆見"萬"字,"禹"另一寫法見長沙楚帛書"禹於其王"之"禹",李家浩先生讀爲傷害之"害"。馬王堆帛書《周易》之《損》卦"曷之用二簋可用享"之"曷",《大有》卦"無交害"之"害"皆爲此字之變體。裘錫圭師指出"禹、禹、曷、害"古音皆近,"禹"字下部在甲骨文中作"虫",而有時即以"虫"(古與"虺"同音)爲"禹",兩字古音亦近。

愚按《古文四聲韻》引《古老子》"害"字,從女,聲旁與前舉讀爲"害"之字相近(此字頭與上博簡文極近);又引"割"字,從刀,蟲聲。可證裘、李二先生所論極是。因此簡文兩形均應讀爲"葛","菜萬"即"采葛"。"萬䊵"則讀爲

"葛覃","尋、覃"古音近。

《上博館藏戰國楚竹書研究》頁 367

△按　此字對應今本《詩經》"葛覃、采葛"之"葛",字从艸,萬聲。萬即傷害之"害"本字,與"葛"古音相近。上博簡《孔子詩論》"葛覃"之"葛",既寫作𦬊(从"萬"),又可寫作𦰩(从"禹",簡16)。"萬"字條重見。

蒠

集粹

△按　望山簡 1·8"蒠月",又作"覍月",即楚月名"爨月"。疑"蒠"即"蒠"之省訛,戰國文字日旁偶或訛寫作田旁。

蘆

新蔡甲三 312　　新蔡甲三 325-1

△按　字从艸,橪聲,新蔡簡用爲地名。"橪"見於上博六《用曰》簡 14、清華一《皇門》簡 1,皆讀爲"據"。

蔇　蔇

包山 258　　郭店·尊德 39

○**劉彬徽、彭浩、胡雅麗、劉祖信**(1991)　（編按:包山 258）蔇,疑讀如苔。《説文》:"小末也。"

《包山楚簡》頁 61

○**劉信芳**(1992)　（編按:包山簡）"蔇二笲。"(258 號簡)原釋:"蔇,疑讀如苔。《説文》:'小末也。'"

按:若將出土實物與遣册對照,知此"蔇"即"芰"。芰即菱角。二號墓出有同一形制長方形人字紋笲二件,27×12.5×3 釐米,202-1 盛滿菱角,202-2 附一籤牌,可惜圖版上的籤牌字迹已無法辨識(《包山楚墓》154 頁,圖版四七,2)。《國語·楚語上》:"屈到嗜芰,有疾,召其宗老而屬之,曰:'祭我必以芰。'"韋昭注:"芰,菱也。"曾侯乙墓亦曾出土菱角(《曾侯乙墓》圖版一六八），看來楚地之人喜食芰者不在少數。

　　芰之作藮，有如汝之作潒。《説文》：“汝，水都也。”段注：“水都者，水所聚也，民所聚曰都。汝之證未聞。”段注是很審慎的。按“汝”之本字應作“潒”，《廣雅·釋詁》：“集，聚也。”“支”無聚義，按形聲字構成的一般規律，描寫“水都”（聚）之字應以“潒”爲本字，“汝”爲通假字。《史記·司馬相如傳》載《上林賦》：“滷滷溍溍，涪潒鼎沸。”即描寫泉水匯集，波涌如沸之貌。

《江漢考古》1992-3，頁 77

○劉信芳（1997）　（編按：包山簡）藮　辭例參上條引。字又見該墓出土竹笥籤牌（標本二：一六一·一、二：五五·一），竹笥内所盛之物已腐朽無存。《廣雅·釋草》：“藮，菩也。”《玉篇》：“菩，香草也。”

《中國文字》新 23，頁 118

△按　包山簡“藮”，所指未詳，整理者讀爲“苔”，可備一説。郭店《尊德義》簡 39“巣”，從中，當即“藮”字異體，辭云“重義巣理”，“藮”讀爲“集”。“巣”字中部重見。

勐

璽彙 0966

○羅福頤等（1981）　勐。

《古璽文編》頁 13

○羅福頤等（1981）　勐。

《古璽彙編》頁 114

○陳漢平（1989）　古璽文有人名“肖𩵋”（0966），《彙編》隸定作“肖勐”，未確。此璽前一字肖字爲趙字之省，當讀爲趙，係姓氏字。後一字从力从艸，高聲。《説文》：“喬，高而曲也。从夭，从高省。”宋本作“高省聲”。中山王鼎銘“母富而驕”，“驕”字書作“勐”，字形作𩵋；又侯馬盟書人名有“趙喬”，“喬”字書作喬。字又作勐、勐、勐、橋、勐、喬，前二體與古璽文勐字字形相近，第三體作勐，與中山王鼎銘勐字所從相同，知此古璽文勐字當釋爲勐，讀爲喬。古璽人名“肖勐”與侯馬盟書人名“趙勐”姓名相同，或即一人，亦未可知。

《屠龍絶緒》頁 290—291

薈

曾侯乙 3

○**裴錫圭、李家浩**（1989）　簡文所記的"戟"和"戈"幾乎都加上"一翼之翯、二翼之翯"等説明。河北汲縣山彪鎮出土的水陸攻戰紋鑑（《山彪鎮與琉璃閣》20—22 頁，圖版肆柒、肆捌）、四川成都百花潭出土的宴樂水陸攻戰紋壺（四川省博物館《成都百花潭十號墓發掘記》，《文物》1976 年 3 期）和故宮博物院藏宴樂水陸攻戰紋壺（《戰國繪畫資料》20，《故宮博物院院刊》1983 年 3 期圖版六）等畫像中的戈戟，柲上都有二至三對翼狀物，疑簡文的"一翼之翯"等即指此。

《曾侯乙墓》頁 505

△**按**　薈，曾侯乙簡又作"翯"，所指相同。

蓙

羊璽彙 0543

○**羅福頤等**（1981）　蓙。

《古璽文編》頁 12

○**陳漢平**（1989）　古璽文有字作羊（0543：王△），《文編》隸定爲蓙而未釋。按此字從艸，蛮聲。東周銅器有王子嬰次盧，金文作"嬰次"，文獻書作"嬰齊"，故知蛮字當釋爲嶬。而蓙字從艸，蛮聲，故知當釋爲薺，蓙字乃薺字古文。《説文》："薺，蒺藜也。從艸，齊聲。《詩》曰：'牆有薺。'"戰國趙國布幣地名"榆即"文獻作"榆次"，今名亦作"榆次"，與蓙、薺爲古今字情況類似。

《屠龍絶緒》頁 290

冀

壄包山 103　　壄包山 115

○**顔世鉉**（1997）　冀，原作壄（簡一○三）、壄（簡一一五），或釋爲"莝"。

（中略）以包山楚簡的蓞（牘一）對照其他字來看，釋"纂"較爲可信；且纂字也較合文意。因此甖字也當以釋"冀"爲是。(中略)坒之形與甖所从之坒的半邊形體"坒"相近,有人便將"坒"和"坒"視爲一字。本文認爲坒和坒當分別視爲兩字:1.在同一文例中,从坒與从坒之形均不互相混用;且从坒之字下均有一橫畫,从坒之字下均無一橫畫。2.从坒之下半部从土;从坒之下半部作坒,當非从土,且以綮(牘一)字來看,右半作坒,更可證其下半部不从土。綜合以上分析,本文贊同裘錫圭、李家浩的看法,將坒形釋作巽,坒形釋作坐。因此,包山楚簡的"甖陵"當釋爲"冀陵","坒山"釋作"坐山"。

冀,可能讀作選。巽、選,都是心紐元部。《左傳》文公十六年:"庸人帥群蠻以叛楚,麋人率百濮聚於選,將伐楚。"杜預注:"選,楚地。"顧棟高《春秋大事表》卷七之一:"當在荊州府枝江縣南境。"楊伯峻《春秋左傳注》:"當在今湖北枝江縣境。"包山楚簡冀陵一地當在此一帶。

《中國文字》新 22,頁 239—242

○何琳儀(1998) 冀,从艸,巽聲。蓀之異文。《玉篇》:"冀,同蓀。"《説文新附》:"蓀,香草也。"

包山簡"冀陵",讀"遷陵",地名。《逸周書・允文》"遷同氏姓位之宗子",《玉海》五十引遷作選,是其佐證。《漢書・地理志》武陵郡"遷陵",在今湖南保靖東北。

《戰國古文字典》頁 1355

○劉信芳(2003) 冀:或釋爲"莝",非是。字讀爲選。《左傳》文公十六年:"麋人率百濮聚於選。"杜預《注》:"選,楚地。"疑冀陵在選。

《包山楚簡解詁》頁 97

【冀陵】
△按 見"冀"字條。

蓂

蓂 望山 1・8

【蓂月】
△按 蓂月,望山簡 1・9 又作"莫月",即楚月名"爨月"。詳參"莫"字條。

薫

包山 255

○**劉信芳**（1992）　“薫薁一砧”（255 號簡）。原釋“薫，下部疑从禺，讀如藕，藕菹”。

　　按：薫字原簡作 ，其字从艸从禼，禼非禺字，其下部“内”，《説文》：“獸足蹂地也。象形，九聲。”該字無論从“臼”得聲還是从“九”得聲，皆讀與“韭”通。“韭”又作“韮”，臨沂漢簡作“兂”。《周禮·天官·醢人》：“七菹。”鄭康成注：“韭、菁、茆、葵、芹、箈、筍，凡醯醬所和，細切爲虀，全物若臠爲菹。”“薫薁”（韭菹）其實就是醃韭菜。

《江漢考古》1992-3，頁 74

○**湯餘惠**（1993）　255　薫·薫（蘩）　字从艸，薫（參前文薁字條）聲，疑即蘩蒿之“蘩”的古文。古音繁，並紐，元部；薫，明紐，元部。音讀至爲相近。《爾雅·釋草》：“蘩，皤蒿。”郭注：“白蒿。”今按蘩蒿之爲物，既可生食，亦可腌漬。《大戴禮·夏小正》邢疏引《本草》唐本注云：“此蒿葉粗於青蒿，初生至枯白於衆蒿，所在有之。”又云：“葉似艾蒿，上有白毛，粗澀，俗呼蓬蒿，可以爲菹。”簡云“薫薁一砧”即“蘩菹一缶”，與記載相合。

《考古與文物》1993-2，頁 77

○**劉信芳**（1997）　“薫”字从艸从薫，讀如“蔓”，楚帛書“瀧汨淊滿”，又：“山水滿浴”，“滿”即“漫”，由此知“薫”乃“蔓”之異體。《詩·邶風·谷風》“采葑采菲”，鄭箋：“此二菜者，蔓菁與葍之類也，皆上下可食。”《周禮·天官·醢人》“菁菹”，鄭玄注：“菁，蔓菁也。”知簡文之“薫薁”即《周禮》之“菁菹”。

《中國文字》新 23，頁 114

○**何琳儀**（1998）　薫，从艸，薫聲。

　　包山簡薫，讀藾。參滿字 d。《爾雅·釋草》“苹，藾蕭”。注：“今藾蒿也，初生亦可食。”

《戰國古文字典》頁 960

○**劉信芳**（2003）　薫：簡文字形从艸，薫聲，讀爲“蔓”。《楚帛書》：“瀧汨淊滿。”又：“山川淊浴。”滿讀爲“漫”，由此可知“薫”即“蔓”之異體。《詩·邶風·谷風》：“采葑采菲。”鄭《箋》：“此二菜者，蔓菁與葍之類也，皆上下可食。"《周禮・天官・醢人》："菁菹。"鄭玄《注》："蔓菁也。"然先鄭《注》云："菁菹,韭菹。"其説有不同,謹録以備考。

《包山楚簡解詁》頁 259

蕿

○**丁佛言**（1924）　蕿古匋,吳窓齋以爲蘆字。

　蕿　古匋,楚城遷蕈里姁。吳窓齋釋藘,丁少山釋藘,姚華以爲西字之繁文。愚按當是蕈字,在匋文爲鄲之借字。

《説文古籀補補》卷 1,頁 4、5

○**顧廷龍**（1936）　（編按:陶文）蕈　丁佛言云當是蕈字,在匋文爲鄲之借字。

《古匋文舂録》卷 1,頁 2

○**史樹青**（1955）　（編按:仰天湖 1）蔓就是縵字的同音同義字。

《長沙仰天湖出土楚簡研究》頁 21

○**朱德熙、裘錫圭**（1972）　（編按:仰天湖 1）第十一字顯然從艸從虘,或釋爲蔓,爲蕿,皆非。《汗簡》所録古文,且作虘,組作繸,殂作殘:

蕿卷下之二　　　　繸卷下之一　　　　殘卷上之二

仰天湖 22 號簡有繸字:繸

或據《汗簡》釋作組,可信。簡文蔓字亦當釋作苴。《説文》艸部："苴,履中艸。"《漢書・賈誼傳》"冠雖敝,不以苴履",師古注："苴者,履中之藉也。"又《爾雅・釋草》"藘,苴",郭璞注："作履苴草。"藘是可作履苴之草,疑藘與苴本由一字分化,簡文蔓字釋苴釋藘均可。

《朱德熙古文字論集》頁 38—39,1995;原載《考古學報》1972-1

○**湯餘惠**（1986）　a 蕿《舂録》1・2　　c 蕿《璽》3755

　　　　　　　　　b 蕿同上　　　　　d 蕿《匋文編》附録第 22 頁

上揭 a、b 兩例出自齊國陶文,用爲邑里名稱,齊文字"西"多作四筆交叉。b、d 兩例又旁之上加橫畫,與中山方壺蕿字同例,均屬繁飾。以上四例從艸（或中）,虘聲,疑心皆"蘆"之古文。《舂録》1・2 從丁佛言説,云"當是蕈字,在陶文爲鄄之借字"。非是。《季木》2·1有🔲字,从⊕與从⊗⊗者同,徐中舒先生主編《字形表》釋"蘆"(第20頁),得之。

《古文字研究》15,頁35

〇**高明、葛英會**(1991)　　(編按:陶彙3·1268)蘆　陶文蘆字形體多變,釋文亦有分歧。初吳大澂釋🔲爲蘆字,又釋異體🔲爲鑪;丁福保釋爲蕈字;顧廷龍、金祥恆皆從之。吳振武據璽印、貨幣、陶文及文獻等證明上舉陶文爲同字,並考證🔲即《説文》甾部之𥂁字,證此陶文从艸盧聲,原釋蘆不誤。其説甚是,故從之。

《古陶文字徵》頁207

〇**吳振武**(1992)　　戰國齊陶文中又有一個從"中"從"虞"的字:

　　(16)🔲丘遷　　《夢盦藏陶》

　　(17)🔲丘遷　　《香録》附編一五下

　　後者《説文古籀補補》既誤摹作🔲,又誤釋爲"曼"(三·八);《古匋文香録》和《匋文編》則列於附録(附編一五下、附録二二上)。但《古匋文香録》同時又從《説文古籀補補》誤釋爲"曼"(二·三遷及八·一丘字條下)。

　　其實,這個字也應該是"蘆"字異體。和上引(10)比較,只是从"中"和从"艸"之別而已。而作爲義符,"中、艸"二旁義亦相近。古有閭丘邑,地在今山東省鄒縣東北。又有閭丘氏。東周閭丘戈"閭丘"作"𨵿丘"(《三代》一九·三八·三,王國維釋)。"𨵿、蘆"二字的基本聲符都是"盧",可知(16)(17)中的"蘆丘"應讀作"閭丘"。這也是釋🔲爲"虞—盧"的一個有力佐證。

　　這裏需要指出的是,齊陶文中也有從"艸"從"虞"的"蘆"字:

　　(18)🔲　　　　　　　　《鐵云藏匋》四三·三

　　(19)🔲　　　　　　　　《季》二·一

　　(20)楚🔲遷🔲里賞　　同上四五·二

　　(21)王𣪘(廄)🔲里导　同上三七·七、九、一一

　　(22)🔲衆□陞夌(陵)鈢(璽)　《陶鈢文字合證》一

　　丁氏《説文古籀補補》卷一"蘆"字條下曾收録(18),注云:"吳窓齋(引者按:即吳大澂)以爲蘆字。"(一·四)我們認爲,吳氏此釋是非常正確的,可惜他既未在有關論著中加以闡述,同時又令人難以理解地把和(18)(19)顯係一字的(20)誤釋爲"鑪"(見同書一·五蕈字條下引)。而丁氏雖然同意吳氏把(18)釋爲"蘆",可他自己卻又誤入歧途,將(20)(21)誤釋爲"蕈"(一·五)。

後出的《古匋文香録》和《匋文編》皆從丁説,乾脆把(19)—(22)都釋爲"橐"(一·二、五頁),只有徐中舒先生主編的《漢語古文字字形表》才重新肯定了吳氏的釋"蘆"説,但也只僅僅收録(19)一例而已(20頁)。

《古文字研究》19,頁 493—494

○**郭若愚**(1994) （編按:仰天湖 1)橐,《汗簡》"⿱" 爲且字,出《王庶子碑》。故此爲苴字。《禮記·喪服小記》:"苴,杖竹也。"《儀禮·喪服》:"喪服斬衰裳苴,絰杖絞帶。"傳曰:"苴,杖竹也。"疏:"苴杖不出,杖體所用,故言苴杖者竹也。""皆有苴"謂此兩對"翠柳",皆有竹杖可執。

《戰國楚簡文字編》頁 115

○**陳偉武**(1995) 《文字徵》第 168 頁録《陶彙》3·1109 獨字作⿱,釋蘆。今按,當從《陶彙》釋蘆。湯餘惠先生引《匋文編》附録第 22 頁陶文亦作此形,釋蘆。

《中山大學學報》1995-1,頁 125

○**劉信芳**(1997) 包山簡二五五:"菀蔞二砡,蔬蔞一砡,茜菣之蔞一砡。"

"菀"讀如"蔥",或作"葱"。"蔞"讀"菹",《説文》:"菹,酢菜也。"酢即醋之古字。《周禮·天官·醢人》"七菹",鄭玄注:"韭、菁、茆、葵、芹、菭、筍菹……凡醯醬所和,細切爲齏,全物若牒爲菹。"知"蔞"即今俗稱腌菜。

《中國文字》新 23,頁 114

○**劉信芳**(2003) （編按:包山簡 255)蔞:讀爲菹,腌菜。《説文》:"菹,酢菜也。"酢即醋之古字。《周禮·天官·醢人》:"七菹。"鄭玄注:"韭、菁、茆、葵、芹、菭、筍菹……凡醯醬所和,細切爲齏,全物若牒爲菹。"

《包山楚簡解詁》頁 259

○**吳振武、于閏儀、劉爽**(2004) (2)楚郭巷苴里□(室藏編號:1-529)（中略）"苴"字原从草字頭从"叔",即苴草之"苴"的古寫。楚郭巷苴里是齊陶文中一個常見的陶工聚居地。

《史學集刊》2004-4,頁 95

○**李零**(2004) （編按:上博四·曹沫 56"民有寶,曰城、曰固、曰蔽")蔞 讀"阻"。《説文》阜部:"阻,險也。"是險阻之義。

《上海博物館藏戰國楚竹書》(四)頁 280

△**按** "且"旁戰國楚文字多寫作"虗"或"叔",故"蔽"應相當於傳世文獻"苴"字。包山簡"蔽"則當皆讀爲"菹"。齊系陶璽文字之"蔽",吳振武前釋爲蘆(1992),後改釋爲"蔽"(2004、2007,見下【蔽疋 2】條),以爲苴草之"苴"

的古寫,似可從。論者多以齊陶文■(《陶彙》3·1109)爲"敵"字異體,從新出材料看,此字當釋"叟"(見卷三又部)。

【敵疋1】

○**施謝捷**(1999)　《中國璽印集粹》卷二·七九著録如下一私璽:

原釋文作"弁□"。

按:姓氏"弁",今通作"卞"。■右下隅有合文符號,當釋爲"敵疋"二字合文。仰天湖一號楚簡:"一新智縷,一愚智縷,皆又敵疋縷。"也有"敵疋"二字,可資比較。(中略)此璽爲三晉璽,以"敵疋"爲名字,其取意不知與上引楚簡之"敵疋"有無關係,待考。

《中國古文字研究》1,頁128

【敵疋2】仰天湖1

○**吳振武**(2007)　且(薹)本是指一種可以用來製作鞋墊的草,也可以當草製的鞋墊講。"疋"跟"縷(屨)"結爲一詞,可以有兩種讀法:一是讀作"疏縷(屨)"。疏屨是"薹蒯之菲",即指用薹草或蒯草做的鞋。如果確實要讀作"疏縷(屨)"的話,那麼簡文前面所説的"智(鞮)縷(屨)"一定是草製之履。二是讀作"粗縷(屨)"。粗是楚人對履的通稱。如果讀作"粗縷(屨)"的話,則上文的"智(鞮)縷(屨)"也有可能是指革履。

朱文顯然傾向於讀作"疏縷(屨)",原因大概是"疏屨"一詞是見於古書的。所以朱文最後將簡文的意思總結成:一雙新的鞮屨,一雙舊的鞮屨,都是有草墊的疏屨。

對朱文的説法,我們過去初讀時並未覺得有什麼特別問題。而且認爲從考證技巧上説,此文可以稱得上是一篇思慮周全的範文。譬如,要照顧到"疋"字的兩種可能讀法,就須要在解釋"鞮屨"時想辦法交待出"鞮"除了常見的革履一説外,還有可能跟"扉(菲)"一樣,既可指革製之履,又可指草製之履。只是覺得簡文前面既説"一新鞮屨,一舊鞮屨",後面接下來的補充説明似乎應是"皆有……鞮屨"或"皆有……屨",甚至幹脆簡説成"皆有……",方爲合理。若説成"皆有……疏屨"或"皆有……粗屨",總覺得有點奇怪。但當時對"皆又薹疋縷"一句究竟應該怎麼講,卻也想不出合適的説法來。直到1986年,筆者在讀到李家浩先生所作《戰國於疋布考》一文中關於"疋、且"二聲相通一節後,方悟出簡文很可能不是以"疋縷(屨)"爲一詞的,而是以"薹疋"爲一詞。"薹"仍可從朱文釋作"薹"(或"且"),當"作履且草"講,指的是一種可用來做鞋墊的草;而"疋"則可讀作當"履中之藉"講的"苴",也就是鞋墊。簡文的意思大概是説一新一舊兩雙鞮屨(即革履)都是有"蘆苴"的履。"蘆苴"就是用蘆做的鞋墊。（**中略**）

　　李文所提到的《易》夬卦"其行次且"之"且"及李文未提到的《易》姤卦"其行次且"之"且",在近年新刊布的上博楚簡《周易》中均作"疋"。此外,如春秋時期的蓬䢼編鎛、編鐘銘文中的"終鳴且好"之"且"作"娕",戰國新蔡楚簡"宅茲雎、漳""江、漢、雎、漳"之"雎"作"泟"(古書亦作"沮"),上博楚簡《孔子詩論》中所記的《詩・周南》篇名"關雎"之"雎"作"疋"等,也都是"疋、且"二聲相通的確證。因此,簡文中的"疋"可讀作"苴",從古音方面來看,應該是没有問題的。而真有可能支持這一想法的,則是後來發現的一方三晉私璽:

　　此璽最早刊登在日本淡交社 1994 年出版的《篆刻入門》一書中(22 頁),係日本著名篆刻家菅原一廣(石廬)先生鴨雄緑齋藏品。後又收錄在菅原先生所編的《中國璽印集粹》一書中。兩書印製極佳,除鈐本外,均收有璽面及璽身照片。璽文爲"弁(卞)蘷疋"三字,其中人名"蘷疋"二字作合文,右下角標有合文符號"="。施謝捷先生在《古璽雙名雜考(十則)》一文中最先指出璽文中的人名"蘷疋"可與本簡上的"蘷疋"二字相比較。（**中略**）

　　按施文所説的"蘵",跟本文所説的"蘷",只是同一字的不同隷定方法,並無本質上的差别。施先生雖然發現璽文"蘷疋"可與簡文"蘷疋"相比較,但因未跳出朱文的思路,所以也就無法知道"蘷疋"一名的含義以及它跟簡文"蘷疋"有無關係。實際上,在我們看來,此人取名"蘷疋",正可以説明簡文當以"蘷疋"爲一詞。換句話説,璽文上的人名"蘷疋"跟簡文上的"蘷疋"應該是有關係的。若將此人的名字讀作"蘷苴",按上文所説,其含義也自然極易通曉。

《簡帛》2,頁 41—43

蒲

蒲 曾侯乙 61

○**裘錫圭、李家浩**(1989)　"蒲",從"艸"從"朕","朕"當爲"賸"之省體。此字應爲"藤"之異體,假借爲"縢"。

《曾侯乙墓》頁 518

菓

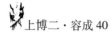上博二·容成 40

○**李零**（2002）　南菓是　即"南巢氏"。湯滅夏，桀逃南巢氏，見《竹書紀年》。南巢在今安徽巢縣東北。又《書·仲虺之誥》有"成湯放桀于南巢"説。

《上海博物館藏戰國楚竹書》（二）頁 282

△**按**　楚文字枭旁與巢旁可換用，如望山簡祭祀對象"王孫巢"（簡 1·89），又作"王孫枭"（簡 1·119），故"菓"可讀爲巢。

葦

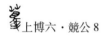上博六·競公 8

○**濮茅左**（2007）　"葦"，《集韻》："葦，葛屬。"讀爲"澤"。

《上海博物館藏戰國楚竹書》（六）頁 181

【**葦梁**】上博六·競公 8

△**按**　即"澤梁"，辭云："葦梁使斂守之。"

葟

璽彙 2250　　珍秦 60

○**羅福頤等**（1981）　葟。

《古璽文編》頁 12

疇　薵

上博六·平王 5　　上博六·平王 5

△**按**　字從壽省。上博六《平王與王子木》簡 5→2："王子曰：'薵何以爲?' 曰：'以種麻。' 王子曰：'何以麻爲?' 答曰：'以爲衣。'"凡國棟（《〈上博六〉楚平王逸篇初读》，簡帛網 2007 年 7 月 9 日）指出，"薵"當讀爲"疇"，特指種麻的田。《國語·周語下》："田疇荒蕪，資用乏匱。"韋昭注："麻地爲疇。"《禮記·月令》："可以糞田疇。"孔穎達疏引蔡邕曰："穀田曰田，麻田曰疇。"

蘪

璽彙 1904

○羅福頤等（1981）　于省吾釋蘪。《説文》所無，《玉篇》：“蘪，同薇，草蘪生貌。”

《古璽文編》頁 14

薔

璽彙 2277

○羅福頤等（1981）　薔。

《古璽文編》頁 13

○何琳儀（1998）　薔，从艸，霅聲。疑露之省文。《集韻》：“露，繁露，艸名。或作蕗。”

　晉璽薔，讀露，姓氏。見霅字 c。

《戰國古文字典》頁 487

蕽

璽彙 2291

○羅福頤等（1981）　蕽。

《古璽文編》頁 86

○吳振武（1983）　2291 蕽壬・蕽壬。

《古文字學論集》（初編）頁 506

△按　字从艸，不从丫，與《説文》訓爲“小爵也”的“蕽”非一字。

藁

上博一・緇衣 9　郭店・緇衣 15

○李零（1999）　（編按：郭店・緇衣 15）“表”，原釋“薻”，其隸定作“柬”的部分，從照片看，中閒的圓圈内是“少”字。按此字似應釋“標”，簡文用爲“表”。

《道家文化研究》17，頁 486

○劉信芳（2000）　（編按：郭店·緇衣15）柬　今本作“表”。按“柬”之字形可參包山簡86（地名用字）。《説文》：“柬，分別簡之也。”《爾雅·釋詁》：“柬，擇也。”“民之柬”者，民以君之好惡爲己行爲之簡擇也。

《郭店楚簡國際學術研討會論文集》頁170

○陳佩芬（2001）　（編按：上博一·緇衣9）㮮　从㮇从木，《説文》所無。郭店簡文省火作“柬”。今本作“表”。

《上海博物館藏戰國楚竹書》（一）頁183

○孟蓬生（2002）　（編按：郭店·緇衣15）“柬”當讀爲“憲”。柬與憲古音同部，聲母相近。《詩·小雅·六月》：“萬邦爲憲。”傳：“憲，法也。”《詩·大雅·崧高》：“文武是憲。”注：“憲，表也。”《周禮·秋官·小司寇》：“憲刑禁。”注：“憲，表也。”又《周禮·秋官·布憲》：“掌憲邦之刑禁。”注：“表也。”

《簡帛語言文字研究》1，頁27

○李零（2002）　（編按：郭店·緇衣15）簡文此字，從上下文看，實與今本“表”字相當。其字形，似可分析爲从艸从㮇省从木。我們懷疑，此字相當古書中的“薸”字或“標”字。“㮇”（今作“票”，是漢代的訛變），許慎説它是由“囱”和“火”組成，“與䙴同意”（《説文》卷十上火部），但簡文所從卻與“黑”字所從相同（上博簡的這個字“囬”下有火），可見這個字未必與“柬”有關。許慎説“黑”字是“火所熏之色。从炎上出囪。囪，古窗字”（《説文》卷十上黑部）。舊作説釋文“隸定作‘柬’的部分，從照片看，中間的圓圈内是‘少’字”，不確。現在，我們從上博簡的這個字看，它的這一部分還是與“黑”字的上部更接近，圓圈内並非“少”字。

《郭店楚簡校讀記》（增訂本）頁66—67

○李守奎、曲冰、孫偉龍（2007）　（編按：上博一·緇衣9）㮮。

《上海博物館藏戰國楚竹書（一—五）文字編》頁30

△按　李零説可從。上博一《緇衣》簡9之字所從之形，應即《説文》“㮇（票）”字初形，“囱”爲“囬”之訛。郭店《緇衣》簡15之字則又省去火旁。字可分析爲从木，㮇聲或从艸，標聲。暫從後説，故繫艸部。

薹

新蔡零467（殘字）

△按　此字左半殘去，辭例亦殘。

蓲

上博二・容成 15

○**李零**（2002）　蓲若冒　即“箬箬帽”。按《説文・竹部》“箬，竹箬也”，“箬，楚謂竹皮曰箬”。箬箬帽即今之竹笠。

《上海博物館藏戰國楚竹書》（二）頁 261

○**李守奎、曲冰、孫偉龍**（2007）　簡文“蓲若冒”，讀爲“箬箬帽”。“蓲”當爲“蘱”之省形。所從“㙊”爲“僕”之古文。“蘱”字見於《廣雅・釋木》。

《上海博物館藏戰國楚竹書（一—五）文字編》頁 36

△**按**　上博二《容成氏》簡 23、15 辭例爲“禹既已受命，乃卉服、蓲若帽、芙蕺”，讀“蓲”爲“箬”可從。

蔑

上博四・曹沫 13　　上博四・曹沫 22

△**按**　簡文中“蔑蔑”即傳世文獻之“曹沫、曹劌”。“蔑”字所從之“蔑”戈旁易爲攴旁，左下之人旁或增飾筆而近於“勿”，李守奎等（《上海博物館藏戰國楚竹書（一—五）文字編》36 頁）隸定作“薂”。

蕃

璽彙 2141

○**何琳儀**（1998）　蕃，從艸，鄱聲。疑蕃之繁文。《説文》：“蕃，艸茂也。從艸，番聲。”

晉璽“獏蕃”，地名。晉璽蕃，讀蕃，姓氏。蕃氏，《詩》“番維司徒”，《漢書》作蕃。見《姓氏急就篇》。

《戰國古文字典》頁 1061

薦

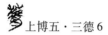上博五・三德 6

○**李零**（2005）　薦，疑讀爲“窳”。“窳”，器物質地粗劣不堅曰“窳”，與上文“固”正好相反。

《上海博物館藏戰國楚竹書》（五）頁 292

△**按**　辭例爲：“凡宅官於人，是謂邦固；宅人於官，是謂邦薦。”“薦”字陳偉（《上博［五］〈三德〉初讀》，簡帛網 2006 年 2 月 19 日）認爲可釋“莒”，借爲“呂”或“膂”；陳劍（《上博［五］零札兩則》，簡帛網 2006 年 2 月 21 日）認爲當讀爲“露”或“路、落”，古書中都可以用來表示敗、廢一類意思，且常用於國家城邑等。

蘁

新蔡零 270

△**按**　辭例爲：“或蘁彭定之［崇］。”字當讀爲“迓”。然則此字也可能應繫止部。

蘑

睡虎地・秦律 8

【蘑束】
○**睡簡整理小組**（1990）　蘑，疑讀爲歷，《大戴禮記・子張問入官》注：“亂也。”此處疑指亂草。一説蘑讀爲薼，王念孫《廣雅疏證》認爲薼就是蒹，是一種喂牛用的水草。

《睡虎地秦墓竹簡》頁 21

△**按**　辭例爲：“芻自黄蘛及蘑束以上皆受之。”

薔

新蔡甲三 410　　　新蔡甲三 411、415

○**徐在國**（2005）　新蔡簡甲三 410 有如下地名：下

甲三 411 有：上

第二字作者隸定爲从“萃”从“田”，似不可從。楚文字“奮”字常寫作从“衣”从“田”，如：

包山 145　　　　　　郭店・性自命出 24

郭店・性自命出 34　　　天星觀簡

上引諸形中前三形見於湯餘惠先生主編的《戰國文字編》235 頁，後一形見於滕壬生先生的《楚系簡帛文字編》686 頁。其中郭店楚簡《性自命出》34 簡、天星觀簡中的“奮”與此字下部所从形體最爲接近。因此此字應隸定爲“蕢”，分析爲从“艸”，“奮”聲，在簡文中疑讀爲“汾”。

“奮、賁”二字古通。如：《荀子・子道》：“奮於諸華，奮於行者伐。”《説苑・雜言》“奮”作“賁”。“憤、忿”二字古通。如：《史記・汲鄭列傳》：“忿發罵曰。”《漢書・汲黯傳》“忿”作“憤”。因此，“蕢”可讀爲“汾”。

“汾”，楚國地名。《左傳・襄公十八年》：“子庚帥師治兵於汾。”杜預注：“襄城縣東北有汾丘城。”簡文“上汾、下汾”是相對於汾地而言。

《漢字研究》1，頁 535—536

薂

包山 120　　新蔡乙三 29

△按　郭店《成之聞之》簡 34 有“籔”，與“薂”或爲一字異體。“籔”見卷五竹部。

【薂里】包山 120

△按　地名，地望不詳。

【薂郢】新蔡乙三 29

△按　“薂郢”即“鄝郢”。“鄝郢”見新蔡簡甲一 3、清華一《楚居》簡 16 等，爲楚別都之一。

蘴

璽彙 0842　　璽彙 2404

△按　字當分析爲从艸，聰聲，璽文用作人名。

翳

睡虎地・秦律 88

○**睡簡整理小組**（1990）　翳,通翳,《廣雅・釋詁二》:"障也。"蓋翳即用以覆蓋遮障的東西。

《睡虎地秦墓竹簡》頁 41

蕘

秦印

△**按**　字當分析爲从艸,蕘聲。

蘚

睡虎地・雜抄 25

○**睡簡整理小組**（1990）　蘚,疑讀爲鮮,《淮南子・泰族》注:"生肉。"此句意思可能是説老虎還没有棄掉作爲誘餌的生肉而跑開。一説,泛蘚爲聯綿詞,與蹁躚、盤姍、跰躚等同。

《睡虎地秦墓竹簡》頁 85

譪

包山 258

○**劉信芳**（1997）　包山楚簡二五八:"譪利二笸。""譪"應即《説文》"蒿"字異構。"譪利"是聯綿詞,出土竹笥(標本二:四七・二)之籤牌作"利",知"利"即"譪利"的合音,並讀如"梨",該竹笥所盛即梨。

《中國文字》新 23,頁 119

○**劉信芳**（2003）　"譪"字从言,鬲聲,或即《説文》"蒿"字異構,"蒿利"是聯綿詞,出土竹笥(標本 2:47.2)之籤牌作"利",知"利"即"蒿利"的合音,並讀爲"梨",該竹笥所盛即梨。

《包山楚簡解詁》頁 266

蘿

上博四·逸詩·多薪 1

【蘿葦】

○**馬承源**（2004）　"蘿葦"，植物，根叢生，亦名"蒹葭"。《子夏易傳》卷九："則辨蔓爲蘿葦之屬。"此"蘿葦"字形與簡文相同。文獻"蘿"亦作"萑"。《詩·豳風·七月》"七月流火，八月萑葦"，《詩經集傳》："萑葦即蒹葭。"《周易·說卦》傳："萑葦類於竹也。"唐李鼎祚《周易集解》卷十七："萑葦，震之廢氣也，故竹堅而萑葦脆，竹久而萑葦易枯。鄭康成曰竹類。"朱震《漢上易傳》："九家易曰：萑葦，蒹葭也，根莖叢生，蔓衍相連，有似雷行也。"

《上海博物館藏戰國楚竹書》（四）頁 178

蘿

璽彙 5506

○**羅福頤等**（1981）　蘿。

《古璽文編》頁 13

○**何琳儀**（1998）　蘿，從艸從木，羅省聲。疑蘿之異文。《說文》："蘿，莪也。從艸，羅聲。"

古璽蘿，人名。

《戰國古文字典》頁 870

莫　

集成 10373 鄦客問量	集成 9735 中山王方壺	上博六·慎子 2	新蔡甲三 36
上博四·曹沫 50	上博七·君甲 5	上博六·用曰 17	望山 2·6
郭店·老甲 5	陶彙 3·47	睡虎地·語書 3	睡虎地·秦律 184
上博五·姑成 4	璽彙 5498	十鐘	

璽彙 3025“莫臣”合文

○**中大楚簡整理小組**(1977)　(編按:望山 2·6)莫即貘,似熊之獸,《爾雅·釋獸》“貘,白豹”,注:“似熊小頭庳腳,黑白駁,能舐食銅鐵及竹骨,骨節强直,中實少髓,皮辟濕。”字亦作貊,亦即豹。《列子·天瑞》釋文引《尸子》:“程,中國謂之豹,越人謂之貘。”《説文通訓定聲》云:“按今四川川東有此獸,《上林賦》:‘其獸則猛㺉貘犛。’”湖北與川東毗鄰,以鄰地長毛之貘之皮毛爲取暖物,蓋事理之常,蓩字不識,疑亦衣裳之屬。“貍莫之蓩”者,殆指以貍貘之毛皮所製之衣服。

《戰國楚簡研究》3,頁 47

○**李學勤、鄭紹宗**(1982)　“莫”即鄚,地名。《史記·扁鵲傳》集解:“鄚,縣名,今屬河間。”同書之《趙世家》載趙惠文王五年(公元前 294 年)“與燕鄚、易”,集解:“徐廣曰:皆屬涿郡。鄚,音莫。”據《讀史方輿紀要》卷十三,漢代鄚縣在任邱縣北三十里鄚州城。此戈出於任邱古州,與文獻相合。

《古文字研究》7,頁 128—129

○**吳振武**(1983)　3025 周渶臣·周渶(莫)臣。

《古文字學論集》(初編)頁 511

○**裘錫圭、李家浩**(1989)　(編按:曾侯乙 36)“貍貘”之“貘”,簡文多寫作“蓩”,36 號簡寫作“莫”。簡文除了“貍蓩”之外,還有“虎蓩、貂蓩、豻蓩”等,據文意似指貍皮、虎皮、貂皮、豻皮。

《曾侯乙墓》頁 503

○**林素清**(1990)　(編按:《古璽文編》)一·七下𦱤字下共引 1187 等八個璽文,而本書附録一另有𦱤字璽及“刑𦱤”,兩字應可補入本條下。因戰國文字屢見省去重複偏旁之例,如楚字可省成垆等,故艸亦可省作屮。

《金祥恆教授逝世周年紀念論文集》頁 100

○**張守中**(1994)　(編按:睡虎地簡)通暮　夙莫　秦一八五。

《睡虎地秦簡文字編》頁 10

【莫市】睡虎地·日甲 97 背壹

○**睡簡整理小組**(1990)　暮市,當即暮食,市、食均古之部字。暮食爲古代時稱之一,見《史記·天官書》。

《睡虎地秦墓竹簡》頁 222

○劉樂賢（1994）　“暮市”即本篇第一段的“夕”，似與“暮食”有別。整理小組之説不確。

《睡虎地秦簡日書研究》頁163

【莫囂】璽彙0164，鄢客問量

○羅福頤（1981）　莫敖：□相垂莫囂。《左傳》桓公十一年，楚屈瑕將盟貳軫，鄖人軍於蒲騷，莫敖患之。杜注：莫敖楚官名，即屈瑕。又楚屈重（襄公四年）、屈到（襄公十五年）、屈建（襄公廿二年）、屈蕩（襄公廿五年）均稱莫敖。按桓公十一年，楚莫敖，《漢書・五行志》作莫囂，《淮南子・脩務訓》亦作莫囂，《爾雅・釋訓》釋文説：敖本作嗸，又作囂同。因是知璽文莫囂即莫敖。

《古文字研究》5，頁249—250

○黃盛璋（1984）　莫囂即莫敖。《左傳》桓十一年：“楚屈瑕將盟貳軫，鄖人軍於蒲騷，莫敖患之。”杜注：“莫敖，楚官名，即屈瑕。”《漢書・五行志》作“莫囂”，注：“囂字或作敖。”《淮南子・脩務訓》亦作“莫囂”，古音“敖、囂”同讀，字亦互假。《爾雅・釋訓》釋文：“敖本作嗸，又作囂同。”《詩・板》“聽我囂囂”，猶嗸嗸也。《潛夫論・明惠》作“聽我敖敖”。《詩・十月之交》“讒口囂囂”，釋文“囂囂，韓詩作嗸嗸”。《漢書・劉向傳》作“嗸嗸”。

《安徽史學》1984-1，頁44

○周世榮（1987）　“莫囂（敖）臧夕（允？）”。《淮南子・脩務訓》有“莫囂大心……”。莫囂即莫敖。“莫敖”爲楚國官名，即司馬。《春秋左傳》桓公十三年“莫敖屈瑕”爲官名與姓名連言，此處“莫囂（敖）臧夕（允？）”也屬官名與人名連言。

《江漢考古》1987-2，頁88

○何琳儀（1988）　“莫囂、連囂”分別見《璽彙》0161、0318，文獻或作“莫敖”（《左傳》桓公十一年）、“連敖”（《史記・淮陰侯傳》），隨縣簡作“大莫𦀰、連𦀰”。衆所周知，“大”和“少”是古代正副官職的前綴，參照隨縣簡“大莫𦀰”，可以推測銅量中屬於同級的“莫囂”和“連囂”應是正、副職關係。又據隨縣簡“鄴連𦀰、□陵連𦀰”，銅量“羅莫囂連囂”，可知“莫囂、連囂”應是楚國地方長官。與漢代以“連帥”爲太守之稱（《後漢書・馬援傳》注），頗爲類似。（中略）

銅量所載職官隸屬關係如下：

《江漢考古》1988-4，頁99

○**胡仁宜**（1988）　按《左傳》桓公十一年《楚屈瑕敗羅師》、十三年《屈瑕敗於羅》均出現“莫敖”這一官名的記載，再從曾侯乙墓簡文中“敖”從嚣從戈來看，“大莫嚣”可能是屬於“司馬”之類的武官。

《文物》1988-2，頁 62

○**吳同玲、胡援**（1988）　“莫嚣”見《漢書·五行志》引左氏桓公十三年傳：“楚屈瑕伐羅，鬬伯比送之，還，謂其馭曰：‘莫嚣必敗，舉止高，心不固矣。’”顏師古注：“莫嚣，楚官名也，字或作敖，其音同。”《左傳》正作“敖”。又湖北隨縣曾侯乙墓出土竹簡中有一條簡文以“大莫戠湯爲鯆之春”記時，戠字從戈，嚣聲，不見字書，裘錫圭先生讀敖，認爲“這個大莫敖，大概也是楚國的”。羅福頤先生主編的《古璽彙編》收有“□相陵莫嚣”一璽（0164），序言以爲官璽。鄭超同志認爲 0164 璽和 0127“大廥”璽都是楚官璽。“大莫嚣璽”的“大莫嚣”比《漢書·五行志》的“莫嚣”只多一個“大”字，與曾侯乙墓簡文之“大莫戠”除嚣字寫法不同外，其餘全同，璽文“大”字和“莫嚣”二字與璽 0127、0164 的同類字書體完全相似。據此推定，“大莫嚣璽”應是一方楚國官璽。

　　莫敖究係何種官職，史書未見詳載。《左傳·桓公十一年》：“楚屈瑕將盟貳軫，鄖人軍於蒲騷，將與隨、絞、州、蓼伐楚師，莫敖患之。”杜預注：“莫敖，楚官名，即屈瑕。”明董説《七國考》“莫敖”條下説：“《左傳》有‘莫敖屈瑕’，注：‘莫敖，楚官名。’又《國策》‘威王問於莫敖子華：自從先君文王以至不穀之身，亦有不爲爵勸，不爲禄勉，以憂社稷者乎？’按楚改司空爲莫敖。”但未提出證據。清代學者沈欽韓云：“按《楚策》：‘斷脰決腹以憂社稷者，莫敖大心是也。’考諸定四年《傳》，即左司馬沈尹戍，則莫敖爲司馬之官明矣。”繆文遠先生《〈七國考〉訂補》列舉《左襄十五年傳》蔿子馮爲大司馬、屈到爲莫敖和《左襄二十二年傳》公子齮爲司馬、屈建爲莫敖兩條史料後説：“司馬與莫敖顯爲二官。莫敖地位在司馬下。《左傳》桓公十二年、十三年載莫敖屈瑕伐絞、伐羅，則其職主將兵。據《左傳》所載，莫敖多以屈氏子孫爲之。隨縣曾侯乙墓簡文有‘大莫戠（敖）’。秦、漢之際，亦有莫敖之官，見《漢書·曹參傳》。”今按，繆説甚是。戠字，陳秉新同志以爲即戠的異構。《廣韻》：“戠，戟鋒也。”將兵之官名“莫戠”，蓋取義於此，作嚣、作敖者，皆假借字。璽文有地區級的莫嚣，大莫嚣應是楚國軍事機構中地位相當高的官職，典籍只作“莫嚣”或“莫敖”。

《文物研究》3，頁 237—238

○**裘錫圭、李家浩**（1989）　春秋戰國時楚有“莫敖”之官，見《左傳》（襄公十五年等)、《戰國策》(楚策一)等書,"敖"亦作"囂"。《楚策一》"莫敖大心",《淮南子·脩務》作"莫囂大心"。《史記·曹相國世家》有"大莫敖",《漢書·曹參傳》作"大莫囂",顏師古注:"如淳曰:'囂,音敖。張晏曰:莫敖,楚卿號。時近六國,故有令尹、莫敖之官。'"簡文"斁"从"戈""囂"聲。"大莫斁"即"大莫囂"。

《曾侯乙墓》頁 501

○**羅運環**(1991) 戰國時的莫敖,僅《戰國策·楚策一》一見,任此職者是楚威王時的子華。上引簡文、金文、璽文有關諸莫敖的記載,使我們加深了對戰國楚莫敖的瞭解。戰國時代"大莫敖"是楚國中央王朝的朝官,"莫敖"是楚國地方職官。

量文中的"羅莫敖"的羅,就是文獻所載羅國的羅。羅國原在今湖北宜城,爲楚所滅,始遷今湖北枝江,再遷今湖南汨羅。今汨羅西北 8 里處有羅子國城遺址,就是羅人的三遷之地。楚滅羅但優待羅國宗室,仍保留其國號。量文以楚王之事紀年,是羅君已爲楚國的地方諸侯,即"羅侯"。羅莫敖就是羅侯的屬官,也是楚國的地方官。

曾侯乙墓竹簡的大莫敖,是楚國中央莫敖,還是楚國的地方莫敖,即曾侯乙的屬官,實難確定。

春秋時,莫敖多爲屈氏子孫充任,戰國時任莫敖的情況,文獻沒有明確的記載。《戰國策》所載的莫敖子華,族屬不明,但爲王室子弟的可能性大。

包山竹簡有邵(昭)步爲莫敖的明確記載。這至少可以證實屈氏大家族世任莫敖的局面已被打破。

文獻中關於莫敖職掌的材料不多,包山竹簡記載地方莫敖參與審理案件;上引銅量文載羅莫敖與連敖一起傳達楚王或羅侯的命令,製造 20 個銅量。凡此,有助於我們進一步瞭解大莫敖與莫敖的職掌情況。

《楚文化研究論集》2,頁 276—277

○**蕭毅**(2001) 楚置"莫敖"之職,春秋爲楚國最高軍事長官,後地位下降,排在令尹、司馬之後,諸尹之前。據包山楚簡,戰國時楚於地方行政單位也設有"莫敖"之職。大莫囂,也見於《漢書·曹參傳》,《史記·曹相國世家》作"大莫敖",曾侯乙墓竹簡作"大莫斁",包山楚簡作"大莫囂"。"大莫敖"應是楚國中央軍事機構中的長官(《璽通》93 頁)。

《江漢考古》2001-2,頁 40

○**劉信芳**(2003) 莫囂:即"莫敖"。"大莫敖"爲楚之高官,爲屈氏世襲。

《左傳》所記楚國莫敖均爲屈氏所任。戰國時莫敖見於史書者僅《戰國策》一例。簡文所記莫敖多爲地方官吏,如 29"鄝莫囂",105"安陵莫囂",108、117"株昜莫囂邵壽君",113"新都莫囂勲",例多見。又簡 28:"敔尹之鄭邑公遠忻、莫囂遠䣧。"此莫囂是敔尹的屬官,帶有私官的性質。莫囂又見於以下出土資料。《文物》1988 年第 2 期載"大莫囂鉢";《璽彙》0164"厇相夎莫囂";長沙銅量"羅莫囂臧";曾侯乙簡 1"大莫囂䡇喙"。

《包山楚簡解詁》頁 14—15

【莫𦎫】曾侯乙 1,等

△按　同"莫囂",見【莫囂】條。

莽　_莽

莽 睡虎地·封診 22　　莽 集成 9673 寺工師初壺

○**睡簡整理小組**(1990)　(編按:睡虎地·封診 22)莽,《小爾雅·廣詁》:"大也。"

《睡虎地秦墓竹簡》頁 151

葬　算　𣪠　㲸　牀　箵

葬 睡虎地·答問 68　　葬 睡虎地·答問 77　　葬 睡虎地·日乙 17

葬 包山 91　　葬 包山 155　　葬 包山 91　　葬 包山 267

牀 集成 10478 中山兆域圖　　箵 鄒縣磚文

○**朱德熙、裘錫圭**(1979)　(編按:中山兆域圖)王后堂方二百毛(尺),其牀眠(視)恣后。

　　"其"下一字从"歺""廾"聲,當釋作"葬"。

《朱德熙古文字論集》頁 96,1995;原載《文物》1979-1

○**張克忠**(1979)　(編按:中山兆域圖)牀,依字形及文意推之,當爲㲸字。

《故宮博物院院刊》1979-1,頁 47

○**徐中舒、伍仕謙**(1979)　(編按:中山兆域圖)牀,从廾,弋聲。偏旁弋作牟,與𤔌冉尊及叔妣簋所从之牟形同,當隸定爲弋。工爲匠人所用的工具,廾象俎側立形。俎有足,形如兀,側視之則如廾。古人食肉,持刀於俎上切而食之如𪒠

（古將字）象從鼎中取肉，用刀切而食之之形，🉀則省鼎刀形，而以手持之。匠人須用工具，人持肉而食須用刀俎，其意實同。

《中國史研究》1979-4，頁 96

○**湯餘惠**（1996）　1987 年山東省鄒城市文管處在嶧山鎮張莊村徵集到兩塊戰國銘文磚。磚文有🉀字，凡四見，寫法大體相同（參看文後摹本）。研究者或釋爲“疾”，或釋爲“瘦”，迄無定論。此字在磚文中是一個比較關鍵的字，對弄清磚文的内容和性質頗爲重要，有必要再做一番深入的探討。

應該説，這個字在後世傳承古文資料中是有線索可尋的。筆者曾注意到，魏三體石經和《汗簡》一書所引録的古文“葬”字，有的寫作：

🉀石經・文公　　　　　　🉀《汗簡》引《王庶子碑》

構形與上揭磚文很相近，前者字下不從艸，應是省形。後世古文字書《六書通》有葬字寫作：

🉀去聲漾韻引《書學》

字下亦不從艸，與磚文同。

此字上方或從竹、或從艸，在湖北雲夢睡虎地秦簡中可以找到同樣的例子：

🉀日甲四二　　　🉀法六八　　　🉀日乙一七　　　🉀日甲三四

兩體互見，不妨爲一個字。大徐本《説文》一篇下：

🉀，藏也。从死在茻中，一其中，所以薦之。《易》曰：古之葬者厚衣之以薪。

以表意解之，不曾説到聲旁。但竷、葬古韻同部，故小徐《繫傳》及清代學者又多主張“竷亦聲”，看成是表意兼表音的字。不管怎麼説，葬字是從竷的，與“竹”無涉。因此，所謂從竹一體，只能是艸形的訛誤。清代《説文》大家王筠曾論及三體石經古文葬字，他説：

🉀，三體石經作🉀，案此形甚好，上艸下覆，下艸上薦，故上艸變爲竹字形，與🉀之左人从匕同法，變文見意之妙也。从귀聲，故曰葬者藏也。

石經又一字作🉀，則귀省矣，而加一與《説文》同。

王氏用“變文見意”解釋從竹一體，不免求之過深，未必允當，但謂字从귀聲，卻卓有見地。字中之“귀”，與“𠩺”形混同，但不可視爲从𠩺，因爲在古文字中，尤其是晚周古文中，二者混用不別的情況正不在少數。“귀”與“葬”上古均屬精紐、陽部字，可以斷言，葬字古文从귀者，均屬增附聲旁字。

討論至此，磚文□字的形體結構就比較明了了。其字从死从茻（省下存上訛誤爲竹），茻、爿均具表音作用，係表意兼聲字。

戰國時期，不同地域文字寫法往往存在差異。前文談到了雲夢秦簡中的葬字，該是秦系文字的寫法；張莊磚文出土於郱國故城城内，無疑是齊系文字的寫法；此外，在以往出土的戰國文字資料中，還看到楚系文字作“𦵯”，三晉系文字作“𣧷”，充分體現出戰國“文字異形”的時代特徵。

下面説説磚銘。據介紹，兩塊銘文磚均爲長方形，大小基本相同，每塊正背皆有文字，所刻銘文共四款，内容完全相同（其中一款僅刻前半句，後半句省略）。由於文字草率，有的很難確識。兹將筆者釋文寫在下面，權供參考。

A正：夜之母之葬它（地），其屯（窀）在其北。

A背：夜之母之葬它（地）。

B正：夜之母之葬它（地），其屯（窀）在其北。

B背：夜之母［之］葬它（地），其屯（窀）在其北。

“夜之母”，指墓主；“夜”，人名，無可考。“屯”，試釋，當係訛體（**原注**：戰國屯留布幣屯字常常寫作□、□、□等形，跟磚文此字形近）。於銘似可讀爲“窀穸”之“窀”，意思是墓穴。據報導，銘文磚出土於張莊村西北約五百米一座墓中，如此則原來應置於死者所在墓穴的南側，墓穴當在其北。可惜的是，有關的報導未能詳及，確否尚待進一步調查印證。

附：鄭建芳同志磚文摹本

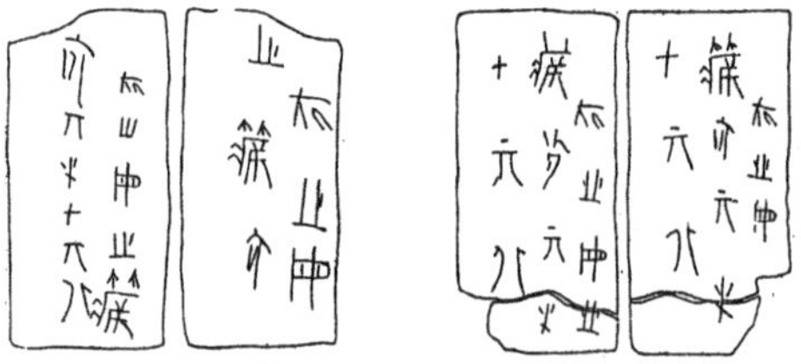

A正　A背　B正　B背

《于省吾教授百年誕辰紀念文集》頁205—207

○**劉信芳**（2003）　**𦵯**：“葬”之古文，字从臧聲，《説文》：“葬，臧也。”

《包山楚簡解詁》頁293

△**按**　睡簡“葬”字與《説文》小篆構形大致相同，本上从竹，下从収。六國古文爲形聲結構，聲旁爲“爿”或“臧”，形旁爲“死”或“歺”，或又增“宀”旁。清華二《繫年》作□（簡47、53），“𣧷”外增囗旁。郱縣磚文之字竹旁不必視爲茻之省訛。

芔

石鼓文·馬薦

【芔﹦】

○**張政烺**（1934）　（編按：見"葬"字條）

○**强運開**（1935）　石鼓"葬﹦芔﹦"，《説文》所無。運開按，《集韻》有芔字，思晉切，音迅，藥艸蒿類。小篆从艸之字，大篆則从舛，是芔即芔字也。

《説文古籀三補》卷 1，頁 6

○**强運開**（1935）　薛尚功橅作𦫳，釋奔，楊升庵釋作華，俱誤。運開按，《集韻》有芔字，思晉切，音迅，藥艸蒿類。小篆从艸之字，大篆則从舛，是芔即芔字也。又按，阮橅天乙閣本無重文，今據安氏十鼓齋所藏弟一本橅拓如上則有重文。

《石鼓釋文》辛鼓，頁 3

○**郭沫若**（1939）　蓋从舛，几聲。《説文》："几，鳥之短羽，飛几几也，讀若殊。"與走字同在侯部。几作𠃌者恐係字誤。

《郭沫若全集·考古編》9，頁 79

△**按**　字當从舛，凡聲，鼓文云"驕驕馬薦，葬葬芔芔"，"葬葬芔芔"當是説明"馬薦"的疊音詞，从舛與从艸同。

葬

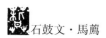石鼓文·馬薦

【葬﹦】

○**張政烺**（1934）　葬，从舛，皆聲。皆，从甘，杚聲。杚，从木，匕聲（"杚"字見於《禮經》，與"匕枇"同字）。芔，从舛，凡聲。《蜀都賦》："總莖柅柅，裹葉蓁蓁。"劉逵《注》："柅柅、蓁蓁，盛茂兒也。""葬葬、芔芔"與"柅柅、蓁蓁"音義並同。

　　又烺舊説以爲"葬"碣文作"𦫒"，从舛，𣐈聲。𣐈，从甘，粎聲。"粎"字與"析"極相近。《説文》："析，从木从斤。"金文多書作"𣂈"（如格伯𣪘），與"粎"相似，故碣文所从或"析"字之訛（"析"與"杚"聲亦近，施於形聲字尤易

錯訛）。從甘析聲之字,亦《説文》所無,當有甜義（鄉土方言於味甘而永曰“甜皙皙”）,猶“皙”從白之有白義也。《爾雅》“皙,無寔棗”,或即此字。“葬茾”與“菥蓂”音同。《爾雅》:“菥蓂,大薺。”《廣雅》:“菥蓂,馬辛也。”馬者大義,辛者甘義,而“辛”與“茾”聲尤近。《詩·谷風》:“其甘如薺。”《春秋繁露》:“薺,甘味也。”則又薺所以名辛、名葬之故歟? 惟以“菥蓂”微物,何取連言,故不如釋爲重言形況字。因無所取决,姑録存之。

《張政烺文史論集》頁 31,2004;原載《史學論叢》1

○**强運開**（1935）　石鼓“葬＝茾＝”,《説文》所無。運開按,蓍之古文省乍𥁕,或即爲古蓍字之緐文也。

《説文古籀三補》卷 1,頁 6

○**强運開**（1935）　薛尚功、楊升庵均作皙,未確。運開按,此篆中從木從匕從甘,蓋爲𣐌字。《玉篇》𣐌爲木名。又《廣韻》殿名,漢有枌𣐌宮。《西都賦》:“洞枌𣐌與天梁。”《集韻》音旨,義同。此篆從艸,當爲艸類。按蓍之古文省作𥁕,此或亦爲古蓍字之緐文,但無佐證,未敢遽斷也。又按阮撫天乙閣本無重文,今據安氏十鼓齋弟一本撫拓如上則有重文。

《石鼓釋文》辛鼓,頁 3

△**按**　字從艸,𣐌聲,鼓文云“驍驍馬薦,葬葬茾茾”,“葬葬茾茾”當是説明“馬薦”的疊音詞,從艸與從艸同。

萋

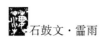
石鼓文·霝雨

【萋＝】

○**張政烺**（1934）　從艸,淒聲。即《説文》“萋”字,艸盛也。“萋＝”爲重言形況字。章《注》引《詩》“有渰萋萋,興雨祁祁”,《毛傳》:“萋萋,雲行兒。”

《張政烺文史論集》頁 24,2004;原載《史學論叢》1

○**强運開**（1935）　薛尚功、楊升庵均作淒,《説文》:“淒,雨雲起也,從水,妻聲。《詩》曰:有渰淒＝。”今詩作萋＝,則從艸,籀文從艸之字多從艸,是此篆實爲籀文萋字。

《石鼓釋文》戊鼓,頁 4

○**鄭剛**（1996）　石鼓文·霝雨:“汧殹泊,淒淒□□”,文殘,淒淒可能是補充説明水的樣子,《説文》“潷,水也”,也可讀爲淒,《楚辭·悲回風》注:“淒淒……流貌。”

〇**何琳儀**(1998)　蔧,从水,薺聲。(薺,萋之繁文。《説文》:“萋,艸盛也。从艸,妻聲。”)疑淒之繁文。《説文》:“淒,雨雲起也。从水,妻聲。”

　　石鼓“蔧蔧”,讀“淒淒”。《詩·秦風·蒹葭》“蒹葭淒淒”,傳:“淒淒,猶蒼蒼也。”

△**按**　參照石鼓文“茻、蓳”等字的結構,此字當分析爲從辠,淒聲,或爲“萋”字異體。“蔧蔧”可從鄭剛説,讀“淒淒”,爲疊音詞,狀流水之貌。